LA FAMILLE
DE SALVERTE

ET SES ALLIANCES

PARIS
TYPOGRAPHIE DE E. PLON, NOURRIT ET Cⁱᵉ
RUE GARANCIÈRE, 8
—
1887

LA

FAMILLE DE SALVERTE

ET

SES ALLIANCES

Ouvrage imprimé à cent exemplaires

pour distribution privée.

LA FAMILLE

DE SALVERTE

ET SES ALLIANCES

PARIS

TYPOGRAPHIE DE E. PLON, NOURRIT ET Cie

RUE GARANCIÈRE, 8

—

1887

A MES ENFANTS

« Le sage écrivain, dit l'Écriture, est ce bon père de
« famille qui tire de son trésor des richesses anciennes
« et nouvelles. » J'avais trouvé dans les papiers de mon
père quelques notes sur notre famille (qu'il me confiait en
désirant les voir compléter par mes recherches personnelles), et une dizaine d'actes de naissance ou de mariage
de mes grands-parents. Dès lors, je regardai comme un
devoir impérieux, — avant d'aller me reposer à mon tour
auprès d'eux, — de creuser moi-même plus avant l'histoire de nos pères et de mettre en lumière quelques documents sérieux qui pourraient intéresser mes enfants.

La destruction néfaste des actes de l'état civil des
Parisiens, pendant la Commune de 1871, paraissait tout
d'abord devoir me créer un obstacle presque insurmontable. A force de patience, de longues et minutieuses recherches, je parvins à en triompher. Pendant huit années,
je fus l'hôte le plus assidu des nombreuses études de
notaires de Paris; je dépouillai ardemment le grimoire de
leurs inventaires. Plus d'un clerc m'y voyant attaché avec
acharnement, s'expliquait ma persévérance par un gros
intérêt successoral, et me croyait sincèrement à la piste
d'un trésor! Je finis par reconstituer de précieux souvenirs avec des matériaux fort arides, tirés de cette vénérable poussière... Tout n'était pas d'ailleurs concentré

dans la capitale. Mais en province, que de registres de paroisses mal tenus aux derniers siècles, ou détruits pendants nos révolutions, ou abandonnés par la négligence et le mépris des détenteurs actuels! Que de papiers jaunis, dont l'écriture souvent illisible ou l'orthographe fantaisiste étaient presque entièrement effacées! Que de liasses à demi rongées par les rats, ou dont les enfants de l'école faisaient quelquefois des cornets! Telle ligne à déchiffrer m'a coûté une demi-journée de travail; telle autre à contrôler ou à expliquer, de longues heures passées à la Bibliothèque nationale. Il m'a fallu entreprendre une volumineuse correspondance dans plusieurs provinces; interroger les archivistes des départements, les municipalités de la Bretagne, du Maine, de la Bourgogne, du Comtat, du Dauphiné, du Roussillon, de la Guyenne; vérifier péniblement sur place et presque à la loupe leurs indications, etc., etc.

J'ai poursuivi lentement, mais sûrement, le cours de mes recherches sans avoir agi, je crois, par simple curiosité; je n'ai pas voulu contenter le puéril caprice du collectionneur, trop heureux de rencontrer un objet rare et peu connu. Mon ambition a été plus élevée, et, je l'espère, mon but plus utile. Quel que soit le passé (et celui que je vous offre et vous découvre n'est pas tout à fait sans gloire), son histoire sert admirablement à nous faire comprendre le temps présent.

Qui pourrait avoir la prétention de composer une sorte de Biographie universelle et complète de tous vos grands-parents? La vie de quelques-uns seulement eût rempli ce volume. Ces notices seront courtes, mais appuyées sur des preuves irrécusables et justifiées à chaque fait, à chaque date, par des actes authentiques — que chacun peut vérifier à son gré. Elles ne sont autre chose qu'un léger crayon, un sommaire précis, une indication exacte des principaux événements de leur vie : puissent-elles mettre sur une voie plus facile ceux qui seraient tentés un jour de compléter telle ou telle lacune de cet ouvrage!

Après douze ans de labeur opiniâtre, mais que je persiste à ne pas croire ingrat, je suis arrivé ainsi au chiffre très-respectable de plus de six cents [1] articles différents, relatifs à vos aïeux : « Des générations d'ancêtres, perdus « dans le sommeil des siècles, sans parole et sans mouve- « ment, arriveront à la vie et à la voix [2]. » Ai-je laissé en route un peu de ma cervelle et la moitié de mes yeux? Ma vue fatiguée m'avertit qu'il est grand temps de m'arrêter...

Le berceau de notre famille est Fougères, ou plutôt Landéan. Pendant deux siècles, les Baconnière n'ont guère quitté ce petit coin de terre; ils s'y sont tous mariés : on peut donc nous considérer comme Bretons, de la race la plus *bretonnante*. Je ne vois parmi eux point d'oisifs : avocats à Fougères, puis à Rennes, ils ont suivi leur carrière avec dignité, et, d'une situation presque obscure, se sont lentement élevés par un travail assidu. Depuis 1800, il n'existe plus de Baconnière; depuis 1839, toute autre branche est éteinte; aujourd'hui, personne n'a le droit de porter le nom de *Baconnière de Salverte* que mon frère, mes neveux et nous.

[1] Six cent vingt sept.
[2] E. Renan.

Le mariage de mon arrière-grand-père, en 1764, et celui de mon grand-père, en 1799, nous ont alliés à des familles champenoises : l'une d'elles habite Dormans depuis plus de trois cents ans [1].

Mon arrière-grand'mère Élisabeth Faure était cousine des *Boullongne* et de *Watelet*, qui unissaient le goût éclairé des arts à la culture des lettres [2], parente de *Racine*, belle-mère de *J. de Vaines*, qui fut aussi de l'Académie française, et mère de mon oncle *Eusèbe*, orateur incisif, érudit écrivain, dont la place semblait d'avance marquée à la Chambre des députés aussi bien qu'à l'Institut.

Ma grand'mère Charlotte Baron écrivait bien, peignait encore mieux, et ne se targuait pas de sa longue suite d'aïeux. Les uns, paisibles bourgeois de Paris ; les autres (*de Floissac*), vifs et brillants riverains de la Garonne, au-devant desquels semblaient courir les honneurs et la fortune ; tandis que, moins heureux et plus entreprenants, leurs cadets allaient chercher par delà les mers les fonctions les plus variées dans nos jeunes colonies du Sénégal et de Saint-Domingue. Le plus grand nombre appartenait à la noblesse de Normandie. Ils s'étaient voués au rude métier des armes et n'avaient pas manqué de s'y illustrer, depuis le temps où ils suivaient les compagnies de Du Guesclin et figuraient sur sa *monstre* [3], jusqu'au siége de Domfront, dont ils repoussaient les huguenots [4], et aux campagnes dirigées par le cardinal

---

[1] Voir page 531.
[2] Voir page 60.
[3] Voir page 105.
[4] Voir pages 107, 112, 160.

de Richelieu contre l'Espagne et le duc de Savoie[1].

Par nos aïeules Nicole Couppel de Vaucé (VI⁰ degré), Renée Pitard de Jumilly (X⁰), Marie des Rotours (X⁰), Georgine de Quincé (XII⁰), Nicole de Vassy (XI⁰), Charlotte de la Roé (XII⁰), Françoise de Juigné (XIII⁰), nous sommes alliés aux meilleures, aux plus anciennes familles de Normandie; nous touchons aux compagnons de Guillaume, qui furent avec lui à la bataille de Hastings, au Conquérant lui-même : pourrions-nous en tirer vanité? N'en est-il pas de même de presque toutes les familles des paysans de l'Anjou et du Maine, suivant la judicieuse remarque de certains auteurs anglais, nos contemporains[2]? Il n'y a décidément rien de nouveau, pas même la vanité, sous le soleil...

Par nos grand'mères Louise de Beaurepaire (VIII⁰), Nicole de Marguerit (IX⁰), nous remontons aux fidèles magistrats du parlement de Rouen, sur lesquels Henri IV s'appuyait pour triompher des ligueurs, et, plus haut encore, à ces hardis marins, compagnons de Colomb[3], aux Margarit, évêques ou généraux qui illustrèrent longtemps l'Église et l'armée, dont l'histoire reste inséparablement liée à celle de la Catalogne[4].

---

[1] Voir page 117.

[2] Sir Bernard BURKE (roi d'armes d'Ulster), chez Longmans, Green and C⁰, Londres, 1883. « *Reminiscences ancestral and anecdotal.* — *Vicissitudes of families.* 2 vol. — *Rise of great families.* »

Joseph FOSTER, chez Hazell, Watson and Viney, Londres, 1883. « *The royal lineage of our noble and gentle families.* »

Lord *Tennyson* (le poëte lauréat) est le 15⁰ descendant de Jean de Gand, 4⁰ fils d'Édouard III, et par là des Plantagenets. — Les Howard, ducs de Norfolk, descendent de Marguerite de France, 2⁰ femme d'Édouard I⁰ʳ, etc., etc.

[3] Voir page 198.

[4] Voir pages 173-197, et 204-214.

C'est également en Normandie que nous retrouvons pour aïeule Marguerite de Harcourt (XIIe), qui occupe à elle seule le tiers de ce volume. Si l'on doit ajouter foi au savant De La Roque, historien de cette illustre famille, nous descendons ainsi en ligne directe de *saint Ferdinand* et de *saint Louis,* deux héros qui dominent tout le moyen âge chrétien, et, pareils aux glaciers de nos Alpes, lancent vers le ciel leurs cimes éclatantes d'une éternelle blancheur, bien au-dessus des broussailles de la plaine, du gazon des collines et des pins sauvages de la montagne. Nous serions donc quelque peu cousins de tant d'illustres saints, disciples de saint François dans le monde : Élizabeth et Yolande de Hongrie, Salomé de Pologne, Agnès de Bohême, Élizabeth, reine de Portugal [1], et, dans notre patrie même, Isabelle de France, la reine Jeanne de Valois, Elzéar de Sabran, Louis d'Anjou [2], etc. Mais si nous avons vraiment quelques liens avec ces admirables personnages, quels devoirs, quelles vertus impose une si auguste parenté !...

Notre Marguerite de Harcourt était petite-fille de Catherine d'Arpajon (XIVe), issue des dauphins d'Auvergne et des ducs de Brabant, et arrière-petite-fille de Girard, époux de Marie Mallet de Graville (XVe), qui sortait des comtes de Saint-Pol, de Chastillon, de Blois et d'Alençon.

Cinq générations seulement relient Marguerite à *Blanche,* princesse de Castille, comtesse d'Aumale et de Harcourt (XVIIe), qui, au quatorzième siècle, se trouvait alliée à toutes les maisons souveraines de l'Europe, était

---

[1] Voir pages 419-423.
[2] Voir pages 371, 375, 387, 424.

traitée de cousine par le roi de France et s'appuyait sur des preuves sérieuses pour prétendre tirer son origine, non-seulement de Rollon et de ses belliqueux compagnons danois, des premiers souverains chrétiens de la Russie [1], des rois de Jérusalem, mais encore des empereurs Comnène, de Courtenay, de la maison de Souabe et de Charlemagne.

Lorsque le grand Frédéric eut solidement affermi sa jeune monarchie par ses victoires, d'habiles généalogistes vinrent lui présenter un long tableau qui faisait descendre les électeurs de Brandebourg de l'empereur Charlemagne et puis encore de Mérovée : « Ah! messieurs, fit le Roi en « riant, je vous remercie de bon cœur; mais contentons-« nous, s'il vous plaît, de Charlemagne. »

Et nous aussi, mes enfants, arrêtons-nous à cette grande figure de *Charlemagne,* dont trente-sept générations, peut-être, vous séparent.....

Mon arrière-grand-père, Germain Baron, était petit-fils de *G. de Boffrand,* le célèbre constructeur des palais du duc de Lorraine, et petit-neveu du poëte *Quinault,* dont les opéras, mis en musique par Lully, sont demeurés classiques et charmeront encore nos descendants [2]. Il avait pour parents de bons citoyens, dévoués « au service des pauvres » (comme on disait fort bien alors), administrateurs des hôpitaux de Paris, dont j'ai retrouvé, avec une pieuse émotion, les noms modestes inscrits sur les registres de leurs délibérations, en leur succédant au Conseil de surveillance de l'Assistance publique [3].

---

[1] Voir page 307.
[2] Voir page 77.
[3] Voir pages 74, 84, etc.

Intendant général d'armée, conseiller d'État, ministre, pair de France, orateur, poëte, historien, et toujours travailleur infatigable, mon grand-père Pierre Daru a laissé aux siens de grands exemples à imiter et la tradition d'une vie prodigieusement occupée, mais uniquement consacrée au service de la France. Il sortait d'une famille très-laborieuse et très-féconde de Grenoble, qui donna à son pays un bon prédicateur religieux, un vénérable missionnaire martyrisé en Chine[1], et, par un singulier contraste, un de nos plus brillants romanciers, qui, sous une foule de pseudonymes, fut aussi l'un de nos moins croyants écrivains[2]. Cependant le comte Daru était né à Montpellier, où son père avait épousé la fille de généreux et honnêtes négociants, dans cette même ville, où nous croyons pouvoir compter pour ancêtres les puissants seigneurs du nom de *Guillem* et les rois d'Aragon!

Lui-même s'était marié à mademoiselle A. T. Nardot, d'une famille originaire de Bourgogne, mais qui, par les Boucart, les Nau, les Judde, tenait à cette forte et saine bourgeoisie parisienne, solidement établie au cœur de la Cité, où elle remplissait avec conscience les charges gratuites des communautés de marchands drapiers, merciers ou orfévres, de consuls et d'échevins, comme de marguilliers de la paroisse. De ce côté, nous sommes encore cousins des *Sacy*, d'aimable et savante mémoire, qui, par leurs alliances et leurs travaux, semblent avoir pris racine à l'Institut[3].

---

[1] Le P. Antoine Daru (page 580) et le Vénérable Clet (page 576).
[2] Henry Beyle (page 589).
[3] Voir page 631.

Par ce rapide exposé, vous trouverez notre parenté établie avec des personnages bien différents, appartenant à toutes les classes de la société française; n'y verrez-vous pas quelque souvenir lointain de cette danse Macabre, si souvent illustrée par les peintres du moyen âge dans leurs fresques naïves, qu'ils plaçaient à dessein sur les ponts et les murs de la Suisse? Beaucoup ont disparu dans tout l'éclat de la jeunesse; deux ou trois seulement ont atteint cent ans [1]. Que d'alternatives de succès et de revers! De quelle obscurité les uns sont parvenus à la grandeur! Comme d'autres sont vite retombés d'un rang illustre dans la médiocrité! Les uns, par un étrange retour de la fortune, ont joui d'une véritable richesse; les autres apportaient en mariage le mobilier d'une chambre avec la promesse de quelques écus. Dans cette longue suite d'ascendants, de conditions les plus diverses, je n'ai pas eu besoin de jeter un voile discret ou complaisant sur des fautes graves; si l'affection égare quelquefois, serait-ce à cette distance? Évidemment je n'ai pas tout dit, mais je n'avais rien à obscurcir ni à dissimuler. En portant doucement une main respectueuse sur des cendres qui doivent vous être sacrées, j'ai voulu les conserver à votre piété, empêcher qu'elles ne fussent dispersées par le vent, enlevées au hasard et peut-être à jamais perdues dans l'oubli. Quand tout s'écroule ou se renouvelle autour de nous, demeurons (du moins en ceci) fidèles au culte du passé; vénérons nos ancêtres, et ne nous laissons jamais vaincre, fût-ce sur ce point seul, par des Chinois.

---

[1] Louis Bouchard d'Aubeterre, Guillemette de Tournebu.

Que de fois, votre curiosité satisfaite, cette réflexion s'offrira tout naturellement à votre pensée : « Voilà ce qu'un tel a pu faire dans la même situation que moi ! Voilà quelles épreuves il a traversées sans faiblir et, dans l'incessant *struggle for life*, voilà le succès qui a couronné ses efforts ! » Ne pourrez-vous tenter de suivre ses traces ? N'oubliez pas d'ailleurs qu'à notre époque il est de principe de ne juger les gens qu'à leur juste valeur, de n'accorder plus rien à la faveur, mais au seul mérite, du moins dans notre situation. On y exige, Dieu merci ! davantage de ceux que la fortune ou la naissance semblent avoir favorisés. Donc, si vous rencontrez ici le nom d'un homme d'État ou d'un écrivain célèbre, promettez-moi d'étudier sa vie avec la diligence de l'amour filial. Comme le dit fort sagement un grand historien[1] : « Dans l'examen « des événements passés, nous sommes attirés surtout « vers ce qui nous touche personnellement par nos an- « cêtres, et nous devons apprendre à estimer surtout « chez nos aïeux les qualités qui ont pu concourir au « bien général de la société. »

Quoi qu'il en soit, je t'engage, mon cher François, après avoir fermé ce livre que je veux t'offrir aujourd'hui pour ta fête, à bien méditer une repartie aussi plaisante que juste de Rivarol à l'un de nos cousins, qui n'était certes pas le moins illustre. *Mathieu de Laval*, depuis duc de *Montmorency*[2], qui au commencement de la Révolution avait cédé aux plus généreux entraînements de l'Assemblée constituante, disait un jour devant lui : « Ces

---

[1] Gibbon.
[2] Voir page 61.

« messieurs auront beau faire et insister sur l'égalité de
« tous les hommes, vous n'empêcherez pas que je ne
« vaille infiniment mieux par ma naissance qu'un bour-
« geois de la rue Saint-Denis; que mon nom, connu du
« monde entier, ne soit distingué entre tous les autres...
« Car enfin, je descends du premier baron chrétien; je
« descends de trois connétables de France; je descends
« de ce valeureux Montmorency, que la veuve de Louis
« le Gros avait épousé pour donner un appui au jeune roi
« de France, son fils; je descends...

« — Eh! mon cher Mathieu », riposta Rivarol, « pour-
« quoi donc êtes-vous tant descendu? »

Ce 4 octobre 1887.

Georges de Salverte.

PREMIÈRE PARTIE

ASCENDANTS PATERNELS

LIGNE DIRECTE

FAMILLE DE SALVERTE

ET SES ALLIANCES

x  BACONNIÈRE

(OLIVIER).

Né à Landéan, le

Marié à , le , avec

Père de Jean Baconnière.

Il eut aussi deux autres fils :

2° Martin, sieur de Piel, mari de Françoise Labahy, dont :

a Georges, né à Landéan en 1613, sieur de la Martinais, mari de Marie Franhit, dont Gillette Baconnière, née 28 août 1641 ;

b Charlotte, née 14 avril 1615, à Landéan.

3° N. Baconnière, père de Robert Baconnière, sieur de la Martinière ; né au Loroux, près Landéan ; marié à Renée Catouillet, dont :

a Marie, mariée à Michel Lefeuvre, sieur de la Villeneuve, dont François-Joseph Lefeuvre, sieur de la Villeneuve, marié, en 1736, à Marie Langlois de la Chestelaye, dame de la Villegontier ;

b Jean Baconnière, sieur de la Rubinais, du conseil de famille en 1697, avait à Fougères des maisons au faubourg de l'Échange et rue de la Pinterie ; il fut père de Louis Baconnière, sieur de la Martinière, notaire à Fougères, en 1705 et 1714, père de Jeanne-Julienne Baconnière, née en 1715, morte en 1800, seule personne portant le nom à la fin du dix-huitième siècle, et légataire de J. M. E. Baconnière de Salverte, « auquel elle s'était annoncée comme de « la famille ».

Mort à   , le

IX   BACONNIÈRE

(JEAN).

Né à Landéan, le

Marié à   , le   , avec
Père de Jean Baconnière, sieur de la Maison-Neuve.

Procureur du Roi en la sénéchaussée de Fougères, 1580.

Mort à   , le   1623.

VIII — BACONNIÈRE

SIEUR DE LA MAISON-NEUVE

(JEAN).

Né à   , le

Marié à   , le   1623, avec Olive Prime.

Père de Jean Baconnière, sieur de la Lagnère.

Qualifié de « honorable personne » et « noble homme », 1643, 1651, 1657.

Trésorier de la fabrique de Saint-Léonard, à Fougères, 1647.

Procureur au siége de Fougères.

Mort à   , le

VII BACONNIÈRE
SIEUR DE LA LAGNÈRE OU DE L'ULAGUÈRE
(JEAN).

Né à   , le 23 mai 1637.

Marié à Fougères, le 25 septembre 1657, avec Jeanne Mehaignerie, dans la chapelle des religieuses Urbanistes (Clarisses), par noble Vincent de Bregel, recteur de Savené.

Père d'Euzèbe Baconnière.

« Noble homme » (actes de 1657, 1662, 1666).
Avocat au Parlement de Paris, y vécut avec sa femme (sauf de 1662 à 1666).
En 1651, parrain de son frère Joseph avec sa sœur Mathurine.
L'Ulaguère est une terre, située à quatre kilomètres de Fougères, sur la paroisse de Beaucé. La ferme appartient aux hospices de Fougères. L'ancienne maison est en granit; on la dit « *hantée* ». Dans un acte, ce nom est écrit *Lulaguère*.

Mort à   , le   1670.

BACONNIÈRE

(EUZÈBE).

Né à Fougères, le 1666.
Baptisé dans l'église de Saint-Léonard, le 26 avril 1666.
Parrain : Euzèbe Mehainnerie.
Marraine : Térèse de Bregel.
Marié à Rennes, le 23 août 1695, avec Perine-Rose Herbert (registres de la paroisse Saint-Aubin, à Rennes).
Père de Nicolas-François-Pierre Baconnière de Salverte.
Avocat au parlement de Rennes, 1688. Doyen des Procureurs.
Noble homme (actes de baptême de ses fils, 1696, 1701, 1702, 1709 ; acte de mariage de Pierre-Alexis, 1737) ; demeure à Rennes, paroisse Saint-Germain ; ensuite rue Saint-Louis, paroisse Saint-Aubin ; enfin, paroisse Saint-Étienne.

Euzèbe Baconnière signe, avec son fils Nicolas, les actes de :
1702. Naissance de Pierre-Alexis Baconnière.
1705. Mariage de Simon Herbert.
1709. Naissance de Jeanne Baconnière.
1727. Naissance de J. P. de Nantrieul.
1736. Mariage de Pierre-Alexis Baconnière.
Mort à Rennes, le 28 janvier 1753 ; inhumé le 29 dans l'église Saint-Aubin, suivant son testament.

Le nom de Salverte apparaît pour la première fois uni à celui de notre famille, dans le rôle rentier de la ville de Fougères, en 1708, page 14 et suiv. « La veuve « (Jeanne Mehaignerie) et les enfants Salverte payeront « pour leurs maisons au faubourg Roger une taxe de... » En 1877, il existait encore dans la commune de Laignelet, le pré de la *Salle verte,* de 2 hectares 24 ares ; et, contre le cimetière de Fougères, deux masures nommées les *Salles vertes,* de 5 hectares 40 ares, appartenant à M. de la Ville-léon. On trouve quelquefois, avant 1730, des actes signés « B. de Salleverte. »

BACONNIÈRE
SIEUR DE SALVERTE
(NICOLAS-FRANÇOIS-PIERRE).

V

Né à Rennes, le 18 mai 1697.
Baptisé, le 19 mai 1697, dans l'église de Saint-Aubin, à Rennes.
Parrain : Pierre-François Herbert.
Marraine : Nicole Davy, épouse de M. de la Richardière.
Contrat de mariage, le 17 octobre 1725, devant Mes Lebreton et Biard, notaires à Rennes. Dot : une maison à Fougères, au pont du Château; trois autres petites maisons (*id.*); les deux champs de Salverte, près Fougères, affermés 386 livres de revenu; la pension et le logement jusqu'en 1736; enfin en argent, 500 livres.
Marié, le 28 octobre 1725, dans l'église de Bruz, près Rennes, avec Perine Jacquette Morfoüace.
Père de Jean-Marie-Eusèbe Baconnière de Salverte.
Bachelier à Nantes, en droit canon et civil; avocat au parlement de Rennes, 22 mars 1718-1726. Écuyer, noble homme; directeur des affaires du Roi, à Rennes, 1727.
Directeur général des domaines dans les Trois-Évêchés, 1728, et intéressé dans la Compagnie des hôpitaux militaires.
Conseiller secrétaire du Roi et contrôleur en la Chancellerie, près la Cour de Metz, 24 février 1759 : offices qu'il conservera jusqu'à sa mort, sept ans après.

Lettres royales de nomination, 24 février 1759 « agréant
« et confirmant la nomination qui nous a été faite de sa
« personne par Feydeau de Brou, doyen de notre Conseil
« et cinq conseillers d'État par nous commis..... pour en
« jouir et user par ledit s^r Baconnière de Salverte à *titre de*
« *survivance* et aux honneurs..... *privilége de noblesse*
« au premier degré, exemption de tous droits seigneu-
« riaux, etc., etc. »

Sur le repli est écrit : « Par le Roi », signé Daucours.

Enregistrées ès registres de l'audience de France,
26 février, signé Sauvage et Chazelle;

Enregistrées ès-registres du bureau des finances de la
généralité de Metz et Alsace, le 23 mars;

Enregistrées ès registres de l'audience de la chancellerie de Metz, après avoir *prêté le 5 le serment* qu'il doit à
la Compagnie, 7 mars;

Enregistrées ès registres du greffe de la Cour; fait en
parlement à Metz, 10 mars, signé Humbert;

Enregistrées au bureau de la direction des domaines, à
Paris (conformément à l'édit d'avril 1771), 23 mars 1772;
registrées au greffe de l'Hôtel de ville de Paris, 19 mars 1773;
registrées au greffe de l'Élection de Paris, 19 avril 1773;
quittance de finance des 65 mille livres fixées par l'édit
de septembre 1755, le 1er décembre 1756; enregistrée
7 septembre 1757.

Suivant une tradition de famille, il aurait été anobli par
le Roi lui-même, qui lui donna l'ordre de monter dans son
carrosse. Serait-ce à Metz, où Louis XV arriva en août
1744, tomba très-gravement malade, se réconcilia avec la
Reine, et reçut le surnom de Bien-Aimé? M. de Salverte

vécut à Metz, de 1728 à 1766, et y demeurait, rue des Prisons, puis rue d'Asfeld, près du grand séminaire.

Testament olographe à Metz, 10 janvier 1764.

Mort à Metz, le 8 avril 1766; inhumé le 9 sur la paroisse Saint-Gingouff.

Pas d'inventaire. Partage devant Me du Lion de Boissy, notaire à Paris, 30 octobre 1766.

Armes : « D'azur au chevron d'argent, accompagné de trois couronnes d'or à l'antique; au chef échiqueté d'or et de gueules de douze pièces. »

Couronne de comte. Supports : deux lions.

IV BACONNIÈRE
(JEAN-MARIE-EUSÈBE).

Né à Rennes, le 15 août 1727.

Baptisé le même jour, dans l'église de Saint-Aubin, à Rennes.

Parrain : Noble homme Jean Morfoüace, seigneur de Belair, ayeul.

Marraine : Perine-Rose Herbert, « épouse de maistre Euzèbe Baconnière, ayeule ».

Contrat de mariage devant Me Prévost, notaire à Paris, le 6 octobre 1764 ; dot : 40,000 livres.

Marié à Paris, le 10 octobre 1764, dans l'église de Saint-Eustache, avec Élizabeth Faure, veuve Racine.

Père de Jean-Marie-Eustache Baconnière de Salverte.

Intéressé dans la régie des hypothèques, par arrêt du conseil d'État signé du comte de Maurepas, 12 septembre 1774. Écuyer; fermier général sous Turgot et Necker, 1775-1778; a créé, en 1780, l'administration des domaines, réunie jusque-là à la ferme générale; l'un des 25 administrateurs généraux des domaines de Sa Majesté.

Seigneur-patron de Saint-Georges, en Normandie; seigneur de la Houssaye; acquiert par acte devant Me Tragin, notaire à Pont-Audemer, 5 avril 1777, les fiefs et seigneurie des Ifs, paroisse Saint-Thaurin des Ifs; devant Me Guespereau, notaire à Paris, 11 août 1785, le fief de Popincourt et de Turquan, pour lequel il prête foi et hommage à l'abbesse de Montmartre, devant M⁰ Rameau, à Paris, 27 août 1785 ¹.

Demeure rue Thévenot, puis rue des Amandiers, faubourg Saint-Antoine, dans une maison achetée en 1766, devant M⁰ Lambot. Il y construit une salle de spectacle, où l'on représente plusieurs de ses comédies. Belle et rare bibliothèque. Grimm la prisait fort, ainsi que les dîners de madame de Salverte.

Ami des Richelieu, de Calonne, de Paulze de Lavaulx, de Turgot, etc., etc.

Portrait au pastel.

Recueille 87,000 livres dans les successions de ses père et mère.

Dote plusieurs de ses nièces.

Testament olographe, des 31 octobre 1790 et 18 janvier 1792 à Paris, déposé chez M⁰ Boulard, notaire, enregistré le 3 février 1792.

Mort à Paris, le 22 janvier 1792 (acte du 23, paroisse Saint-Ambroise); inhumé au cimetière de Sainte-Marguerite, à Paris.

Inventaire devant M⁰ Boulard, 4 février 1792.

Partage devant M⁰⁸ Boulard et Raguideau, 15 février 1793 et 14 frimaire an VIII.

---

[1] Sur les dix heures du matin, en l'abbaye royale de Montmartre, au grand parloir de madame l'Abbesse, où se sont trouvées assemblées au son de la cloche, en la manière accoutumée pour délibérer sur les affaires temporelles... la très-illustre et très-vertueuse dame Marie-Louise de Montmorency-Laval, Abbesse de ladite abbaye, les mères prieure, sous-prieure, dépositaire célérière, secrétaire du chapitre et boursière, toutes religieuses professes, faisant et représentant le conseil, est comparu Jean-Marie-Eusèbe Baconnière de Salverte, etc., etc., lequel, après s'être mis en devoir de vassal, sans épée ni éperons, tête nue et un genou en terre, a prêté auxdites dames Abbesse et Religieuses, en qualité de dames de Clignancourt, foi et hommage, etc., à laquelle foi et hommage lesdites dames Abbesse et Religieuses ont reçu ledit sieur de Salverte, à la charge de fournir son aveu et dénombrement dans la tenue de la coutume, etc.

III BACONNIÈRE DE SALVERTE

(JEAN-MARIE-EUSTACHE).

Né à Paris, le 26 mars 1768.

Baptisé le 27, dans l'église de Saint-Roch.

Parrain : Eustache Pâris de Bollardière, oncle.

Marraine : Anne-Marie Morfoüace, veuve de M. André de Dureville, grand'tante.

Contrat de mariage devant Me Préau, notaire à Paris, le 17 frimaire an VIII.

Marié à la mairie du IIe arrondissement, le 20 frimaire an VIII (11 décembre 1799), et à l'église Saint-Roch, le même jour, avec Charlotte F. F. Baron.

Témoins de l'époux : A. J. Eusèbe Baconnière de Salverte, son frère, et J. M. Eusèbe de Vaines, son neveu.

Témoins de l'épouse : A. C. Sanlot de Bospin, et P. Courtin.

Père de Charles Baconnière de Salverte.

Élevé chez les Oratoriens de Juilly.

Ami d'Arnault, du comte Duchâtel, de Creuzé de Lesser, d'Eyriès, du comte Roy.

Administrateur général adjoint des domaines, de 1784 à 1791 (généralités de Paris et de Normandie).

Auteur de remarquables travaux financiers, dont il se délassait en composant une foule de chansons et de jolies pièces de vers.

Chef de la comptabilité arriérée, de 1802 à 1808; directeur, de 1809 à 1811; administrateur de l'Enregistrement et des Domaines, de 1811 à 1817. Député de la Seine pendant les Cent-Jours; propose la levée du séquestre sur les biens de ceux qui ont suivi le Roi.

Chevalier de la Légion d'honneur. Demeurant à Paris, rue d'Anjou 1371 (actuellement n° 3), et ensuite rue Le Peletier, n° 4.

Portrait à la mine de plomb.

Recueille 305,000 francs dans les successions de ses père et mère.

Il a rempli, avec une ingénieuse et active bonté, le rôle de chef de famille, et laisse 16.000 francs de rente à sept parents, dont il était le parrain, et 63,000 francs à d'autres parents.

Testament olographe, du 21 novembre 1827, à Paris, déposé chez Me Champion, notaire, enregistré, 3 février 1828.

Mort à Paris, le 10 décembre 1827, quelques mois seulement après sa femme, dont le charme et les talents avaient embelli sa vie; inhumé au cimetière Montmartre, le 13.

Inventaire devant Me Champion, 1er avril 1828.

II. BACONNIÈRE DE SALVERTE

(CHARLES).

Né à Paris, le 28 octobre 1800.

Baptisé le 29, dans l'église Saint-Roch.

Parrain : A. J. Eusèbe Baconnière de Salverte, oncle.

Marraine : Denise-Pélagie Deniset, veuve de Floissac, arrière-grand'mère [1].

Contrat de mariage devant Me Noël, notaire à Paris, le 14 janvier 1827; dot : trois cent trente-cinq mille francs.

Marié à la mairie du Xe arrondissement, le 16 janvier 1827, et à la chapelle de la Chambre des Pairs, le même jour, avec Alexandrine Daru.

Témoins de l'époux : A. J. Eusèbe Baconnière de Salverte, oncle; et C. J. F. Maillard, conseiller d'État.

---

[1] Huit jours après, M. de Salverte, rassemblant ses amis à diner, chantait ainsi cette heureuse naissance :

> Le propre jour de saint Simon,
>   De saint Simon, saint Jude,
> Je devins père d'un garçon;
>   Mais l'attente fut rude !
> Il m'en souviendra,
>   La rira,
> De saint Simon, saint Jude.
> Déjà, de plaire à ses parents
>   Mon fils fait son étude :
> La grand'maman de sa maman
>   En a la certitude.
> Près d'elle fêtons dans trente ans
>   La saint Simon, saint Jude, etc.

Témoins de l'épouse : N. P. Martial, baron Daru, et Edm. Garnier Deschênes, oncles.

Père de : Gaston Baconnière de Salverte; de Paul; de Georges-Napoléon.

Parrain de sa petite-fille Claire, 1869.

Élève de Sainte-Barbe; achève son éducation en Angleterre; fait de nombreux voyages et des études historiques.

Ami du comte de Montalivet, du président Maillard, de Vitet, du P. Le Vasseur.

Avocat à la Cour de Paris. Longtemps maire de Mareuil-en-Brie, a soutenu, au péril de sa vie, les intérêts de cette commune dans l'invasion Allemande de 1870.

Demeurant à Paris, rue Le Peletier et rue de l'Université, n°s 94 et 17.

Portraits.

Recueille onze cent mille francs dans les successions de ses père et mère.

Testament olographe du 6 avril 1869, à Paris, déposé chez M⁰ Baron, notaire à Paris, enregistré le 28 juin 1875.

Mort à Paris, le 12 juin 1875; inhumé le 15, au cimetière de Montmartre.

Inventaire devant M⁰ Baron, le 25 juin 1875.

Partage devant M⁰ Baron, les 18 octobre et 30 décembre 1875.

I[1] ## BACONNIÈRE DE SALVERTE

(GEORGES-NAPOLÉON).

Né à Paris, le 22 janvier 1833.

Baptisé le 25 dans l'église de Saint-Roch.

Parrain : Napoléon, comte Daru, oncle.

Marraine : Alexandrine-Amélie Daru, épouse de Henri Dursus, tante.

Contrat de mariage devant Me Bournet Verron, notaire à Paris, le 23 mai 1868. Dot :   mille francs.

Marié à la mairie du Ier arrondissement, le 27 mai 1868, et à l'église de Notre-Dame de Lorette, le 28 mai, par Mgr de Ségur, avec Marie C. J. Guyot d'Arlincourt.

Témoins de l'époux : Napoléon, comte Daru, et général de division Le Gendre.

Témoins de l'épouse : H. Bernard, marquis de Sassenay, et J.-B. Bertrand, conseiller à la Cour de cassation, cousins.

Père de Augustin-François-Marie Baconnière de Salverte.

Élève du Lycée Louis-le-Grand (prix au concours général, 1849).

Licencié en droit 1854.

Reçu le vingt-septième aux examens de l'École militaire de Saint-Cyr, 1851 ;

---

[1] Le chiffre romain, placé à gauche de chaque ascendant, indique son degré de parenté en ligne directe avec mes enfants.

Le deuxième aux examens de l'auditorat au conseil d'État, 1854.

Attaché à la personne de S. Ém. le cardinal Patrizzi, *légat a latere,* venu baptiser le Prince Impérial, 1856. Attaché au ministère de l'instruction publique et des cultes, 1855-1864. Secrétaire de la commission de réorganisation du culte israélite, 1858; de la commission pour l'exécution du testament de l'empereur Napoléon Ier, 1855; de la grande commission de décentralisation sous la présidence d'Odilon Barrot, 1870; de la commission chargée de préparer le classement des voies ferrées du réseau complémentaire d'intérêt général, 1878, etc.

Auteur de : *Mémoires sur les principales légations du Saint-Siége en France; les Basiliques chrétiennes; l'Évêque auxiliaire et l'Administrateur apostolique; Essai sur les libéralités en faveur des établissements publics; les Sœurs de charité en Orient; la Syrie avant* 1860; *Voyage en Sicile et aux cités étrusques,* etc.,
qui lui ont valu de précieux encouragements et les distinctions suivantes : du pape Pie IX, la croix de chevalier de l'ordre de Saint-Grégoire le Grand; du patriarche de Jérusalem V. Bracco, celle de commandeur du Saint-Sépulcre; du sultan Abdul-Hamid, la décoration d'officier du Medjidié; du schah de Perse Nasr-ed-Din, celle de commandeur du Lion et du Soleil.

Maître des requêtes en service extraordinaire, 1865-1869; en service ordinaire, 1870 et 1873.

Nommé officier d'Académie par Duruy en 1863 ; officier de l'Instruction publique, 1880.

Délégué du conseil d'État au conseil de surveillance de l'Assistance publique, 1879; réélu en 1883.

BACONNIÈRE DE SALVERTE
(AUGUSTIN-FRANÇOIS-MARIE).

DEUXIÈME PARTIE

ASCENDANTS MATERNELS
PAR ALLIANCE

LIGNE DIRECTE

Nota. — Le chiffre romain, placé à gauche de chaque ascendant maternel, indique son degré de parenté en ligne directe avec mes enfants. Exemple : *Eusèbe Mehaignerye porte le numéro* ix, *parce qu'il est grand-père de Jeanne Mehaignerie, trisaïeule de mon grand-père, qui porte le numéro* vii, *comme son mari Jean Baconnière de l'Ulaguère.*

Le signe = indique un mariage.

Alliance avec Jean Baconnière, sieur de la Maison-Neuve.

VIII   **PRIME**

(OLIVE).

Née à   , le

Mariée à   , le   1623, avec Jean Baconnière, sieur de la Maison-Neuve.

Mère de Jean Baconnière, sieur de la Lagnère.

Damoiselle Ollive Prime, dame de la Maison-Neufve, eut onze autres enfans :

1° Denys Baconnière, né à Fougères, baptisé le 6 novembre 1624, filleul de Denys Pouriel, sieur de Chapifeu et de Perrine Pridoul, dame de la Mazure;

2° Pierre Baconnière, né à Fougères, baptisé le 28 octobre 1625;

3° Françoise Baconnière, née à Fougères, baptisée le 13 novembre 1626, = Jullien Fournier, sieur de la Frémondière; mère de J. B. Fournier, sieur de la Percherie, qui fut père de François Fournier de la Frémondière, émancipé en 1697, et grand-père de Jean Fournier, prêtre, docteur en Sorbonne, 1785;

4° Guionne, religieuse à Fougères, née en 1627;

5° et 6° Mathurine, mariée à Jean Blot, sieur de Hagron, née en 1640 (une première Mathurine, née en 1629, était morte jeune);

7° Euzèbe Baconnière, né à Fougères, baptisé le 29 janvier 1643, filleul de Eusèbe de Bregel, sieur de Mesguerin, et de Françoise Gillot;

8° Marguerite Baconnière, née à Fougères, baptisée le 4 mars 1644;

9° Jullienne Baconnière, née à Fougères, baptisée le 2 décembre 1646;

10° François Baconnière, sieur de la Haye, né en 1649, trésorier de Saint-Léonard, à Fougères, en 1690; l'inventaire qu'il dressa des Archives de cette fabrique existe encore. Il fut père de Mathurine, qui épousa Julien Hameau, sieur de Neuville, 1697.

11° Joseph Baconnière, né à Fougères, baptisé le 20 février 1651.

Morte à   , le   (vers 1655).

Alliance avec Jean Baconnière, sieur de Lulaquère.

IX   MEHAIGNERYE

(EUSÈBE).

Né à   , le

Marié à   , le   , avec
Père de : Jean Mehaignerie, sieur de la Richardière.

Mort à   , le

Famille venue de Vannes, habita peu de temps Fougères, ensuite Rennes.

VIII   MEHAIGNERIE

(JEAN).

« Noble homme »; fut parrain, en 1696, de Jean-Marie Baconnière (son arrière-petit-fils). Mort en 1702. Il avait épousé Nicole Davy, dont il eut Jeanne et deux fils :

A « Noble homme » Nicolas-François Mehaignerie, sieur de la Richardière *le jeune,* parrain en 1698 de

Jeanne-Nicole Baconnière; avait épousé Anne-Marie Herbert, qui signe au baptême de 1696, et aux mariages d'Euzèbe Baconnière en 1695, et de Nicolas F. P. Baconnière de Salverte en 1725.

Nicolas et Anne-Marie eurent pour enfants :

1° En avril 1698, Jeanne-Marie-Julienne, qui signe au contrat de mariage de Nicolas Baconnière de Salverte, 1725, avec son mari P. J. de Nantrieul, sieur de la Boullaye, conseiller du Roi. Ils eurent pour fils Jean-Pierre-Marie, né à Rennes, 1727; pour fille Antoinette-Jeanne, née en 1726.

2° Jean-Marie Mehaignerie, sieur de la Richardière, receveur des Fermes du Roi, 1727.

Nicolas Mehaignerie mourut à Rennes, paroisse Saint-Aubin, 1707.

B Eusèbe Mehaignerie de Beaumanoir, trésorier de la fabrique de Saint-Léonard, à Fougères, en 1701, avait épousé Olive Batton, fille d'Auguste Batton, sieur de la Morière, ancêtre du comte Batton de la Riboisière, sénateur de l'Empire, et du député actuel.

Eusèbe fut parrain, le 3 mai 1701 (paroisse Saint-Aubin), de Eusèbe-Aubin Baconnière, né à Rennes, fils d'Euzèbe Baconnière et de P. R. Herbert. Jean Mehaignerie, bisaïeul de l'enfant, vivait encore, et signa aux registres, ainsi : « Mehaignery ». On trouve encore le nom écrit Mehainnerie ou Mehenrie.

VIII DAVY

(NICOLE).

DAME DE LA RICHARDIÈRE.

Née à   , le

Baptisée le

Mariée le   , à Jean Mehaignerie.

Mère de Jeanne, de Nicolas et d'Eusèbe Mehaignerie.

Marraine de son petit-fils Jean Baconnière, 1662.

Marraine de son arrière-petit-fils Nicolas F. P. Baconnière, 1697.

« Honorable personne, honorable femme », signe en 1657 au mariage de sa fille Jeanne, avec Jean Baconnière de l'Ulaguère.

Sœur de Jeanne Davy, « compaigne de noble homme Pierre Castel, sieur du Puits-Mauger », et marraine, en 1691, à Rennes, de M. M. A. Morfoüace, fille de Jean Morfoüace de Belair et de M. M. Bouëtin.

Un Davy, prêtre, grand vicaire, figure au mariage d'Euzèbe Baconnière, 1695.

Renée Davy, = Louis H. Maupillé, avocat à la Cour, 1774.

Morte à   , le

VII — MEHAIGNERIE

(JEANNE).

Née à   , le

Mariée à Fougères, le 25 septembre 1657, avec Jean Baconnière de l'Ulaguère; qualifiée demoiselle de la Barre et dame de la Fosse.

Mère de : 1° Euzèbe Baconnière.

2° Jean Baconnière, baptisé à Fougères, le 28 juillet 1662.

3° Françoise Baconnière, mariée à Jean Jouet, sieur de Montbellen, baptisée le 29 juillet 1663.

4° Anne Baconnière, baptisée le 3 août 1664.

Demeure à Rennes en 1696. Marraine de sa petite-nièce J. M. J. Mehaignerie (avril 1698), et de sa petite-fille J. N. Baconnière (novembre 1698).

Morte à   , le   (vers 1712).

Alliance avec Euzèbe Baconnière.

VII **HERBERT**

(AUBIN).

Né à   , le

Contrat de mariage devant M^e   , notaire à
          , le   .
Dot :
Marié à   , le   1669, avec Marie Heuttes.

Mort à   , le   1694.

Famille de Rennes.

VIII **HEUTTES**

(N.....).

Né à   , le

Contrat de mariage devant M^e   , notaire à
          , le   , avec

Dot :

Marié à , le

Père de : 1° Marie Heuttes.

2°. R. Heuttes, prêtre, signe aux actes de mariage, 1702 et 1705.

3° Jeanne Heuttes, qui signe aux actes de 1695, 1696 et 1701.

4° Anne-Marie Heuttes, qui signe aux actes de la famille Baconnière : Mariage 1695, baptêmes 1696, 1697, 1698, 1701. Marraine de Marie-Rose Baconnière, 1700. Veuve de C. Houvet, qui avait signé aux actes de 1698, 1700, 1701 et 1702. Elle signe au contrat de mariage de Nicolas Baconnière de Salverte, 1725. Mère de Houvet de la Morinaye; de Renée-Marie Houvet; et de G. L. Houvet de Kerivalan.

Mort à , le

VII   HEUTTES

(MARIE).

Née à , le

Contrat de mariage devant M[e] , notaire à
, le

Dot :

Mariée à   , le   avec Aubin Herbert.

Mère de :

1° Périne-Rose Herbert.

2° J. Herbert, qui signe aux actes de mariage, 1702 et 1705.

3° Anne-Marie Herbert, = Nicolas Mehaignerie, sieur de la Richardière; marraine d'Eusèbe-Aubin Baconnière, fils d'Euzèbe Baconnière et de P. R. Herbert, 1701.

4° Pierre-François Herbert, né vers 1676. Procureur au Présidial. Signe aux actes de baptême des enfants Baconnière, 1696, 1698, 1700. Parrain du deuxième enfant, Nicolas-François-Pierre Baconnière, 1697. Épouse Jeanne Cassard, 17 janvier 1702 (paroisse Saint-Aubin, à Rennes). Ils signent tous deux au contrat N. F. P. Baconnière de Salverte, en 1725.

5° Simon Herbert, sieur du Parc, avocat en la Cour de Rennes. Parrain de Marie-Rose Baconnière, 1700. Épouse Thérèse-Jacquette Perrichot, 17 février 1705 (paroisse Saint-Aubin), qui signe au contrat de 1725. Père de Anne-Julienne-Françoise, née en 1710, et de Anne-Marie-Sainte, née en 1711. Mort avant 1725.

Marie Heuttes, veuve Herbert, signe au mariage de P. R. Herbert avec E. Baconnière, 1695; marraine de leur premier enfant, 1696. Signe aux actes de baptême de leurs autres enfants, 1697 et 1698. Signe aux mariages de Pierre F. Herbert, 1702, et de Simon Herbert, 1705; aux actes de baptême des filles de Simon Herbert, 1710 et 1711.

Morte à   , le

VI **HERBERT**

(PÉRINE-ROSE).

Née à   , le   1670.

Contrat de mariage devant Mᵉ   , notaire à
           , le   .

Mariée à Rennes, le 23 août 1695, par le curé de Saint-Aubin, avec Euzèbe Baconnière.

Mère de sept enfants :

1° Jean-Marie, mourut jeune. Il fut baptisé par le curé de Saint-Aubin, 1696, et eut pour

Parrain : Jean Mehaignerie, sieur de la Richardière;
Marraine : Marie Heuttes, veuve de Aubin Herbert.

2° Nicolas-François-Pierre Baconnière de Salverte, 1697.

3° Jeanne-Nicole, née en 1698, = J. B. R. Lacaen, sieur du Châtelet, avocat au Parlement.

4° Marie-Rose, née 8 mars 1700, = noble homme Raoul-Patrice Dumaine, sieur de la Josserie, 10 décembre 1726. Veuve en 1747; mère de Esprit Dumaine, mort aux Iles, et de Pierre-Marie Dumaine, 1729-1811, directeur des domaines à Metz, = 1754, A. M. Picart, dont :

A A. M. Joséphine Dumaine, = 1781, J. L. A. Pierre, chevalier de Saint-Louis, procureur général du Roi de la Table de marbre du palais, à Metz, 1751-1831; eut pour témoins MM. de Salverte, ses oncles à la mode de Bretagne; mère de : J. N. Pierre, 1782-1851, lieutenant de vaisseau, = 1814, Thérèse Gentil, 1794-1885, dont

Louise, 1815-1877, = 1837, Alfred de Faultrier, député; mère de : *a* Gaston de Faultrier, 1841-1874, = 1872, Louise de Metz-Noblat; *b* Alice, 18 -18 , = 1860, Henri, général comte de Geslin, parrain en 1878 d'Isabelle de Salverte; dont Yvonne, née en 1861, et Marie-Thérèse, en 1863; *c* Louise, 18 -18 , = 1864, Paul Esterhazy, préfet, dont Christian et quatre filles.

B Marie-Rose Dumaine, = 18 , Le Payen, mère de : *a* Hélène, = 1812, Maurice Bouchez, 1779-1864, dont Jules, Charles et Hippolyte, filleul en 1816 de Mme Baron de Salverte; *b* Annette, 1788-1832, = 1814, Louis Gentil, général, † 1818, mère de A. M. E. Gentil, 1816-1852, = 1834, Charles Gerdolle, dont Bl. Sophie, religieuse dominicaine au couvent de Taunton (Angleterre), et Fernand.

C Bernard-Marin Dumaine, directeur de l'enregistrement à Metz, † 1826, = 1815, Julie de Contencin, dont *a* Gabriel Dumaine, 1818-1862, filleul de Mme Baron de Salverte, = 1850, Fanny de Beausire, dont Gabrielle, Marie, Julie; *b* M. C. Dumaine, 1816-18 , = Armand Morillot, dont Christian; Paul, lieutenant de vaisseau, = 1886, Marguerite Savaresse; Armande, = 1865, Ernest, comte d'Aumale, dont Jean, Paule, Suzanne.

D Charles-Eusèbe Dumaine, 1767-1832, = 1798, Rosine Lecomte, dont *a* Henriette, 1799-1851, = 1826, N. Albanel; *b* Clémentine, 1801-1881; *c* Laurencine, 1803-1821; *d* Charles-Eusèbe Dumaine, 1808-1881 = 1864, Alexandrine de Beausire, dont trois filles, Laurence   , Renée   , Alice   .

E Thérèse Dumaine, 1771-1837, élevée chez madame Faure de Salverte, dont elle a reçu en dot 24,000 livres converties en une terre, dite «le Chapeau plat», de trente-quatre arpens, à Bernières, = 1800, J. C. George, à Metz, veuve en 1812, mère de Thérèse-Georgette, 1801-18 , = 1828, Casimir de Lassalle; dont Charles, né à Bruxelles en 1829.

5° Eusèbe-Aubin, né 2 mai 1701, baptisé le 3, paroisse Saint-Aubin, à Rennes.

6° Pierre-Alexis, né à Rennes, le 20 novembre 1702; marié le 24 juillet 1736, avec J. Jameu de Feudon; père d'Eusèbe-René, 1737.

7° Jeanne-Marie-Françoise-Thérèse, née 8 mars 1709, baptisée le même jour, paroisse Saint-Aubin.

Marraine de J. M. Eusèbe Baconnière, 1727. En 1737, elle assistait au baptême de son petit-fils, Eusèbe-René.

Morte à   , le

*Alliance avec Nicolas-François-Pierre Baconnière,
Sieur de Salverte.*

VII   MORFOÜACE

(N.....).

Armes :

Père de Jean Morfoüace, il descendait d'une famille qui s'était illustrée dans la carrière des armes pendant les guerres de Bretagne. Le capitaine Morfoüace, qui commandait dans la ville de Saint-Malo, eut l'honneur d'en repousser les Anglais, qui l'attaquaient avec une formidable artillerie, au quatorzième siècle[1].

Allié aux Morfoüace de la Corbière, de Keralieu, de Kerbino, aux Le Breton, aux Lelieuvre.

Élizabeth Guerrier, veuve Lelieuvre, et Jacques Lelievre signent l'acte de mariage de P. A. Baconnière, à Rennes, 24 juillet 1736.

Leliepvre du Bois de Pacé, signe, en 1725, au contrat de mariage de N. Fr. P. Baconnière de Salverte.

Son fils Guillaume-Nicolas L. du Bois de Pacé, Écuyer, directeur et receveur général des domaines en Bretagne, = A. A. de la Croix, dont N. du Bois de Pacé, directeur de l'enregistrement, et Anne-Françoise-Guillemette, née à Nantes, 1761-1830, = Claude Petiet, conseiller secrétaire du Roi, ministre de la guerre, 1749-1806, qui

---

[1] Froissant, liv. II, ch. xxxvi.

faisait souvent allusion à sa parenté avec les Salverte. Leurs enfants : 1° baron Alexandre Petiet, 1782-1835, = 1808, A. B. Rebuffel, 1788-1861, dont le général baron Napoléon, 1809-1874; Jules, 1813-1871, dont baron André, 1853; mesdames Leblanc-Duvernois, 1811-18 , et Bonnafont, 1817-18 , mère de madame Barba.

2° Général Auguste Petiet, † 1858, père du baron Victor et du général Charles, = M. de Montarnal.

3° Isidore Petiet, † 1869, = général baron Alphonse de Colbert; mère de Élisa, = E. de Lantivy, † 1870; Albertine, † 1845, = J. Petiet; et Caroline, † 1876, = Henri-Albert, comte de Colbert-Turgis, † 1879; mère de six enfants :

a Alphonse, comte de Colbert, marié à mademoiselle de Fleurieu, dont Henri, André, Louis, Stanislas et Bernadette.

b Caroline, = marquis Édouard de Colbert du Cannet, mère de la comtesse de Villeneuve-Bargemont.

c Marguerite, = 1865 Jules de D. de Sartous, comte de Thorenc, dont François et Marie.

d Henriette, = vicomte du Noday, dont Olivier et Arthur.

e Charles, comte de Colbert, officier de marine, = mademoiselle de Collignon.

f Adeline, = marquis de Monti de la Musse, dont Albert.

4° Sylvain Petiet, 1794-1868, officier, page de l'Empereur, = 1831 M. A. de Sainte-Hermine, 1806-1869, dont :

a Baron Armand I. S., auditeur au Conseil d'État, député, né 1832, = 1859 M. Ardouin, dont M. Petiet, = C. E. Vuarnier, 1882; Claude et Sylvain Petiet.

b Gaston, officier, né en 1842.

VI   MORFOÜACE

SIEUR DE BELAIR

(MESSIRE JEAN).

Né à   , le

Contrat de mariage devant M⁰   , notaire à , le

Marié   , avec M. M. Bouëtin.
Noble homme; avocat au Parlement; procureur au siége présidial de Rennes; y demeurant, rue des Foulons (paroisse Saint-Jean); parrain de J. M. E. Baconnière de Salverte, son petit-fils, 15 août 1727.
Mort à   , le
Belair est très-voisin de Bruz.

VI   BOUËTIN

(MARIE-MAGDELEINE).

DAME DE BELAIR.

Née à   , le
Mariée à   , le   , avec messire Jean Morfoüace, sieur de Belair.

Mère de :

1° Thérèse-Françoise Morfoüace du Vaugaillard; marraine à Bruz, en 1713.

2° Marie-Magdeleine-Angélique, née à Rennes, le 4 juillet 1691; baptisée le 5 (registres de la paroisse Saint-Sauveur).

3° Anne-Marie, = M. J. André de Dureville, directeur des Domaines à Rennes, Écuyer (veuve avant 1745); signe aux mariages de N. F. P. Baconnière de Salverte, 1725 et de J. M. E. Baconnière de Salverte, 1764; mère de deux filles. L'aînée, A. M. Jeanne André de Dureville, † 1782, = Benoît Marsollier des Vivetières, conseiller secrétaire du Roi, trésorier général et payeur des rentes de l'Hôtel de ville à Paris, qui signe au contrat de 1760, † 1787, dont deux enfants :

A Benoît-Joseph Marsollier, 1750-1817, conseiller secrétaire du Roi, auteur d'opéras-comiques estimés. On a donné son nom à une rue de Paris;

B A. M. Élisabeth, dame de Coutances, aimable et riante personne, chantée sous le nom de Nanette, † 1788, = Guillaume-René Gauthier de Mongeroult, chevalier, trésorier général de la maison du Roi. Ils signent tous deux au contrat de 1760; veuve, elle demeurait encore à Paris en 1787. Leurs fils : André G. de Coutances, conseiller maître à la Cour des comptes de Montpellier, et Marie-Benoît G., commandant un bataillon de la garde nationale en 1792. Leur fille, A. M. Gauthier de Mongeroult, = 1782 haut et puissant seigneur Joseph-Marie-J. M. Brandouin de Balagnier, comte de Beaufort, capitaine au régiment du Roi-infanterie, et demeure rue de Bourbon-Villeneuve.

Anne-Marie Morfoüace meurt fort âgée en 1770.

4° Périne-Jacquette de la Moriçaye.

Morte à   , le

Le Vaugaillard, comme Belair, était une très-ancienne gentilhommière, qui fut vendue, le siècle dernier, au marquis de la Gervaisais.

V   MORFOÜACE

DAMOISELLE DE LA MORIÇAYE

(PÉRINE-JACQUETTE).

Née à   , le   1703.

Contrat de mariage, 17 octobre 1725, avec Nicolas F. P. Baconnière de Salverte; dot : 10,500 livres.

Mariée le 28 octobre 1725, par le curé de Bruz, près Rennes.

Mère de quatre enfants :

1° Jean-Marie-Eusèbe Baconnière de Salverte.

2° Anne-Marie-Joséphine, baptisée dans l'église de Saint-Alpin (octobre 1733), à Châlons-sur-Marne; mariée 3 juillet 1753 à Bernard Perruchot, régisseur général des hôpitaux des armées d'Allemagne (contrat devant Me Suby, notaire à Metz et paroisse Saint-Martin), dont :

A N. M. Bernard Perruchot de Longeville, 1756-1794, directeur général des fermes du Roi à Saint-Malo, mort sur l'échafaud et enterré à Picpus, = 1785 Marguerite Mique, fille du surintendant des bâtiments de la Reine à Versailles, qui meurt en 1799, dont :

1° Désiré, commissaire des poudres, 1790-1835, =

1824, à Metz, B. M. Aerts, dont Cécile-Charlotte 1826-18 , =1843 Louis, baron Sers, préfet; dont Henry Sers, né 1846; Marie, 1852-18 , = 1876 André Réal;

2° Eugène, 1792-1869, = Anne Dauphin, dont : *a* Sébastienne 1818-18 , = 1848 Félix Denieau, dont Raoul, né 1849, légataire de Charles de Salverte, = 1876, Marie Lafon; *b* Eugène-Marie Perruchot de Longeville, 1824-18 , premier drogman à Constantinople, consul général et ministre plénipotentiaire, comte romain, = 1855 Aimée Alléon, 1833-1884, dont :

Amédée, né à Constantinople 1856;

Eugène, 1862 ; Alfred, 1863 ; Edgard, 1870 ; Eugénie, 1857 ; Marie, 1858;

3° Cécile, = 1824 le colonel Blain;

4° Adélaïde, = 1804, à Vitré, M. Cor, d'une famille de Saint-Malo, 1776-1825, dont : *a* Mathurin-Joseph Cor, premier secrétaire-interprète de l'Empereur pour les langues orientales, professeur au Collége de France, 1807-1854, légataire de J.-M.-Eustache de Salverte, = Célestine et Sophie Alléon, dont Eugène, 1843-18 , consul à Constantinople,=1873 Marie Léonie, dont Jacques, 1874; *b* Joseph, † 1874; *c* Mélanie, religieuse à Vitré; *d* Eugène, missionnaire lazariste, supérieur du collége à Constantinople; *e* Émile, † 1871, recteur du collége des Jésuites à Vannes; *f* Louis; *g* Benjamin, conseil du ministère des affaires étrangères de la Sublime Porte; et trois autres enfants.

B Nicole-Périne Perruchot de Longeville, 1759-1841, sérieux historien, connue dans la famille sous le nom de «Fanfinette», légataire de mesdames de Salverte, =1771 Antoine Pierre, chevalier, vicomte d'Allard, ancien page de Louis XV.

3° Nicolas-Eusèbe Baconnière de Salverte, né 3 août 1735, baptisé dans l'église Notre-Dame de Châlons. Lieutenant de grenadiers au régiment de Rohan-infanterie, 1754; capitaine 1758; a fait les campagnes de 1757 à 1762 en Allemagne, s'est trouvé aux batailles de Rosbach, Lutterberg et Berghen; conseiller secrétaire du Roi; commissaire des guerres à Sarrelouis, 1765; chevalier de Saint-Louis, 1780; † 7 août 1783, = Anne-Élizabeth de Favart, 1733-1797, dont :

A Jean-Marie-Eusèbe-Élizabeth, né le 27 juillet 1768, sous-lieutenant au régiment de Nassau-infanterie, 1784; commissaire des guerres, 1802-1812; a fait les campagnes de 1802 à 1809 en Allemagne, en Pologne, en Espagne; inspecteur aux revues à Gorcum (Hollande) pendant le blocus et le bombardement de 1813; sous-intendant militaire, 1817; chevalier de Saint-Louis, 1819; filleul et légataire de son oncle J.-M.-Eusèbe, témoin de la naissance de Georges, demeura jusqu'à sa mort (29 décembre 1836) chez MM. de Salverte.

B Anne-Bernardine, = 19 juin 1787 Nicolas-Mathieu Lallement, Écuyer, vérificateur des Domaines, 1765-1838, fils d'un directeur général des domaines et petit-neveu d'un P. Prémontré (le contrat a lieu devant M⁰ Boulard, notaire à Paris, et porte constitution de dot par son oncle J.-M. Eusèbe de Salverte). Elle meurt à Nancy le 30 août 1792, laissant :

a Anne-Élisabeth Lallement, 1788-1861, = 1816 C.-F. Le Milloch de Brangolo, fils d'un avocat au Parlement, 1774-1848, dont Clément M.-P. Le Milloch, 1817-1861, à Hennebont; Henri-A. Le Milloch, officier, 1825-1878; Marie-J.-C. Le Milloch, 1820-18 , = 1848 L.-A. Chaigneau, 1801-1866, dont Marie-Berthe, née à Lorient, 1848.

b Eusèbe Lallement, officier, mort dans la retraite de Russie.

4° Une fille morte à Metz, à seize ans.

Marraine de J. P. M. de Nantrieul, le 22 janvier 1727, dans l'église de Saint-Germain, à Rennes.

Testament olographe à Metz, 25 décembre 1764 et 26 février 1766. Elle laisse à son « cher mari » (qui ne devait pas lui survivre quinze jours) tout ce dont elle a « la libre disposition, pour lui donner des marques de ma « tendresse et de ma reconnaissance... Je le prie de vou- « loir bien me faire enterrer dans le cimetière, auprès de « la Croix, n'ayant point de parens ici, etc., etc. »

Chacun de ses trois enfants a reçu de ses père et mère :

En dot : 40,000 livres, et après eux : 87.000 livres, suivant compte arrêté en mai et octobre 1771.

Morte à Metz, le 25 mars 1766 (registres de la paroisse Saint-Gingouff) ; inhumée, le même jour, dans le cimetière de cette paroisse.

Alliance avec J. M. Eusèbe Baconnière de Salverte.

VI   FAURE

(JEAN).

Né à   , le

Contrat de mariage devant Me   , notaire à   ,
le

Marié à   , le   , avec

Commissaire des guerres et des fontes en Roussillon.

Mort à   , le

Sa famille venait du Dauphiné.

Alliances : les Faure de Beaufort, dont la généalogie remonte au treizième siècle, de Roussieux en Provence. Faure de Saint-Sylvestre est lieutenant-général, marquis de Satilieu en Vivarais (lettres patentes de 1693 et 1697, enregistrées à la Cour des aydes de Montpellier en avril 1698). Son petit-fils Louis-Joseph-Claude, page du Roi; mêmes armes.

Jean fut père de :

1° Anne Faure;

2° Jean Faure, bourgeois noble du Roussillon, = Thérèse Faure-Gouzé, dont Jacques-Pancrace-Ange (né à Perpignan), comte de Faure, 1739-1824; chevalier de Saint-Louis en 1783; officier supérieur du régiment Royal-Roussillon, 1761-1791; fit ses preuves de noblesse; marié en 1781 à Amélie Florimond de Norville, fille de Louis XV, morte en 1790[1]. Il signe, comme *parent*, à plusieurs actes de notre famille en 1782.

Père de : *1°* Armand-Joseph-Catherine, 1782-1868, boursier au collége de La Flèche, receveur général des finances, = Jeanne S. S. Feuilland, † 1859, dont

A Étienne-Anatole de Faure, 1822-18 , receveur des finances, = Alexandrine M. L. de Stabenrath, dont *a* Armand, officier, 18 -18 , = 1884 E. Salteur de la Serraz, dont

b Jeanne-Marie, = 1878 R. Jacquelot de Boisrouvray, dont Anne, Jean, Yves.

B Léon-Xavier-Armand de Faure.

C Laure, † 1877, = A. Roussel-Hudelize, † 1876.

D Antoinette, 18 -18 , = H. Pierron de Mondésir, officier d'artillerie, dont Laure, Berthe, Jeanne.

2° Amélie de Faure, † 1855, mariée à Anne-Joachim-François, comte de Melun, † 1849, dont :

A' Anatole L.-J., comte de Melun, député 18 -18 , = Marie Van der Cruiss, † 1884, dont Guillaume, † 1886, = 1880, mademoiselle d'Herlincourt; et Marie-Anne, = René, vicomte d'Hespel.

B' Armand M. J., vicomte de Melun, 1807-1877. Éminent écrivain catholique, auteur du *Manuel des OEuvres charitables de Paris,* de la *Vie de l'admirable sœur Rosalie,* etc., etc., = Marie de Rochemore.

---

[1] Les témoins qui signent au décès de la comtesse de Faure sont ses parents : J. M. E. Baconnière de Salverte, et Eustache Pâris de Bollardière, receveur général des finances en Dauphiné.

C' Léonie-Victoire, = A. J. comte d'Acy, dont Albert, comte d'Acy, = Irène de Guynemer, dont Jacques.

D' Anne A., † 1884, = Boula, comte de Mareuil, dont Arthur et Gaston épousent successivement Camille de Châteaubourg; Maxime, = Jeanne de Lupel; Mathilde = comte de Fraguier.

E' Mathilde B. J., = comte de Lespinay, dont Armand = M. de Farcy; et Mathilde, = comte de Mongermond.

---

v   **FAURE**

(ANNE).

Né à   , le

Contrat de mariage devant M°   , notaire à   ,   le
Dot :
Marié à   , le   , avec Jeanne-Marie Godelle. Écuyer, secrétaire du Roi, 1737, en résidence à Saverne.

Mort à Saverne, le   1760.
Armes: « D'argent, à la bande en devise d'azur, enfilée dans trois couronnes ducales (ou antiques) d'or. »
Couronne de comte. Supports : deux lions debout.

VII   DE JOINVILLE
(HENRY).

Né à   , le   .
Contrat de mariage devant M^e   , notaire a   , le   , avec   .
Marié à   , le   .

Mort à   , le   .
Père de : Madame Godelle ;
Madame Gabrion, à Troyes ;
Madame de Beaufort, qui eut quatre filles :

1° Élizabeth-Nicole de Beaufort, = 1717 Nicolas-Robert Watelet, avocat au Parlement, conseiller du Roi, payeur des rentes à l'Hôtel de ville, dont Nicolas Watelet et Claude-Henri Watelet, 1718-1786, receveur général des finances pour la généralité d'Orléans, *de l'Académie française,* de l'Académie de peinture ; mort au château du Louvre, et inhumé dans l'église Saint-Germain l'Auxerrois [1].

2° Jeanne-Marie de Beaufort, = Edme-Joseph Roslin, conseiller secrétaire du Roi, fermier général, qui fut témoin du mariage Faure et Malartic, 1748. Elle signe au mariage de J. M. E. de Salverte avec Élizabeth Faure, sa nièce à la mode de Bretagne, 1764. Mère de : *a* Jean Roslin, = M. A. Richard, et signe l'acte de décès de son oncle Watelet, 14 janvier 1786 ;

---

[1] *Dictionnaire de Jal,* 1868.

b Marie-N. Roslin, = P. E. C. Maisneau, conseiller au Parlement de Paris;

c Marie-E. Roslin, = le président Legendre.

3° Marie-Catherine de Beaufort, 1717-1786, = François Bouron, Écuyer, conseiller du Roi.

4° Charlotte de Beaufort, = Jean de Boullongne, intendant des finances, conseiller d'État, grand trésorier des Ordres du Roi, contrôleur général des finances, né en 1690, fils de Louis de Boullongne, chevalier de Saint-Michel, premier peintre du Roi, des Académies de peinture et des inscriptions et belles-lettres, 1654-1733. Elle signe en 1720 au mariage de sa belle-sœur, M. A. de Boullongne, avec J.-P. Richard. Jean fut témoin du mariage Faure et Malartic; sa nièce Faure de Salverte passait l'été chez lui, près de Nogent-sur-Seine, dont il était comte. Il mourut le 22 février 1769 (paroisse Saint-Roch, à Paris).

Mère de : *a* Jean-Nicolas de Boullongne, 1725-1787, conseiller au Parlement, comte de Nogent-sur-Seine, = L.-J. Feydeau de Brou (église Saint-Roch). Père de Paul-Esprit-Charles, né en 1758, et de Jean-Marie, 1763-1764;

b Guillaume Tavernier de Boullongne. (Au mariage de Bon Boulogne, à Chaillot, 8 avril 1687, signent Arthur Tavernier, sieur de Boullogne, et sa femme.) Trésorier de l'extraordinaire des guerres, signe au contrat Faure et Salverte. Père de Catherine-Jeanne de Boullongne, qui épousa, en 1763, Mathieu-Paul-Louis de Montmorency, vicomte de Laval, premier gentilhomme de la chambre de Monsieur, commandant le régiment d'Auvergne, et gouverneur des ville et château de Compiègne. Elle mourut en 1838, après ses fils : l'abbé de Laval, qui avait péri sur l'échafaud pendant la Terreur, et J. F. L., duc Mathieu de Montmorency, 1767-1826, député aux États généraux, ministre d'État et des affaires étrangères en 1821, gouverneur du duc de Bordeaux, *de l'Académie française*, qui ne laissa qu'une fille : Élizabeth-Hélène, = 1807 Sosthènes, vicomte de la Rochefoucauld, 1785-1864, ministre des Beaux-Arts sous Charles X (qui, dans ses portraits de dames contemporaines, n'a point oublié madame de Salverte), et mère de Stanislas, duc de Doudeauville, et de Sosthènes, duc de Bisaccia ;

c Edme-Louis de Boullongne, 1702-1732, = Marie Poulletier ; receveur général des finances, grand trésorier des Ordres[1]. Père de mesdames de Labrosse, de Diosménil, de la marquise de l'Hospital, ambassadrice en Russie[2], de Marie-Edme, mariée le 7 mars 1746 au marquis Armand de Béthune, colonel général de la cavalerie légère, le onzième de sa maison ; morte le 3 juillet 1753 ; mère, le 2 juin 1752, de Catherine-Pauline ;

d Marguerite C. de Boullongne, = G. H. Caze de la Bove, d'une famille alliée depuis longtemps aux Watelet (actes de 1718 et de 1786), intendant de la généralité de Champagne. Elle signe au contrat Faure et Salverte, 1764, et meurt le 21 février 1792, laissant un fils : Louis Caze, baron de la Bove, = A. M. Ledoux en 1764, dont quatre enfants.

---

[1] *Notes sur l'état civil de Paris*, etc., par le comte de Chastellux, 1875.
[2] *La chesnaye des Bois*, t. II, p. 203.

VI DE JOINVILLE

(N......).

Née à   , le
Contrat de mariage devant Mᵉ   , notaire à
           le   , avec N... Godelle.
Dot :
Mariée à   , le
Mère de :   Jeanne-Marie Godelle.
Morte à   , le

VI GODELLE

(N......).

Né à   , le   .

Contrat de mariage devant Mᵉ   , notaire à
           , le   , avec mademoiselle de Joinville.
Marié à   , le   .
Ingénieur.

Le nom s'écrivait Godell : famille arrivée d'Écosse lors de la formation de la garde écossaise, vers 1470.

Alliances :

1° Dans l'Aisne :

Mgr Godelle, vicaire apostolique de Pondichéry, évêque des Thermopyles ;

M. Godelle, président de section au conseil d'État sous le deuxième Empire ; son fils, Camille Godelle, avocat général à la Cour de cassation, député de la Seine en 1879.

2° En Lorraine :

Christophe Godell, avocat au Parlement (lettres de franchise du Régent, 1718). Sa fille Anne-Suzanne épouse, en 1748, Nicolas de Humbert, comte de Girecourt. — Un de Humbert, Écuyer, gouverneur de Rambervillers, signe, comme *parent*, au contrat de mariage de Anne-Bernardine de Salverte, à Nancy, en 1787.

Mort à   , le

---

v   GODELLE

(JEANNE-MARIE).

Née à Saverne, le

Contrat de mariage devant M°   , notaire à   , le   , avec Anne Faure.

Mariée à   , le   (vers 1720).

Mère de :

1° Otto-Anne Faure, déjà prêtre en 1746, chanoine de l'église collégiale de Saint-Pierre le Jeune, à Strasbourg, en 1748. En 1750, il signe au contrat de mariage de sa sœur Élizabeth avec R. Racine, à Strasbourg. En 1756, suit en Russie, comme chapelain, l'ambassadeur marquis de l'Hospital (qui avait épousé mademoiselle de Boullongne, sa cousine), chanoine honoraire du chapitre noble de Saint-Jean à Varsovie; en 1763 nommé clerc de la chapelle du Roi; il plaide contre le chapitre de Saint-Pierre le Jeune, et obtient un arrêt du grand Conseil en sa faveur, 17 septembre 1768. Signe au contrat de mariage de sa nièce de Malartic, avec L. de Petitval, à Paris, 29 octobre 1772, devant Mᵉ le Pot d'Auteuil († vers 1786).

2° Sébastien Faure, curé de Westhausen (archiprêtré de Saverne), à la nomination du cardinal prince de Rohan Soubise[1], 1750; était encore curé du même lieu en 1781. Sa sœur Faure de Salverte lui abandonna des biens dans le bailliage de Marmoutier.

3° Charles-Claude Faure de Maréville, chanoine de l'église royale de Saint-Quentin, 1786, chapelain du Roi jusqu'à sa détention au Temple. Légataire de sa sœur de Salverte; † à Paris, 27 juin 1816, chez J. M. E. de Salverte.

4° Barbe Faure, religieuse de Saint-Augustin de la Congrégation de Notre-Dame, à Provins; professe sous le nom de « sœur Thérèse-Adélaïde », le 18 septembre 1741; signe en 1772 au contrat Petitval et Malartic. Pendant la Révolution, elle se réfugie à Bernières, chez sa sœur de Salverte; † 1798.

5° Élizabeth Faure.

6° Marie-Anne Faure, 1726-1773, mariée le 16 juillet 1748 à Jean B. A. de Malartic, sieur de Fondat, 1716-

---

[1] Armand, 1717-1756, grand aumônier du Roi, évêque de Strasbourg, de l'Académie française.

1772, dans la chapelle de M. de Boullongne, conseiller d'État, à Auteuil, dont :

A. Jean-B.-A., 1750-1825, chevalier, avocat général au conseil souverain du Roussillon, conseiller au Parlement de Paris et maître des requêtes de l'Hôtel, président à la Cour d'appel de Pau, = 28 octobre 1784, Françoise-Charlotte de Floissac.

B. Abel-L.-F. de Malartic de Fondat, 1760-1804, chevalier, conseiller au Parlement de Paris et maître des requêtes, filleul d'Élizabeth Faure de Salverte, pupille de J.-M.-Eusèbe, ami d'André Chénier, qui lui dédia la charmante pièce de vers qu'on a cru longtemps adressée à M. de Pange, *A Fondat* :

« Abel, doux confident de mes jeunes mystères, etc. »

= A.-V. Trousseau, dont quatre enfants :

A Abel, capitaine dans la garde royale, † 1848, = Louise Heme, dont : *a* Anne, † 1866, = Stéphen, baron du Homme, dont Marthe , Xavier.

b Marie, † 1871, = Henri, comte de Massol de Rebetz, dont Abel , Jean , Georges.

B Léon, † 1865 ;

C Charles, 1803-18 , à Cannes ;

D Hermine, † 1858, = Blanchet de la Sablière, dont *a* Marthe, = N., marquis de Floirac ; *b* Georges, = Herminie de Kerret, dont Léon, officier, 1857-1879 ; Geneviève , Georges , Marie .

C. Marie-Adélaïde, 1753-1789, = 1772 A. A. S. Leroy de Petitval, Écuyer, régisseur général, 1740-1820 ; dont Cécile de Petitval, 1773-1832, = 1790 M. d'Hortelou, maître d'hôtel du Roi, † 1827 ; dont Cécile d'Hortelou, = 1812 comte Dary ; dont Charlotte, 1813-1872, = 1835

T. D. d'Ernemont, dont *a'* Charlotte, = N. de Canongate; *b'* Thérèse, = Briet de Boinvilliers.

D. Anne-Jacqueline-Sophie, = 1774 François Puissant de la Villeguérif, fermier général, mort sur l'échafaud révolutionnaire avec Lavoisier et ses collègues, 1735-1794, dont :

A Jacques-François Puissant de la Villeguérif, 1775-1825, = 1816 Amélie de la Loge de Saint-Brisson, † 1877, dont : *a* Francisque-Louis, 1818-18 , = 1844 M.-H. de Franpères; dont Louis, 1848-18 ; Marthe, 1851-18 , = 1876 Gabriel de Vion, vicomte de Gaillon; *b* A.-M.-Amélie, 1820-18 , = 1843 L. A. C. de Cossart, marquis d'Espiès, † 1864; dont Louise, religieuse carmélite; Marguerite, 1847 ; Alice, 1850 ; Christian, 1852 ; Jeanne, 1855 ; Charles, 1859.

B et *C* Anne-Sophie, 1777-1838, et Marie-Louise, 1779-1851, non mariées.

D Augustin-Antonin Puissant de la Villeguérif, = 1823 M. de Léon, † à l'île Bourbon sans enfants, 1840.

Marie-Anne Faure, veuve de Malartic, a la garde noble de son fils puîné, placé sous la tutelle de J.-M.-Eusèbe de Salverte. Inventaire devant Mᵉ Trudon de Roissy, à Paris, 2 juillet 1773. Partage, le 24 avril 1774. Elle meurt le 26 juin 1773.

Les *armes* des Malartic sont : « Écartelé aux premier
« et quatrième d'or au chef d'azur, chargé de trois étoiles
« d'argent, aux deuxième et troisième d'argent à la croix
« pattée et pommelée de gueules, accompagnée aux
« deuxième et troisième cantons de deux molettes d'épe-
« ron de même. » — Couronne de marquis. Cimier : une tête d'aigle. Supports : deux aigles.

7° Jeanne-Thérèse, née à Saverne, 29 avril 1734, † à

Brie-sur-Yères, 4 août 1806. Légataire de sa sœur de Salverte. Mariée à Eustache Pâris de Bollardière, de la famille des célèbres financiers. Les quatre frères Pâris, tous anoblis, tous intendants des finances, descendaient d'un aubergiste « à l'enseigne de *la Montagne*, à Moras en Dauphiné[1] » : Antoine, trésorier général, † 1733. Pâris de la Montagne, exilé en Dauphiné, fut père de Pâris de Meyzieu, bibliophile, † 1778. Pâris du Verney, conseiller d'État † 1770. Pâris de Montmartel, † 1771, père du marquis de Brunoy. Je vois encore Pâris du Treffond, receveur général des finances à Rouen, qui signe au contrat Faure et Salverte en 1764; Pâris d'Illins; Pâris de Bollardière, receveur général des finances en Dauphiné, qui mourut fort âgé, à Bordeaux, en 1808, ayant eu de son mariage avec J. Th. Faure, neuf enfants :

A. Joseph Pâris de Bollardière, officier, † 1827, = C. Goirand, dont : *a* Roch, 1803-1866, intendant général, = 1831 Agathe d'Astier; dont Joseph, 1834-18 , officier, = 1861 Angèle de Maizières, dont : René, officier 1862-18 ; Marguerite, 1838-18 , dotée par Charles de Salverte, = 1860, L. Lebon Desmottes, officier d'ordonnance de l'Empereur 1824-1870, dont Louis, 1861 ;

b Élizabeth, sœur de Saint-Vincent de Paul ;

c Sophie (Parisette), 1796-1878, à Pont-Saint-Esprit.

B. N... Pâris = F. de Colonges, † 1805.

C. Jeanne-Anne Pâris, 1777-1824, à Senlis, = C. G. de Lorbehaye de Montataire, † 1798, dont :

a Ch.-Eustache de Montataire, = Mademoiselle Chardoyet, † 1863, dont Gabrielle, = 1826 H. Weyer, officier, † 1828, dont Marie, = N. Dr Robinet,

---

[1] Luchet, *Histoire de MM. Pâris*, 2 vol. 1776.

dont Gabriel, D' Robinet, conseiller municipal de Paris;

b Élizabeth-Gabrielle, 1777-1810, = 1801 N. Cloiseau : dont Eugène, dont André;

c Jeannette-Thérèse, † 1854, = J. M. C. d'Astier, dont :

a' Anna 1801-1829, = 1821 N. Baron, dont :

1° Paul Baron Larcanger, 1822-18 . = Marie Cruveilher, dont Maurice   ; Jeanne 18 -18 , = Paul, comte du Chalard, dont Christian 1886; Roger

2° Armand Baron Larcanger, vice-président au tribunal de Melun, 1824-18   , = Emma Ducamp, 1833-1886, dont Emmanuel, 18 ; Marie, 1861-1886, = Edmond Le Jamtel, dont Henri;

b' Jenny, 1811-18 , = N. baron Swebach;

c' Agathe, 1812-18 , = Roch Pâris de Bollardière;

d' Caroline, 1818-18 , = colonel Giacobbi, dont : Alexandre   ; Marie, = M. A. Colonna d'Ornano, conseiller à la Cour d'appel d'Alger; Mathilde, = Paul Latour de Brie.

D. Eustache Pâris; E. Alexandre Pâris; F. Rosalie, † 1826; G. Sophie, † 1814; H. Victor Pâris, commissaire des guerres, † 1812, = N. Claret, dont Caroline, = 1819 C. F. G. L., comte de Saint-Gérand.

I. Adélaïde Pâris, = T. L. du Châtelet, dont : *a* Clémence, 18 -18 , = 1822, Antoine Silvestre, 1789-1876, dont : 1° Laure, 18 -18 , = général Ernest de la Porte   , dont : Caroline   , Laure   , Clémence   ; 2° Caroline, 18 -18 , = Jules de la Porte. *b* Laure, 1805-1843, = 1826 Félix, marquis d'Hérouville.

Partage des successions Faure et Pâris à Brie, 13 juin 1810.

8° N... Faure, religieuse à Saverne, recevait une pension de 150 livres de ses sœurs de Malartic et de Salverte.

9° N... Faure, religieuse Augustine, à Provins, « sœur Julie ».

Morte à Saverne, le

IV FAURE

(ÉLIZABETH).

Née à Saverne, le 30 septembre 1728.

Contrat de mariage avec Romain Racine, devant Me Humbourg, à Strasbourg, 17 novembre 1750. Mariée le 25 novembre 1750. Veuve le 25 avril 1751.

Contrat de mariage avec J. M. Eusèbe Baconnière de Salverte, 6 octobre 1764, devant Me Prévost, à Paris.

Mariée le 10 octobre 1764, dans l'église Saint-Eustache, à Paris.

Mère de :

Anne-Élizabeth Racine, née 9 octobre 1751, mariée par contrat du 7 octobre 1768, devant Me Boulard, notaire à Paris, à Jean de Vaines, receveur général des finances, Écuyer, lecteur du cabinet du Roi, conseiller d'État, 1800, membre de l'*Académie française;* tuteur, en 1792, de ses deux beaux-frères de Salverte; mort le 16 mars 1803. Elle n'apportait en dot que 5,000 livres de sa mère, et 17,000 livres laissées par son père. Ses dîners littéraires du mardi étaient renommés avant la grande Révolution.

Amie de madame Bonaparte. Morte en 1829. Mère de
J. M. E. de Vaines, préfet et pair de France de 1814 à
1824, directeur général des sels et tabacs à Turin, =
a Eulalie Drouillard de Malherbe, dont Ernest de Vaines,
officier, né 1808, et = b 1815 Henriette de Meulan,
sœur de la célèbre Pauline (madame Guizot), dont Maurice de Vaines,   , = mademoiselle de Montgrand,
dont quatre enfants.

Et du second mariage :

1° Anne-M. Élizabeth Baconnière de Salverte, née le
4 juin 1766, baptisée le 14 à Saint-Roch. Mariée avec
Jean Doazan, fermier général adjoint, fils de P. E. Doazan,
fermier général; dot et trousseau : 252,000 livres. (Contrat de mariage devant M° Boulard, notaire à Paris, le
6 mai 1786. Le vieux maréchal duc de Richelieu et le
ministre Calonne signent au contrat). A laissé une correspondance très-attachante avec son frère, sur les dernières années du dix-huitième siècle. Son portrait, par
madame Vigée-Lebrun, a été admiré à l'Exposition des
Portraits du siècle, en 1884. Veuve, 1800; † 2 janvier
1803. Mère de Gabriel Doazan, 1792-1864, et de Pauline,
1798-1876, = 1817 M. D. de Mondeville, dont

Gabriel de Mondeville et Marie, morts jeunes ; *A* Louise,
1821-1858, = Émile de Campaigno, dont Marie, 1854-1875, = avril 1872, Pierre M. V., marquis de Galard-Terraube, dont Hector, né en 1874; *B* Lavinie, 1828-18 , = 1848 Charles, vicomte de Soubiran de Campaigno, † 1869, dont Pauline, 1849-18 , = 1870
Victor, baron de Bully ; *C* Mathilde, 1830-1863, =
1861 Eugène de Vergès, inspecteur général des finances,
1824-1885.

2° Jean-Marie-Eustache Baconnière de Salverte.

3° Anne-Joseph-Eusèbe, né à Paris, le 18 juillet 1771 (Paroisse Saint-Eustache). Marié à A. F. F. Deslacs du Bosquet d'Arcambal; s'appelait dans sa jeunesse Eusèbe de la Houssaye, puis Saint-Thaurin; ami de Désaugiers, du P. Viel, d'Andryane. Laborieux écrivain, membre de l'Académie des inscriptions et belles-lettres, orateur remarquable[1], député de la Seine 1828, † à Paris, le 27 octobre 1839. Ses principaux ouvrages sont les suivants : *Essai historique sur les noms d'hommes, de peuples et de lieux,* 1824; et *Des sciences occultes,* 1829.

Madame Faure de Salverte est marraine, en 1760, de son neveu Abel de Malartic. Demeure rue d'Anjou Saint-Honoré, 1371, après son deuxième veuvage. Morte à Paris, 30 germinal an VII (15 avril 1799), 1er arrondissement.

Sa dot consistait en 12,000 livres, dont moitié en terres en Alsace. Son premier douaire et la succession de son père y ajoutèrent 10,000 livres. Elle reçut dans la succession de son second mari le domaine de Bernières, où elle vécut pendant la Révolution. Pas de testament régulier. Partage devant Me Raguideau, notaire à Paris, 14 frimaire an VIII.

---

[1] Portrait. — Ses électeurs firent frapper une médaille en son honneur : sur le revers, une barre de fer et la devise « Nescia flecti ».

Alliance avec J.-M.-Eustache Baconnière de Salverte.

VI   BARON

(N.....).

Né le   , à

Contrat de mariage devant M^e
Marié à   , le   , avec
Père de : 1° Jean-Ignace Baron ;
2° Antoine, mort non marié, rue Montmartre, à Paris, le 25 mai 1779. Testament olographe du 18 avril. Inventaire devant Me Picquais, 2 juin 1779. Institue Germain Baron son légataire universel.
Mort à   , le
Sa veuve épouse M. Faget, et fait donation (devant Me Dutartre, notaire à Paris, le 27 août 1729) à son fils aîné, Jean-Ignace, d'une maison sise à La Rochelle, et estimée 25,000 livres, pour lui tenir lieu de compte de tutelle. (Acte brûlé pendant la Commune de 1871.)

V **BARON**

(JEAN-IGNACE).

Né à   , le

Contrat de mariage devant Mᵉ Dutartre, notaire à Paris, le 16 juillet 1739. Apporte en mariage 30,000 livres, et pareille somme de 30,000 livres provenant d'une donation de sa mère et de son beau-père, M. Faget.

Marié à   , le   , avec A.-Thérèse de Boffrand.

Écuyer, régisseur et receveur général des droits réunis, conseiller secrétaire du Roi et de ses finances. Acquiert, le 17 août 1765, devant Mᵉ Dutartre, la charge de secrétaire du Roi. (Provisions audit office, obtenues en la grande chancellerie, 11 septembre 1765). Administrateur de l'hôpital général de la Pitié, à Paris. Intéressé dans la Société du commerce d'Afrique.

Testament olographe dans sa campagne, à Charonne, 10 octobre 1771, déposé chez Mᵉ Picquais, notaire à Paris, insinué le 28 mai 1774. (Legs aux pauvres de Saint-Eustache et aux Sœurs de l'Adoration perpétuelle, à Charonne.)

Mort à Paris,   mai 1774, rue de Cléry, à l'hôtel de Luber.

Inventaire et partage devant Mᵉ Picquais, 13 mai et 2 août 1774. — Actes de famille, les 8 et 9 mai 1775.

VIII   BOFFRAND

(N.....).

Né à
Marié à , le , avec
Père de : 1° Jean Boffrand ;
2° Guillaume Boffrand, chanoine de l'église royale et collégiale de Nantes en 1688[1].

Mort à , le

VII   BOFFRAND

(JEAN).

Né à
Marié à , le - , avec Barbe Quinault.
Maître sculpteur.
Mort à , le

[1] *Monographie de l'église royale et collégiale de Nantes*, par M. DE LA NICOLLIÈRE, p. 243.

X LAMBERT

(N.....).

Mort avant 1606.

IX QUINOT

(NICOLAS).

Maître boulanger à Paris, rue Saint-Martin (acte du 25 février 1611), marié à la fille de N. Lambert [1], père de Thomas Quinault.

VIII QUINAULT

(THOMAS).

Né à   , le

[1] *Histoire de l'Académie française,* par d'Olivet, etc. Paris, 1858, t. II, p. 226.

Marié le 27 février 1634, paroisse Saint-Merry, à Paris, avec Prime Riquier[1].

Maître boulanger à Paris.

Demeurant rue de Grenelle Saint-Honoré.

Mort à   , le

VIII RITTIER ou RIQUIER

(PRIME).

Née à   , le

Mariée, le 27 février 1634, avec Thomas Quinault; mère de : 1° Barbe Quinault;

2° Philippe Quinault, né et baptisé (paroisse Saint-Eustache) à Paris, le 5 juin 1635 (parrain : Philippe de Lhuive; marraine : Marie Sagot). Disciple de Tristan l'Hermite, qui avait vieilli dans la carrière du théâtre, il fit jouer sa première pièce en vers, *les Rivales*, lorsqu'il n'avait que dix-huit ans. Vint ensuite *la Mère coquette*. Sa facilité, ses succès lui attirèrent quelques jalousies célèbres. Somaize, qui ne l'aimait guère, convient cependant qu'il avait de l'esprit, la conversation douce, la tête bien attachée, les yeux pétillants. « Il est d'une fort belle encolure, et, dans son déshabillé, on le prendrait presque pour Adonis l'aîné[2]. »

---

[1] *Dictionnaire* de Jal.
[2] *Dictionnaire des Précieuses*, IIe partie, p. 109.

A vingt-cinq ans, il voulut devenir plus sérieux; il épousa, le 29 avril 1660, Louise Goujon, veuve d'un riche marchand de Paris, qui lui fit promettre de renoncer à la poésie. Quelques années plus tard, il faisait en effet ses adieux au Théâtre-Français, avec *Pausanias,* joué en 1666, et interprétait son vœu en ne donnant plus que des opéras. Associé à Lulli, surintendant de la musique du Roi, il composa les paroles de *Cadmus et Hermione,* représenté en avril 1673, *Alceste,* 1674, et dix autres opéras qui eurent un succès incroyable, jusqu'à *Armide,* en 1686. En même temps, il suivait, non sans talent, deux autres carrières. Avocat au Parlement, gentilhomme de Monsieur de Guise, 1656; Écuyer, valet de chambre et pensionnaire du Roi; de l'Académie des inscriptions, etc. Élu, en 1670, successeur de Salomon à l'*Académie française,* il y prononça plusieurs discours qui furent très-goûtés[1].

Le 18 septembre 1671, il était reçu auditeur en la Chambre des comptes, fonctions qu'il remplit toujours avec une grande exactitude. Les *armes* que Louis XIV lui avait données étaient : « D'azur au chevron d'or, accompagné de trois soucis tigés et feuillés de même. » Plusieurs portraits gravés.

« Homme de mœurs très-simples, de passions douces, réglé dans sa conduite, bon mari, bon père de famille[2]; » il avait eu cinq filles : trois prirent le parti du couvent; l'aînée épousa M. Gaillard, conseiller à la Cour des aydes, qui hérita de tous les manuscrits de Quinault, mais avec défense de les publier; la dernière, Marie-Louise, a épousé M. Charles Le Brun, auditeur des comptes, neveu

---

[1] *Vie de Quinault,* édit. de 1739.
[2] *Histoire de l'Académie française,* par d'OLIVET, art. Quinault, t. II, p. 233.

du fameux Le Brun, peintre du Roi, auquel elle apporta en dot 63,000 livres.

Il n'est pas inutile de rappeler ici la charmante pièce de vers écrite par Quinault, tandis qu'il travaillait à un opéra pour le Roi :

> La grande peine où je me voi,
> C'est d'avoir cinq filles chez moi,
> Dont la moins âgée est nubile.
> Je dois les établir, et voudrais le pouvoir ;
> Mais à suivre Apollon, on ne s'enrichit guère.
> C'est, avec peu de bien, un terrible devoir
> De se sentir pressé d'être cinq fois beau-père :
> Quoi ! cinq actes devant notaire,
> Pour cinq filles qu'il faut pourvoir !
> O ciel! peut-on jamais avoir
> Opéra plus fâcheux à faire ! »

Mort le 26 novembre 1688, et inhumé le 28, dans l'église Saint-Louis, sa paroisse, à Paris.

Sa mère meurt à   , le

VII — QUINAULT

(BARBE).

Née à Paris, au faubourg Saint-Antoine, le 14 mai 1642, baptisée dans l'église Saint-Paul.

Mariée à   , le   , avec Jean Boffrand.

Mère de : 1° Germain de Boffrand ;

2° Pierre Boffrand ;

3° Guillaume Boffrand ; père de Mathurine Boffrand, mariée, le 7 octobre 1737, à noble homme Joseph Pranot de la Nicollière, chevalier de Saint-Louis ; bisaïeule de M. Stéphane de la Nicollière-Teijeiro, actuellement archiviste de la ville de Nantes.

Morte à   , le

VI   DE BOFFRAND
(GERMAIN).

Né à Nantes, le 7 mai 1667.
Baptisé le même jour en l'église Saint-Léonard.
Parrain : Honorable homme Germain Lisenbert.
Marraine : Honorable femme Françoise Bodet.

Vint à Paris, à l'âge de quatorze ans, dans la maison de son oncle Ph. Quinault, auquel il consacra toujours la plus tendre affection, et dont il écrivit plus tard la vie (en tête des éditions de son théâtre : 1735 et 1795).

Pendant trois ans, il étudia à la fois la sculpture dans l'atelier de Girardon, ami de son père, et l'architecture sous la direction de Jules Hardouin Mansart. Ce grand maître décida de sa vocation, et lui fit obtenir la commission du bureau des dessins des bâtiments du Roi, qui valait 25,000 livres [1].

En 1709, Boffrand devint membre de l'Académie royale

---

[1] Patte, *Abrégé de la vie de Boffrand*, 1754, in-8°.

d'architecture, dont il devait mourir le doyen. Ses travaux d'architecte et d'ingénieur montrent une fécondité presque universelle[1].

En 1710, il répare complétement le palais du Petit-Bourbon, pour la princesse Palatine. En 1711, il construit l'hôtel de Broglie ; ensuite, rue Saint-Dominique, les hôtels de Montmorency et de Guerchy ; rue de Bourbon, les hôtels de Torcy, 1714, et de Seignelay, 1716 ; rue de Varenne, l'hôtel de Tingry ; rue des Fossés Saint-Victor, la maison du peintre Le Brun, son allié ; près du Palais-Royal, les hôtels de Voyer et d'Argenson ; les châteaux de Bossette et de Cramayel, etc., etc.

Son mérite et l'indication de Mansart appelèrent sur lui l'attention du duc de Lorraine, Léopold Ier, qui le nomma son premier architecte, en 1711 : « Je ne suis « pas peu obligé à M. Mansart, écrivait à Louis XIV son « neveu, le 1er février 1700, de s'être pu réduire à un « projet de bâtiment proportionné à ma portée, après les « vastes idées auxquelles la grandeur de Votre Majesté « l'avait habitué ! » C'étaient en effet les traditions de Mansart, la noblesse et la grandeur du pur style Louis XIV que Boffrand entendait continuer. Grâce à son activité prodigieuse et à ses talents supérieurs, il renouvela l'aspect monumental de la Lorraine, qui venait de sortir d'une cruelle guerre[2]. Il construisit de 1717 à 1720, le Palais-Neuf de Nancy[3], aujourd'hui démoli, mais dont les plans et dessins font connaître la plus vaste entreprise de ce genre qui ait été faite en ce pays ; restaura la cathédrale de Nancy, 1722-1728, et deux abbayes ; éleva quatre châ-

---

[1] P. Morey, *Notice sur la vie et les œuvres de G. Boffrand.* Nancy, 1866.
[2] Lionnois, 1er et 2e volumes.
[3] Durival et Joly, *passim.*

teaux princiers : la Malgrange, 1711-1715, dont les cinquante-huit dessins originaux, tous lavés et coloriés, subsistent encore, les châteaux de Lunéville, pavillon du Trèfle et pavillon du prince Charles, 1703-1719 ; onze hôtels ou châteaux, dont quatre aux Beauvau-Craon, 1712-1713, avec vingt-neuf dessins manuscrits relatifs à la décoration intérieure, ceux de Curel, de Custine, 1715, de Vitrimont, etc., etc.[1]

« La cour de Lorraine était formée sur celle de France : « on ne croyait presque pas avoir changé de lieu, quand « on passait de Versailles à Lunéville[2] » , écrivait Voltaire, bon connaisseur, et hôte assidu de l'un de ces châteaux.

Mais, par une fatalité vraiment extraordinaire, presque tous ces beaux édifices, qui avaient coûté tant de travail et d'efforts, demeurèrent inachevés, et furent renversés par Stanislas ou par Louis XV. Il ne reste guère en Lorraine, aujourd'hui, de l'œuvre de Boffrand, que ses planches gravées et d'intéressants dessins, conservés par MM. Piroux et Morey.

Ces grands travaux, admirés aussitôt par des princes étrangers, lui valurent l'honneur d'être attiré par eux et comblé des marques de leur reconnaissance. Le roi de Portugal, des Électeurs de l'Empire lui envoyèrent leur portrait. Il venait d'élever, près de Mayence, le château de la Favorite, 1725 ; aux Pays-Bas, le palais de Bouchefort pour l'Électeur de Bavière, Maximilien (qui avait donné à Léopold le conseil, malheureusement suivi, d'arrêter les travaux de la Malgrange, et qui lui devait bien cette compensation !) ; enfin, celui du prince-

---

[1] BLONDEL, *Architecture française*, t. I, II, III. — D'ARGENVILLE, *Vie des fameux architectes*, t. I. Paris, 1787.
[2] VOLTAIRE, *Siècle de Louis XIV*, chap. XVII.

évêque de Würzbourg, son œuvre capitale, 1724 [1].

Est-ce aux ducs de Lorraine ou aux princes d'Allemagne que revient le mérite d'avoir anobli Boffrand? Quoi qu'il en soit, les traités d'esthétique, imprimés à Dresde et à Munich, ne parlent du maître qu'avec admiration, en l'appelant toujours « *Von Boffrand* [2] ».

Il s'était, malgré ses fréquents séjours en Lorraine, construit une maison à Paris, une autre à Cachan, près d'Arcueil, et s'y livrait à de curieuses expériences « sur « l'élévation de l'eau par l'action du feu ». Chargé de décorer intérieurement la grand'chambre du Palais et le magnifique hôtel de Soubise, il s'occupait ensuite de restaurer l'église de la Merci, la rose méridionale du transept et le portail du cloître de Notre-Dame, jetait des ponts sur l'Yonne à Sens, et sur la Seine à Montereau, creusait pendant trois ans le grand puits de Bicêtre, 1733-1735, et élevait en 1748, près de la cathédrale de Paris, l'hospice des Enfants-Trouvés [3].

Boffrand, nommé pensionnaire des bâtiments du Roi, premier ingénieur et inspecteur général des ponts et chaussées du royaume, devait laisser après lui son enseignement, condensé dans un *Livre d'architecture contenant les principes généraux de cet art* [4]. L'auteur s'y dépeint lui-même à chaque trait, et semble avoir pris pour guide et pour modèle l'*Art poétique* de Boileau. Des juges très-compétents ont dit de lui, avec vérité, qu'il fut l'admirateur

---

[1] *Dictionnaire des architectes*, par LANCE, 1872. — DUSSIEUX, *Les artistes français à l'étranger*, 1876.

[2] *Neues Kunster Lexicon*, v. Dr NAGLOR. Munich, 1835.

[3] LEBAS, *Dictionnaire encyclopédique de la France*. — G. BRICE, *Description de Paris*.

[4] BOFFRAND, in-f⁰, 1745. Cet ouvrage est dédié au Roi. — Il avait déjà publié, en 1743, la *Description de la statue de Louis XIV*, place Notre-Dame des Victoires, en 64 pages in-f⁰.

passionné de l'architecture antique et de la Renaissance, un disciple fidèle de Palladio, noble dans l'ordonnance, pur et correct dans les profils, solide dans les constructions, gardien du grand style, harmonieux et classique dans les moindres détails, et sachant faire parler à la pierre et au marbre la belle et forte langue des Bossuet et des Corneille.

Il convient de m'arrêter ici, pour faire connaître quelques traits particuliers du caractère de Germain de Boffrand. Esprit enjoué et aimable, homme du monde accompli, écrivain souple et délicat, il avait, dans sa jeunesse, composé plusieurs pièces de théâtre, qui furent représentées à la Comédie italienne, et imprimées dans le recueil de Gherardi. Sa *Vie de Quinault*, qu'il admirait sans réserve, contient une étude des plus intéressantes sur les origines en France du théâtre italien.

On voit au musée de Nancy son portrait, peint en 1734, par Restout, d'une fraîcheur et d'une vivacité singulières. Tout y marque un homme heureux, et prêt à vivre longtemps encore. Ruiné par le trop célèbre système de Law, il dut, en 1744, céder à son gendre M. Baron ses droits dans la Société établie pour la fabrication du plomb laminé. Frappé d'une attaque d'apoplexie en 1749, ce fut également chez sa fille, rue de Choiseul, qu'il se retira ; conservant, malgré sa maladie et la perte d'êtres bien chers, toute sa belle humeur, toute sa verte vieillesse jusqu'à l'âge de quatre-vingt-sept ans.

Ses dernières années furent au service des pauvres. Non content de leur consacrer gratuitement pendant vingt-six ans son beau talent d'architecte[1], il tint à honneur de devenir administrateur de l'Hôpital géné-

---

[1] *Assistance publique : Collection des documents hospitaliers*, in-f°. Paris, t. I, p. 280, 310 et suivantes.

ral, charge à laquelle son gendre J. I. Baron succéda.

Marié à Paris, le   , avec Marie Lenepveu de Beauval.

Mort à Paris, le 18 mars 1754.

VII LENEPVEU DE BEAUVAL

(PIERRE).

Né à   , le

Contrat de mariage devant M^e   , notaire à   , le

Dot :

Marié à   , le   , avec Élizabeth Hénault.

Constitution d'une rente à son profit, 7 janvier 1717.

Mort à   , le   1721.

Partage de sa succession devant Me Romigny, notaire à Paris, 2 mai 1721.

VIII HÉNAULT

(RENÉ).

Né à   , le

Marchand chapelier, père de : 1° Élizabeth Hénault;

2° Pierre-Philippe Hénault, marchand cirier, demeurant rue de la Truanderie, = Geneviève Obé, dont : Nicolas-Alphonse-Hénault, René-Philippe Hénault, Élizabeth Hénault.

Mort à   , le   .

VII HÉNAULT

(ÉLIZABETH).

Née à   , le
Contrat de mariage devant M⁰   , notaire à   , le
Dot :   (orpheline).
Mariée à   , le   , avec Pierre L. de Beauval.

Mère de : 1° Marie L. de Beauval ;

2° Anne-Thérèse, non mariée, qui ajouta 10,000 livres à la dot de A. T. de Boffrand, et fit une donation à sa sœur Élizabeth, devant Mᵉ Camuset, notaire à Paris, le 19 janvier 1738 ;

3° M. Magdeleine, veuve de Jean Tavernier Destournelles, bourgeois de Paris. Son inventaire devant Mᵉ Melin, notaire à Paris, le 2 juillet 1748. Partage *idem*, 20 juillet 1748. Son fils unique était mort avant elle, en 1744. Madame Baron en hérite pour un tiers, soit de 9,303 livres.

4° Élizabeth, non mariée, † 12 mars 1770, dans l'hôtel Bazin, rue Saint-Paul. Sa nièce, A. T. de Boffrand-

Baron, est seule héritière. (Inventaire devant M° Picquais, 20 mars 1770.)

Marraine, le 11 février 1718, paroisse Saint-Eustache, de sa nièce Élizabeth Hénault (non mariée, 1718-1787, reçue au monastère des Dames Hospitalières, rue Mouffetard).

Demeure à Paris, rue des Nonnains-d'Hyères, paroisse Saint-Paul.

Constitution d'une rente à son profit devant M° Benard, notaire à Paris, 30 juin et 30 octobre 1724.

Morte à   , le

VI   LENEPVEU DE BEAUVAL

(MARIE).

Née à   , le

Contrat de mariage devant M°   , notaire à   , le

Dot :

Mariée à   , le   , avec Germain de Boffrand.

Mère de : 1° Anne-Thérèse de Boffrand ;

2° N. de Boffrand, architecte, † 1732 ;

3° N... de Boffrand, † 1745. Celui-ci promettait beaucoup, et avait été employé par le contrôleur général Orry à son château de la Chapelle.

Demeure rue du Temple, à Paris.

Morte à   , vers 1738.

---

v   DE BOFFRAND

(ANNE-THÉRÈZE).

Née à   , le

Contrat de mariage devant Mᵉ Dutartre, le 16 juillet 1739 (brûlé chez son successeur pendant la Commune de 1871).

Dot : 60,000 livres.

Mariée à   , le   , avec Jean-Ignace Baron.

Mère de : 1° Germain-Jean-de-Dieu Baron;

2° Marguerite, 17 -1786, mariée au chevalier J. B. L. R. de Moncorps, 1722-1794. (Contrat de mariage devant Mᵉ Dutartre, 31 janvier 1762. Dot : 2,500 livres de rente). Mère de A. A. P. de Moncorps, 1769-1801, et grand'mère de M. H. F., marquise de Gaillon, 1797-1864, et de A. R. H., comte de Moncorps du Chénoy, mousquetaire de Louis XVIII, capitaine d'infanterie dans la garde royale, 1791-1882; dont

A H. de Moncorps, 1814-18 , = 1835 C. R. de

Savigny, dont *a* Charles, 1836-18 , comte de Savigny de Moncorps, auditeur au conseil d'État, = 1871 M. G. de Féligonde; *b* René, vicomte de Savigny de Moncorps, 1838-18 , officier; *c* Henry, 1842-1872, = N. du Verne, dont Louis et Antoine. B F. V. de Moncorps, 1820-1854, = 1844 G. de Leyrac, dont Fernand, 1849-1873.

Fait donation à son fils et à son gendre de 27,000 livres à partager également entre eux (devant M° Cartault, notaire à Paris, le 29 août 1776).

Testament olographe à Paris, 12 avril et 9 août 1781, déposé chez M° Picquais, insinué le 13 octobre 1781.

Morte à Paris, le 12 septembre 1781, rue du Gros-Chenêt.

Inventaire devant M° Picquais, 18 septembre 1781. Partage idem, le 16 novembre 1781.

IV   BARON

(GERMAIN-JEAN-DE-DIEU).

Né à   , le   1741.

Contrat de mariage devant M° Regnault, notaire à Paris, le 4 avril 1782. Apporte en mariage 432,000 livres.

Marié à l'église Saint-Roch, le 9 avril 1782, avec C. F. de Floissac. Témoins : « Très-haut, très-puissant et très-« excellent prince Louis-François-Joseph de Bourbon, « prince de Conty, » et J. B. L. R., comte de Moncorps (son beau-frère), seigneur du Chénoy et de Lévis, gouverneur de Monthuel en Bresse, qui fut député aux États généraux.

Licencié en droit. Avocat au Parlement de Paris, 5 août 1762; caissier de la régie, 3 septembre 1762. Receveur et régisseur général jusqu'au 1er avril 1787. Écuyer. (Lettres de survivance obtenues par son père, pour lui transmettre l'office de conseiller secrétaire du Roi, 2 octobre 1765. Nouvelles quittances, 4 janvier 1772, de l'augmentation de 40,000 livres ordonnée, pour chacun des secrétaires du Roi, par l'édit de février 1770.) Intéressé dans la Compagnie des Indes, dans la Société de la Guyane française; a des rentes sur les états de Bretagne, des biens dans le Soissonnais.

Recommandé vivement par le prince de Conti à Necker, dont le retour au Ministère ramenait la confiance (août 1788), et qu'il seconde dans ses sages économies.

Rassemble une superbe bibliothèque, de précieux objets d'art, porcelaines, bronzes, bijoux, etc. Portrait-miniature.

Ami de Laborde, Puissant de Saint-Servant, de Calonne, etc.

Demeure à Paris, 2, rue Le Peletier, dans la maison qu'il a construite en 1786, et qui lui revient à 255,000 livres.

Mort à Paris, le 6 décembre 1792. (Témoins du décès : C. N. Randon du Thil et L. E. Randon de Saint-Martin, cousins germains de sa femme). Inhumé, le 8 décembre, au cimetière de la paroisse Notre-Dame de Lorette.

Inventaire devant Me Préau, notaire à Paris, le 28 décembre 1792.

Armes : « D'azur au chevron d'argent, accompagné de
« trois couronnes de baron de même. »

IX — DE FLOISSAC

(N.....).

Né à   , le   .

Marié à   , le   , avec

Père de : 1° Jean de Floissac ;
2° N. de Floissac, ═   de Salnave : dont le R. P. Dom Jacques Paulin de Salnave, docteur en Sorbonne, procureur général de l'ordre des Carmes, qui signe aux contrats de mariage des Floissac en 1716 et 1729.

Mort à   , le   .

VIII — DE FLOISSAC

(JEAN).

Né à   , le

Contrat de mariage devant Mᵉ   , notaire à   ,   le

Dot :

Marié à   , le   , avec Françoise Richou.

Capitaine de cavalerie, aide-major de la ville de Bordeaux.
Mort à   , le

IX   RICHOU

Famille de robe et d'épée, souvent citée dans l'histoire de la Guyenne. Un Richou est élu jurat en 1596 [1]. M. de Richou, Écuyer, trésorier de France, est élu jurat en 1640 et réélu en 1659 [2]. « Quand, le 6 octobre 1659, Leurs « Majestés partirent de Bordeaux pour aller à Tholose, « les sieurs Richou et Camarsac, jurats, les conduisirent « dans la *maison navale* » (chaloupe d'apparat que la Ville mettait à la disposition des Rois et des Reines qui visitaient Bordeaux) « jusqu'à Cadillac, où M. le duc d'Eper« non les attendait... Le 8 juillet 1661, M. de Saint-Luc, « lieutenant de la province pour le Roi, fut salué à la sortie « de la ville par les jurats, le sieur Richou portant la « parole pour toute la compagnie [3]. »

Un autre Richou servit pendant la Fronde dans la compagnie de Blanzin. L'arrestation des Princes avait eu lieu au commencement de 1650. Aussitôt la princesse de Condé se réfugie à Bordeaux (car son mari avait le gouvernement

---

[1] *Chronique bordelaise*, par DE LURBE, continuée par D'ARNAL jusqu'en 1700, 1er vol., p. 109.
[2] *Chronique bordelaise*, 2e vol. p. 57, 87.
[3] *Idem*, 2e vol., p. 90, 93.

de la Guyenne) et se met à la tête des ducs de Bouillon et de La Rochefoucauld[1].

Cependant le coadjuteur et le peuple demandent haument la liberté des Princes; le Parlement de Paris bannit le cardinal Mazarin, qui sait plier devant l'orage. Il va lui-même au Havre délivrer ses prisonniers, et s'exile à Liége, puis à Cologne. Condé rentre dans Paris, et y étale tout l'orgueil de sa victoire, 16 février 1651. Sept mois après, Louis XIV se déclarait majeur, et Condé en était réduit à implorer le secours de l'Espagne contre une Reine espagnole! Il fallait un général d'une fidélité éprouvée pour l'armée du Midi : la Cour fit choix du maréchal de la Meilleraye, cousin du cardinal de Richelieu, et qui devait hériter du nom et de l'immense fortune du cardinal Mazarin. Ses succès furent rapides; il prit Libourne[2] et s'avança sur Vayres, où « Richou fit une très-belle
« défense; mais, n'espérant aucun secours, il fut obligé de
« capituler, et envoya pour cela au maréchal, son adver-
« saire, un capitaine. Celui-ci, gagné ou intimidé, promit
« de livrer Richou; il entra dans la place et dit à ce com-
« mandant qu'il pouvait sortir avec armes et bagages et
« lui amenait des otages. Dans le même instant, ce traître
« se saisit de Richou, et le mena prisonnier à Libourne.
« A cette nouvelle, les Bordelais jugèrent qu'il courait
« risque de perdre la vie. La princesse de Condé envoya
« dire au maréchal de la Meilleraye que, si on traitait
« Richou autrement que comme un prisonnier de guerre,
« elle ferait le même traitement à ceux qu'elle tenait. La
« paix se négociait, on songeait à terminer la guerre
« civile, lorsque le marquis de Lusignan entra dans la

---

[1] *Histoire des mouvements de Bordeaux.*
[2] *Histoire de Libourne,* par GUINODIE.

« chambre du conseil avec le courrier de Limoges, qui
« apprit à la compagnie qu'en passant à Libourne, il avait
« vu pendre Richou. La nouvelle de cette exécution trans-
« porta le Parlement de fureur. Ils dirent qu'il ne leur
« restait qu'à déposer leurs robes, à prendre l'épée, et à
« périr ou à immoler le cruel Mazarin à leur juste ven-
« geance. Quelque violents que fussent les sentiments
« du Parlement en apprenant la mort de Richou, ce ne fut
« rien à côté du peuple. Une foule immense s'assembla
« devant le logis de la princesse de Condé. La fureur et
« la rage étaient peintes sur toutes les physionomies. On
« entendait des hurlements affreux, on vomissait mille
« invectives, mille horreurs contre Mazarin. On voulait
« aller le poignarder sous les yeux de la Reine. Pour cal-
« mer le peuple, il fallait une victime en représailles, et le
« sort tomba sur Canot, capitaine, fait prisonnier peu
« avant, qu'on ne laissa pas même parler à un prêtre,
« disant que « puisqu'il était ami de Mazarin, il fallait
« qu'il fût pendu et damné sur l'heure ! » Ensuite le Par-
« lement envoya de fortes remontrances au Roi, lui disant
« que Bordeaux ne ferait point la paix, et ne désarmerait
« pas tant que serait impuni Mazarin, qui avait fait mettre
« à mort un citoyen de Bordeaux livré par trahison[1]. »

Tout récemment, madame Loubery, veuve de P. C. Richou, cousin d'un président honoraire à la Cour de Bordeaux, 1797-1880, par testament devant M° Vacher, notaire à Guitres, a fait différents legs en faveur d'établissements publics de Guitres, Saint-Martin-en-Laye et Bordeaux.

---

[1] *Histoire de Bordeaux*, par Dom Devienne, p. 416.

VIII RICHOU

(FRANÇOISE).

Née à , le
Mariée à , le , avec Jean de Floissac.

Mère de : 1° Jacques de Floissac;

2° Marguerite de Floissac, mariée à Lalouette de Vernicourt, maréchal de camp, commandeur de l'ordre de Saint-Louis, inspecteur général de la cavalerie et dragons de France. Signe aux actes de famille en 1755, 1760;

3° Henry de Floissac, sieur de Jourdan. Écuyer. Garde magasin des vivres à Gap. Directeur des aydes à Villejuif. Bourgeois de Paris. Intéressé dans les affaires du Roi, etc.

Signe aux contrats de mariage de Louis, son neveu, 1729, et de Jacques, son petit-neveu, 1760. Demeure à Paris, paroisse Saint-Sulpice, rue des Fossoyeurs. Constitution de rente à son profit par R. P. Grüyn, garde du Trésor royal, le 29 juillet 1724. Marié : *a* à Suzanne Dujardin (contrat de mariage devant M° Berruyer, notaire à Paris, le 18 octobre 1716), qui meurt en 1735, laissant cinq enfants mineurs (inventaire devant M° De Lau, notaire à Paris, 9 juillet 1735) :

A Jacques-Henry, 1719-1759, officier de cavalerie;

B André-Charles de Floissac de Jourdan, 1720-1784, substitut du procureur du Roi à Gap, puis à Saint-Domingue, de février 1760 à 1778. Y demeurait paroisse de l'Assomption. Avait pour notaire, au Cap-François, M° Devienne (actes de 1770), qui lui fit vendre une négresse au prix de 2,640 livres. Conseiller supérieur du Sénégal; † à Paris, hôtel d'Orléans, rue du Parc-Royal. Testament reçu par Mᵉ Lagrené, notaire à Paris, 19 octobre 1784. Inventaire *idem*, 12 novembre 1784.

C Claude-Gabriel-Henry, qui mourut à Saint-Domingue, près du Cap, le dernier de tous, 1728-1790.

D Catherine-Suzanne, 1721-1757, † à Saint-Domingue, veuve de M. de Launay.

E Geneviève-Marie, 1726-1777, filleule de Nicolas Thanas, porte-manteau du Roi. Baptisée à Saint-Sulpice, 25 mars 1726. Dès 1743 novice dans la communauté de l'Union Chrétienne du grand Saint-Chaumont, établie rue Saint-Denis depuis 1683 (au n° 224 actuel), sur la paroisse Saint-Laurent; reçoit lors de sa profession (dans la chapelle où devait plus tard naître Michelet, fils d'un imprimeur, 21 août 1798) une dot de 2,000 livres (acte devant Mᵉ Demeure, notaire à Paris, 7 décembre 1745); conservant expressément ses droits dans la succession de son père, à laquelle elle ne renonce qu'en 1765.

b à Gabrielle Dassas, fille de Louis Dassas, sieur de la Feraudière (contrat devant Mᵉ Brochant, le 16 mai 1747, à Paris), qu'il laissa veuve sans enfants.

Mort à Paris, rue Garancière, le 8 janvier 1765. Inventaire devant Mᵉ Dulion, à Paris, le 23 février 1765.

4° Isabeau de Floissac; marraine de son neveu Louis en 1695, épouse Richard du Tour, Écuyer, dont : Marc-Antoine du Tour, « aide-major de la milice du quartier du Terrier-Rouge », = Renée Sauvage. Louis de Floissac lui confia une *pacotille* à vendre à Saint-Domingue (Mᵉ de Cuvry, notaire au Cap-François, 23 août 1753). Il semble s'y être fixé.

Morte à   , vers 1715.

VII   DE FLOISSAC

(JACQUES).

Né à Bordeaux, le   1668.

Bachelier en l'Académie, 13 novembre 1687; licencié ès lois, 3 septembre 1689. Présenté par Jean Dubarry, et reçu avocat au parlement de Guyenne (arrêt de la Cour, séant à La Réole, 14 janvier 1690).

Contrat de mariage devant Me Roudier, notaire à Langon, les 7 et 14 avril 1694, avec Jeanne-Charlotte Chaillon.

Marié à   , le   avril 1694. Dot : moitié des biens de son père, et tiers de ceux de sa mère, tous deux vivants.

Visiteur du bureau de Blaye, 1695. Commis à la recette générale des finances à Caen, 1700; y demeurant paroisse Saint-Pierre, puis Saint-Jean. Receveur général des finances de Sa Majesté à Caen, 1703; Écuyer.

Seigneur de Pringy, près Soissons (1720-1729), possède des terres dans le bailliage de Coucy en Valois. Payeur des rentes de l'Hôtel de ville de Paris (1709); contrôleur ordinaire des guerres (1724). Conseiller secrétaire du Roi, transmet la même charge à son fils (donation à Louis de Floissac devant Me Doyen, notaire à Paris, 1er octobre 1729 et 10 février 1739). Lui cède tous ses biens à charge de rente viagère.

Intéressé dans la Société pour la ferme des contrôles et domaines de la généralité de Bordeaux, Auch et Pau.

Demeure d'abord à Paris, rue du Temple (paroisse Saint-Paul), puis rue Gaillon.

Signe aux contrats de mariage de son frère Henry, à Paris, en 1716 et 1747; de son fils Louis à Vaucé, 5 septembre 1729. Dote de 20,000 livres chacune de ses filles.

Mort intestat, 30 août 1748, dans la demeure de son fils, rue Neuve-des-Petits-Champs, paroisse Saint-Roch. Inventaire devant Me de May, notaire à Paris, 4 septembre 1748. Son service à Saint-Roch coûte 434 livres.

Ses enfants renoncent à sa succession (Me de May, le 9 mai 1749), sauf madame de Boismorel, qui l'accepte sous bénéfice d'inventaire, le 17 mai.

Armes : « D'argent, à un épi mouvant d'un croissant
« d'azur, et accosté de deux oiseaux de sable au chef
« d'azur chargé d'un soleil d'or. »

IX CHAILLON

(N.....).

16 -16 . Père de Jean et de Jean-Pierre Chaillon.

VIII **CHAILLON**

(JEAN).

Né à , le
Contrat de mariage devant M^e , notaire à , le
Marié à , le 1675, avec Anne Ledouart.
Père de : Jeanne-Charlotte.

Il a pour frère Jean-Pierre Chaillon, conseiller secrétaire du Roi et receveur général des finances à Caen (1706), qui signe au contrat de Henry de Floissac, 1716; père de :

A Marguerite Chaillon, mariée à M. de la Garde, conseiller du Roi en ses conseils, maître des requêtes de l'Hôtel;

B Pierre-Augustin Chaillon (constitution de rente à son profit; Me Baudin notaire à Paris, 30 avril 1720), conseiller au Parlement de Paris, y demeurant rue de Paradis, paroisse de Saint-Jean en Grève; seigneur de Mézières, † 1730, = Catherine de Bauldry, qui fut marraine avec P. C. C. de Boismorel, le 24 janvier 1734 (paroisse Saint-Nicolas des Champs, à Paris), de Catherine-Charlotte de Floissac, fille de Louis de Floissac. Leur fils Augustin-François, chevalier, probablement administrateur de l'Hôtel-Dieu : on conserve de lui un Mémoire adressé au bureau, contenant diverses critiques et un plan de réforme [1]; conseiller au Parlement, = Antoinette Avoie

---

[1] *Assistance publique : Hôtel-Dieu*, 1884, t. II, p. 93.

de Ricouart, dont Charlotte-Françoise Chaillon de Jonville, née le 10 mars 1756.

Jean Chaillon sortait d'une famille habitant Bordeaux, paroisse Sainte-Eulalie; il était receveur pour le Roi au bureau des traites à Langon.

Mort à   , le

VIII   LEDOUART

(ANNE).

Née à   , le
Mariée à Jean Chaillon, 1675.
Mère de :
1° Jeanne-Charlotte Chaillon.

2° Élizabeth Chaillon (veuve avant 1724 de M. de Saint-Mesmin), signe aux contrats de Floissac, 1694 et 1729.

3° Marie-J. Chaillon, mariée à Guillaume Giret de Valville, maître des eaux et forêts de Noyon-sur-Seine.

4° François Chaillon, seigneur de Joinville, gentilhomme ordinaire du Roi, chevalier, envoyé extraordinaire auprès de la République de Gênes; fait une donation de 6,350 livres à l'Hôtel-Dieu, 19 décembre 1759[1]. Signe au contrat de mariage de Jacques de Floissac en 1760.

Morte à   , le

---

[1] *Assistance publique* : *Hôtel-Dieu*, t. I, p. 345.

VII CHAILLON

(JEANNE-CHARLOTTE).

Née à   , le   1675.

Mariée à Langon   , le   avril 1694, avec Jacques de Floissac.

Sa dot consistait en 5,000 livres, payables après le décès de son père, plus « une chambre garnie composée du lit et autres meubles nécessaires, et les frais de la nopce seulement. » Le préciput en faveur de l'époux survivant était de 500 livres; les bagues et joyaux donnés par l'époux étaient de 300 livres.

Mère de : 1° Louis de Floissac;

2° Étienne, † sans enfants au Sénégal, 28 mai 1735;

3° Élisabeth de Floissac, née à Caen, 1700, baptisée le 25 décembre, filleule de Chaudet de Valainville, trésorier de France, et de noble dame Élisabeth de la Barre, = A. R. du Chalard, Écuyer, seigneur de Nouvion, chevalier de Saint-Lazare, et de Notre-Dame du Mont-Carmel, habitant Soissons, le 1er décembre 1728. Veuve vers 1753. Signe aux contrats de mariage de Floissac et Deniset (1760), Baron et Floissac (1782), † 5 décembre 1787, paroisse Saint-Roch, à Paris.

4° Catherine-Charlotte de Floissac, née à Caen, 1703, baptisée le 2 août, filleule de son frère Louis et de Charlotte de Floissac, = 1724 Ph. C. de Cahaignes de Boismorel; après son père, dame de Pringy de 1729 à 1735.

Veuve en 1765, recevait, comme madame du Chalard, une pension de madame Couppel de Floissac.

5° Marie-Charlotte de Floissac, née à Caen 1709; baptisée le 28 août; filleule du marquis de Brancas et de madame Leriche, née Lechevalier, = Jean-Pierre George, sieur de Lamotte, à Chambéry, † 1762.

6° N... de Floissac, religieuse aux Ursulines d'Argenteuil, recevait une pension de Louis, continuée par sa veuve et son fils jusqu'en 1787. Elle y était fort bien traitée par « la sœur de Saint-Athanase », sa parente, à qui Charles donna 200 livres pour faire dire des messes en 1786, et qui reçut en 1811 un nouveau legs de madame Deniset de Floissac.

Morte en son château de Pringy, le 14 septembre 1720. Inhumée le 15 au cimetière de la paroisse de Rozet-Saint-Aubin, dans l'église (diocèse de Soissons).

VI DE FLOISSAC

(LOUIS).

Né à Blaye, le 20 avril 1695.

Baptisé le 25 avril, paroisse Saint-Sauveur.

Parrain : Louis Guerry, contrôleur du bureau de Blaye.

Marraine : Isabeau de Floissac, tante.

Contrat de mariage devant M° Doyen, notaire à Paris, le 28 juillet 1729.

Sa dot consiste : 1° en 2,893 livres, montant de la

succession de sa mère ; 2° en un capital de 18,800 livres, donné par son père, un 20° d'intérêt dans une Société, la charge de contrôleur ordinaire des guerres (procuration de son père « *ad resignandum* » du 1ᵉʳ octobre 1729), qu'il vendra 4,000 livres.

Marié à Saint-Brice, le 5 septembre 1729, avec F. N. Couppel de Vaucé. Il demeure à Paris, paroisse Saint-Paul; puis rue Gaillon, enfin rue Neuve-des-Petits-Champs.

Le brevet de bachelier en l'un et l'autre droit lui est accordé par l'Université de Paris, le 14 septembre 1713, celui de licencié le 13 août 1715. Présenté par M. Rolland, il est reçu avocat en la cour du Parlement de Paris, le 29 août 1715.

Écuyer, contrôleur des Guerres; conseiller secrétaire du Roi, 1739. Acquiert cette charge de son père par contrat devant Mᵉ Doyen, à Paris, 19 juin 1739. (Ses provisions signées par le Roi, 7 juillet 1739. Quittance de finances de 110,000 livres, les 30 décembre 1744 et 3 février 1745.)

Parrain de sa sœur Catherine-Charlotte, 2 août 1703. Son beau-frère Jullien Couppel lui empruntait souvent de l'argent (reconnaissances devant Mᵉ Barabé, notaire à Domfront, 1751).

Il achète à son beau-frère de Boismorel deux maisons sises à Paris, rue Pavée et rue Saint-Germain l'Auxerrois, pour l'acquit de dettes contractées, par actes devant Mᵉ Quinquet, les 13 juin et 20 août 1750, 1ᵉʳ avril, 1ᵉʳ mai et 25 juin 1751, 28 juin 1752, 9 avril et 3 juillet 1754.

Mort intestat à Paris, paroisse Saint-Roch, le 15 juin 1755. Son service à Saint-Roch coûte 683 livres. Un autre est dit aux Célestins.

Inventaire devant Mᵉ Quinquet, notaire à Paris, le 28 juin 1755. Partage devant Mᵉ Quinquet, le 25 mai

1757. Sa veuve y reprend 375,838 livres d'abord, puis 44,500 livres.

De 1747 à 1754, il s'était intéressé dans beaucoup de Sociétés :

Aliénation des octrois des hôpitaux de Bordeaux et Amiens.—Manufacture royale des cuirs de Russie, établie à Saint-Germain en Laye.—Ferme des droits d'inspecteur aux boucheries de Metz, du Dauphiné, du Roussillon, et droits sur les suifs. — Ferme de la marque d'or et d'argent. — Fermes générales des revenus du duc de Bouillon et de l'évêché de Comminges.—Exploitation des bois de l'abbaye de Bohéric. — Ferme des domaines des généralités de Châlons, Soissons, Metz, Amiens et Sedan. — Exploitation de la manufacture royale de porcelaines de France, établie à Vincennes en 1754. — Chambre d'assurances à Paris. — Intéressé à la grosse sur sept vaisseaux armés à Cadix, et dans la propriété des navires, cargaisons et chargements de trois vaisseaux armés au Havre. — Droit sur chaque pain de sel rozière débité en Franche-Comté. — Aydes de Tours. — Leüdes de Toulouse (1753).

XIII   COUPPEL ou COUPEL.

Ancienne famille de Normandie, sur les confins de la Bretagne.

« Nous Raoul, sire de Coaitquen, maréchal de Bretagne,
« certifions que aujourd'huy, en cette présente armée,
« ordonnée pour le recouvrement de la personne du duc
« (Jean V de Montfort[1]), notre souverain seigneur, pris
« et détenu par Ollivier de Blois, naguères se disant
« comte de Penthièvre, Charles son frère, leurs complices
« et adhérez avec[2], pour l'exécution et la confiscation de
« leurs choses, se sont montrés aux *monstres* et *reveües*
« des monstres du vicomte de la Bellière, y compris sa
« personne et des chevaliers, trois cent soixante-douze
« hommes d'armes, six vingt-six archiers et vingt-sept
« arbalestriers, desquels les noms s'ensuivent :

« Noms desdits archiers : Pierre Couppel, etc.

---

[1] Jean, 1389-1442, beau-fils du roi d'Angleterre Henry IV, et gendre du roi de France Charles VI, prit le plus souvent le parti des Anglais. Il pesait 380 marcs 7 onces, ce qui lui coûta gros; car, au sortir de sa captivité, il dut accomplir plusieurs vœux qu'il avait faits : l'un de donner à Notre-Dame de Nantes son pesant d'or (315,593 liv.), l'autre, à saint Yves, son pesant d'argent (20,360 liv.). — *Art de vérifier les dates.*

[2] Les Penthièvre, sous prétexte d'une réconciliation, avaient invité le duc à une fête chez leur mère : le 13 février 1420, il était enlevé à la vue de ses gens, qui ne purent traverser un pont en mauvais état. On le conduisit à la tour de Chanteauceaux. Neuf fois en cinq mois, il fut changé de prison, et ne sortit du château de Clisson que le 6 août, au prix d'une énorme rançon. Alors le pape Martin V le déchargea de sa promesse de donner sa fille à Olivier de Blois, et de faire le pèlerinage de Jérusalem. Les biens des Penthièvre confisqués, leur condamnation à mort par le Parlement de Bretagne, n'empêchèrent pas cependant une paix définitive, conclue en 1448 entre ces deux maisons rivales, sous la médiation du pape Nicolas V. (Daru, *Histoire de Bretagne*, t. II, liv. 6.)

« Noms desdits arbalestriers : Jehan Couppel, etc., etc.

« Donné sous notre scel, le 22ᵉ jour de juin l'an 1420.

« Signé Le Cocq, et collationné. »

Telle est la preuve authentique que, dès le commencement du quinzième siècle, les Couppel prenaient part à la guerre, comme gentilshommes, et combattaient pour la patrie[1]. Suivaient-ils ou non la bonne cause? Les prétentions des Montfort et des Penthièvre étaient au moins égales. D'un côté, ceux-là invoquaient la loi salique, le consentement des principaux seigneurs; de l'autre, les descendants de Jeanne, dame d'Avaugour, comtesse de Penthièvre, vicomtesse de Limoges, n'avaient rien perdu de son indomptable énergie. Nièce du duc Jean III, épouse de Charles de Blois (qui mérita d'être proposé aux honneurs de la canonisation[2]), forte de la jurisprudence de la Cour des pairs, qui avait attribué l'Artois à une femme, et de l'arrêt du Parlement de France, qui avait reconnu ses droits sur le duché de Bretagne, en 1341, elle n'avait jamais consenti au traité d'Evran, 1363 (qui partageait la Bretagne entre les deux compétiteurs). Quand il lui fallut céder au traité de Guérande, 1365, elle assura à son fils Jean la protection du connétable de Clisson, dont il épousa la fille Marguerite. Jeanne de Penthièvre était morte en 1384; mais ses fils, plus de trente ans prisonniers en Angleterre, n'avaient rien abjuré de sa haine contre les Montfort et de son attachement à la France.

Déjà dom Morice fait mention de plusieurs officiers qui

---

[1] *Mémoires pour servir de preuves à l'histoire ecclésiastique et civile de Bretagne*, par Dom H. MORICE, religieux bénédictin de la congrégation de Saint-Maur. A Paris, chez Osmont, in-fol., 1746, t. II, p. 1011 et 1012.

[2] *Enquête et procès-verbal sur la vie et les miracles de Charles, à l'instance des Frères Mineurs de Guingamp et du roi de France.* (A la Bibliothèque nationale.)

portaient le nom de l'Espinay[1]. « *Monstre* de Bertrand du
« Guesclin, connétable de France : Gens de son hostel,
« à Caen : ...Jehan de l'Espiné, 1er décembre 1370;
« ...Raoul de l'Espinay, escuyer, 1er juin 1371 » (années
où Du Guesclin faisait reconnaître à la Bretagne l'autorité du roi Charles V, et obligeait le duc à se réfugier en
Angleterre). — « *Monstre* de Eustache de Mauny, cheva-
« lier, et de neuf écuyers de sa compagnie, reçue à Dol, le
« 1er avril 1380 : ...Raoul, Ollivier et Jarnigain de
« l'Espinay[2]. »

XII COUPPEL

(ÉTIENNE).

Écuyer, sieur de l'Épinay.

Né à   , le   , vers 1500.
Contrat de mariage devant   ,à   ,
le   , avec Tiennette des Vaux.

Était pourvu d'un bénéfice à la présentation de la famille Couppel, ou destiné à un sujet de la famille.

Commandait en second le château de Domfront, sous François Des Chapelles, dès 1562. Déjà cette forteresse était sans aucune défense. « Le capitaine de votre châ-
« teau de Domfront m'est venu trouver, et m'a remontré

---

[1] *Mémoires*, etc., t. I, p. 1651 et 1652.
[2] Année douloureuse pour la France, signalée par les morts de Du Guesclin, 13 juillet, et du roi Charles le Sage, 26 septembre. Le duc de Bretagne était rappelé par ses sujets, et revenait plus Anglais que Français dans le cœur. (FROISSART, t. II, chap. LXX.)

« que ledit château n'était point fermé et *n'y avait nulle
« sûreté*, par quoi je craignais que le Comte de Montgom-
« mery, le sachant, y allât... Je passerai par là et prendrai
« l'artillerie pour nous en servir[1]. » Il s'en servit si bien,
qu'un mois après, le 26 octobre, l'armée royale entrait par
de larges brèches dans la capitale de la Normandie. Il ne
restait plus aux calvinistes qu'une dizaine de places, sur
les deux cents villes qu'ils avaient prises depuis le massacre de Vassy.

Surpris en septembre 1568 par J. de Poilley (car la
troisième guerre civile recommençait avec son cortége de
pillages et d'horreurs, malgré la paix *boiteuse et malassise*
de mars précédent), il leur fallut évacuer la forteresse,
qui n'avait que douze hommes pour défenseurs. Cependant Étienne Couppel devait payer cher une seconde surprise. En février 1574, trois capitaines pénétrèrent de
nuit dans le château par escalade, et massacrèrent l'officier,
déjà âgé, que le Roi avait préposé à sa garde.

Les assassins d'Étienne Couppel se nommaient Le
Héricé, sieurs de la Touche, dits Pissots[2].

Ils ne jouirent pas longtemps du fruit des crimes qu'ils
commirent ensuite dans toute la vicomté de Domfront. Il
appert des lettres patentes du roi Henri III, du 3 mai 1575 :
« que sa ville de Domfront a été brûlée et pillée, le 27 février
« 1574, par les hérétiques et ennemis de l'État, lesquels
« pillèrent et s'emparèrent de tous les papiers, titres et
« enseignements des habitants de ladite ville, dont ils brû-
« lèrent les églises et maisons d'habitation... etc., etc.[3] »
Ambroise Le Héricé, dit le Balafré, qui se prétendait

---

[1] *Lettre du duc d'Étampes à la reine Catherine*, 11 septembre 1562.
[2] *Domfront, son siége de 1574, etc.*, par H. SAUVAGE, 1879.
[3] Arrêts du conseil d'État, 1650 et 1695.

seul maître et *Roi* de Domfront[1], fut tué, dès le 7 mai, par un officier du comte de Montgommery; son corps, déterré quatre jours après l'inhumation à Notre-Dame sur l'Eau, et pendu sur le Tertre, tandis que « pendant dix à douze « jours, les simples soldats et la populace lui ruoient mottes, « pierres, fanges et tout ce qu'ils pouvoient à la face et au « corps, en détestation et vitupère du mal dont il avoit « été cause et motif de son vivant, en proférant plusieurs « malédictions contre l'heure de sa nativité[2]! »

René, son frère, fut livré après la capitulation à la vengeance de Boispitard, qui le fit pendre sans jugement, malgré l'offre d'une rançon de 3,000 livres.

Mort à   , le

XIII   DES VAUX.

Ancienne et noble maison de la province du Maine.

Radulfe des Vaux possédait en 1100 des fiefs en Bretagne[3], père de

Roland, vivant en 1117, = Adélaïde,   dont
Arnulfe[4], père de
Geoffroy Ier, seigneur des Vaux, = Marthe,   dont
Geoffroy II, père de
Guillaume Ier, fonde l'église de l'abbaye de Fontaine-Daniel, en 1250. On y voyait son tombeau, ceux de

---

[1] Toustain de Billy, *Histoire du Cotentin*, 1879.
[2] *Journal de Boispitard.*
[3] *Histoire de Bretagne*, par dom Lobineau.
[4] *Dictionnaire de la province et diocèse du Maine*, par le chanoine Le Paige, 1777, t. I, p. 505, v° *Lévaré.*

Geoffroy III, son fils, et de plusieurs de ses descendants, dont a été dressé procès-verbal le 2 février 1502; père de

Guillaume II donne à cette abbaye beaucoup de fiefs et de bois, qu'il avait auprès de la forêt des Vaux. A la Révolution, ses armes se voyaient encore dans sa chapelle; = Marguerite des Roches-Baribault, dont

Jean II, seigneur des Vaux, de Poulay et de Montreuil, accompagne, en 1429, Charles VII à son sacre à Reims; = Marie de Benoist, dame et unique héritière des terres de Lévaré et de Boisbrault, dont

Samson, seigneur des Vaux, de Lévaré, Boisbrault et Hervé, = Aliénor d'Avaugour, fille de Juhel, seigneur du Parc, 1404, dont

Guillaume III, = Jeanne de Falaise, dont

Guy[1], seigneur des Vaux, = Louise de Valéaux, dont

Jean III, lieutenant pour le Roi en la province du Maine, chevalier de l'ordre et gentilhomme de sa chambre, tué devant Pavie[2], 1525; = Marie de Couasnon, fille de Bertrand et d'Andrée de Sourches, 1510, dont

1° Jean IV, seigneur des Vaux, chevalier de l'ordre du Roi (Saint-Michel) en 1571, gentilhomme de sa chambre en 1577, = Charlotte Cornilleau, 1541, dont

César, baron de Lévaré, 1555-1627, = Michelle de Sesmaisons, 1598, dont

Jean V. La seigneurie de Lévaré passa par Anne des Vaux à Julien de Hercé.

---

[1] L'un des deux bandolliers commis à conduire la compagnie du Bâtard de Bourbon, et dépêchés aux féeries de Pâques 1488, pour renforcer en Bretagne les troupes de Louis de la Trémoïlle. (Lettres de Charles VIII et de l'amiral de Graville, 19 avril 1488. — *Correspondance du roi Charles*, tirée à 300 exemplaires. Paris, 1875.)

[2] Huit mille Français, l'élite de la noblesse, périrent dans cette bataille avec les meilleurs généraux de Louis XII.

2° François, seigneur de Boisbrault, ⚭ Urbanne de Quincé, fille de Urbain, seigneur de Saint-Victor en Anjou, dont Antoine Guy, seigneur de Lovesse ; Hercule, mort en 1604, et trisaïeul d'Honorée Thérèse, 1698-1769, qui épousa, en 1714, Jacques Doisnel, marquis de Montécot.

La famille des Vaux fit encore d'autres fondations au profit des abbayes de Sauvigny, Evron, etc.

Armes : « Coupées d'argent et de sable, au lion passant de l'un dans l'autre, armé et lampassé d'or. »

XII   DES VAUX

(TIENNETTE).

Née à   , le
Baptisée
Mariée à   , le   avec Étienne Couppel.

Mère de :
1° Siméon Couppel ;
2° Pierre Couppel[1], sieur de la Poulinière, ou de la Pous-

---

[1] La plupart des auteurs qui ont écrit sur le siége de Domfront en 1574 sont tombés dans une double erreur : d'abord, en distinguant des capitaines La Touche les frères Le Héricé, qui s'emparèrent par surprise du château, le 26 février (les recherches de M. H. Sauvage ont rétabli sur ce point la vérité historique) ; ensuite, en confondant avec Etienne Couppel, vieillard de plus de soixante-dix ans, massacré lâchement dans son lit, son fils Pierre, « qui avait accoutumé coucher audit château, dont il parvint à s'échapper, grâce à son agilité et à sa connaissance d'un *trou* qui était au derrière du château, et par lequel il était déjà sorti une fois avec le gouverneur Des Chapelles, en 1568. » (*Annuaire de l'Orne*, 1876.

sinière (en la Haute-Chapelle), ou de la Polinière[1].

Boispitard raconte, dans son Journal, l'émotion qui s'empara du peuple et des habitants de Domfront, quand « ils aperceurent les ponts levés et nulle réponse dudict « seigneur de la Poulinière, qu'ils crièrent en l'appelant « par plusieurs fois » ; les ordres qu'il donna « pour fermer « et ramparer les portes de la ville... et oster la longue « *escale,* par laquelle les assaillants étoient entrés, etc. »

Le jour même « ledict sieur de la Poulinière se pré- « cipita hazardeusement et adroictement par un trou, qu'il « sçavoit au chasteau, par lequel il se laissa cheoir sans « manteau ni souliers. Et estant parvenu après en ladicte « ville en tel équipage, nous asseura qu'ils étoient deux « personnes seulement demeurées à la garde et surprinse « du chasteau... mais qu'ils attendoient grands secours « promptement... »

Cet officier prit part ensuite aux dangereux assauts et à la reprise du château, le 27 mai. « Le roi Charles IX sut « ladite prise dès le vendredi au soir, qu'il étoit extrême- « ment malade au bois de Vincennes, où il décéda le « dimanche subséquent, trente mai, à l'âme duquel ce « Dieu ait fait miséricorde. Amen. C'étoit un *bon prince* « *et humain, et qui alloit commencer à connaître et châtier* « *vertueusement* ses sujets séditieux et rebelles[2]. »

Morte à

---

[1] D. Piolin, *Histoire de l'Eglise du Mans,* vol. II, p. 462.
[2] *Journal de Boispitard.*

XI COUPPEL

(SIMÉON).

Écuyer, sieur de la Cousinière.

Né à   , le   .

Baptisé le

Contrat de mariage devant M^ces Sébastien Godefroy et Louis Lecourt, tabellions généraux en la vicomté de Domfront, le 11 novembre 1545, avec Françoise Feuvrier.

Dot :

« La maison des Couppel est originaire de la paroisse
« de l'Épinay, dans la vicomté de Dompfront[1], dont il y
« a trois branches qui se sont considérablement élevées :

« Les sieurs de l'Épinay, de Vaucé, de Bellée et du
« Lude font une branche ;

« Les sieurs de Saint-Laurent et de Rouellé, anoblis
« en 1639, en font une autre ;

« Les sieurs de la Goulande, anoblis en 1643 avec
« changement du nom de Couppel en celui de la Goulande,
« font une troisième branche ;

« Toutes ces trois branches ont des armes différentes.

« En 1564, Siméon ou Symon Couppel achète dans le

---

[1] Sur la limite du département de la Mayenne. Vaucé est contigu, ainsi que Bellée, qu'ils ont conservé jusqu'au commencement de ce siècle. Leur manoir jouissait de la vue d'un vaste étang, sur le bord duquel il y a deux grosses tours, dont l'une servait de chapelle.

« comté d'Avranches, les fiefs du bourg de Romagny et de
« la Ragottière, dépendant du temporel du prieuré du
« Rocher[1]. »

Les jugements rendus aux assises de Domfront, les
7 février 1549, 17 septembre 1550, 4 mai 1551, 14 avril
1553 et 20 septembre 1558; la transaction du 8 juillet 1555 et le contrat de vente du 31 mars 1556, lui
donnent la qualification d'écuyer.

Il rend aveu au Roi, tant pour lui que pour son épouse,
damoiselle Feuvrier, le 21 juin 1553[2].

Il rend aveu à l'évêque du Mans à cause des fiefs de
Doigarnier, de la petite Ollivière et de Brosse, le 21 juillet 1565.

Mort à   , le   1570, année où « le Roi
« Charles, la Reine mère, Monsieur Henry de Valois, duc
« d'Anjou, et Madame passèrent un jour (le 1er juin) à
« Domfront. »

XII   FEUVRIER

(EUTROPE).

Écuyer, sieur de la Faverie. (Fief noble, près de Tor-

---

[1] *Nobiliaire du comté de Mortain*, par Julien PITARD, seigneur de Saint-Jean du Corail et de Boudé. (A la Bibliothèque nationale.)

[2] Domfront n'appartenait pas encore à Catherine de Médicis : elle le reçut à titre de douaire, en 1559, et le céda, en 1566, à son dernier fils, François, duc d'Alençon.

champs, compris dans l'énumération des fiefs de l'Élection de Domfront par Thébault de Champassais.)

Né à , le

Baptisé le

Contrat de mariage devant , à le , avec Georgine de Quincé.

Mort à , le (avant 1545).

Ses enfants : Françoise, Nicolas et N... se portent héritiers aux assises de Domfront, 14 avril 1551.

---

xv DE QUINCÉ

Ancienne famille d'Anjou, qui paraît avoir donné son nom à son fief situé près de Domfront (comme Brie-Comte-Robert, Beaumont-le-Roger, Montfort-l'Amaury, Bourbon-l'Archambault, plus tard et plus près de nous : Enghien et Broglie).

Il y a une commune de Quincé qui compte 600 âmes, en Maine-et-Loire, une autre près d'Avranches. Le village qui nous occupe est situé sur la commune de Saint-Denis-de-Villenette, route de Domfront à Septforges.

L'ancien fief avait son chef assis à la Baroche-Lucé, s'étendant en Céaucé, et formant un sixième de fief de haubert. La chapelle a été récemment transformée en sacristie de l'église paroissiale de la Baroche. Quant au grand Quincé, il ne conserve plus que les ruines du vieux château et le moulin qui en dépendait. Il est presque réuni par des maisons nouvelles au petit Quincé. Ces deux fiefs, au moment de la Révolution, étaient passés aux mains de la famille du marquis d'Oilliamson, par le mariage d'un de ses membres avec la fille de N..., marquis de Saint-Germain-Langot, et de Stevenotte Leveneur.

XIV   DE QUINCÉ

(N.....).

Né à   , le
Marié à   , le   , avec
Père de :
1° Jean ;
2° Urbain, seigneur de Saint-Victor, en Anjou, = Marguerite Fournier, dont Urbanne, = François des Vaux, dont Hercule (15 -1604), = 1587 Renée de Royers, etc.
Mort à   le

XIII DE QUINCÉ

(JEAN).

Né à   , le
Marié à   , le   , avec
Père de :
1° Georgine;
2° Nicolas, seigneur de Quincey. Il comparaît, en 1543, au ban et à l'arrière-ban de la province avec les Doynel. Marié avec   , et père de Brice, seigneur de Quincey, qui partage en 1560 avec Siméon Couppel, et rend aveu en 1575 au seigneur d'Ambrières. Brice fut le père ou l'aïeul de Joachim.

Joachim, seigneur de Quincé, chevalier, comte du Saint Empire romain, capitaine général des armées du Roi, gouverneur des châteaux de Caen, Domfront et Narbonne. Peu de nos parents ont eu une existence mieux remplie, plus d'actions d'éclat, et de plus fidèles services rendus à la patrie.

En 1620, on le voit à la bataille de Prague, où fut défait l'Electeur Palatin; en 1621, il est au siége de Montauban, dans l'armée que commande le Roi; en 1622, devant Royan et Montpellier; en 1627, sous le cardinal de Richelieu, qui sut de suite distinguer un tel homme et lui assura pour toujours son appui; il est du siége et de la prise de La Rochelle... Tout à coup il est rappelé de l'armée, dans l'année où la paix se conclut avec l'Angleterre. Entre la mission du comte de Sabran en Allemagne, qui ne réussit pas (1629), et le traité de Ratisbonne, signé par le P. Joseph, mais désavoué par Richelieu (1630), Quincé est envoyé par son patron tout-puissant, comme ambassadeur extraordinaire à Vienne. Il paraît y avoir si bien réussi, que l'empereur Ferdinand II lui accorde le titre de comte du Saint Empire pour lui et ses descendants.

Cette année-là même, l'heureux comte de Quincé épousait à Paris (contrat du 26 novembre 1629, devant Laurent Huet et Pierre Brosse[1], notaires) noble demoiselle Gabrielle de Breget (sœur d'Olive de Breget, qui épousa J. J. de Guillebert, chevalier de la Jaminière), fille d'Ollivier de Breget, sieur de Villeneuve, et de Louise Morisson. Les titres de cette famille sont conservés à Caen, par le marquis d'Halleine, leur descendant[2]. La comtesse de Quincé, accompagnée de son fils aîné, partit de Domfront avec son mari, en 1650, « pour prendre pos-
« session du gouvernement de Caen, assistés de la
« noblesse, des officiers de Dompfront et des bourgeois et
« soldats de ceste vicomté, au nombre de 200 de pied,
« sans comprendre les gens de cheval[3]. » — En 1658, nous voyons Gabrielle de Breget, dame de Quincé, marraine de Gabrielle Couppel de Vaucé. Elle donna à son mari deux fils : Louis, comte de Quincé, et Armand, filleul du cardinal de Richelieu, prêtre.

Ensuite Joachim de Quincé revient aux armées d'Italie. On le voit à Casal en 1630, en 1631 à Pignerol. Il lève

---

[1] Liart, *Histoire de Domfront.*
[2] De Magny, *Nobiliaire de Normandie*, p. 445 et suiv.
[3] *Livre de raison*, manuscrit de J. Dupont de Pesnières.

un régiment d'infanterie de douze compagnies, le 10 février 1635, et devient mestre de camp au régiment de dragons du cardinal de Richelieu. En effet, ce grand ministre venait d'être nommé par Louis XIII *colonel des régiments français de mousquetaires à cheval, dits dragons.* Jusques-là le titre de colonel se donnait aux chefs de *certains* corps, de cavalerie surtout, recrutés à l'étranger, ou venant du service étranger, ou organisés sur le pied des troupes étrangères. Le titre de mestre de camp était celui que portaient alors généralement les chefs de corps [1].

Richelieu écrit donc, dès le 30 juillet 1635, à Servien : « Je suis très-aise de savoir que tous nos dragons soient « arrivés, hormis Quincé, qui a bien fait du bruit et n'a « pas été mal payé; j'ai pourtant nouvelles qu'il est en « Normandie [2]. » Le Roi écrit à son sujet, le 10 août, au cardinal, qui l'envoie le 26 à Metz, avec ses dragons [3]. Puis, se rappelant les talents diplomatiques de Quincé, et sachant « qu'il a quelques habitudes avec Jean de Wœrth « (célèbre général de l'Empereur), il l'engage à l'attirer au « service du Roi, 1er octobre 1635 [4]. »

Le cardinal de la Valette emploie Quincé au ravitaillement de Mayence : il est de ceux qui décident la fameuse retraite du duc Bernard de Saxe-Weimar [5].

Puis le régiment de dragons, qui tenait tant au cœur de Richelieu, ayant été cassé par ordre du 30 juillet 1636, le comte de Quincé ne conserve que son régiment d'infanterie. Pendant dix ans il commandera à *Guise*, dont le

---

[1] Duc d'Aumale, *Premières campagnes de Condé.*
[2] *Correspondance du cardinal de Richelieu*, t. V, p. 127.
[3] *Correspondance du cardinal de Richelieu*, t. V, p. 164.
[4] *Correspondance du cardinal de Richelieu*, t. V, p. 269.
[5] Pinard, *Chronologie militaire*, t. IV, p. 59.

nom demeure désormais inséparable du sien. Dès le 4 juillet 1636, le cardinal écrivait : « Il convient de mettre dans « cette ville des gens qui aient cœur et tête... Avec le « sieur de Guébriant, gouverneur de Guise, il faut jeter « force braves gens comme le sieur de Quincé, que j'en- « voie expressément pour y servir comme volontaire [1]. »

Richelieu presse son lieutenant : « Au comte de Quincé, « 5 octobre 1637. Je vous conjure de mener encore 2 ou « 300 paysans à Landrecies. Vous m'obligerez extrême- « ment[2]. » Ensuite : « A Chavigny, 7 mai 1638. Faites « chercher le sieur de Quincé partout, et l'envoyez en « toute diligence à Guise : le sieur Leschelle se meurt, et « il n'y a personne pour commander[3]. »

Joachim de Quincé sert désormais en Picardie. Il est nommé maréchal de camp, le 6 février 1642[4]. La mort du grand cardinal n'abat point sa fortune, et l'insinuant Mazarin le flatte et l'encourage : « Au comte de Quincé, « 22 avril 1643. Je vous remercie du soin que vous pre- « nez de m'envoyer des nouvelles... Pour vous, je suis « assuré que, quoi qu'il vous arrive, vous ne ferez rien « qui ne soit digne de l'opinion qu'on a de vous... Quant « à vos intérêts, ne doutez pas que je ne les protége de « tout mon pouvoir[5]. » En effet, le gouverneur se sentait menacé par l'armée espagnole, qui allait livrer la bataille de Rocroy. Il n'avait dans Guise que son régiment, celui de Rambures, cinq compagnies royales et deux de Suisses. Mais il était « homme d'expérience et de bon jugement », au dire d'un historien compétent, qui semble avoir assisté

---

[1] *Correspondance du cardinal de Richelieu*, t. V, p. 978.
[2] *Correspondance du cardinal de Richelieu*, t. V, p. 1059.
[3] *Correspondance du cardinal de Richelieu*, t. VI, p. 37.
[4] *Correspondance du cardinal de Richelieu*, t. VII, p. 166.
[5] *Correspondance du cardinal Mazarin*, t. I, p. 159.

aux guerres qu'il nous retrace[1]. L'année suivante le cardinal de Mazarin écrit encore : « 22 juin 1644. M. d'El-
« beuf a dépêché M. de Quincé à M. le duc d'Orléans pour
« lui donner avis que les troupes ennemies étaient passées
« près de Guise[2]. »

La même année, Joachim de Quincé prend part, avec son fils, au siége de Gravelines. L'année suivante, on les voit à Mardyck et à Béthune; en 1646 à Dunkerque; en 1647 à la prise de Lens. Nommé gouverneur du Catelet en 1648, le comte n'y fait que passer. Il court à l'armée d'Italie, fait un pieux pèlerinage à Rome, où il obtient du Pape Innocent X *un corps saint*. Par ses soins, les reliques de saint Julien, martyr, sont transportées à l'église de Domfront, dont il conservait partout le touchant souvenir. De retour dans les Flandres, il reçoit à Douai trois coups de pistolet; puis il est employé par le comte d'Harcourt en Normandie.

Le 18 avril 1650, il est nommé lieutenant général des armées du Roi, « avec pouvoir de faire come sy le Roy y
« estoit en personne[3] », et il disperse en Normandie les gendarmes de Bourgogne et de Conti, derniers restes de la Fronde. Déjà gouverneur de Domfront, il est nommé, le 22 du même mois, gouverneur des ville et château de Caen. Avant de prendre possession, il fait enregistrer ses lettres au greffe de Domfront, le 18 juillet 1650, devant Robert des Landes, lieutenant général de M. le bailly d'Alençon[4], dont il a laissé copie au greffe du bailliage, « cy donné par
« Mes Siméon Ledébosté et Siméon Poisson, greffiers. »

---

[1] Duc d'Aumale, *Premières campagnes de Condé.*
[2] *Correspondance du cardinal Mazarin.*
[3] *Livre de raison*, manuscrit de J. Dupont.
[4] *Livre de raison*, manuscrit de J. Dupont, f° 264.

En mai 1651, il fait *enregistrer au même greffe* ses lettres de nomination comme lieutenant général des armées en Flandre, puis il va commander en Anjou.

Il sert sous le maréchal de Grancey en 1653, prend part au siége de Reggio, 1655. A son retour, il est fait gouverneur de Narbonne, 15 décembre 1655, et conseiller d'État. On le voit encore au siége de Valence en 1656[1]. Survient la grave question du mariage du Roi : le militaire s'efface encore devant le diplomate, et Mazarin, suivant l'exemple de Richelieu, envoie le comte de Quincé comme ambassadeur en Espagne. Il y meurt en 1659, et son corps, transporté en France dans un cercueil de cuivre, est déposé tout près de Domfront, dans le caveau de l'église paroissiale de La Baroche[2].

Joachim de Quincé laissait deux fils, dont l'aîné, Louis, filleul du roi Louis XIII, suivit de bonne heure les traces de son père. Tout jeune, nous le voyons employé à la guerre de Flandre, puis en Italie, à Crémone, 1648 ; ensuite en Normandie, pendant les années 1650 et 1651. Il y accompagne son père à Domfront et à Caen. Capitaine au régiment d'infanterie de Quincé en 1649, aide de camp des armées du Roi, maréchal de camp en 1652, lieutenant-colonel du régiment de son père en 1657, *mestre de camp général des carabins* de France en 1660, et, pendant vingt-quatre ans, il conserve en propre un régiment de carabins qui fut licencié en 1661. On le trouve au siége de Pavie en 1655, à Valence en 1656 ; il fait encore les campagnes de 1667 et de 1668. L'année même de la mort de son père, Louis, chevalier, comte de Quincé, est nommé gouverneur de Domfront, no-

---

[1] PINARD, *Chronologie militaire.*
[2] LIARD, *Histoire de Domfront.*

vembre 1659 [1]. Un an après, lieutenant civil du Roi au bailliage de Caen (6 novembre 1660). Il rend aveu le 11 septembre 1666 pour son fief de Quincé, et le 11 mai 1689 pour son château de Godras [2].

En 1658, nous le voyons à Domfront, parrain de son cousin Louis Couppel de Vaucé.

Vers 1660, il épouse Marguerite-Antoinette Cormier, d'une famille que nous retrouverons souvent alliée aux Couppel. Elle ne lui donne qu'une fille, « la noble et « vertueuse demoiselle de Quincé, morte à Saint-Denis de « Gastines, le 23 juin 1694, les entrailles de laquelle ont « été inhumées à Notre-Dame-sur-l'Eau, dans les cendres « des seigneurs de Cormier de la Bindellière, ayeux mater- « nels de ladite damoiselle [3] ». Louis, qui chérissait Domfront, y fonda, le 20 mai 1689, au Champ de la Bruyère, un collége qu'il confia au Père Bidois, supérieur des Missions (des lazaristes) [4]. Cet établissement passa, quarante ans après, aux mains des Eudistes. Restauré, il sert encore de collége communal. C'est au pavage de sa chapelle qu'ont été récemment employées, sans aucun ordre, les pierres tombales des principales familles de Domfront à Notre-Dame-sur-l'Eau.

Messire Louis de Quincé, gouverneur de Domfront, comte du Saint-Empire, mourut sans enfants en 1708, laissant des legs considérables à l'église paroissiale, à l'hôpital, au collége et au séminaire de cette ville [5].

---

[1] Pinard, *Chronologie militaire*, t. V, p. 59.
[2] Le Paige, *Histoire du diocèse du Mans*, v° *Baroche-sur-Lucé*, t. I, p. 70, 4° vol. des *Aveux de la vicomté de Domfront*.
[3] Blanchetière, *Pierres tombales*, etc. — Actes du greffe de Domfront. — Les Cormier étaient seigneurs de la Guyardière en la Haute-Chapelle.
[4] Caillebotte, *Histoire de Domfront*.
[5] *Mémoires de la Chaux* : *Mémoire du curé-doyen de Domfront*.

Ses biens, à défaut d'aucun parent de sa branche, faisaient donc dévolution à des cousins, descendus comme lui de Jean de Quincé, par ses deux filles : Georgine et Renée.

Une instance s'engagea, et, pour éviter un procès, les descendants de Georgine de Quincé[1], « héritiers pour « moitié des propres paternels de feu messire Louis de « Quincé, moyennant le payement d'une somme de huit « mille livres (car ils en avaient reçu plus d'honneur que « d'argent) avant le 15 août 1714, devant M⁰ François « Le Génissel, notaire royal pour les paroisses de la « Baroche, Lucé et Avrillé, le 19 juin 1714, à Dom-« front », traitèrent avec un de leurs cohéritiers, P. A. Doisnel, et lui abandonnèrent tous leurs droits à cette succession.

3° Renée de Quincé, troisième enfant de Jean, sœur de Nicolas et de Georgine, n'avait pour représentant, en 1714, que Pierre-Ambroise Doynel de Montécot, aux droits de sa femme.

Claude Doynel, mari de Charlotte de Beauves (et mort en 1649), dont deux fils : l'aîné, Anne Doynel, seigneur de la Sausserie, gentilhomme ordinaire de la chambre du Roi, = Marie de Poillé, dont Charles Doynel, = Hélène de Héricé, auteur de la branche aînée des Doynel, actuellement représentée par le comte Olivier Doynel, au château de Torchamp[2].

---

[1] Jacques Couppel, seigneur du Lude; Siméon-Brice, fils de Brice Couppel; Anne-Françoise, fille de Charles Couppel; et les enfants mineurs de Louis Couppel, seigneur de Vaucé.
[2] Sur leurs titres on avait établi la généalogie d'une chanoinesse de Remiremont, ce qui exigeait 16 quartiers de noblesse.

Le deuxième fils de Claude Doynel et de Charlotte fut François Doynel, comte de Montécot et de Logé, = et père de René-François Doynel de Montécot, seigneur du Hamel et de la Courbe, = Anne-Angélique d'Amfernet, dont il eut deux fils :

A Pierre-Ambroise Doynel, né en 1680, Écuyer, comte de Montécot, domicilié à Cuves, d'abord chevalier de Malte, puis marié à Marie-Charlotte de Camprond, dame de Gorges, fille de F. R. de G., marquis de Saint-Germain, en Cotentin, et de M. C. de Barjot de Moussy. Ce fut lui qui, cohéritier pour moitié aux propres paternels du feu comte Louis de Quincé, acquit en 1714 tous les droits des Couppel à cette succession. Bien que sa femme lui eût donné six enfants, cet héritage fut transmis à son frère; car les trois fils de Pierre-Ambroise moururent en bas âge; ses trois filles furent mariées : l'une, en 1736, au marquis de Buron; l'autre, en 1738, au marquis de Dourville; la dernière, en 1745, au marquis d'Amfreville.

Il appartenait à l'un de ses neveux de relever le nom de Quincé, et de continuer cette famille jusqu'à l'heure présente.

B Le deuxième fils de René-François Doynel de Montécot et de Anne-Angélique d'Amfermet fut Gabriel Doynel, comte de Montigny, = le 8 septembre 1736 Catherine-Marie-Antoinette du Bois, fille du comte de Saint-Quentin, née à Quincey, près Avranches. Leurs deux fils s'appelèrent René, du nom de leur aïeule Renée de Quincé.

a L'aîné, René-Gabriel Doynel, né en 1738, prit le nom de comte de Saint-Quentin, que sa famille conserve aujourd'hui.

b Le second fils du comte de Montigny, René-Charles Doynel, né à Cuves, près Avranches, en 1740, a porté le nom de comte de Quincé. Il est l'auteur du comte J. R. A. de Quincey, 1795-1880, demeurant au château de Saint-Aignan de Craménil (Calvados), = M. L. H. J. Thibault de la Carte, 1815-1883, et père de

Doynel, comte de Quincey, = 18 , Noémi Dursus de Courcy, dont Robert, officier, = 1886 Camille Benoist d'Azy; Louis.

Les *armes* des premiers Quincé, comtes du Saint-Empire, étaient « d'argent à trois hures de sanglier de « sable, celle de senestre en chef contournée, à une « aiglette éployée au vol abaissé du même émail, posée en « cœur. »

Celles des Doynel sont « d'argent à un chevron de « gueules, accompagné de trois merlettes de sable, deux « en chef et une en pointe. »

Mort à , le

XII DE QUINCÉ

(GEORGINE).

Née à , le
Baptisée le

Mariée à , le , avec Eutrope Feuvrier.
Dot :

Mère de :

1° Françoise Feuvrier ;
2° Nicolas Feuvrier, Écuyer ;
3° N.   Feuvrier.

Morte à   , le   (avant 1559).

Choisie de lots et partage du 23 octobre 1560, entre Siméon Couppel, mari de Françoise Feuvrier, sa fille, et les sieurs de Quincé, ses cohéritiers.

XI   **FEUVRIER**

(FRANÇOISE).

Née à   , le
Baptisée le

Mariée à Domfront, le 14 novembre 1545, devant M⁰⁵ Godefroy et Lecourt, tabellions, etc., avec Siméon Couppel.
Dot :

Mère de :
Marin Couppel.

Portée comme noble en 1592, 1597 et 1598, aux rôles de la paroisse de Saint-Brice.

Morte à   , le

X COUPPEL

(MARIN).

Noble homme, écuyer, licencié ès lois, garde des sceaux en la vicomté de Domfront en Passais[1], sieur de la Cousinière.

Né à , le
Baptisé le

Contrat de mariage devant Jean Gilbert et Raoul Masseron, tabellions en la vicomté de Domfront, le 1er mai 1575, avec Renée Pitard.

Actes de : vente 11 novembre 1575 devant Me Jean Gilbert; transaction 26 novembre 1577; acquisitions 5 octobre 1578, 7 et 13 mars 1579; procuration 2 juin 1578, devant Me Guillaume Guillot, tabellion à Domfront.

Un jugement est rendu en sa faveur aux Assises de Domfront, le 12 janvier 1581.

Moyennant 1,450 livres, il acquiert, le 9 septembre 1577, des religieux bénédictins[2] de Lonlay, une prairie dépendant de l'ermitage de la forêt d'Andaine. En effet, leur monastère venait d'être incendié pour la troisième fois (1400, 1533 et 1574); il fallut vendre plusieurs fiefs, tandis que l'abbé Louis du Bailleul demandait l'autori-

---

[1] Le garde des sceaux rendait seul exécutoires les actes par l'apposition du sceau royal.
[2] LIARD, *Histoire de Domfront*.

sation de prendre dans la forêt de Lande-pourrie les bois nécessaires aux réparations[1].

« Mort à Rouen d'une fièvre ardente, le 1er juillet 1586,
« en l'hostellerie portant enseigne *La ville de Londres*,
« paroisse Saint-Éloy... Ayant fait le lendemain dissection
« et ouverture de son corps mort, il ne nous est apparu
« aucun signe de maladie pestilante ou contagieuse...
« Signé LAREMBAULT, médecin chirurgien. »

Armes : « D'argent au chevron de gueules, accompagné de deux merlettes de sable affrontées en chef, et d'une rose de gueules au calice de sinople en pointe. »

[1] H. SAUVAGE, *Histoire de l'abbaye de Lonlay.*

PITARD

XVIII   PYTART ou PITTARD.

« Famille, selon une ancienne tradition confirmée par titres, originaire du comté d'Artois, d'un lieu appelé, à cause d'elle, le bois Pitard; d'où étoit sorti un gentilhomme attaché au service de Robert d'Artois, troisième du nom, comte de Beaumont-le-Roger[1]; lequel, étant venu à Domfront à la suite de ce prince, à qui cette ville appartenoit, l'an 1321, et y étant demeuré ensuite pour y exécuter ses ordres, il s'y établit par les bienfaits de son maître, et par le mariage qu'il y contracta avec Jeanne de Champeaux, fille de Hugues de Champeaux, chevalier, qui fut vraisemblablement le dernier des descendants de cet *Artus de Champeaux* « de Campellis », bailly ou gardien de la forest de Passais (silvæ custos impositus), qui vivoit environ l'an 1096, dont il est parlé dans la vie de saint Firmat. Je crois que c'est par cette alliance que le fief de Jumilly en Torchamps étoit venu dans la maison des Pitard, qui l'ont possédé près de trois cents ans ensuite..... Depuis cette Jeanne de Champeaux jusqu'à Jeanne Cousin, cette maison avait pris des alliances dans celles de la Ferrière, de la Bunache, de Cornilleau, de Miclier, de Sarseaux, etc. »

Les Pitard ont pour devise : « *Honneur ou mort* »; pour cimier : « un épervier naissant, le vol abaissé, d'ar-

---

[1] Robert III, 1287-1342, dispute vainement à Mahaut le comté d'Artois; reçoit en 1318 celui de Beaumont, érigé en pairie 1328; est banni du royaume en 1332.

gent » ; pour supports : « deux figures ailées, à la tête et poitrine de femme et le reste du corps de lion d'or » ; pour *armes* : « d'azur, à l'épervier d'argent, lié et grilleté d'or, tenant entre ses griffes une perdrix de même ».

(Voir le manoir seigneurial de Boudé, les églises de Sougé et de Saint-Gilles des Marais)... Lorsque les Espagnols veulent faire état de la noblesse de quelqu'un, ils ont coutume de dire qu'il est noble comme un épervier : *Hidalgo como un gavilan.*

« On m'a assuré que, sur les confins de Picardie et d'Artois, le peuple nomme un épervier un *Pitard,* par rapport au cri de cet oiseau, et cela, ce semble, confirmeroit encore ce que j'ai dit de l'origine de cette famille[1]. »

XVII   PITARD

(MAINFROY).

Écuyer, seigneur de Jumilly.
Né à   , le
Contrat de mariage devant   , à
le   , avec Jeanne de Champeaux.

Mort à   , le   après 1335.

[1] *Fiefs du comté de Mortain,* manuscrit in-fol. de 827 pages, par Julien PITARD, seigneur de Saint-Jean du Corail et de Boudé. A la Bibliothèque nationale, fonds français, n° 8768.

XVIII   DE CHAMPEAUX

(HUGUES).

Chevalier
Né à   , le
Contrat de mariage devant   , à
le   , avec

Père de Jeanne de Champeaux.
Mort à   , le   après 1300.

Armes : « D'azur à la gerbe de blé d'or, et son lien de même. »

XVII   DE CHAMPEAUX

(JEANNE).

Née à   , le
Mariée à   , le   , avec
Mainfroy Pitard de Jumilly.
Mère de Robert Pitard.

Morte à   , le

XVI   PITARD

(ROBERT).

Écuyer, seigneur de Jumilly[1].
Né à , le
Contrat de mariage devant , à
le , avec Perrine de la Bunache.

Mort à , le après 1362.

XVI   DE LA BUNACHE

(PERRINE).

Ancienne maison de la paroisse de Céaucé (vicomté de Domfront), fondue depuis en celle de Viliers.

Une damoiselle de la Bunache = Fabien Le Rouyer, sieur de la Brisolière, lieutenant général du vicomte de Domfront et du bailly d'Alençon, mort en 1487; dont Ambroise, etc., etc.

Née à , le

---

[1] Chartrier du château de Torchamps. — Originaux communiqués par le comte Olivier Doynel, 1879.

Mariée à   , le   , avec Robert Pitard.

Mère de Mainfroy II Pitard.

Morte à   , le

Armes : « De gueules aux trois chèvres d'argent ».

XV **PITARD**

(MAINFROY II).

Écuyer, seigneur de Jumilly.
Né à   , le
Contrat de mariage devant   , à
   le   , avec Nicolle de Cornillau.

Mort à   , le   1450.

XV **DE CORNILLAU**

(NICOLLE).

Dame des Loges et d'autres terres près Ambrières (Maine).

Née à , le

Mariée à , le avec Mainfroy II Pitard.

Mère de : 1° Mainfroy III Pitard ;
2° Jean, seigneur des Loges=Isabeau de la Javetière ;
3° et 4° Deux fils qui furent d'église ;
5° Un autre fils, non marié.

Morte à , le

Armes : « D'argent à trois corneilles de sable, membrées, becquées et pattées de gueules ».

XIV PITARD

(MAINFROY III).

Écuyer, seigneur de Jumilly et de Saint-Hilaire.
Né à , le
Contrat de mariage devant M° , à
le 1448, avec Clémente Le Mictier.

Mort à , le

XV LE MICTIER

(GUILLAUME).

Écuyer, seigneur et patron des paroisses de Chesnesec et de Saint-Hilaire, près Briouze (vicomté de Falaise).

Né à   , le

Contrat de mariage devant   , à le   , avec Jeanne de Sarsault.

Mort à   , le

Armes : « D'argent à la hure de sanglier de sable. »

XV DE SARSAULT

(JEANNE).

Née à   , le

Mariée à   , le   , avec Guillaume Le Mictier.

Mère de Clémente Le Mictier, fille et unique héritière.

Morte à   , le

XIV LE MICTIER

(CLÉMENTE).

Née à , le

Mariée à , le 1448, avec Mainfroy III Pitard.

Mère de : 1° Jean Pitard ;

2° et 3° Deux filles : l'aînée épouse (vers 1500) Gilles Doynel, seigneur de la Sausserie et de Montécot, colonel de cinq cents hommes à pied ; dont Gilles II, député de la noblesse aux États de Rouen 1548 = Marie Le Moyant ; dont Jean = Jeanne de la Berterye ; dont Claude Doynel, maître d'hôtel du Roi = Charlotte de Beauves, et † 1649.

L'autre épouse Jean Vauquelin, Écuyer, seigneur des Yveteaux, et meurt sans enfant.

Morte à , le

XIII PITARD

(JEAN).

Écuyer, seigneur de Jumilly (en Torchamps[1]), du

[1] Sur le bord de la Varenne, au-dessous du château de Torchamps.

Lude, de Saint-Hilaire (près Briouze), de Chesnesec [1].
Né à   , le
Baptisé le
Contrat de mariage devant   , avec Jeanne Cousin, le   1484.

Sa fille Jeanne = Pierre Vauquelin, seigneur de la Réaulté, neveu du précédent, et † 1509, laissant un fils nommé Jean.

Mort à   , le   1500.
Partage de sa succession en 1518.

XIV   COUSIN

(JEAN).

Écuyer, seigneur de Boudé.
Né à   , le
Baptisé le
Contrat de mariage devant Mᵉ   , le avec Jeanne de Saint-Manvieu.

On lui attribue la fondation du manoir de la Cousinière.
Mort à   , le

Armes : « D'azur aux trois éperons d'or à la bordure de gueules. »

---

[1] Hameau à l'est de la commune de Craménil-le-Bois, canton de Briouze.

XXIII DE SAINT-MANVIEU.

Les plus considérables titres de la terre de Saint-Manvieu, d'où cette ancienne famille tire son origine, ont été brûlés dans les guerres des huguenots à Pontorson, où le sieur de Vambes, alors seigneur de Saint-Manvieu, qui y commandait, les avait portés[1].

XXII DE SAINT-MANVIEU

(RICHARD).

Chevalier.
Né à   , le
Contrat de mariage devant
à   , le   , avec Guilmette d'Argouges.

Mort à   , le

[1] PITARD, *Nobiliaire manuscrit du comté de Mortain*, v° Saint-Manvieu.

XXII D'ARGOUGES

(GUILMETTE).

Née à , le
Mariée à , le (peu après 1200), avec Richard de Saint-Manvieu.

Dot : les terres nobles de Colleville et de Heistreham, que Jean, son descendant, échangea en 1412 contre le fief de la Mortière.

Mère de Guillaume de Saint-Manvieu.
Morte à , le

XXI DE SAINT-MANVIEU

(GUILLAUME).

Né à , le
Contrat de mariage devant
à , le , avec Jeanne de Talvende.
Mort à , le

XXII — DE TALVENDE.

Grande paroisse auprès de Vire. Le fief de ce nom, dès 1394, se trouve dans les paroisses de Saint-Denis et de Montjoye. Selon les registres de la Chambre des comptes de Paris, Jean de Talvende, chevalier, servit le Roi en 1271. Raoul de Talvende, écuyer, est nommé dans une *monstre* du connétable Du Guesclin, le 18 mars 1370.

Cette famille fit ses preuves d'ancienne noblesse devant Montfaux en 1463, et Chamillard en 1666, dans la paroisse du Mesnil-Robert (élection de Vire).

Armes : « Palé de gueules et d'hermines de six pièces. »

XXI — DE TALVENDE

(JEANNE).

Née à   , le
Mariée à   , le   avec Guillaume de Saint-Manvieu.

Dot : la Triboudière et autres aînesses à Clinchamps, avec un fief dans la paroisse de Buères, que possédait encore son descendant Yves de Saint-Manvieu.

Mère de Robert de Saint-Manvieu.

Morte à   , le

XX DE SAINT-MANVIEU

(ROBERT).

Né à   , le
Contrat de mariage devant   à
le   , avec Jeanne Besnard.
Tué avec son fils dans le même combat.

XX BESNARD

(JEANNE).

Née à   , le
Mariée à   , le   avec Robert de Saint-Manvieu.

Dot : la seigneurie de Reculé, que possédait encore son descendant Philippe de Saint-Manvieu, lorsqu'il fut présenté, en 1469, à la cure de Saint-Jean.

Mère de Jean de Saint-Manvieu.

Morte à   , le

XIX   DE SAINT-MANVIEU

(JEAN).

Né à   , le
Contrat de mariage devant   ; à
le   , avec
Père de Richard II de Saint-Manvieu.
Mort à l'ennemi avec son père.

XVIII   DE SAINT-MANVIEU

(RICHARD II).

Chevalier, seigneur de Saint-Manvieu, Saint-Jean, Colleville, Reculé, etc.

Né à   , le
Contrat de mariage devant   , à
le   (avant 1349), avec Jeanne de Saint-Jean [1].
Actes de 1337, 1349, 1389, 1390.
Selon un registre du 19 septembre 1393, « il doit dix « jours de service pour la garde de la rue aux Femmes de « Mortain quand métier est ».
Mort à   , le

---

[1] PITARD, *Nobiliaire manuscrit des fiefs du comté de Mortain*, v° *Saint-Jean*.

XXV DE SAINT-JEAN.

Du Corail, du Coural, lez-Bion, paroisse de l'évêché d'Avranches. « Fief noble du petit Saint-Jean, selon la « Charte de Pierre de Navarre. »

On trouve un seigneur de Saint-Jean parmi les compagnons du duc Guillaume de Normandie, en 1066.

Armes : « D'argent au chef de gueules chargé de trois besants d'or. »

XXIV DE SAINT-JEAN

(THOMAS).

Né à   , le

Un des meilleurs capitaines de Henry Ier, roi d'Angleterre, chargé par lui, en 1106, du siége de Tinchebray, qui se termina par la défaite et la prison du duc Robert Courte-Heuse, et du comte Guillaume de Mortain. Défend en 1108 la Motte-Gontier pour le même roi, contre Foulques, comte d'Anjou. Souscrit en 1112 à la fondation de l'abbaye de Savigny. Lègue à l'abbaye du Mont Saint-Michel ce qu'il avait autrefois usurpé sur elle.

Père de :

1° Guillaume, grand sénéchal de Normandie = Olive, fille du comte Étienne de Penthièvre. On a des actes de lui, datés de 1161, 1163, 1190 en faveur d'abbayes. Père de Raoul II, seigneur de Fougères. « Il étoit en 1172 à la
« fête de Bures, où le roi Henry II, tenant sa cour plénière,
« fit manger, seuls en une salle, tous les seigneurs de dis-
« tinction qui se nommoient *Guillaume,* et qui se trouvè-
« rent au nombre de cent dix, sans compter les simples
« écuyers et les serviteurs. » Chef de la branche d'Angleterre. Auteur de : Agnès de Saint-Jean = Hugues II de Courtenay, créé comte de Devon par le roi Édouard III; et Olivier de Saint-John, baron de Bolingbroke, 1672-1751 (titre érigé en vicomté-pairie en 1712), ministre de la reine Anne, célèbre philosophe, qui vécut longtemps en France, où il s'était marié.

2° Robert de Saint-Jean.

Mort à   , le

XXIII DE SAINT-JEAN

(ROBERT).

Chef de la branche demeurée au comté de Mortain.

Né à   , le

Contrat de mariage devant M⁰   , à le   , avec

Se distingue dans les guerres de Sicile; fondateur avec son frère de l'abbaye de la Luzerne, en présence du Bien-

heureux *Achard,* évêque d'Avranches, 1162, « pro re-
« missione peccatorum et antecessorum et successorum,
« dedimus Deo et ecclesiæ sanctæ Trinitatis de Lucernâ
« et canonicis ibidem Deo servientibus, terram in quâ
« fundata est Abbatia. » Dans la foule surprenante d'églises et de fiefs que ces religieux tenaient de leurs fondateurs, ils citent les églises de Saint-Jean-le-Thomas et de Refuveille (aveu rendu au roi en 1419, par l'abbé et les moines de la Luzerne).

Père de Guillaume de Saint-Jean

Mort à , le

XXII DE SAINT-JEAN

(GUILLAUME).

Né à , le

Contrat de mariage devant , à
le , avec

Père de Guillaume II de Saint-Jean.

A la conquête de la Normandie par Philippe-Auguste, lui jure foi et hommage pour son fief, 1203. Témoin dans des chartes de donation aux abbayes de Lonlay, 1206, et de Savigny, 1224.

Mort à , le

XXI   DE SAINT-JEAN

(GUILLAUME II).

Chevalier, seigneur de Saint-Jean.
Né à   , le
Contrat de mariage devant   , à
le   , avec
Père de Robert II de Saint-Jean.

Un jugement du bailly du Cotentin, tenant ses assises à Mortain en 1285, le maintient en quelques droits de son fief, qui était contesté par le Roi.

Mort à .   , vers 1292.

XX   DE SAINT-JEAN

(ROBERT II OU ROBIN).

Né à   , le
Contrat de mariage devant M^e   , à
le   , avec
Père de Colin de Saint-Jean.

Il y avait encore en 1700 beaucoup de titres de lui, des années 1293 à 1318.

Mort à   , le

10.

XIX — DE SAINT-JEAN

(COLIN OU NICOLE).

Chevalier, seigneur de Saint-Jean.
Né à   , le
Contrat de mariage devant   , à
le   , avec Perronnelle de Husson, fille d'Étienne.
On a des actes de lui, datés de 1325 et 1344.

Il laisse des dettes, montant ensemble à 35 livres 8 sols, suivant mémoire détaillé, et que sa veuve s'oblige en justice de payer en la décharge de sa fille Jeanne.

Mort à   , le   1348.

XVIII — DE SAINT-JEAN

(JEANNE).

Dame de Saint-Jean du Corail.
Née à   , le
Mariée à   , le   , avec Richard II de Saint-Manvieu.
Mère de Guillaume II de Saint-Manvieu.
Morte à   , le

XVII DE SAINT-MANVIEU

(GUILLAUME II).

Écuyer, patron et présentateur à la cure paroissiale de Saint-Jean du Coural.

Né à   , le

Contrat de mariage devant   , à le   , avec Jeanne Valon.

Rend aveu au Roi pour le fief du Petit-Saint-Jean (un quart de fief qu'il tient de lui *nuement et sans moyen*). — Charte de Pierre de Navarre.

Accord avec Guillaume le Sotrel, au sujet d'une aînesse ou manoir que celui-ci tenait dans le fief de Saint-Jean.

Blessé à la bataille d'Azincourt, 1415.

Mort prisonnier en Angleterre.

XVIII VALON

(ROBERT).

Écuyer, seigneur du Tourneur.

Né à   , le

Contrat de mariage devant   , à le   , avec

Père de Jeanne Valon, son unique héritière.

Tenait, en 1401, un huitième de fief dans la paroisse de Montjoye, sous la baronnie de Saint-Paër; et le fief du Tourneur, sous la baronnie des Biars, vicomté de Vire.

Mort à   , le

XVII VALON

(JEANNE).

Dame du Tourneur.

Née à   , le
Mariée à   , le   , avec Guillaume II de Saint-Manvieu.
Dot : les fiefs de son père.
Mère de Jean II de Saint-Manvieu.

Se remaria avec Jean de Ravetot, seigneur de Villy.
Morte à   , le

XVI ## DE SAINT-MANVIEU

(JEAN II).

Écuyer, seigneur de Saint-Manvieu, de Saint-Jean.

Né à   , le
Contrat de mariage devant   , à
le   , avec Jeanne d'Argouges.

Acquiert par échange le fief de la Mortière, 1412. Reçu, pendant la prison de son père, en 1415, à faire foi et hommage au Roi du fief de Saint-Jean.

Mort à   , le

XVIII ## D'ARGOUGES

(A LA FÉE).

Nom d'un chevalier de la Table Ronde.
Fief assis en la paroisse de Husson.
On affirme qu'une Fée, ayant épousé un seigneur d'Argouges, avait rétabli ses affaires et assuré sa descendance ; mais qu'un jour, ayant entendu prononcer un

mot qui lui était fatal, elle s'échappa par la fenêtre d'une salle basse de son château, laissant l'impression de sa main sur la pierre d'appui de cette fenêtre[1].

Armes : « Écartelé d'or et d'azur à trois quintefeuilles de gueules », avec une Fée pour cimier.

XVII D'ARGOUGES

(N.....).

Seigneur d'Argouges et de Gratat.
Né à   , le
Contrat de mariage devant   , à
le   , avec
Père de Jeanne d'Argouges.
(L'un de ses descendants reçut de François Ier « la terre
« de Gaure en Cotentin, pour avoir découvert à heure
« et à temps les grans trahisons, conjurations, rébellions
« et désobéissances du connestable de Bourbon. » Un
autre fut conseiller d'État en 1689[2].)
Mort à   , le

---

[1] Pitard, *Nobiliaire manuscrit,* v° *d'Argouges.*
[2] Laroque, *Histoire de la maison de Harcourt,* t. I, p. 305. — *Orne pittoresque,* v° *Ranes.*

XVI — D'ARGOUGES

(JEANNE).

Née à , le

Mariée à , le , avec Jean II de Saint-Manvieu.

Mère de :

1° Yves de Saint-Manvieu ; 2° Robert de Saint-Manvieu, qui donne aveu à Edmond de Beaufort, duc de Somerset, comte de Mortain, pendant l'usurpation des Anglais, 29 mars avant Pâques 1436, sous le sceau de la vicomté de Vire à défaut du sien propre ; dans cet aveu, il dit que Yves, son frère puîné, tient de lui le même fief de Saint-Jean, en *parage*, et c'est pourquoi il s'en attribue tous les honneurs. Auteur de deux branches : l'aînée, des seigneurs de Saint-Manvieu, s'est fondue dans la maison de Vambes, et ensuite dans celle des Achard ; l'autre, du Tourneur, a fini par deux filles, dont l'une était aïeule de M. du Mesnil-Carville, qui prit aussi le nom et les armes des Saint-Manvieu.

Morte à , le

XV — DE SAINT-MANVIEU

(YVES).

Seigneur de Saint-Jean, du Tourneur, du Mesnil, de Reculé.

Né à   , le

Contrat de mariage devant   , avec

                , le .

Fait mention dans son Journal de la recette des rentes du fief de Buères, qui lui venait des Talvende.

Père de :

1° Marguerite = Gilles de Juvigny, seigneur de Lapenty et de Saint-Nicolas, 4 septembre 1462, parent de son beau-frère Guillaume.

2° N..... = Guillaume du Vauborel, seigneur de Longuève, 1474 (ancienne famille du comté de Mortain, reconnue noble par Chamillard en 1666).

3° Philippe, seigneur de Reculé, Dr de l'Université de Caen, présenté le 4 avril 1569 à la cure de Saint-Jean (le sceau de cire rouge de son père subsistait encore en 1700).

4° Jean III de Saint-Manvieu = Michelle d'Oessé, rend aveu du fief de Saint-Jean, 14 décembre 1496 et 16 mai 1499. (Livre des aveux, f°ˢ 262 et 273), † juin 1500 : dont deux filles; Robert, curé et seigneur de Saint-Jean, ordonné par Louis de Bourbon, évêque d'Avranches, † 1519; et Thiéry, † 1501, = 1ᵉʳ octobre 1495, Perrine de Sainte-Marie : dont Jeanne et

Jean IV = 8 avril 1518, Marie Nautier, fille du baron de Landelle : dont

Julien rend aveu pour le fief de Saint-Jean, 1571, = 7 avril 1551, Jeanne Leverrier : dont Jean V, † 1608, = 17 septembre 1583, Marguerite des Vaux, fille du seigneur de Vaudemusson ; dont quatre fils : Charles, curé de Saint-Jean ; Jullien ; Guy, seigneur de la Mortière ; et

Julien II, † 1647, = 14 août 1614, Julienne d'Oessé, fille du seigneur de Courteilles : dont Jacqueline, dame de la Mortière et du Boisbélier = Jacques du Vauborel ; et

Adrienne, dame de Saint-Jean, † 29 janvier 1680, = 1641, François Pitard, seigneur de Boudé.

5° Jeanne de Saint-Manvieu.

Mort à   , le   , 1467.

XIV   DE SAINT-MANVIEU

(JEANNE).

Née à   , le
Baptisée le

Mariée à   , le   vers 1463, avec Jean Cousin.

Mère de Jeanne Cousin, leur unique héritière, et dame de Boudé.

Armes « de gueules fretté d'argent de huit pièces, au franc quartier d'hermine ». (L'écu est penché à l'antique, le casque de profil avec son bourrelet et les courroies pendantes derrière l'écu, sur l'angle duquel il est posé.) Cimier : « une hermine » ; supports : « deux lions sur une terrasse » (vitres de l'église de Saint-Jean, et châteaux de Saint-Manvieu et du Mesnil-Carville).

Morte à   , le

XIII COUSIN

(JEANNE).

Née à , le
Baptisée le

Mariée à , le 1484, avec Jean Pitard.

Mère de Nicolas, d'Étienne et de Mainfroy IV Pitard.

1° Nicolas Pitard, seigneur de Boudé et de Saint-Hilaire, écuyer; passe contrat de mariage, reconnu devant Millerent et Conillard, tabellions en la vicomté de Mortain, 3 janvier 1520, avec Marie du Pont-Bellenger (le partage de leurs successions eut lieu le 14 juillet 1555); il laisse six enfants : Pierre de Saint-Hilaire = Radegonde de Pinel, sans enfants; Marguerite, grande prieure à Saint-Sulpice de Rennes, 1533; Jeanne, = en 1548, François Tuffin, de la Coquillonaye en Bretagne; Madeleine, = successivement Jean Lebreton en 1555, et Pierre de la Broise en 1572 ; et

Joachim Pitard, seigneur de Boudé, = en 1544 Renée, de la Hautonnière, dont :

Robert Pitard, fils unique, = à 19 ans, en 1564, Anne Millet, fille de Gilles Millet, seigneur d'Auvernay et de Catherine de Méré, et † avril 1581; il eut quatre enfants : deux religieuses à Saint-Sulpice de Rennes; Jacques, 1574-1620, officier, † à Paris sans être marié; et

Siméon Pitard, = 1° en 1603, Renée de Gauquelin, dont trois enfants : Marie, = successivement les sieurs de Loraille et de Germond; Renée, = successivement les sieurs de Pracomtal et de la Faucherie; Jean, seigneur de la Fouquesse (vicomté d'Avranches), officier d'infanterie, = en 1633, Antoinette de Jumilly, dont une fille † 1641; = 2° en 1621[1], Marquise Barré de Jumilly, 1602-1681, fille de François Barré, écuyer, seigneur des Hayes et de Jumilly, lieutenant général civil et criminel au bailliage de Domfront[2], et d'Antoinette Cormier. Son frère, Henry de Jumilly, seigneur de Saint-Bommer, aussi lieutenant général = Marie des Moulins; dont Henry-Claude de Jumilly, capitaine de cavalerie, † 1680. A son décès, sa tante Marquise hérite des fief et terres de Jumilly, deuxième fief de ce nom, sis paroisse Saint-Bommer-les-Forges, et qui avait appartenu aux Barjot, puis aux Josselin, pendant vingt ans, 1582-1602[3]. Elle eut trois enfants : Marquise Pitard = Brice Couppel, seigneur de Saint-Laurent et Rouellé; Antoinette Pitard = Claude de la Croix, seigneur du Moutier et du Mesnil; et

François Pitard, seigneur de Boudé, 1622-1658, = en septembre 1641, Adrienne de Saint-Manvieu, héritière du fief de Saint-Jean du Corail; dont sept enfants : *a* Marquise Pitard = successivement Julien des Landes, seigneur du Bois-Josselin, et François Périer, seigneur de Bois-Darcy; *b* Jacqueline = Henry de l'Espine; *c* Julienne, religieuse hospitalière à Vire, † 1705; *d* Gabriel, † 1668; *e* Henry, † 1679, non mariés; *f* Jean, seigneur

---

[1] Julien Pitard, *Nobiliaire du comté de Mortain*.
[2] Caillebotte, *Histoire de Domfront*. Après la mort de Henry IV, il repoussa les factieux qui voulaient surprendre la ville.
[3] Le Paige, v° *Saint-Bommer*, t. I, p. 110.

de Boudé, et de Montoyer 1685, = Marguerite de Royers, fille du premier marquis de la Brizolière, conseiller au parlement de Normandie, dont Jacques; enfin

g Jullien Pitard, seigneur de Saint-Jean, né le 18 décembre 1642, † à Domfront, 1714, auteur du *Cartulaire de Mortain* (Archives de la Manche et Bibliothèque nationale) et de la *Notice sur les seigneurs de Domfront* publiée en 1879. Jullien Pitard = 1° en 1668, Bertrane Roger, † 1678 : dont Marquise et Andrée Pitard, religieuses aux Ursulines de Vire; Pierre, curé de Saint-Jean, † 1701; Adrien, 1675-1706, non marié; 2° = en 1680, Françoise Le Silleur : dont trois filles; Jullien-Adrien, 1685-1703, officier d'infanterie sous le comte de l'Isle [1]; et

Jean-François Pitard, écuyer, seigneur de Lionnière, 1681-1727, = en 1709, Anne-Marie-Gabrielle de Vassy, fille de Claude de Vassy, marquis de Piron et de Brécey, et de Marie-Angélique de Motteville [2], dont : Madame G. de Vaufleury, mariée en 1743 à un descendant d'Etienne de Vaufleury, anobli en 1629, par l'édit en faveur de la Compagnie du Canada.

2° Étienne, seigneur de Chesnesec, du Lude et de Boispitard, = Fraimbaude de la Ferrière, fille de Jean de la Ferrière et de Perrine de Cornilleau, sœur d'Étienne de la Ferrière, tante de Jean de la Ferrière, seigneur de Tessé et de Vernie, qui combattit avec l'armée royale en 1574 contre Montgommery, et ne s'empara pas moins,

---

[1] Mort de fatigue et de misère, à la suite des pénibles campagnes de 1702 et de 1703, dans lesquelles Marlborough refoula nos troupes au delà de la Meuse.

[2] Madame de Motteville, auteur des précieux mémoires sur la régence d'Anne d'Autriche, était morte en 1689.

en 1580, du château de Domfront pour le compte de la Ligue. Étienne et sa femme furent enterrés à Notre-Dame-sur-l'Eau.

Leur fils, *François de Boispitard*, seigneur du Lude, etc., né le 3 septembre 1533, à Domfront, suivit le roi Henry II à la conquête des Trois-Évêchés, eut un cheval tué sous lui à la victoire de Renty, où reîtres et lansquenets de l'empereur Charles V furent rejetés dans les bois par les charges du duc de Guise et de G. de Tavannes, 13 août 1554. Lors de la guerre religieuse de 1562, quand Condé, Coligny, Rohan, la Rochefoucauld, Gramont, Duras se déclaraient pour la Réforme, il courut à Vincennes offrir au Roi son épée, commandait quatre cents hommes à Domfront, prit une part très-active à la reprise de cette ville « pour le repos des principaux qui étoient venus l'en « prier et requérir en sa maison, et pour le devoir du « service du Roy et défense de la patrie[1] ».

Il s'y mêlait bien aussi une vengeance personnelle. Ce n'étaient pas seulement les huguenots et les rebelles que poursuivait Boispitard. Dès les premiers jours, les Le Héricey, ses ennemis « avoient envoyé force soldats piller « sa maison abandonnée, à la Barillière-en-Saintfront, « et après avoir emporté à charrettes de blés, foins, vins, « cidres, lards, bœufs de salaison, suifs et cuirs, avec « force filasses et ustensiles de ménage, ruinèrent et dis- « persèrent le demeurant à qui en vouloit; après avoir « brisé mon ménage de bois et vitres de madite maison, « menacèrent après de la brusler, comme ils firent tous « les fauxbourgs de la ville... avec plusieurs autres inso-

---

[1] *Journal de F. de Boispitard*, commencé avec l'année 1553. La partie relative à l'année 1574 a été publiée en 1878, à Domfront.

« lences et dépopulations qu'ils firent auxdites maisons et
« environs de la ville... n'omettant nullement de dire
« souvent à mes gens et métayers qu'ils contraignoient
« charroyer en ladite ville mes hardes et biens, qu'ils
« étoient bien fâchés qu'ils ne me tenoient ou n'avoient pu
« prendre pour me traiter à leurs souhaits, de quoi mon
« Seigneur me préserva de sa grâce spéciale, et permit que
« les mêmes auteurs de ces malheurs tombèrent en ma
« puissance comme coupables de tout le mal fait, à savoir
« lesdits Le Héricé, dits Pissots. »

La vengeance de Boispitard fut terrible. A peine le corps d'Ambroise Le Héricé eût-il été enterré au chœur et chanceau de Notre-Dame sur l'Eau, « lieu tant digne et
« sacré, où j'attends que Dieu me fera la grâce de reposer
« avec mon père et prédécesseur, après qu'il m'aura appelé
« à l'autre vie plus généreuse », que Boispitard vint faire la révérence au sieur de Matignon[1] et prit licence de lui de faire déterrer et pendre « la charogne dudit Pissot,
« enterrée en tel endroit par ordonnance divine, afin de
« me susciter l'esprit de volonté de ne souffrir telle indi-
« gnité et injure sans y pourvoir hardiment et prompte-
« ment, comme il me donnoit grâce et moyen de faire avant
« plus grande putréfaction et pourriture... Comme Dieu
« m'est témoin que je dis et écris sans jactance, l'ayant
« pensé et exécuté de ma seule résolution, par la grâce de
« Dieu, qui m'y a conforté, et de quoi aussi je me fusse
« facilement passé, n'ayant intérêt sinon les sépultures
« de mes père et mère et femme gisants en ladite église,
« en honneur desquels suis obligé d'aviser et soigner de

---

[1] Le siége de Domfront était si important en 1574, que trois futurs maréchaux de France y combattaient dans l'armée royale : Matignon, Fervacques et Lavardin.

« mon vivant pour le devoir d'amitié et défiliation dont je
« leur suis obligé et redevable !... Devons tous présents et
« à venir rendre grâces à Dieu de ce que notre tourment
« et affliction n'a duré que trois mois... et de la joie de la
« prise et termination de ceux qui avoient conjuré contre
« Dieu, le Roy et la patrie, et tout gens de bien catho-
« liques. »

Boispitard avait épousé, en 1558, N. de Cailly, dont il eut deux enfants : Antoine, chevalier, gentilhomme de la chambre du Roi, capitaine de cavalerie, = Marguerite Corbin († en 1647 sans enfants), † à Sougé-au-Moine ou Sougé-le-Gannelon, le 19 juin 1631, et enterré le lendemain ; Marguerite, = Arthur Le Silleur, et apporte à cette famille les terres de Cheviez, Chesnesec, Sougé, etc. Elle eut pour descendants Jacques Le Silleur, seigneur de Sougé ; René Le Silleur, inhumé, le 24 avril 1653, à Sougé ; le chevalier Le Silleur, 1739, etc.

On trouve encore une Suzanne Pitard, = André Ponthault de Villaine, et mère de Siméon de Ponthault, seigneur et patron de Saint-Brice, né le 26 février 1622, mari de Julienne Le Silleur, père de Françoise, qui = le 15 novembre 1676, Brice Couppel, 1646-1696, frère de Louis Couppel de Vaucé.

Après la mort de Jean Pitard, Jeanne Cousin se remaria à Hector de Joué, écuyer, dont elle n'eut pas d'enfants.
Morte à   , le   1510.
Partage de sa succession, 1518.

XII   PITARD

(MAINFROY IV).

Seigneur du Châtelier et de Jumilly.
Né à   , le
Contrat de mariage devant   , à
le   , avec Marguerite Millet.
Mort à   , le

XII   MILLET

(MARGUERITE).

Fille du seigneur d'Auvernay, sœur de Gilles Millet, seigneur d'Auvernay et des Burlières, paroisse de la Baroche, comme aussi de Bon-Renom (fief créé et ainsi dénommé par un duc d'Alençon, comme ceux de Loyauté et de Bon-Vouloir).

Née à   , le
Mariée à Mainfroy IV Pitard.
Mère de :
1° Guillaume Pitard ;
2° Nicolas, seigneur de la Noë, auteur d'un poëme en

trois cents quatrains sur la vie humaine, imprimé en 1593 ;

3° plusieurs filles.

Morte à   , le

Armes : « D'argent au lion de gueules. »

XI   PITARD

(GUILLAUME).

Noble homme, seigneur de Jumilly, capitaine d'une compagnie de gens d'armes.

Né à   , le

Contrat de mariage devant   , le

avec

Père de : Renée Pitard.

Actes et transactions passés avec son gendre, Marin Couppel, 1ᵉʳ mai et 10 octobre 1575.

Procuration devant Mᵉ Guillot, à Domfront, le 2 juin 1578, pour « rendre aveu à Mgr le comte d'Anjou et duc « d'Alençon[1] des fief et seigneurie de Jumilly, sis en « la paroisse de Torchamps », sur le bord de la Varenne.

Tué devant Avranches en faisant sa charge, 4 mai 1590.

---

[1] Le dernier fils de Catherine de Médicis, mort en 1584, « ayant acquis autant d'ennemis, selon d'Aubigné, qu'il y avait de gens qui le connussent. »

X   PITARD DE JUMILLY

(RENÉE).

Née à   , le
Baptisée le

Contrat de mariage devant M⁰ˢ Gilbert et Masseron, notaires à Domfront, le 1ᵉʳ mai 1575, avec Marin Couppel. Mère de :

1° Brice Couppel ;
2° François, écuyer, seigneur de la Faverie et du Lude-Quinchet, bienfaiteur de l'église de Saint-Brice, né 1584, † sans enfants, le 18 octobre 1610 ;
3° Siméon, noble sieur de la Cousinière, avocat du Roi au siège de Domfront. Parrain, le 27 septembre 1613, de sa nièce Françoise Couppel ; le 17 février 1618, de son neveu Siméon Couppel. Par contrat du 20 novembre 1620, il reconnaît et approuve la fondation de son frère François en faveur de l'église de Saint-Brice. Aveu lui est rendu le 26 juillet 1623, par Lecrosnier et Lédemé de Bazaille. Il épouse Julienne des Moulins (fille de Michel des Moulins, lieutenant général en la vicomté de Domfront, chez qui Montgommery logea pendant le siège de 1574[1], et qui fut membre, en 1576, de l'échiquier d'Alençon), marraine

---

[1] Le vicomte de Domfront (Guy Cormier) et le procureur du Roi (Pierre Le Héricé) s'étaient joints aussi aux rebelles.

de son neveu, René Couppel, en 1609, et de son petit-neveu, Brice Couppel, en 1646. François des Moulins et son fils sont gouverneurs de Bellême en 1657 et 1662. Leurs descendants sont officiers, sous le nom de comte (1700) et marquis de l'Isle, tué à la bataille de Parme, 1734.

Siméon, avocat du Roi [1], meurt sans enfants, le 22 juillet 1630, est inhumé à Notre-Dame sur l'Eau, vieille église du onzième siècle (prieuré dépendant de l'abbaye des Bénédictins à Lonlay [2], et dont le transept, l'abside et la tour existent encore. La pierre tombale de Siméon Couppel (avec une inscription de huit lignes) fut transportée en 1823, avec une quarantaine d'autres monuments funéraires, très-précieux pour l'histoire de Domfront [3], dans la chapelle du Collège, où elles ont été employées au pavage de la nef et placées au hasard, sans précaution et sans aucun souci de leur intérêt archéologique.

Renée Pitard, devenue veuve en 1586, est tutrice de ses enfants; achète quelques héritages, 21 avril 1592, demeure paroisse Saint-Brice, est marraine de sa petite-fille, Renée Couppel, 1608; obtient un jugement favorable, le 20 août 1607, du vicomte de Domfront. Employée au rang de noble (rôles de l'imposition des tailles de la

---

[1] Le ministère public était divisé en deux personnes : l'avocat du Roi, portant seul la parole, et le procureur du Roi, ayant seul qualité pour requérir par écrit.

[2] *Notre-Dame de Lonlay*, par H. SAUVAGE. Ce prieuré, aussi ancien que l'abbaye elle-même, et fondé vers 1030, portait pour armoiries : *d'azur à une chapelle d'argent*.

[3] BLANCHETIÈRE, *Les pierres tombales de Notre-Dame sur l'Eau*, 1878.

paroisse de Saint-Brice : 15 mars 1592, 30 mars 1597, 2 mars 1598, 20 mars 1600, 22 février 1615).

Morte le 29 septembre 1619, et inhumée dans l'église de Saint-Brice.

IX COUPPEL

(BRICE).

Écuyer, sieur de l'Épinay et de Jumilly, vicomte de Domfront en 1612 et années suivantes. Conseiller du Roi.
Né à   , le
Baptisé le

Contrat de mariage devant les tabellions de Falaise, le 27 novembre 1616, avec Nicole de Marguerit[1].

Marié en l'église de Saint-Gervais de Falaise, le 15 janvier 1617.

Il avait épousé en premières noces (contrat devant Guillaume Le Rées, tabellion à Domfront, 29 mars 1607, et église de Notre-Dame sur l'Eau, 27 mai 1607) Marquise Ledin, d'une très-ancienne famille, qui, depuis le quatorzième siècle, compte de nombreux gouverneurs de Domfront. Son grand-père, Pierre, fut député de la noblesse en 1576. Son père, René, = Madeleine Cormier,

---

[1] Son nom et celui de sa femme figurent, parmi les vingt et une familles alliées aux Ledin, sur la litre de la chapelle du château de La Châlerie.

sœur d'un rédacteur du Code Henri IV. Marquise Ledin donna à son mari cinq enfants : 1° Renée, 1608-1609, filleule de noble François de Jumilly, son grand-oncle maternel; 2° René, 1609-1610; 3° Charles, 1610-1611, filleul de M. de Matignon, lieutenant général pour Sa Majesté aux bailliages de Cotentin et Alençon; 4° Magdeleine, 1612-1612; 5° Françoise, 1613-1615. Elle mourut le 28 octobre 1613, et fut enterrée dans l'église de Notre-Dame sur l'Eau, où son tombeau subsiste encore avec son image et cette inscription :

« Passant, ce marbre ne regarde ;
« Ma cendre n'est sous ce tombeau;
« Car mon cher mari me la garde,
« Et son cœur en est le vaisseau. »

Les jugements des 18 juin et 4 juillet 1607, 25 février et 21 juillet 1608, 28 juin 1622, consacrent la qualité de noble de Brice Couppel. Sentence est rendue en sa faveur par Michel des Moulins, lieutenant général du vicomte de Domfront, contre un débiteur auquel il a prêté douze boisseaux de blé seigle, suivant obligation devant G. Le Rées. Il recevra donc 27 livres, les experts de Russais, Torchamps et la Haute-Chapelle ayant fixé à 45 sous le prix du boisseau, 3 décembre 1614. Il achète des héritages, contrats des 11 octobre et 29 janvier 1618; donne à bail « les champs du Hault, moyennant une rente de 8 livres tournois et de 2 chappons bons et suffisans », devant Guillaume Le Rées, tabellion royal, 31 décembre 1621. Aveu lui est rendu par Perrine Le Crosnier, 26 février 1623, peu de temps avant sa mort, « à Joigny près « d'Auxerre, comme il revenoit de voir Mgr l'évesque

« d'Auxerre (François de Donadieu, engagiste du do-
« maine de Dompfront¹). Il laisse deux fils, Siméon et
« Jacques, âgés de cinq et six ans... et meurt pourvu de
« l'office de vicomte, avec l'honneur d'être un des meil-
« leurs juges de Normandie². »

Mort à Joigny, le 21 avril 1623.

XIX MARGARIT.

Illustre famille de la principauté de Catalogne, descendue des anciens comtes souverains d'Ampurias.

Originaire du château de Empurda, dont la chapelle, consacrée à Notre-Dame du Remède³, porte encore l'antique *blason* :

« Trois marguerites d'or sur champ de gueules. »

Elle a donné en plusieurs siècles, à sa patrie, une longue suite de vaillants capitaines, de hardis marins, de savants et prudents évêques.

---

¹ C'est de ce Donadieu que la grande Mademoiselle acquérait, à la même époque, le domaine de Domfront, qu'elle devait laisser à la famille d'Orléans.
² *Livre de raison*, de Jacques DUPONT DE LA PESNIÈRE, fils d'une demoiselle Pitard et neveu de Renée Pitard, fol. 3 et 101.
³ « Puig regnan sobre los Sants
   « Excelent y vencedora,
   « Per los vostres goigs tan grans
   « Donaunos remey, Senyora »,
telle est l'inscription qu'on peut lire encore sur l'autel.

Dès le douzième siècle, tous les historiens des croisades vantent les talents et le courage de *Bérenger Margarit* (dit « le chevalier Vert », à cause de la couleur de son armure [1]), amiral de Sicile. Jérusalem venait de tomber au pouvoir des infidèles, après la désastreuse bataille de Hattin. Il ne restait plus aux chrétiens que quelques points fortifiés sur la côte de Syrie. Le terrible Saladin avait ravagé Tortose, et s'approchait de Markat, forteresse qui n'appartenait que depuis deux ans seulement à l'Ordre des Hospitaliers.

« Margarit, dit un historien arabe[2], amiral de la flotte
« que le roi de Sicile (Guillaume) avait envoyée au secours
« des Francs de Palestine, ayant eu connaissance de la
« marche de Salah-ed-Din, vint mouiller à la hauteur de
« Merkab pour s'opposer à son passage ; ce que voyant le
« Soultan fit préparer de vastes mantelets garnis de laine
« et de cuir, et les fit disposer au bord de la mer, sur toute
« la longueur du défilé, — de telle sorte que les musul-
« mans purent le franchir à l'abri des flèches de la flotte
« chrétienne. — Ceci se passa le onze du mois de Djou-
« madi premier 584. »

Ainsi, selon les ennemis eux-mêmes, s'ils purent passer devant la montagne de Markat, ils se gardèrent bien d'en essayer le siége. Mais, la même année 1188, ils se présentèrent en forces devant Tyr, que défendait Conrad, marquis de Montferrat. L'amiral ne disposait que de 5,000 hommes, répartis sur quarante galères. Mais son heureux stratagème répondit à la ruse de Saladin, et lui assura la victoire : une barque, chargée de matières

---

[1] *Art de vérifier les dates,* t. III, p. 632.
[2] *Ibn-el-Atir, collection des historiens arabes des Croisades,* publiée par Reinaud, in-4°, p. 480.

enflammées, fut lancée, — vent en poupe, — contre la flotte ennemie, et y causa un grand désordre. A ce moment, Margarit donna le signal du combat ; les assiégés exécutèrent une vigoureuse sortie, et les musulmans, attaqués de tous côtés, furent forcés de se retirer en hâte. Ainsi, dit l'historien de l'Ordre de Saint-Jean de Jérusalem, c'est à un Margarit que Tyr dut sa délivrance [1].

Vincent Margarit, au siècle suivant, accompagne le roi Don Jayme à la conquête de Valence [2].

Ramon Margarit, chevalier, est cité en 1312.

Bernard Margarit, vaillant homme de mer, au témoignage du roi Pierre IV le Cérémonieux (Pere del punyalet), qui en parle avantageusement dans sa *Chronique.* Il dut défendre la ville et le port de Barcelone contre les attaques du roi de Castille [3]. On sait aussi qu'il avait été élevé dans la familiarité de Jean Ier, d'abord duc de Girone, puis (1387-1396) roi d'Aragon, de Sardaigne et de Sicile [4], et de son beau-frère Jean d'Aragon, comte d'Ampurios.

---

[1] Bosia, t. I, 11, X.
[2] *Dissertation sur un Catalan illustre.* Girone, 1876.
[3] Amat, *Dictionnaire des hommes illustres de la Catalogne.*
[4] *Vie de D. Joseph de Margarit,* par José Pella y Forges.

XVIII MARGARIT

(JEAN).

Né à   , le
Marié à une dame de Pau « de Pauo », d'une grande famille de Catalogne; leurs fils élevèrent bien haut le nom de Margarit. Il était oncle d'un viguier de Barcelone, du nom de Bernard, vers 1450.

Chevalier, prend part aux nombreux soulèvements que cause l'interrègne, à la suite de la mort du roi Martin, en 1410.

Ce ne fut pas, en effet, sans peine que ses trois royaumes passèrent sous la domination d'un infant de Castille. Il ne fallut rien moins que l'autorité de l'antipape Pierre de Lune (Benoît XIII), allié à la famille du feu Roi, et le poids décisif de la parole et des miracles de saint Vincent Ferrier, pour faire accepter aux nobles aragonais et catalans la sentence rendue par les juges de Caspé en faveur de Ferdinand le Juste (1412).

Mort à   , le

XVIII   DE PAU
(N...).

Née à   , le

Sœur de : 1° Bernard de Pau, qui fut évêque de Girone de 1436 à 1457; il joua un grand rôle au Concile de Bâle. Craignant qu'il ne s'attachât à la cause de l'antipape Amédée de Savoie (Félix V), le pape Eugène l'appela à Rome et l'y retint près de deux ans comme son conseiller.

2° Jean de Pau, chevalier, seigneur du château de Pau, autorisé par le Chapitre de Girone, en 1456, à être inhumé, ainsi que ses descendants, dans la chapelle Saint-Paul de la cathédrale. Il fut père de Jean de Pau et de *Bérenger,* qui devint successivement chanoine en 1468, chantre en 1472, délégué du Chapitre aux Cortès de Lérida en 1475, évêque de Girone en 1485, après la mort de son cousin germain le cardinal, et mourut en Italie, le 5 novembre 1506[1].

Elle avait épousé Jean Margarit, dont elle eut trois fils :

1° Bernard Margarit;

2° François Margarit : viguier de Girone, 11 mai 1472; dirigeait les fantassins à la prise de Castillon, le 22 juin de la même année;

3° *Jean Margarit,* qui fut cardinal de Sainte-Balbine. Né en 1404; chanoine d'Elne, 1421, et de Girone, 1430, puis

---

[1] *Los Reys de Arago y la Seu de Girona,* 1462-1482. — *Collection des actes capitulaires,* par A. ALFONSELLO, vicaire général, 2ᵉ édition, Barcelone, 1873, publiée et annotée par D. FITA Y COLOMÉ.

archidiacre d'Empurda, vicaire général en 1445, honoré d'un bref très-élogieux d'Eugène IV en 1446 [1], évêque d'Elne, capitale du Roussillon (colonie à laquelle l'empereur Constantin avait donné le nom de sa mère, sainte Hélène, aujourd'hui petit bourg des Pyrénées-Orientales), en 1453.

Quelques semaines après, Constantinople tombait au pouvoir des Turcs, et l'empire chrétien d'Orient (que Rome avait tenté vainement de sauver au Concile de Florence) disparaissait dans ses ruines sanglantes. Le pape Nicolas V (celui-là même qui venait d'élever à l'épiscopat Margarit) mourut de douleur. Son successeur, malgré ses infirmités et son grand âge, s'efforça vainement de réveiller les courages abattus des princes de l'Europe.

Mais bientôt, avec *Pie II,* toutes les grâces de l'esprit, tout le charme des lettres, toutes les ressources d'une habile diplomatie, depuis longtemps rompue aux négociations les plus difficiles avec des personnages bien divers, étaient montés à la fois sur le trône de saint Pierre. Le jugement si clair du Souverain Pontife lui dicta sa conduite; laissant de côté tous les intérêts secondaires, il ne songea qu'à consacrer son règne à un but unique : l'union de l'Europe contre l'invasion des Infidèles [2]. A sa voix, adjurant les princes de renoncer à leurs querelles, un congrès, qu'il voulut présider lui-même pendant huit longs mois, s'ouvrit à Mantoue, et déclara solennellement la guerre aux Turcs au nom de la chrétienté. Notre évêque d'Elne, ambassadeur de la couronne d'Aragon, y parla avec une force et une chaleur extraordinaires (20 juillet

---

[1] Bref apostolique du 18 janvier 1446.
[2] *The life of pope Pius II by reverend Kitchin.* Londres, 1881.

1459), qui enflammèrent le zèle des souverains et de leurs peuples[1]. Les contemporains n'ont pas craint de comparer Juan Margarit, lors de ses débuts comme prédicateur, à saint Jean de Capistran, ce *bouclier des chrétiens*, dont la parole valait une armée[2] !

Deux ans, trois ans se passèrent. Le croissant victorieux avançait toujours, et la croisade, tant de fois annoncée pour le salut de l'Europe, ne s'ébranlait pas. Accablé par l'âge et les infirmités, Pie II prit la résolution héroïque de se mettre lui-même à la tête de l'expédition. Il écrivit au duc de Bourgogne et au Doge des lettres pressantes pour les inviter à l'accompagner. « Nous serons « trois vieillards dans cette guerre : la trinité est agréable « à Dieu... Les vieillards ordonneront, et les jeunes gens « exécuteront ; c'est une illustre entreprise, que celle à « laquelle nous vous invitons. Gardez-vous d'y manquer, « et ne craignez pas une mort qui conduit à une meilleure « vie. Nous sommes tous réservés à mourir dans ce siècle. « Or il n'y a rien de plus désirable que de bien mourir, « et il n'y a pas de plus belle mort que celle qu'on reçoit « pour le service de Dieu, etc., etc. » Bref du VIII des kalendes de novembre 1463[3]. Quelques mois après, ce grand Pape expirait à Ancône, au moment de prendre la mer, lorsque arrivait enfin la flotte vénitienne.

Quant à Juan Margarit, il n'avait pas dépendu de lui qu'une fois encore son nom fût la terreur des Infidèles.

---

[1] La huitième des intéressantes fresques de Pinturicchio, dans la bibliothèque Piccolomini, à Sienne, représente le Pape (Æneas Sylvius Piccolomini) présidant ce congrès ; il est probable que Juan Margarit figure à sa droite avec d'autres évêques.

[2] *La Seu de Girona*, etc., p. 60.

[3] *Histoire de Venise*, par le comte Daru, liv. XVII, t. III, p. 169, Paris, 1826.

Nommé évêque de Girone, le 18 février 1462, il ne cesse de porter le plus vif intérêt à la guerre contre les Turcs. Si Nègrepont succombe sous leurs coups, l'annonce d'une victoire navale des Vénitiens excite son enthousiasme. Il s'empresse de l'annoncer au Chapitre de sa cathédrale, et célèbre la messe d'actions de grâces à Barcelone (août 1470) et à Girone (23 octobre, *id.*).

Quand au pontife vénitien Paul II eut succédé l'humble Frère Mineur qui prit le nom de *Sixte IV* (9 août 1471), l'évêque prescrivit des prières pour le nouveau Pape. Il publie la Bulle, datée de Rome le 27 décembre, dans laquelle Sixte s'efforce d'ouvrir les yeux des chrétiens sur les dangers qui les menacent[1] : les Turcs très-infidèles, ces atroces ennemis, se sont dernièrement avancés jusqu'aux confins de l'Italie ; plusieurs fois on les a vus à Trieste, dans le Frioul, etc. Une nouvelle croisade en Orient est décidée : elle sera conduite par le cardinal de Naples, avec vingt galères du Pape et deux vaisseaux ; mais le concours des princes, du clergé et des seigneurs est indispensable[2]. Sa Sainteté a jugé nécessaire d'envoyer aux différents royaumes de l'Europe des légats : en France, ce sera l'illustre cardinal Bessarion ; en Allemagne et en Pologne, le patriarche d'Aquilée ; en Espagne, le cardinal de Valence, qui, dès son arrivée, vous exposera toutes ces choses. « Hortamur itaque eamdem Fra« ternitatem tuam, dit Sixte en terminant, ut causam « fidei tam *piam*, tam *sanctam*, tamque *necessariam*, toto « pectore complecti velis et omni juvare conatu, ipsi-

---

[1] *La Seu de Girona*, etc., Documents, XXXVIII.
[2] Le faible Empereur ne bougea pas ; Louis XI faisait la guerre au duc de Bourgogne : seules, Naples et Venise, plus directement intéressées, joignirent leurs flottes à celle du Saint-Père. Le légat Caraffa prit Smyrne, qu'il livra aux flammes, et revint sans grand profit pour la chrétienté.

« que cardinali Leg° circa id studio indefesso intendere.
« Scimus quantùm valeas ac possis : nulla profecto res
« offerri potest, in quâ gloriosius et utilius rem et operam
« tuam locare queas. »

Vingt ans et plus s'étaient écoulés, depuis l'époque où Margarit brillait au premier rang des orateurs sacrés au congrès de Mantoue : quand une guerre fratricide déchira l'Italie à propos du duché de Ferrare (1480), ce fut encore l'évêque de Girone qui vint prêcher la paix et la concorde aux princes, unis avec les Turcs dans une coupable alliance. Ce n'était plus, d'ailleurs, le représentant de l'Aragon seulement, mais l'ami, le confident de ses souverains. « *Aurella y bras de los Reyes* », l'ambassadeur de l'Espagne tout entière, unie après tant de vicissitudes dans une monarchie glorieuse, qui venait dénoncer la colère et la haine inextinguibles de Venise contre le roi de Naples. L'évêque sut faire entendre au Pape des conseils très-fermes sur l'urgence au Chef et pasteur suprême d'user de son pouvoir spirituel, pour apaiser les différends entre les princes d'Italie et tourner vers l'irréconciliable ennemi, le Turc, leurs communs efforts[1]. Otrante venait de tomber au pouvoir des Infidèles, tout le royaume de Naples était menacé; mais la mort du grand Mahomet II, et un changement heureux dans les dispositions du Saint-Père écartèrent encore une fois ce danger[2].

Tant de travaux pour le bien de l'Église et de l'Europe méritaient leur récompense. Dès 1478, son roi annonçait

---

[1] *La Seu de Girona*, 2ᵉ série, p. 69 (Archives de la couronne d'Aragon : « Reverendo Padre en Christo, amigo, consellero, canceller y embaixador nuestro »). — Lettres du roi Ferdinand à l'évêque de Girone; Calatayud, 2 mai 1481; Cordoue, 10 juin 1482. — Instructions des Rois du 15 juin 1482. — Lettres de l'évêque aux Rois, 28 mars et 1ᵉʳ avril 1482 sur les affaires d'Italie.

[2] Mahomet mourut le 7 mai 1481.

à Margarit, qu'il avait demandé pour lui le chapeau : le prélat ne fut cependant compris que dans la promotion qui eut lieu à la fin de 1483. Voici en quels termes il se hâte d'annoncer aux jurats de Barcelone ce grand événement : « Magnifiques seigneurs, nos très-chers... il a plu au « Pape et au collége des cardinaux de proclamer ensemble « cinq prélats, dont un français, un romain et moi... Et « si en quelque chose je puis vous être utile, soyez cer« tains que j'y suis très-disposé... Et rien plus. De Rome, « ce 15 novembre 1483... *Yo cardenal de Gerona à vestra* « *honor prest* [1]. »

La tâche de l'ambassadeur, au milieu des discordes de la Péninsule, avait été difficile. Il devenait trop évident que Venise, maîtresse de Zante et héritière du royaume de Chypre, avait mille raisons de s'accommoder avec les nouveaux maîtres de l'Empire d'Orient. La paix avec les musulmans, la guerre entre les États italiens, voilà le danger qu'il fallait prévenir : le Pape offrit en vain sa médiation, en vain il recourut à la mesure extrême de fulminer l'interdit contre la République, ce boulevard de la chrétienté [2], cette triste guerre dura plus d'une année encore et s'éteignit dans la lassitude universelle. Quand la paix se conclut (7 août 1484), en dehors du Saint-Père et malgré lui, Sixte IV ne pouvait plus rien pour la défense de l'Europe; cinq jours après il mourait au Vatican, près de la chapelle Sixtine, qu'il avait élevée, et qui restera un de ses titres les plus glorieux à la reconnaissance de la postérité [3].

Quelles qu'aient pu être, d'ailleurs, les hésitations ou les

---

[1] *La Seu de Girona*, 2e série, Documents, CXVII.
[2] Bulle du 25 mai 1483. Comte Daru, *Histoire de Venise*, liv. XVIII.
[3] Il commença la belle fontaine de Trevi, en y amenant l'Acqua Vergine.

faiblesses dans sa politique étrangère, parfois reprochées à ce vieillard que cinquante ans, passés à l'ombre d'un cloître, avaient insuffisamment préparé aux savantes machinations où brillaient, dans un temps d'épreuve pour l'Église, les Borgia et les Médicis, il est équitable de proclamer bien haut tout ce que Sixte IV fit pour les arts et les lettres. Une fresque contemporaine[1] nous le montre entouré de ses neveux, écoutant avec un singulier intérêt le récit de son bibliothécaire Platina sur les merveilleux manuscrits et les nombreux ouvrages rassemblés par ses soins[2] dans le palais apostolique. En effet, Sixte fut le créateur et le père de cette incomparable Bibliothèque Vaticane, toujours agrandie par le zèle de ses successeurs, et de ces Archives célèbres où la science moderne, encouragée par Léon XIII, rencontre chaque jour de nouvelles lumières sur l'histoire du moyen âge.

Platina et l'Arioste ont vanté l'érudition de Sixte IV : elle n'excluait pas une fervente piété ! L'univers chrétien applaudit tout entier à la canonisation qu'il prononça du Docteur Séraphique, l'ami et l'émule de saint Thomas, saint Bonaventure, Franciscain comme le Pape (1482). En même temps, par des bulles de 1476 et de 1483, Sixte proclamait la croyance de l'Église dans l'Immaculée-Conception de la Vierge Marie...; et Margarit employait ses loisirs d'ambassadeur à composer *le Mariale*, pour soutenir la doctrine pontificale, déjà admise aux cortès de Catalogne en 1456[3].

---

[1] Par Melozzo de Forli, 1476 (au Vatican).
[2] *In vitas Pontificum*, Venise, in-fol., 1479, par BARTHÉLEMY DE SACCHI, dit PLATINA.

« Quæ squalore latebat
« Germitur in celebri Bibliotheca loco. »

[3] *La Seu de Girona*, 2ᵉ série, p. 81.

L'évêque de Girone retrouvait en effet, en consultant la Bibliothèque du Vatican, tout l'intérêt qui avait charmé sa jeunesse ; nous savons qu'en 1452, il avait étudié à Rome et jeté les bases du grand ouvrage, qu'il ne termina que trente ans plus tard. Dans sa dédicace aux rois catholiques des *Paralipomènes* (ou faits négligés de l'histoire d'Espagne)[1], il s'exprime ainsi : « Quand tous les princes « chrétiens, loin de s'opposer à l'attaque audacieuse du « Turc, ou font la paix avec lui, ou consentent à lui payer « tribut, ou s'engourdissent dans une lâche inertie... de « sorte que Rhodes, ce dernier rempart de la religion, est « assiégée, la Grèce entière perdue, la Pouille saccagée et « une très-grande partie de l'Europe enlevée au culte du « vrai Dieu... vous réveillez ceux qui dorment ; Princes « Sérénissimes, vous secouez leur torpeur... et vous sol-« licitez le Pontife Suprême de prendre en mains la dé-« fense de notre sainte religion, tandis que... vous vous « efforcez de chasser d'Espagne les derniers restes de cette « race mahométane, qui en est depuis si longtemps l'op-« probre ! » etc., etc.

Quand il acheva ce précieux ouvrage, en octobre 1482, Margarit était près de voir couronnées par la pourpre romaine ses longues et laborieuses fonctions d'ambassadeur. Il ne devait plus quitter vivant la Ville Éternelle ; j'ignore même si, après sa mort, il fut rapporté dans cette chapelle de sa cathédrale, la deuxième en entrant par « la puerta Mayor », que lui avait concédée le Chapitre, dès le mois de juin 1452, avec droit d'y placer ses armes et d'y faire sa sépulture[2].

D'abord cardinal de Sainte-Lucie, il échangea ce titre

---

[1] Ce livre fut publié pour la première fois à Grenade en 1545.
[2] *La Seu de Girona*, 2ᵉ série, p. 84.

contre celui de Sainte-Balbine. Il prit part au conclave, fort court, qui se termina par l'élection du cardinal Cibo[1].

Le nouveau pontife, Génois comme son prédécesseur, n'en fit pas moins la paix avec la République de Venise, et pressa encore les souverains de l'Europe d'abjurer leurs querelles pour repousser les Turcs. Il fit plus, et sut garder en otage dans son palais le propre frère du sultan Bajazet, et son compétiteur à l'Empire, Zizim, qui conservait à Constantinople un parti puissant. Du côté de l'Espagne, les armées royales, achevant l'œuvre de saint Ferdinand, avançaient en Andalousie. Le roi Boabdil fait prisonnier (avril 1483); la victoire de Lopeira et la soumission d'Alora et de Setenil (juin 1484); la redoutable forteresse de Zahara, ce nid d'aigle des Mores, réduite par la grosse artillerie aragonaise, que dirigeaient des ingénieurs français et allemands[2]; le Croissant reculant chaque jour devant la Croix, telles étaient les heureuses nouvelles que le cardinal de Girone, à son double titre d'ambassadeur et de prélat espagnol, transmettait fièrement au Chef de la chrétienté !

S'il est vrai que tout chrétien a dans Rome une seconde patrie, le dévouement que Jean Margarit portait à la papauté ne lui fit jamais oublier les intérêts de sa chère Catalogne. Depuis plus d'un siècle, ce peuple turbulent, qui conserve tant d'affinités avec les Provençaux et les habitants du Languedoc, était incessamment agité par des factions intérieures, et ballotté entre les souverains ses voisins. Il fallait une tête bien solide[3], une conduite

---

[1] Innocent VIII fut proclamé le 24 août 1484, après une vacance de douze jours seulement.
[2] BIGLAND, *Histoire d'Espagne*, t. I^r, 28 octobre 1483.
[3] *España sagrada*, t. XLIV, p. 89.

très-prudente à l'homme avisé qui gouverna longtemps l'Église de Girone, et tint une si grande place dans les conseils des seigneurs féodaux de la province.

Quand *Jean II*, roi de Navarre et d'Aragon, assiége Girone, l'évêque sort à cheval pour l'implorer (12 octobre 1467). Quinze jours après, le Roi entre à la tête de son armée, par un temps froid et pluvieux, prête le serment de défendre les priviléges du diocèse de Girone (28 octobre), et assiste pieusement avec ses fils Pierre, archevêque de Saragosse, et Alphonse, grand maître de Calatrava, à la messe célébrée par l'évêque en l'honneur de saint Narcisse, l'un des patrons de cette ville infortunée (29 octobre)[1].

Les malheurs de Girone n'étaient pas finis : pressée par la famine et par la maladie, elle ouvrit ses portes au duc de Calabre, prince de Girone, fils aîné du roi *René d'Anjou*[2] (1er juin 1469). Son nouveau maître promit encore de respecter toutes les libertés de l'Église et de la province. C'était un prince très-pieux, au témoignage de ses ennemis eux-mêmes : et, quoique l'évêque, plus courageux que son Chapitre, eut beaucoup tardé à lui prêter serment, qu'il eût même quitté son palais pour échapper à cette obligation, Jean de Calabre lui témoigna beaucoup de confiance, le nomma conseiller aulique, l'emmena avec lui au parlement de Barcelone, et ne pouvait plus s'en séparer (14 janvier 1470)[3]. Mais le duc vint à mourir la même année, et tout changea encore une fois de face. Les États députèrent alors à René d'Anjou, qui se trouvait à Aix en

---

[1] *La Seu de Girona*, etc., Documents, XIII et XIV.
[2] Le bon roi René, 1409-1480, comte de Provence, duc d'Anjou et de Lorraine, roi de Naples, prétendant au trône d'Aragon, etc.
[3] *La Seu de Girona*, Documents, XVI, XVII, XXV.

Provence, Jean Margarit (juin 1471)[1]. Il eut beau représenter vivement au vieux Roi la triste situation du principat de Catalogne, que menaçait le roi d'Aragon, la nécessité d'un prompt secours, etc., etc., René ne donna que des réponses évasives « *nec usque curavit mittere* « *auxilium nobis* », dit la relation du Chapitre. Une réunion solennelle, ménagée par l'évêque au château de Saint-Paul, entre les représentants de Girone et ceux de Barcelone, ne fut pas plus heureuse : après mûre délibération, la ville capitula devant les troupes aragonaises (18 octobre 1471). Le 28 novembre, arrivait de Margarit une lettre assez curieuse; il faisait connaître les succès du Roi à Barcelone, succès prédits par un médecin juif, qui avait annoncé qu'une éclipse de lune rétablirait les affaires royales. Or la lune était entrée dans l'éclipse à huit heures de nuit; et, à neuf heures, la grande nouvelle était parvenue à Jean II[2]. Nouvelle entrée solennelle du roi d'Aragon « très-victorieux », le 5 décembre, nouveaux serments de fidélité de part et d'autre, nouvel enthousiasme. Mais l'évêque ne parut pas à la cérémonie.

D'ailleurs, il ne devait plus revenir que rarement à Girone, où sa présence n'était pas aussi nécessaire. Chancelier de l'Université de Lérida, chapelain du Roi, chancelier royal, il est toujours en mouvement, toujours de bon conseil, sage, adroit, et déploie une activité infatigable pour le service de son maître[3]. On avait besoin de lui, on le tenait en haute estime. Le 30 décembre 1471, il recevait une lettre fort élogieuse du cardinal-légat, lui annonçant son arrivée prochaine en Espagne[4] :

---

[1] *La Seu de Girona*, Documents, XVI, XVII, XXV, p. 23.
[2] *Id.*, Documents, XXXII, XXXIII.
[3] *Id.*, p. 35.
[4] *Id.*, Documents, XXXVIII.

« C'est grâce à votre intervention et à votre industrie
« que l'inexpugnable ville de Girone et tous les districts
« maritimes ont fait retour à la Majesté Royale. » Le légat
l'y appelle quatre fois son frère, « *car como a frare* », et le
compare à Camille, « cet ancien baron de Rome, vainqueur
de la superbe race gauloise, Camille, qui avait délivré viri-
lement sa patrie, et lui avait rendu son antique liberté! [1] »

En effet, Margarit était prêt à toute heure. Le 12 avril
1472, il sort avec ses gens d'armes pour assiéger Rosas et
Perelada. Le 19 juin, indisposé, il rentre à Girone; mais,
à minuit, le Roi lui mande la soumission de Castell de Ampurias, et l'invite à poursuivre vigoureusement l'armée
franco-italienne. Dès une heure du matin, l'évêque repart
à cheval avec plusieurs de ses parents [2]. L'année suivante,
on le voit rentrer à Girone, aller aux cortès d'Aragon
(15 janvier 1473), s'enfermer avec le Roi dans Perpignan,
étroitement bloqué par les Français, jusqu'à ce qu'une victoire de l'infant Ferdinand les ait délivrés (26 juin), enfin
revenir du Roussillon avec le Roi (18 novembre 1473).

On l'envoie, tandis qu'il réformait le service intérieur de
sa cathédrale, guerroyer et négocier encore « *donec eccle-*
« *sia sua pristinâ gaudeat libertate* » (20 avril 1474). Il
rentre à Girone le 1er septembre, et ne craint pas d'excommunier un ami du Roi qui avait blessé son official à
Ampurias. Ni trêve ni repos: il vole à Figuières, le 29 novembre 1474, pour secourir son ancienne ville épiscopale
d'Elne; mais il ne peut l'atteindre. Par suite de la défec-
tion des Napolitains, la ville se rend (5 décembre) aux

---

[1] Le cardinal-légat promulgua la dîme de la Croisade, malgré l'opposition du clergé espagnol, nomma deux chanoines de Girone, et s'embarqua en septembre 1473 pour retourner à Rome.

[2] *La Seu de Girona*, Documents, L.

troupes de Louis XI : « *cives verò et incolæ relicti sunt misericordiæ crudelissimi successoris illius crudelissimi Neronis* [1] », continue le pieux auteur. Cependant, le Roi rentrait à Girone le 7, assez fatigué d'avoir chassé le sanglier, selon son habitude : distraction assez singulière en un pareil moment, chez un vieillard presque aveugle !

Au milieu de ces traverses, la mort du roi de Castille (11 décembre), enfin réconcilié avec sa sœur, assura la réunion des royaumes espagnols. Dès le 13, *Ferdinand*, roi de Sicile, premier-né d'Aragon, et *Isabelle*, sont proclamés rois de Castille à Ségovie. L'évêque les en félicite hautement, et presse son clergé d'accorder au souverain un nouveau subside. Mais, au commencement de janvier 1475, les Français entrent dans l'Ampourdan, assiégent et reprennent Perpignan (14 mars). Les habitants de Corsa [2], que le Roi lui avait donnée en récompense de ses services, se soulèvent le 19 mars : il court les réduire, *malgré la semaine sainte*, et les soumet le 5 avril. Cette année et la suivante, il ne passe que peu de jours dans son évêché, devant accompagner son Roi aux cortès de Barcelone [3], puis à Saragosse. Il se trouvait près du monarque quand celui-ci mourut, à quatre-vingt-deux ans, à Barcelone, le 19 janvier 1479. La lettre par laquelle il prescrit au Chapitre de grandes funérailles, se termine ainsi : « Pour votre consolation, sachez qu'à sa mort, « comme dans toute autre circonstance, nous ne l'avons « pas quitté, et nous avons rempli envers lui nos devoirs « de fidèle vassal et sujet. »

---

[1] *La Seu de Girona*, etc., Documents, LXXXVI, LXXXVII. — *Histoire de France*, par V. Duruy, t. 1er, p. 567.
[2] *Id.*, Documents, LXXXVIII, p. 95. Ce fief, donné à Margarit en 1474, fut laissé par lui à son diocèse.
[3] En 1476, il bénit la première pierre du môle de Barcelone.

Ce fut encore Margarit que le nouveau Roi, en lui donnant l'évêché de Patti, en Sicile, chargea de l'oraison funèbre[1]. Toutes les dignités qu'il occupait lui furent, et de grand cœur, continuées. Tandis que Ferdinand réunissait à Tolède les États de Castille (1480), son chancelier royal présidait à Barcelone les cortès de Catalogne. Pendant son ambassade en Italie, le Roi ne cesse de le tenir au courant de la guerre de Grenade contre les Mores[2]. « Vous vous serez déjà réjoui de la prise d'Alhama (février « 1482), qui est d'une grande importance. Nous allons « assiéger Loxa, et continuer avec vigueur cette entre- « prise contre les Infidèles. »

Une tendre amitié et un mutuel respect unissaient en effet ces deux grandes intelligences. Margarit n'avait jamais perdu de vue Don Ferdinand ; quand son frère aîné Don Carlos, prince de Viane, mourut à Barcelone (23 septembre 1461), et que le peuple, aigri contre Don Juan leur père, publiait ses prétendus miracles et réclamait sa canonisation, notre prélat se préoccupait davantage de l'éducation du jeune prince, *l'attente de l'Aragon*. Il adressait une *lettre* célèbre *aux précepteurs* de l'infant, alors âgé de douze ans, pour le former aux devoirs d'un grand Roi (1463)[3]. Plus tard, quand ce même Ferdinand eut, par son mariage avec Isabelle de Castille, jeté les bases de sa grandeur future, Margarit composa un traité sur *la Couronne des Rois* et sur les vertus qui doivent y briller au milieu des pierres précieuses : il en faisait hommage à son royal élève[4].

---

[1] *La Seu de Girona*, Documents, CVII.

[2] Archives de la couronne d'Aragon. — Lettre du Roi et de la Reine, Cordoue, 10 juin 1482.

[3] *La Seu de Girona*, 2ᵉ série, p. 81.

[4] *Id.*, p. 85. Ce traité manuscrit est conservé à la Bibliothèque de l'Escurial.

D'ailleurs, son attachement au souverain n'excluait pas une loyale et courageuse fermeté : quelques courtisans du roi Jean lui ayant persuadé, pendant le siége, et à cause des nécessités pressantes, de suivre l'exemple d'Ezéchias (*Livre des Rois*, IV, 18), et de s'emparer du riche Trésor de la cathédrale de Girone, tout en garantissant de rendre à la paix ces précieux monuments de la piété catalane [1], l'évêque se hâta de prendre la défense du diocèse de Girone, qui venait de lui être confié. Dans son apologétique [2], intitulé *Templum Domini*, Margarit rappelle noblement les dangers auxquels il a exposé pour son Roi sa vie et sa personne, « *vitam personam statumque* », ce qui l'oblige à s'adresser avec franchise à cet autre et pieux Ezéchias…; puis il s'élève avec force « contre les spolia« tions déjà accomplies dans le monastère de Ripoll [3], « sacrilége détestable auquel s'ajoute l'horreur d'avoir « violé les tombeaux des princes vos prédécesseurs, dont « les corps reposent dans ce cloître, etc., etc. » La vivacité de ce langage a été sévèrement critiquée par des écrivains postérieurs [4], mais il ne paraît pas qu'elle ait déplu au monarque. Tout au contraire, il ne cessa d'entourer l'évêque Margarit des marques de son affection et de sa confiance.

Celui qui parlait ainsi sans détours à la Majesté Royale n'était pas fait pour s'arrêter devant la noblesse ou la voix du sang, lorsque les intérêts de l'Église étaient en

---

[1] *La Seu de Girona*, p. 80, et Villanueva, t. XII, p. 266.

[2] *Id.*, 2ᵉ série, p. 78 et 97. Le manuscrit original est conservé dans les Archives de la cathédrale de Barcelone.

[3] *Handbook for Spain; Ford*, p. 243. Londres, 1847. Les anciens comtes de Barcelone, depuis Wifred le Velu jusqu'à Raymond-Bérenger, y sont enterrés.

[4] Roig y Salpi : *Resumen historial de la ciudad de Girona*, p. 296. Barcelone, 1678.

jeu. Nous l'avons vu excommunier un compagnon des chasses de Jean II, et, lorsque celui-ci voulut le loger avec lui à l'évêché, ordonner qu'on sonnât la cloche de l'interdit. Une autre fois (1475), c'est son neveu, le célèbre Jean de Sarrieta, bailli et gouverneur général de la Catalogne, qui a cru pouvoir incarcérer un clerc de l'église collégiale de San-Féliù, et ne s'arrête pas devant les censures ecclésiastiques : l'évêque l'excommunie, et, devant tout le peuple, tire lui-même la corde pour sonner la cloche dont personne n'osait s'approcher [1].

Vaillant homme de guerre, adroit conseiller et diplomate heureux, courageux défenseur des droits de l'Église, Margarit joignait à ses qualités si diverses la passion d'un véritable érudit, les jouissances d'un lettré des plus délicats. Il pressait vivement son Chapitre et les jurats d'ériger enfin à Girone l'Université littéraire que le roi Alphonse le Sage y avait voulu créer [2] ; pour donner l'exemple, il fondait un collége ecclésiastique qui réjouissait le cœur du peuple et du pasteur, s'écriant, en voyant passer deux à deux les nouveaux élèves : « *Isti sunt hæredes mei* [3] » (14 et 15 août 1473).

On le voit encore prendre à cœur le culte de saint Charlemagne, qui était célébré avec un office propre à Aix-la-Chapelle, où repose le corps du glorieux Empereur; à Paris, dont l'Université lui attribuait sa fondation; et à Girone [4], que ses conquêtes avaient rendue au christia-

---

[1] *Un català illustre.* Girona, 1876. — VILLANUEVA, t. XII, p. 50.
[2] *La Seu de Girona*, Documents, C.
[3] *Id.*, Documents, CIV.
[4] *Id.*, Documents, LXV. Sa fête est célébrée dans toute l'Église le 28 janvier, depuis l'an 1345. On conserve dans le Trésor de la cathédrale sa coupe, et le sermon du 2ᵉ dimanche de carême est consacré à son panégyrique. — VILLANUEVA, t. XII, p. 199.

nisme, « en chassant de la Marche d'Espagne les Sarrasins, ces farouches descendants d'Agar! »

Le fidèle et pieux ami de Margarit, son vicaire général Alfonsello, nous apprend encore qu'il aimait à se revêtir de beaux ornements, était éloquent prédicateur et d'un goût très-sûr en musique. Il avait, l'un des premiers évêques, prescrit le chant solennel de la Passion, à trois voix, le dimanche des Rameaux, et, pour les autres jours, « le « chant en chœur, très-bas et très-doux, car il excelle « dans les suaves mélodies [1], *qui in suavitate pollet.* »

Enfin, au moment de mourir, le cardinal de Sainte-Balbine n'oublia pas sa chère église de Girone, ce collége qu'il avait fondé, et, renouvelant un testament plus ancien, déposé chez André Mir, notaire à Barcelone, il leur légua 1,500 ducats d'or. Le reste de sa fortune était attribué à son frère Bernard, auquel une tendre amitié l'unissait depuis tant d'années [2]. Le lendemain, fête de la Présentation de la Vierge au Temple, l'illustre auteur du *Mariale* et du *Templum Domini* s'éteignait à Rome, le 21 novembre 1484. Dès que la triste nouvelle fut parvenue à Girone, le Chapitre élut pour successeur du noble évêque son neveu Bérenger de Pau, et supplia le Roi de confirmer son choix, fait en vénération de cette grande mémoire [3].

---

[1] *La Seu de Girona*, Documents, LXXVIII, 5 avril 1474.
[2] VILLANUEVA, t. XIV, p. 276 à 280. — *La Seu de Girona*, Documents, CXII. Le testament du cardinal Margarit porte la date de Rome, 20 novembre 1484.
[3] Délibération du 13 décembre 1484. — *La Seu de Girona*, 2ᵉ série, p. 100.

XVII — DE MARGARIT

(BERNARD).

Miles Magnificus

SEIGNEUR DE CASTELL-AMPURDO, FOXA, SAN-GREGORI

Né à   , le

Consacre au service des rois Jean II et Ferdinand sa longue vie et sa vaillante épée.

Quand Barcelone révoltée se donnait tour à tour au prince de Viane [1], à l'infant de Portugal [2], aux Français et aux Provençaux, conduits par le duc de Calabre [3], que Girone supportait sept siéges dans l'espace de sept années [4], Margarit, tantôt assiégé et tantôt assiégeant, demeurait fidèle à la cause du roi d'Aragon. A l'ennemi étranger s'étaient venues joindre les émeutes intérieures.

Les chroniques contemporaines s'étendent longuement « sur les détestables mouvemens populaires, — dits *pagos* « *de redimencia, pagasos de remensa,* — qui avaient pris « naissance lorsqu'on osa remettre, en 1448, à la reine « Marie (femme d'Alphonse V le Sage) une pétition sacri- « lége contre cinq abus prétendus des seigneurs territo- riaux [5] » ! Sûrs de la fidélité des Margarit, la reine Jeanne

---

[1] *La Seu de Girona*, Documents, CIX bis. — *Art de vérifier les dates*, t. III, p. 851.
[2] *Art de vérifier les dates*, t. Ier, p. 76.
[3] *Ibid.*, p. 762.
[4] Deux en 1462, un en 1463, deux en 1467, un en 1468, un en 1469.
[5] *La Seu de Girona*, t. LII et *passim*.

et son fils enfant s'étaient, dès le mois de mai 1462, réfugiés dans le palais épiscopal de Girone. Bernard fut dangereusement blessé en défendant la Reine : plus tard, il l'accompagna au château de Saint-Marin (au nord-est de Girone), quand, *lieutenant général du roi Jean, son seigneur et mari*, elle convoquait *à son camp* le parlement de Catalogne à cause de la rébellion universelle de la province[1] ; puis au siége de Roses, où la courageuse Reine allait mourir à la tête de son armée. En 1469, il ne restait plus qu'un seul médecin dans Girone, beaucoup d'habitants étaient morts de maladie ou de faim : Bernard fut compris dans la capitulation qui ouvrait les portes au noble capitaine des troupes françaises[2], et, pendant deux ans encore, vit sa patrie gouvernée par les Provençaux.

Mais l'année 1471 rétablit les affaires du roi d'Aragon. Avant même son retour à Girone (5 décembre 1471), paraissait à Barcelone la sentence, par laquelle le conseil du bon roi René déclarait criminels et traîtres Bernard de Margarit, son frère et ses gendres, coupables d'avoir livré à Jean II les villes de Girone, Hostalrich, etc., et mettait leurs têtes à prix. Celui qui les amènerait vivants recevrait *pour chacun* 2,000 florins ; celui qui apporterait seulement leurs têtes, *pour chacune* 1,000 florins[3]. Barcelone est prise le 17 octobre 1472, et le roi Jean y est reçu triomphalement comme à Girone. Dès le 6 février

---

[1] 15 octobre 1466. Jeanne, reine de Navarre, d'Aragon, de Sicile, de Valence, de Majorque, de Sardaigne, comtesse de Barcelone, du Roussillon, de Cerdagne, duchesse d'Athènes et de Néopatrie, etc., etc., « *en camp por qué no puam star en alguna vila murada.* » Elle mourut peu après, en 1468.

[2] *La Seu de Girona*, Documents, XVI, 1er juin 1469. C'était le duc de Longueville, fils du fameux Dunois, bâtard d'Orléans.

[3] *Journal de la députation générale de Catalogne.* — *La Seu de Girona*, Documents, XXXV.

1473, il écrit à Bernard de sortir en hâte de Girone et de se diriger vers le château de Perpignan, où s'étaient réfugiés les Français. Louis XI et Jean II se trouvaient aux prises en personne : ils en vinrent à un accommodement, et, le 10 novembre, le roi de France signait le traité de Perpignan, qui ne décidait rien et ouvrait la porte à de nouvelles guerres [1].

En 1474, Bernard devenu, comme son frère François, viguier de la ville de Girone, sollicite du Chapitre de *garder les murs de la ville* dans le danger commun; on lui répond par le texte des anciennes exemptions [2]. Quand un parlement à Girone est opposé aux cortès de Barcelone, convoquées par Jeanne, reine de Sicile et lieutenant général du Roi son père, Jean II, dans une lettre adressée, le 14 janvier 1477 [3], aux frères de Margaril, affirme n'avoir jamais autorisé de pareilles nouveautés, alors que cette assemblée avait été ouverte le 8 janvier, en vertu de ses propres lettres patentes! Tant de changements dans la politique du Roi, tant de troubles ne rendaient pas facile la tâche d'un serviteur loyal.

Après un siège de huit mois, Perpignan et le Roussillon étaient retombés au pouvoir de Louis XI [3], les Français avaient pu s'avancer jusqu'aux portes de Girone (19 février 1477) [4]. Aussi, quand un nouveau légat demanda au concile de Tortose une nouvelle dîme pour la croisade contre les Turcs, fut-il assez mal reçu par les Catalans. Singulière époque, où l'on passait des horreurs de la famine aux réjouissances les plus somptueuses! La

---

[1] *La Seu de Girona.* — *Art de vérifier les dates,* t. Ier, p. 462.
[2] *Id.,* Documents, XCVII.
[3] *Art de vérifier les dates,* t. Ier.
[4] *La Seu de Girona,* p. 46, Documents, XCIX.

même année, Bernard de Margarit accompagnait à Barcelone son frère l'évêque, qui, au milieu d'un concours extraordinaire de prélats, de seigneurs espagnols et de nobles napolitains, couronnait reine de Naples la princesse Jeanne d'Aragon, belle-fille du roi Alphonse[1], 6 août 1477. « C'était, dit le *Journal de la députation de* « *Barcelone,* qu'il en avait reçu commission et pouvoir « de N. S. P. le Pape, après en avoir obtenu juridiction « territoriale et licence de la Majesté du Seigneur Roi, *qui* « *ne reconnaît aucun supérieur* en ces Royaumes et Principat[2]. » Le chroniqueur ne tarit pas sur les vêtements splendides des Italiens, la belle argenterie du banquet, la gaieté des danses et des fêtes, etc...

Depuis longtemps déjà les services des deux frères avaient reçu une éclatante récompense[3]. Par un privilège unique, le roi Jean avait autorisé chacun des Margarit « qui li salvaren la Corona, la muller y lo fill » à placer dans ses *armes,* au-dessus des *trois marguerites d'argent,* les écussons de Catalogne (quatre barres de gueules) et les aigles de Sicile.

Mais les longues campagnes, les soulèvements de sa province, avaient fort appauvri le magnifique seigneur de Castell-Ampurdo, auquel on ne pouvait, certes, appliquer cette épithète dans le même sens qu'à son contemporain Laurent le Magnifique. Il avait peine à rendre leurs comptes à ses enfants, et, s'il maria fort bien ses filles, il le dut surtout aux bontés de son frère Jean. Après avoir doté ses deux dernières nièces, le cardinal ajoutait

---

[1] *La Seu de Girona,* CII. L'un des évêques présents, celui de Catane, s'appelait Bernard Margarit.
[2] *Ibid.,* 2ᵉ série, p. 50.
[3] *Archives de la couronne d'Aragon,* fol. 113, à la date du 25 avril 1465.

un legs de 1,500 ducats d'or à son cher Bernard (novembre 1484)[1].

Mort à   , le   (après 1485).

XVII   N.....

(N.....).

Née à   , le
Mariée à   , en   avec Bernard de Margarit.
Mère de : 1° Louis de Margarit;

2° Jean, abbé de Amer [2];

3° Yolande, = le célèbre Jean de Sarriera, capitaine général de Catalogne sous Jean, duc de Calabre, comme sous Jean d'Aragon, excommunié par son oncle, quoique frère d'un chanoine (1470), pendu en effigie en 1471, et cependant beau, brave, heureux à la guerre et adoré de sa famille et de ses soldats;

4° Constance, = le seigneur de Gimera;

5° N....., mariée par l'évêque à Miguel de Villanueva, et dotée par lui le 14 janvier 1480 [3];

6° N....., = le noble Bernard de Senesterra, qui, en 1474, court avec les Margarit aux campagnes du Roussillon;

---

[1] *La Seu de Girona*, passim.
[2] *Ibid.*, Documents, XXIV.
[3] *Ibid.*, Documents, CXII.

7° Léonor, émancipée en 1483, et dotée de 1,000 ducats d'or dans le testament du cardinal[1].

Morte à   , le

XVI DE MARGARIT

(LOUIS).

Chevalier, seigneur de Castel-Empurda.

Né à   , le

Provoqué en combat singulier par Pierre de Saint-Menat, quitte Barcelone, le 23 juillet 1478, pour demander au Roi la permission « *per fer les armes a batalla utrança*[2] » contre son accusateur. Ferdinand l'envoie en Catalogne, après la mort de Louis XI (1483), pour obtenir des subsides afin de reprendre le Roussillon et la Cerdagne[3]; puis en Sicile (1490), où il était parent de deux évêques. Il y exerce les fonctions de conseiller de la Chambre royale, sous la vice-royauté de Don Ferdinand d'Acugna. Il organise une campagne contre les pirates de la Tripolitaine, reprend sur eux l'île de Djerbès ou Gerbi (déjà soumise

---

[1] *La Seu de Girona*, 2ᵉ série, p. 85.
[2] *Ibid.*, Documents.
[3] La même année, il obtient gain de cause dans une instance engagée devant Henri, infant d'Aragon et de Sicile, duc de Segorbe, comte d'Ampurias, lieutenant général du Roi, son oncle.

par les rois d'Aragon en 1433), et devient gouverneur de cette île. Deux ans après, il est nommé ambassadeur en Navarre, près de la jeune reine Catherine et de son mari, Jean d'Albret[1].

L'année 1493 fut une des plus glorieuses du règne de Ferdinand et Isabelle, qui en passèrent la plus grande partie à Barcelone. Grenade conquise, l'Espagne réunie sous un même sceptre, le Nouveau Monde ajouté par Colomb a tant d'États, la paix conclue avec la France en présence des ambassadeurs de l'Europe entière, tels en sont les principaux traits. Avant de partir pour prendre possession de Perpignan (4 novembre), le Roi présida en personne l'assemblée des trois ordres à Barcelone. On remarquait dans l'assistance Louis de Margarit et son cousin l'évêque Bérenger[2], qui déterminèrent les États à accepter la lieutenance générale de l'Infant : « Voulant condescendre « à la demande faite au nom de V. M. que l'Ill^{me} S^{gr} D. Juan, « prince des Asturies et de Girone, fils premier-né de V. A., « soit habilité à continuer en votre absence les présentes « Cortès et à faire tous les actes nécessaires, etc.[3] »

Quand, à la fin de 1494, le Roi se décide à convoquer les Cortès générales de tous ses royaumes à Tarragone, « *por qué a nos complé residir en aquesta frontera per* « *los negocis de Navarra eom encara per las cosas de* « *Castella...*[4] », il écrit aux conseillers de Barcelone la lettre suivante, datée de Vittoria :

---

[1] Arrière-petite-fille du roi Jean II d'Aragon, mariée à Orthez en 1484, morte à Pau en 1517, en disant à son mari : « Si nous fussions nés, vous Catherine « et moi Don Juan, nous n'aurions pas ainsi perdu la Navarre. »

[2] *La Seu de Girona*, Documents, 2e série, p. 99.

[3] Né le 30 juillet 1478 à Séville, mort le 4 octobre 1497, au désespoir des Siciliens.

[4] Catherine et Jean avaient été solennellement couronnés à Pampelune, 10 janvier 1494.

« Sur Notre détermination de convoquer les Cortès
« générales, Nous en avons longuement parlé à Notre ser-
« viteur et camerlingue Louis de Margarit, pour que de
« Notre part il vous dise Notre volonté. Nous vous prions
« donc et vous recommandons affectueusement que vous
« puissiez ajouter foi et créance à tout ce qu'il vous dira
« de Notre part, selon que la circonstance le re-
« quiert, etc. [1]. » Aussitôt les jurats de Girone (10 janvier), les conseillers de Vich (14 janvier), les Anciens
de Lérida s'empressent d'écrire aux « Magnifiques Sei-
« gneurs les conseillers de Barcelone, pour demander votre
« avis afin de se conformer à votre conduite, car votre ville
« est mère, patronne et défenseur de toutes les autres
« cités de Catalogne ». Barcelone assembla son conseil de
cent jurats, où siégeait un autre Raymond Lulle, et
adressa au Roi de fortes remontrances, en lui rappelant
les constitutions de ses prédécesseurs. Elle refusa toujours
de siéger à Tarragone, à côté des Aragonais.

Mort à   , le

XV   DE MARGARIT

(PIERRE).

Chevalier, commandeur de l'Ordre de Saint-Jacques.
Né à   , le
Marié à   , le
avec

[1] *La Seu de Girona*, 2ᵉ série, p. 88.

Élevé avec le roi Ferdinand le Catholique.

Prend une part active à la conquête de Grenade et aux longues guerres (1482-1492), qui chassèrent définitivement les Maures de l'Espagne. Aussi, par deux cédules qu'on peut lire aux Archives royales d'Aragon, toutes deux datées du 7 juillet 1491[1], « *in Nostris felicibus Cas-* « *tris sanctæ fidei contra civitatem Granatæ* », ce Roi accorde à son cher Pierre, chevalier, pour ses nombreux et continuels services, pendant cette guerre de Grenade et ailleurs, un droit viager sur le Montalgo (au territoire de Daroca) et une pension de 400 sols de Iaca sur les péages de Saragosse.

Colomb venait de terminer sa première et glorieuse expédition. Il avait découvert le Nouveau Monde, et paraissait triomphant à Barcelone, le 3 avril 1493, devant la cour des Rois Catholiques. Ferdinand et Isabelle, se levant de leurs trônes en présence du peuple, le faisaient asseoir au milieu d'eux, et voulaient entendre de sa bouche le récit merveilleux de son voyage aux îles et terres inconnues des Indes occidentales. La reconnaissance fut générale et l'enthousiasme immense. Quand on sut que l'amiral de Castille préparait une nouvelle expédition, les volontaires affluèrent de tous côtés. Ce n'était plus, comme en 1492, des équipages formés un peu au hasard; mais la noblesse, les vaillants officiers exercés aux combats contre les Infidèles, les habiles marins de la Catalogne accouraient de toutes parts. Il fallut faire un choix. Colomb prit avec lui, sur ses dix-sept vaisseaux, quinze cents hommes d'élite, dont plusieurs avec leurs familles. Pierre de Margarit était du nombre, accompagné de deux

---

[1] *Arxiu general de la corona d'Arago*, registre 3648, fol. 156 et 180.

de ses jeunes fils. Il s'embarqua sur la *Gracieuse-Marie*, avec le vicaire apostolique [1].

La flotte partit de Cadix, le 25 septembre 1493, et, touchant plusieurs îles encore inconnues, n'atteignit Hispaniola que le 22 novembre.

De tristes nouvelles l'y attendaient. Le fort que Christophe Colomb avait construit à son premier voyage était renversé, et les trente-neuf Espagnols qu'il y avait laissés avaient tous péri sous les coups vengeurs des indigènes. Il fallut bâtir la ville d'Isabella, faire travailler aux plus rudes labeurs ces *hidalgos*, plus habitués à commander qu'à manier la bêche, et qui avaient compté sur un paradis de lait et de miel, réprimer les murmures, assurer la sécurité de l'île, etc., etc. Au moment de repartir, en 1494, l'amiral confia le gouvernement d'Hispaniola à son frère Diègue, et à Pierre de Margarit celui du fort Saint-Thomas [2] (ainsi nommé à cause de l'incrédulité affectée par beaucoup de ses soldats à l'endroit de l'or, dont quelques paillettes paraissaient seulement dans les ruisseaux). Mais Colomb, toujours obsédé de la même idée, persistait à croire que cette terre était bien la mine d'or de Cipango ou l'Ophir du grand roi Salomon. Pierre, à la tête de cinquante-six hommes seulement, dont quelques cavaliers, était donc chargé de rétablir l'autorité des Espagnols sur les Indiens.

Le prestige des conquérants avait en effet disparu; leurs manières hautaines, leur dureté, par-dessus tout leurs excès et la certitude d'une oppression perpétuelle avaient à la longue poussé à bout l'indolence et la réelle douceur des indigènes. D'un autre côté, le vieil antago-

[1] Comte ROSELLY DE LORGUES, *Histoire de Christophe Colomb*, liv. II, ch. III.
[2] HERRERA, *Vie de Christophe Colomb*.

nisme des Castillans et des Catalans se donnait libre carrière en l'absence de l'amiral : le petit nombre d'Espagnols demeurés dans l'île était composé d'éléments trop divers d'origine, d'intérêts, de talents, pour ne pas se séparer avec effort, au grand dam des intérêts de la civilisation.

Plusieurs des nouveaux compagnons de Colomb, étonnés d'un si grand désaccord entre ses brillantes promesses et le lamentable spectacle qu'ils avaient chaque jour sous les yeux, crurent devoir rentrer dans leur patrie. Pierre de Margarit se trouvait parmi eux.

Washington Irving[1] et Robertson[2], tous deux protestants et à bon droit suspects, puisqu'ils n'ont pas su recourir aux sources mêmes de l'histoire, et d'autre part M. Roselly de Lorgues[3] et le P. Marcellin de Civezza[4] se sont hâtés de flétrir le départ précipité de Margarit, qu'ils accusent de lâcheté, voire même de trahison. Mais comment supposer qu'un tel homme, un si vaillant *hidalgo*, eût agi sans raison pour chercher un vain repos dans son pays natal?

Et d'abord ce départ était-il réellement contre le gré de l'amiral? Des pièces irrécusables permettent d'en douter. Voici, dans le Mémoire adressé aux Rois Catholiques par les mains d'Antoine de Torres, comment s'exprime Colomb à l'égard de Margarit, qui a rendu de bons services et peut en rendre encore dans les affaires de confiance[5] :

---

[1] Washington Irving, *Life and Voyages of Christophus Colombus*, t. VIII, 2.
[2] Robertson's, *History of America*, t. II, p. 139.
[3] *Vie de Christophe Colomb*, liv. III.
[4] *Vita di Cristoforo Colombo e ragioni di chiederne la beatificazione.* Prato, 1876.
[5] Navarrete, Documents diplomatiques, 134. — *La Seu de Girona*, in-fol., p. 93. Barcelone, 1876.

« *Porque Mossen Pedro Margarite, criado de Sus Altezas, ha bien servido y espero que así lo hará adelante en las cosas que le fueren encomendadas, he habido placer de su quedada aquí, y tambien de Gasper y de Beltram por ser conocidos de Sus Altezas para los poner en cosas de confianza : suplicareis á Sus Altezas, que especial al dicho Mossen Pedro, que es casado y tiene hijos, le provean de alguna encomienda en la Orden de Santiago, de la cual él tiene el hábito porque su muger é hijos tengan en que vivir...* »

A cette demande d'une récompense qui passera à sa famille, que répondent les Rois Catholiques?

« Sus Altezas mandan asentar à Mossen Pedro 30,000 maravedises cada año..... desde hoy, 15 de agosto 1499. »

Que peut-on ajouter au témoignage de Colomb lui-même? Sans doute, il a pu naître entre lui et l'un de ses officiers quelque dissentiment passager. Cela n'arrive-t-il pas tous les jours, et surtout dans ces expéditions aventureuses où chacun, loin de la mère patrie, se croit plus habile à conduire les affaires? Sans rien ôter au génie du grand Tertiaire franciscain, ni à sa profonde piété, ne saurait-on contester ses talents d'administrateur? On pourrait ajouter qu'il laissait trop facilement ses équipages s'emporter à la recherche de l'or, et que, — malgré lui sans doute, — il autorisait leurs exactions contre les Indiens; qu'enfin il n'usait pas vis-à-vis de ces pauvres naturels d'une grande douceur ni d'une grande pitié, ayant ordonné expressément d'en vendre un certain nombre (ce que les Rois Catholiques lui défendirent par édit du 20 juin 1500), et, si d'autres commettaient quelque rapine, de les châtier en leur coupant le nez et les oreilles...

D'ailleurs, il est certain que Colomb tenait en grande estime Pierre de Margarit, puisqu'il lui donna spontanément les pleins pouvoirs de vice-roi dans l'île de Cuba [1].

Quoi qu'il en soit, si Margarit put différer sur quelques points de détail avec Colomb, il faut bien reconnaître qu'il se trompa du moins en haute et bonne et nombreuse compagnie! Sans parler de Fonseca, chargé des affaires des Indes, du roi Ferdinand et même de la grande Isabelle, dont la protection subit plusieurs éclipses, je veux citer un pieux religieux, l'ami de saint François de Paule et son vicaire général dans l'Ordre des Minimes, Frère Bernard Buyll [2].

Buyll était Catalan et ami d'enfance des seigneurs de Castel-Empurdo. Ses talents l'avaient naguère désigné pour négocier la paix avec la cour de France en 1487. Envoyé dans le Nouveau Monde comme vicaire apostolique, à la demande expresse des Rois Catholiques [3], il ne sépara jamais sa cause de celle de Margarit. Parti avec lui sur le même vaisseau, il revint en Europe le même jour, ne pouvant s'accoutumer à voir ainsi traiter les pauvres Indiens. Mais ses rapports avec Colomb restèrent toujours cordiaux, ainsi que l'amiral le reconnaît lui-même dans son Mémoire de 1494 [4]. Ce ne fut qu'en 1502, que, désespérant de le voir retourner en Amérique, Colomb écrivit au Pape pour obtenir du Saint-Siége l'envoi de six religieux destinés à remplacer le vicaire apostolique.

On trouve dans l'océan Pacifique, archipel de Pomotou, par 20° 26′ de latitude sud sur 145° 30′ de longitude

---

[1] NAVARRETE, Documents diplomatiques, 72.

[2] *La Seu de Girona*, série CXIX, p. 91 et suiv. Barcelone, 1876.

[3] 7 juin 1493. — NAVARRETE, Documents diplomatiques, 52.

[4] *Memorial de Colon y Carta dels Reys a Colon* en 13 abril 1494. — NAVARRETE, t. Ier, p. 225, et t. II, p. 116.

ouest, des îles Margarit, dont la découverte est attribuée à Pierre de Margarit.

Mort à   , le

XV   N.....

(N...).

Née à   , le

Mariée à Pierre de Margarit.

Veuve, elle continue de recevoir du roi d'Aragon la pension de trente mille maravédis[1] accordée à son mari en 1499.

Mère de plusieurs fils.

L'un s'établit en Normandie;

Deux avaient accompagné leur père dans son voyage aux Antilles;

Jean de Margarit, né en 1482, évêque de Girone en 1534, envoyé de l'empereur Charles-Quint au concile de Trente, † à Girone le 21 octobre 1554;

Louis, l'aîné, reçoit par privilége spécial, en 1539, le titre de Don, devient capitaine général des armées de l'empereur Charles V. Ce Louis II de Margarit est père de :

Don Léandre de Margarit et de Gallart, « mentor et gardien de l'infant qui devait régner sous le nom de Philippe IV[2] », marié à   , père de :

---

[1] Bosch, *Titols d'honor de Catalunya*, p. 60.
[2] Feliu, *Anales de Cataluña*.

Don Philippe de Margarit et de Gallart, = dona Béatrix de Biure, dont :

Don Joseph de Margarit et de Biure, marquis de Aguilar, baron de Castell-Empurdo, etc., etc., que ses concitoyens appellent le dernier héros de la Catalogne : « Marte de neustra nació. »

Né à   , et baptisé le 10 février 1602, filleul de son grand-père, Don Léandre, élevé à Vallespinosa.

Nous lui connaissons au moins un frère, Vincent, que Richelieu tira du couvent des Dominicains, à Girone, pour en faire un évêque. Nommé à Lérida[1], puis à Salces, 1647, enfin à Elne, 1669-1672.

La paix était mal assurée en Catalogne : depuis un siècle, on y supportait difficilement le joug et les hauteurs des Castillans. Une rixe au siége de Salces, entre les soldats des deux nations, fut l'origine du soulèvement général. Le peuple, les paysans, leurs faux sur l'épaule et précédés d'un Christ gigantesque[2], entrèrent dans Barcelone et entraînèrent tout de suite avec eux la noblesse rurale et jusqu'aux rigides inquisiteurs de la foi ! Au début de la guerre civile, Tarragone capitula sans résistance devant les troupes de Philippe IV; mais, le 13 janvier 1641, Don Joseph de Margarit, commandant des miquelets, remportait un véritable succès, mettait en liberté trois cents Catalans et prenait cinquante hommes à l'ennemi.

---

[1] *Un Catála illustre.* Lettre de Louis XIII à M. de Margarit, datée de Fontainebleau, 14 octobre 1642.

[2] *Ibid.*, p. 133 et suiv.

Il terminait modestement sa lettre à la députation de Barcelone par ces belles paroles : « Attribuons tout cet avan-
« tage à Notre-Seigneur, auquel, ainsi qu'à Vos Seigneu-
« ries, j'offre ce minime service, avec le désir de pouvoir
« leur en offrir de beaucoup plus grands [1]. »

Une République indépendante entre ces deux puissants voisins était impossible : de la France seule pouvait venir le salut. Richelieu n'attendait que cette occasion pour enlever à l'Espagne une nouvelle province[2]. Il se hâta d'envoyer une flotte, commandée par l'archevêque de Bordeaux, devant Barcelone. Le Roi prit lui-même le commandement de ses troupes, et se rendit maître de Perpignan et de tout le Roussillon (9 septembre 1641)[3]. Mestre de camp et gouverneur de Montblanch (mai 1641), Margarit s'offrit pour porter à Louis XIII les propositions de soumission, en onze articles, des députés de la Catalogne. Les trois ordres, réunis en assemblée solennelle, lui firent prêter serment de ne s'occuper, dans son ambassade, que de l'intérêt public (21 septembre 1641)[4]. Son voyage fut long et prit un mois, pendant lequel il tâcha d'intéresser à la cause de la Catalogne le vicomte d'Arpajon, l'archevêque de Lyon, le prince de Condé, qui venait de s'emparer d'Elne le 27 juillet, après dix jours de siége[5]. Il était suivi par un traître, brun de peau, aux yeux petits et enfoncés, qui avait reçu de ses ennemis 200 doublons et la promesse de 4,000 écus s'il le pouvait tuer en route. Ce prétendu religieux ne réussit pas dans son criminel

---

[1] Feliu, *Anales de Cataluña*. — F. de Melo, *Historia de los movimientos y separacion de Cataluña en tiempo de Felipe IV*, lib. IV.
[2] L'Artois avait été réuni à la France en août 1640.
[3] V. Duruy, *Histoire de France*, t. II, p. 153.
[4] *Dietari de la deputacio*, 1641-1644.
[5] *Un Catála illustre*, p. 142.

projet, et l'ambassadeur fut reçu en audience solennelle le 19 novembre à Paris.

Il eut à se louer de l'accueil particulièrement bienveillant de la reine Anne, qui fit lever de son siége le jeune Dauphin, beau comme un ange et aussi bien fait. « *A* « *fin que yo pudiese mejor reconoçer su grande disposi-* « *cion y hermosura que no sobria como hacerla conocer* « *à V. S., sino diciendoles, que no hay Angel mas her-* « *moso ni mas bien hecho*[1]. »

L'entrevue avec le terrible cardinal fut presque cordiale[2]. « Sa Majesté, dit Richelieu, n'oubliera rien pour « assister puissamment Messieurs du principat de Cata- « logne, et, en mon particulier, je seconderai toujours ses « intentions, ainsi que vous le sauriez désirer d'une per- « sonne qui n'affectionne pas moins les intérêts de votre « province que ceux de la France, etc., etc. »

Mais le temps pressait, et des actes énergiques devaient suivre ces bonnes paroles. Louis XIII, un mois[3] après sa première audience, passait un superbe collier d'or au cou de Margarit, et le renvoyait en toute hâte avec la lettre suivante aux États : « Très-chers et bien amez, tout ce que « le sieur Joseph de Biure et de Margarit, votre ambassa- « deur extraordinaire, Nous a représenté de votre part Nous « a été très-agréable, d'autant que *le désir que vous avez* « *de Nous voir en vos quartiers* Nous est un témoignage « de votre affection vers Nous et cette couronne... Nous « remettons à votre ambassadeur de vous faire entendre « plus amplement Nos sentimens à votre égard et de vous « faire connaître la bonne volonté que Nous avons pour

---

[1] Dépêche de l'ambassadeur aux États.
[2] *Mémoires pour l'histoire du cardinal de Richelieu.* Paris, 1660.
[3] 20 décembre 1641, à Saint-Germain en Laye.

« vous et tout ce qui regarde Notre principat de Cata-
« logne¹ ».

Margarit fit diligence : il était rendu à Barcelone à la fin de janvier 1642, annonçant l'arrivée du maréchal de Brézé comme vice-roi, des maréchaux de la Meilleraye et de Schomberg à la tête d'une armée française. Le Roi devait lui-même venir jurer la confirmation des anciens usages et priviléges de la province². Les Espagnols se hâtèrent de prendre les devants : une armée nombreuse³ conduite par Don Pierre d'Aragon, marquis de Pobar, attaqua les Catalans le 26 mars : la bataille dura plusieurs jours et se termina par la défaite complète des troupes de Castille et la prise de leur général (31 mars)⁴. Le 4 avril, Margarit, nommé maréchal de camp, rentrait en triomphe à Barcelone, où le conseil des cent jurats ordonnait de somptueuses fêtes pendant trois jours⁵. Bien plus, en l'absence du vice-roi, que Louis XIII avait mandé près de lui à Perpignan, le Roi écrivit au nouveau général la lettre suivante : « Monsieur Dom Joseph Margarit... il est néces-
« saire qu'une personne qui ait l'autorité requise agisse
« de Ma part en Ma ville de Barcelone... Mon intention
« est que vous vous rendiez en Madite ville de Barcelone
« pour exercer la charge de *lieutenant en la capitainerie*
« *générale de Catalogne,* et que vous preniez les avis du
« sieur d'Argenson... en M'assurant que vous satisferez
« de votre part à ce que Je désire de vous... et que vous
« continuerez à faire paraître votre zèle et fidélité en ce

---

¹ *Dietari de la deputacio,* 1641-1644; fol. 186.
² *Un Catála illustre,* p. 145.
³ *Ibid.,* p. 146.
⁴ Assarino, *Rivolutione di Catalogna,* p. 83.
⁵ *Dietari de la deputacio.*

« qui regardera le bien de Mes affaires, etc., etc. Au camp
« devant Perpignan, le 15 mai 1642[1]. »

« C'est en menaçant la route de Madrid qu'on forcera
« l'Espagne à la paix », avait dit Richelieu, dont le triomphe éclatait à tous les yeux. En cette année, il avait accablé tous ses ennemis : la Reine mère mourait dans l'exil et la misère, la conspiration de Cinq-Mars était aussitôt punie que découverte[2], le duc de Bouillon arrêté, Monsieur et la Reine elle-même humiliés et courbés sous cette main de fer... Mais cette main était mourante, et ne pouvait déjà plus transmettre les ordres du cardinal tout-puissant[3]. S'il prenait soin de donner lui-même au public de ses nouvelles, et si chaque jour on faisait connaître les heureux progrès de la santé de Son Éminence (ainsi qu'il arrive toujours aux derniers moments des souverains[4]), Richelieu ne se faisait plus guère d'illusion sur son état. C'était à côté de son lit qu'il en avait fait dresser un autre, à Tarascon, pour le Roi malade, qui avait à cœur de se réconcilier entièrement avec son dur ministre, et dont la visite lui apporta un réel soulagement[5], le 28 juin.

Et dans cette merveilleuse correspondance, au milieu des soucis sans nombre qui l'assiégent, forcé de reconnaître la marche cruelle de sa maladie, « n'ayant plus ni
« force ni courage, et avouant que, sans la grâce de Dieu,
« la longueur et les accidents d'un si fâcheux mal lui ôte-
« raient tout cœur[6] », Richelieu, dont la haute intelligence

---

[1] *Un Catála illustre*, p. 174.
[2] Richelieu fut avisé le 9 juin; l'exécution eut lieu le 12 septembre suivant.
[3] *Correspondance du cardinal duc de Richelieu*, t. VI; dès le mois d'avril tous les billets furent écrits par CHARPENTIER ou par CHERRÉ.
[4] *Ibid.*, t. VI. — Gazette. — *Histoire du P. Griffet*, p. 473.
[5] *Correspondance du cardinal duc de Richelieu*, t. VI, p. 951.
[6] *Ibid.*, t. VI. p. 952, 908, 900.

était encore éclairée par ces vues prophétiques qui semblent réservées aux grands hommes mourants, adressait au Roi un mémoire étendu sur les affaires de la Catalogne [1].

« Il est absolument nécessaire, pour garantir la Cata-
« logne et le Roussillon de la ruine que le roi d'Espagne
« y pourrait faire, quand même il ne pourrait ébranler
« leurs esprits et leurs cœurs... » de mettre, selon qu'on l'a promis, des gouverneurs *catalans* dans les places qui ont été prises ; mais il faut en même temps un gouverneur des armes *français* qui puisse supporter cette supériorité apparente [2]. « Du bon choix que le Roi fera de celui qui
« entrera là dedans dépend la sûreté de la conquête :
« autrement, j'oserais bien dire que *deux ans* ne se passe-
« ront point sans être exposé à de pareils changemens à
« ceux qui ont mis le Catalogne entre les mains du Roi... »

« Il est impossible de faire subsister les troupes èsdits
« pays sans argent, en un pays qu'il importe de conserver
« et où il faut ménager les peuples, gagner les cœurs aussi
« bien que leurs places... Il est à considérer que jamais
« ces provinces ne seront entièrement assurées au Roi
« qu'on n'ait pris Tortose, Tarragone et Roses... Autre-
« ment, les Catalans seront en perpétuelle appréhension
« d'être opprimés et ne pourront subsister sans beaucoup
« de gens de guerre, qui, vivans en leur pays pour les
« défendre, ne sauraient le faire sans les incommoder (cette
« raison est d'autant plus pressante que Barcelone et tout
« le pays n'est ès mains du Roi qu'en tant que ses habi-
« tans lui seront affectionnés, etc., etc. [2]). »

Telles furent les dernières pensées sur *las cosas de España* du grand cardinal, que son Roi suivait peu de

---

[1] Il indique pour gouverneur de Perpignan Fabert ou Guitaut.
[2] Mémoire adressé au Roi dans les derniers jours de juin.

mois après dans la tombe¹. Ils laissaient la Catalogne affranchie sous les ordres du maréchal de la Mothe, qui gagnait, le 7 octobre 1642, la victoire de Lérida.

De son côté, le gouverneur général Margarit, comblé de témoignages d'estime et de sympathie², averti des conspirations incessantes que soudoyait l'Espagne, était armé de pouvoirs extraordinaires (4 août).

En 1643, il déloge les Aragonais qui avaient envahi le Val d'Arau; la même année fut signalée par une victoire navale de Brézé.

Le maréchal de la Mothe essuie un rude échec (15 mai 1644) devant Lérida : Mazarin le fait mettre en prison, et son procès ne dure pas moins de quatre ans. La cour envoie à sa place Villeroy³ avec cinq régiments, la régente multiplie ses encouragements aux députés du Principat et aux conseillers de Barcelone (30 mai), et le nouveau ministre écrit à Messieurs de la députation, à la date du 14 juin⁴ :

« Il est certain que la mort du feu Roi est un coup
« funeste non-seulement à la France, mais encore à tous
« ceux à qui leur liberté est chère et qui sont menacés
« d'oppression. Mais la divine Providence... nous a sus-
« cité une Reine si bien intentionnée pour cet État,
« qu'encore qu'elle soit du sang d'Autriche, on peut dire
« qu'elle n'en retient que la noblesse... de sorte que son
« âme n'est pleine que des intérêts de cette couronne et
« du désir de conserver ceux qui s'y sont attachés de

---

[1] Le cardinal mourut le 4 décembre 1642, et le Roi le 14 mai 1643.

[2] La députation vint tenir séance près de son lit, tandis qu'il était malade, au milieu de septembre.

[3] *Correspondance du cardinal Mazarin*, t. Iᵉʳ, p. 721, 738 et *passim*.

[4] *Ibid.*, p. 195; voir l'*Introduction*, par M. Cuéruel, p. LXXXIII.

« dépendance ou d'affection. Surtout je puis vous affirmer
« qu'elle a une très-particulière intention de vous main-
« tenir, non-seulement à cause que le bien de l'État le
« requiert ainsi, mais pour donner encore un exemple au
« monde de ce qu'elle doit au Roi en qualité de mère, etc. »
Dans une autre dépêche du 9 juillet, il répète : « Ayant
« toujours aimé votre province plus que les autres du Roi
« son père, lorsque vous étiez à l'Espagne, d'où elle se
« devait séparer, il est à présumer que son affection s'est
« redoublée pour vous, maintenant que vous êtes à la
« France, dont elle ne peut jamais être détachée. Il ne
« vous sera point malaisé de comprendre cette vérité, si
« vous faites réflexion sur les grands efforts que la France
« fait, et sur les belles forces qu'elle a sur pied, et sur un
« si bon chef que celui qui les commande pour affermir
« votre liberté, et pour vous empêcher de retomber sous
« le joug duquel Dieu vous a délivrés[1]. » En même temps,
l'habile cardinal expédie en Catalogne, pour *soulager* le
maréchal de la Mothe, Pierre de Marca en qualité de *visiteur général*[2]. « Il devra, disaient ses instructions, voir
« Dom Joseph Margarith, gouverneur de Catalogne, et se
« présenter partout comme le défenseur des franchises...
« des trois ordres. Il s'occupera de la conduite de chacun
« des officiers et de la réforme des abus, etc., etc.[3] »

Ce n'étaient pas seulement des évêques qu'il fallait dans
cette guerre, mais plutôt de bons généraux. Du Plessis-

---

[1] *Correspondance du cardinal Mazarin*, t. Ier, p. 239, « à Messieurs du conseil de Barcelone »... Il est curieux de voir cet Italien terminer sa lettre aux Espagnols par des protestations de dévouement en qualité de bon Français.

[2] Conseiller d'État, président au parlement de Pau, depuis archevêque de Toulouse, 1650, et de Paris, 1662, historien célèbre et grand ami de Margarit.

[3] *Correspondance du cardinal Mazarin*, t. Ier, p. 628. Instruction du 1er février 1644.

Praslin prend Roses, le 26 mai 1645, et est fait maréchal. Henri de Lorraine, comte d'Harcourt, est nommé vice-roi. C'est un terrible justicier, mais sa cour est très-brillante : il donne des fêtes somptueuses, où brillent *las señoritas de Margarit*[1]. Il est vainqueur à Llorens (22 juin) et à Balaguer; mais il échoue devant Lérida (21 novembre 1646), après sept mois de siége[2]. Le cardinal le remplace par le nouveau prince de Condé, « afin de porter le plus « grand effort de nos armes en Catalogne » (mars 1647); mais celui-ci se voit obligé de renoncer au siège de Tarragone, est repoussé aussi de Lérida, devenu l'*écueil de nos plus grands capitaines*, et court réparer son premier échec par la victoire de Lens. Mazarin, s'efforçant d'adoucir chez Monsieur le Prince l'amertume de cet insuccès, ajoutait : « Je crois qu'il faut donner insensiblement à Dom « Joseph Margarith le plus d'autorité qu'il se pourra, sans « trop de jalousie de la cabale contraire, et lui-même peut « beaucoup contribuer à cela en fuyant les apparences[3] (le « 22 juillet 1647. »

Cependant le maréchal de Praslin prend Tortose. Quel sera le successeur de Monsieur le Prince comme vice-roi? Un moine dominicain, le frère de Mazarin, qui l'a tiré de son couvent d'Italie pour le faire archevêque d'Aix, en attendant qu'il devienne cardinal, tout comme le frère de Richelieu[4]. En 1650, un nouveau vice-roi, le duc de Vendôme, remplaçait Michel Mazarin. On était alors en pleine Fronde, et la cour de France ne pouvait plus rien pour la Catalogne.

---

[1] *Un Catála illustre*, p. 154. L'académicien Faret était secrétaire et intendant de sa maison.
[2] *Correspondance du cardinal Mazarin*, t. II, p. 340.
[3] *Ibid.*, t. II, p. 464.
[4] *Ibid.*, t. II, p. 391, 477.

Barcelone soutint un siége de quinze mois, au milieu des horreurs de la peste; beaucoup d'habitants et quarante-sept gardes de Margarit y succombèrent. La croix blanche de sainte Eulalie était peinte de tous côtés sur les portes des maisons atteintes du fléau. Le 19 juillet 1651, le gouverneur et le conseil vinrent en procession à la cathédrale, déposer les clefs de la ville sur l'autel de la Vierge et se placer sous sa protection. On célébra la fête du jeune Roi (la Saint-Louis, au 25 août) par des fêtes, un banquet et de nombreuses décharges de mousqueterie.

Quelques jours après, la trahison de Marsin, qui alla rejoindre Condé avec une partie de son armée, laissait Barcelone sans défense (21 septembre). Les assiégeants avaient perdu plus de 4,000 hommes; mais les pertes des assiégés étaient plus terribles encore.

Margarit, voyant la ville sur le point de succomber, se jeta dans une barque, et passa heureusement[1] au milieu de la flotte espagnole, commandée par un autre don Juan d'Autriche[2], 1er octobre 1652. Il s'arrêta pour la dernière fois au berceau de sa famille, au vieux manoir de Castell-Empurda, parut dans le conseil des jurats de Girone (7 octobre), où il essaya vainement de relever leurs courages abattus. En 1653, il revint avec quelques troupes franco-catalanes, et occupa pendant sept mois l'Ampourdan. — Mais, bien avant la paix des Pyrénées, qui assura à la France la réunion du Roussillon, si longtemps attaché à l'Espagne, la guerre était finie en Catalogne. Philippe IV avait formellement excepté du pardon général Margarit,

---

[1] FABRO : *Hechos di D. Juan de Austria en Cataluña*, lib. IX. — Barcelone fut prise le 10 octobre.

[2] *Un Catála illustre*, p. 158. — Journal de la députation de la Cité, 1652.

l'instigateur et l'âme de ces soulèvements [1] : « *Don Josef*
« *Margarit, principal causa de los daños que se han pade-*
« *cido... no merece perdon por las muchas insolencias*
« *havia hecho revolviendo todo el Principado y siendo la*
« *causa principal de que so huviese tenido tanto Barce-*
« *lona.* » Ses biens confisqués servirent à reconstruire
l'Université de Girone, si chère à son aïeul, le grand cardinal.

D. Joseph de Margarit mourut à Perpignan en 1685. Sa cousine, Marie de Biure, qu'il avait épousée en   ,
lui avait donné trois filles et quatre fils, dont Joseph, abbé de Saint-Martin du Canigou; Gaspard, colonel de cavalerie au service du roi de France; Jean, marquis d'Aguilar, comte de Montagu, baron de Castell-Empurda, mort à Perpignan en 1701, père de Jean de Margarit, dont la postérité s'est continuée jusqu'à présent à Perpignan et à Bordeaux.

XIV

DE MARGARIT
ou DE MARGUERIT

(N.....).

Né à   , le
Contrat de mariage devant Mᵉ   , à
le   , avec
Père de Philippe de Marguerit.
Mort à   , le

[1] Comme Don Juan l'écrivait à la députation de Barcelone.

XIII   DE MARGUERIT

(PHILIPPE).

Écuyer, seigneur d'Airau, Outrelaize, Renémesnil, Soignolles, patron des seigneuries de Saint-André de Briouze, de la Motte-sous-Rouvres, et de la Cour du Hou.

Né à   , le
Marié à   , le   , avec Philippine du Buisson.

Fait, le 17 mai 1533, un retrait féodal de plusieurs héritages situés à Airau. Partage son bien entre ses enfants.

Mort à   , le 5 décembre 1573.

Inhumé dans l'église de Saint-Gervais de Falaise, où se lit son épitaphe.

XIII   DU BUISSON

(PHILIPPINE).

Famille originaire de la basse Normandie, d'une élection voisine de Caen.

Née à   , le
Baptisée le

Contrat de mariage devant M°   , notaire à
le   , avec Philippe de Marguerit.

Mère de :

1° Charles de Marguerit;

2° Jean de Margueriẗ, seigneur et patron de Saint-André de Briouze. Échange avec son frère, le 3 juin 1569. Père de Georges de Margarit, seigneur de la Motte-sous-Rouvres, maintenu dans sa noblesse par ordonnance de M. de Mesmes de Roissy, † 1602, ═ C. Cœuret, dont deux filles, mariées l'une et l'autre dans la famille des Rotours, à laquelle elles portèrent les terres de Saint-André, de la Motte et de la Cour du Hou.

Morte à   , le

Armes : « D'or à la fasce de sable accompagnée en chef de deux molettes d'éperon du même, et en pointe d'une rose de gueules. »

XII   DE MARGUERIT

(CHARLES).

Seigneur d'Airau, de la Motte-sous-Rouvres, de Soignolles et de Sacy.

Né à   , le
Baptisé le

Contrat de mariage devant M^e   , notaire à   , le   , avec Marguerite de la Rüe.

Partage de biens avec son frère, le 17 juin 1562, et conserve le fief des Mallesvilles.

Obtient du Roi, le 23 juillet 1566, le droit de bâtir des loges et maisons sur la place où se tenait, dès cette époque, la foire de Guibray.

Le comte Hector de la Ferrière [1] a raconté, avec d'intéressants détails, la triste fin de son gendre Arthur Dupont, seigneur de la Blanchère, vicomte de Falaise, mort à Paris au mois d'octobre 1578, en se déclarant protestant depuis vingt-cinq ans; la réunion du conseil de famille à Falaise, le refus par Charles de Marguerit d'accepter la tutelle de ses petits-fils, que lui déférait son gendre; l'administration des biens des trois mineurs Dupont confiée à leur oncle Pierre, bailli de Condé, et ces mêmes jeunes gens, enrôlés plus tard sous le drapeau de la Ligue, et venant piller la maison de leur oncle, protestant comme leur père, et lui enlevant jusqu'aux quittances de leur propre tutelle, etc.

Mort à   , le 11 décembre 1593.

Inhumé en l'église Saint-Gervais.

---

[1] *Histoire du canton d'Athis*, 1858, p 330-334.

XIII   DE LA RÜE

(N.....).

Né à , le
Contrat de mariage devant Mᵉ , notaire à
, le avec

Père de :
1° Marguerite de la Rüe ;
2° Guillaume de la Rüe, seigneur du Jort ;
3° Jullien de la Rüe, seigneur de Sousmonts.

L'abbé de la Rüe a publié de très-curieuses recherches sur l'histoire de Caen.

Mort à , le

Armes : « D'argent à trois feuilles de sinople, posées deux et une. »

XII   DE LA RÜE

(MARGUERITE).

Née à , le
Mariée à , le , avec
Charles de Marguerit.

Mère de : 1° Jacques de Marguerit ;
2° Jean de Marguerit ;
3° N....., épouse Arthur Dupont.

Morte à   , le 19 juillet 1585.
Inhumée en l'église Saint-Gervais, où se voient son tombeau et son épitaphe, à côté du tombeau de son mari.

XI   DE MARGUERIT

(JACQUES).

Seigneur de Soignolles, Sacy, Bû-sur-Rouvres et Guibray.
Né à   , le
Baptisé le
Contrat de mariage devant M^e   , notaire à   , le   , avec Françoise de Vauquelin.
Partage, le 1er juin 1594, avec son frère Jean, les biens paternels.
Maintenu dans sa noblesse le 28 juin 1599.

Mort à   , le 26 décembre 1606.
Inhumé en l'église Saint-Gervais, dans la chapelle de sa famille.

XII — DE VAUQUELIN

(GUILLAUME).

Seigneur de Sacy et des Yveteaux, lieutenant à Falaise du bailli de Caen.

Né à   , le
Baptisé le
Contrat de mariage devant M[e]   , notaire à
       le   , avec

Père de : 1° Françoise de Vauquelin ;
2° Anne de Vauquelin, = Pierre des Rotours, seigneur du Sacq, dont Françoise des Rotours, = en 1603, Jacques de Chennevières, seigneur de Sainte-Opportune, aïeul du marquis de Chennevières, qui est à présent inspecteur général des Beaux-Arts, etc., etc.

M. Floquet raconte comment deux frères Vauquelin, Charles et Guillaume, seigneurs de Boissay et des Yveteaux, « se rendirent en 1551 à la foire de Guibray, afin « d'y rencontrer les sieurs des Rotours, leurs ennemis « capitaux, et les attaquèrent en criant : Tue! tue! que « personne ne se faingne, et que ceux qui n'ont des épées « prennent des pierres! [1] »

Rend, le 27 juillet 1561, un arrêt en faveur de l'abbaye du Val.

Mort à   , le   [2].

---

[1] Floquet, *Histoire du privilége de S. Romain*, t. II, p. 448.
[2] On cite encore, en Normandie, de jolis vers des *Foresteries*, composées par Vauquelin de la Fresnaye.

XI — DE VAUQUELIN

(FRANÇOISE).

———

Née à   , le
Baptisée à   , le
Mariée à   , le
avec Jacques de Marguerit.

Mère de : 1° Jean II de Marguerit;

2° Anne de Marguerit, = le 14 septembre 1564, Raven de Séran, seigneur de la Tour et de Saint-Christophe.

(Il y a eu depuis de fréquentes alliances entre les familles de Vauquelin[1] et de Marguerit.)

Morte à   , le
Inhumée le

Armes : « D'azur à un sautoir d'argent engrelé et accompagné de quatre croissants d'or, posés un dans chaque angle du sautoir. »

---

[1] Nicolas Vauquelin des Yveteaux, 1559-1649, fut précepteur du roi Louis XIII.

x DE MARGUERIT

(JEAN II).

Seigneur de Guibray et du Busc, d'Estrées-la-Campagne, etc.

Né à , le

Baptisé le

Contrat de mariage devant M⁰ notaire à , le , avec Marie des Rotours.

Avait épousé en premières noces (1583) Michelle Anzeray, fille de François Anzeray, seigneur de Boisnormand et de Savené, président au Parlement[1], et de Marie d'Amours, dont il eut cinq enfants.

Conseiller en 1592 au parlement de Rouen; quand le Parlement est transféré à Caen, en 1599, par suite des troubles de la Ligue, il reste inviolablement attaché au parti de Henri IV. Le Roi n'oublia pas ses services, qu'il rappela même au duc de Sully après sa mort.

Écuyer, avocat général au parlement de Rouen, 1607 (charge qui rapportait alors 60,000 livres[2]), lieutenant général au bailliage d'Alençon.

---

[1] C'était l'époque où le Parlement intercédait auprès du Roi en faveur des pauvres gens « qui pourrissoient dans les prisons pour le payement de l'impôt « du sel… On en avoit tiré jusqu'à cent vingt cadavres pour une fois.» Registres du Parlement de Rouen, t. XVI, p. 178.

[2] *Catalogue et armorial des magistrats du parlement de Rouen*, publiés par les soins de la Cour. Évreux, 1867, p. 48 et 150.

Testament du 18 juillet 1609.

Mort à   , le 20 juillet 1609.
Inhumé à Saint-Gervais de Falaise[1]. Deux statues colossales surmontent encore ce tombeau, représentant Jean vêtu de sa robe rouge, à genoux, et sa femme Marie des Rotours.

Armes : « D'or à trois roses de gueules, tigées et feuillées de sinople. »

Guibray est un faubourg au sud de Falaise.

Cette famille est représentée aujourd'hui par F. G., comte Odoard du Hazey, marquis de Versainville, dont la grand'mère avait pour quatrisaïeul Jean de Marguerit.

XVIII   DES ROTOURS

Maison d'ancienne chevalerie.

Armes : « D'azur à trois besants d'argent. » L'écu timbré d'un casque de chevalier, sommé de la couronne de baron. Supports : « Deux lions. »

(Vitraux de l'église des Rotours, château du Sacq, maison de l'Éveillerie, commune du Mesnil-Briouze.)

Il y avait dans la paroisse des Rotours, au diocèse de Séez, deux fiefs : 1° Les Rotours, « un quart de haubert », relevant du Roi ;

---

[1] *Armorial général* de d'Hozier, 4ᵉ partie.

2° Notre-Dame des Rotours, avec manoir seigneurial, relevant de la seigneurie de la Carneille.

Guillaume des Rotours, ou des Rotors, prend part à la troisième croisade (charte datée de Jaffa, 1191, et conservée aux archives de Saint-Lô).

Hugues des Rotours, écuyer en 1212[1].

XVII DES ROTOURS

(FRANÇOIS).

Écuyer.
Né à   , le

Acquiert la seigneurie de Pointel (près Briouze), 1303, et un quart de fief de chevalier, dit Notre-Dame des Rotours, 15 octobre 1309, par acte passé devant Jean Duval, tabellion juré, et signé par Guy Laignel, garde du scel de la vicomté de Falaise[2].

Aveu lui est rendu de la vavassorerie Drouet, 18 novembre 1320[3].

Contrat de mariage devant   , à avec Massine d'Écouché, le

Mort à   , le

---

[1] *Histoire des conquêtes des Normands en Sicile,* par G. DU MOULIN. Rouen, 1658, in-fol, p. 458.
[2] *Histoire de la maison de Harcourt,* par DE LA ROQUE, t. III, p. 235.
[3] Chartriers des châteaux du Sacq et des Rotours.

XVII   D'ÉCOUCHÉ

(MASSINE).

Née à   , le
Mariée à   , le   , avec François des Rotours.
Mère de : Jean des Rotours.
Morte à   , le

XVI   DES ROTOURS

(JEAN).

Écuyer, seigneur des Rotours et de Pointel.

Né à   , le
Contrat de mariage devant   , à le   , avec Alix de Monceaux.

Fait donation du presbytère des Rotours, 1364.
Aveu lui est rendu d'un pré, novembre 1377.
Donne en bail divers héritages, sis au bourg Saint-Léonard, 20 février 1378.
Mort à   , le

XVII ## DE MONCEAUX
(ROBERT).

Écuyer, seigneur de Lonlay-le-Tesson.
Né à , le
Père de : Alix de Monceaux.
Mort à , le
Armes : « De gueules, à la fasce d'argent, accompagnée de six annelets d'or. »

XVI ## DE MONCEAUX
(ALIX).

Née à , le
Mariée à , le , avec Jean des Rotours.
Mère de : Jean II des Rotours.
Morte à , le

XV — DES ROTOURS
(JEAN II).

Écuyer, seigneur des Rotours, de Pointel, et de Fumesson.

Né à   , le
Contrat de mariage devant   , à
le   , avec Denise de la Meslière.

Acquiert une pêcherie sous le rocher Morin (Briouze, 13 janvier 1401).

Rend aveu, le 14 février 1415, pour son fief des Rotours [1].

Refuse de comparaître en armes pour le service du roi d'Angleterre, qui confisque ce même fief, 1418 [2].

Remis en possession, il autorise la vente du moulin de Carel (acte devant Lecomte, notaire à Falaise, 24 juin 1431).

Mort à   , le

---

[1] Chartrier du château de Ronfeugerai.
[2] *Recherches historiques sur Falaise*, par l'abbé Langevin, p. 364.

XVI — DE LA MESLIÈRE

(GUILLAUME).

Écuyer, seigneur de la Meslière.

Né à   , le

Contrat de mariage devant   , à le   , avec Lucette du Sacq.

Mort à   , le

Armes : « D'argent à trois molettes d'éperon de sable ; à la bordure de gueules, chargée de huit besants d'argent[1]. »

XVI — DU SACQ

(LUCETTE).

Dame de Méguillaume, de l'Éveillerie, de la Chaunière.

Née à   , le

Mariée à   , le   , avec Guillaume de la Meslière.

Mère de : Denise de la Meslière.

Morte à   , le

---

[1] *Annuaire de la noblesse*, 1853.

Partage de sa succession, 2 novembre 1464[1], devant Gervais Thiévin et Jean Paulme, tabellions en la vicomté de Falaise.

XV DE LA MESLIÈRE.

(DENISE).

Née à   , le
Mariée à   , le   , avec Jean II des Rotours.
Mère de : Robert des Rotours.
Morte à   , le

XIV DES ROTOURS

(ROBERT).

Écuyer, seigneur des Rotours, du Sacq, de Méguillaume, de Pointel.

---

[1] Preuves faites pour les pages de Mgr le duc d'Orléans, par M. DE LA COUR, le 1ᵉʳ juin 1753. (Manuscrit à la Bibliothèque nationale.)

Né à   , le
Contrat de mariage devant   , à
le   , avec Jeanne de Raveton.

Acte de transport en qualité de seigneur des Rotours, 1448.

Mort à   , le
Partage de sa succession, 15 janvier 1464.

DE RAVETON

XV   (JEAN).

Écuyer.
Né à   , le
Contrat de mariage devant   , à
le   , avec
Père de : Jeanne de Raveton.

Mort à   , le
Armes : « D'azur, à la fasce d'argent, sommée d'un lion léopardé d'or. »

XIV   DE RAVETON

(JEANNE).

Née à   , le

Mariée à   , le   , avec Robert des Rotours.

Mère de :

1° Gabriel, marié d'abord à N..... de Harcourt, puis à Jeanne de Garnetot. Dans l'enquête faite, le 12 juin 1526, par le lieutenant général en la vicomté d'Argentan, pour l'entérinement des lettres patentes du Roi au sujet de la garde noble de Bonaventure de Harcourt, son neveu François des Rotours intervient comme parent.

2° Jean III des Rotours.

3°, 4°, 5°, 6° : Quatre filles mariées à MM. de Mathan, de Mélanger, de Belleville, du Fay.

7° La cinquième = Nicolas de Corday, écuyer, tuteur de son neveu Guillaume des Rotours, 1464.

Il y eut plusieurs appointements entre noble dame Jeanne de Raveton, veuve de Robert des Rotours, et son gendre le sieur de Corday, qui fut l'auteur de Charlotte Corday.

Morte à   , le

XIII DES ROTOURS

(JEAN III).

Écuyer, seigneur des Rotours, du Sacq, de Fumesson, de l'Éveillerie et de Pointel.

Né à   , le

Contrat de mariage devant   , à le   , avec Denise de Fallais.

Aveu lui est rendu, le 12 juillet 1465, par Gondouin, pour le fief du Gué.

Patron de la paroisse des Rotours, il transige :

17 mars 1502, devant P. Regnault et M. Aubert, tabellions de Falaise, avec Guillaume des Rotours ;

20 juillet 1503, devant les notaires de Briouze, avec les religieux de l'abbaye Saint-André en Gouffer[1].

Constitue, le 2 juin 1504, à sa fille Catherine une dot de 12 livres tournois de rente et 150 livres tournois une fois payées, en promettant « de l'habiller ainsi qu'à fille « de bonne maison appartient, avec deux robes de soie et « deux jupes de dessous. »

Mort à   , le   avant 1510.

Partage de sa succession devant C. Saillart et O. Callu, notaires de la Forest-Auvray, 13 janvier et 10 juillet 1511.

---

[1] *Histoire généalogique des pairs de France et des principales familles nobles du royaume*, par le chevalier DE COURCELLES, t. X, Paris, 1827.

XIV — DE FALLAIS

(JEAN).

Écuyer, seigneur du Coudray et de Conneray au Maine.
Né à   , le
Contrat de mariage devant   , à
le   , avec N..... de Champlais.
Mort à   , le
Armes : « De gueules à six étoiles d'argent. »

XIV — DE CHAMPLAIS

(N.....).

Dame de Souvré.
Née à.   , le
Mariée à   , le   , avec
Jean de Fallais.
Mère de : Denise de Fallais.
Morte à   , le

XIII DE FALLAIS

(DENISE).

Dame du Coudray.
Née à , le
Mariée à , le , avec Jean des Rotours.

Mère de : 1° Robert II des Rotours;

2° et 3° Jean et Samson, prêtres; 4°, 5°, 6° Catherine, Radegonde et Marguerite;

7° François = en 1512 Françoise de Séran, auteur des seigneurs du Sacq, de Chaulieu. Fait devant les commissaires du Roi à la Flèche ses preuves d'ancienne noblesse, 1540. Père de Louis, tué au siége de Carignan, 1555. Ses descendants firent encore leurs preuves de noblesse en 1599, 1641, 1667, et reçurent le titre de barons de Chaulieu, 1784 et 1811;

8° Guillaume = Jeanne Dussey. Grand-père de François, = en 1616 Marie du Mesnil-Bérard de la Chaise, fille du sieur de la Bugère et de Marguerite de Marguerit.

Morte à , le

XII ## DES ROTOURS

(ROBERT II).

Écuyer, seigneur des Rotours, de Launay, du Coudray.
Né à   , le
Contrat de mariage devant   , à
le   , avec Charlotte de la Roë.

Transactions : avec Guillaume Fortin, 29 juin 1510, devant C. Turpin et J. Leroux, tabellions de Bretteville sur Laize;

Avec François Osmond, 15 juillet 1517, devant les mêmes tabellions.

Mort à   , le
Partage de sa succession, 22 décembre 1544.

XIX ## DE LA ROË

Ancienne famille chevaleresque d'Anjou. Son berceau se nomme encore Cour de la Roë, dans la commune de Fontaine-Couverte, canton de Saint-Aignan (Mayenne). Le nom de Petite-Roë fut attribué au manoir patronymique, pour le distinguer de l'abbaye de la Grande-Roë, située à peu de distance et devenue à présent bourg et doyenné du canton [1].

Le bienheureux Robert d'Arbrissel, ayant fixé son ermitage dans la forêt de Craon, vers 1093, les seigneurs de la Roë favorisèrent les ermites qui le suivirent. Quand les seigneurs de Craon fondèrent au même lieu, en 1098, l'*abbaye de Sainte-Marie du Bois*, ceux de la Roë l'augmentèrent à tel point, qu'elle prit bientôt le nom d'abbaye *de la Roë*. Desservie par des chanoines de Saint-Augustin, elle portait pour *armes* : « d'azur, chargé d'une *roue* d'or « clouée d'argent, et timbré d'une mitre et d'une crosse [2] », dont l'analogie est frappante avec les armes des seigneurs de la Roë.

En fait, les cinq premières générations de cette illustre maison ne sont connues que par leurs bienfaits envers les religieux de l'abbaye.

Hameline, dame de la Roë, la Vairie et la Pommeraye [3], donne aux ermites, en 1100, l'église de Saint-Baumer en Fontaine-Couverte, qui devient un des meilleurs prieurés de l'abbaye de la Roë, et le champ d'où furent tirées les pierres qui servirent à la construction de leur chapelle.

Mère de :

*Suhard I*ᵉʳ, qui y ajoute moitié de la terre de la Sauvagère. Il laisse pour fils : un chanoine de l'abbaye, Renaud et Josselin, ses bienfaiteurs, et

Hugues, époux d'Ada, fait avec elle trois donations à l'abbaye, 1130, 1150 ; assiste en 1137 à la consécration de l'église de la Roë. Père de :

---

[1] Manuscrit de l'abbé POINTEAU, curé d'Astillé, 1883.
[2] DE BODARD, *Chroniques craonnaises*, p. 549.
[3] Léon MAITRE, *Dictionnaire topographique de la Mayenne*.

Suhard II, = Stéphanie, dont :

Geoffroy, = Agathe, donne aux religieux vingt-cinq estagiers ou habitants des terres de Lorgerie et de la Ponardière[1], etc., etc.

XVIII   **DE LA PETITE-ROË**

(JÉHAN).

Acte de 1356[2].
Père de Joseph.

XVII   **DE LA ROË**

(JOSEPH).

Né à   ., le
Écuyer de la compagnie du sire de Tournemine, 1383. Avec d'autres gentilshommes, ils attaquèrent les Anglais à Cossé-le-Vivien et les recognèrent jusqu'à Vitré, 1379[3].

---

[1] Cartulaire de l'abbaye de la Roë.
[2] *Chroniques craonnaises,* p. 500.
[3] *Ibid.,* p. 231. — DENAIS, *Armorial généalogique de l'Anjou,* art. *la Roë.*

Contrat de mariage devant , à le , avec

Père de : Jean II.

Mort à , le

XVI DE LA ROË, ROTE, PETITE-ROË

(JEAN II).

Né à , le

Chevalier, rend au seigneur de Craon foi et hommage lige à cause des seigneuries de la Roë et de la Vairie, et confesse lui devoir dix-sept sols six deniers tournois, 1392, 1396 [1].

Contrat de mariage devant , à le , avec

Père de : Jacques.

Mort à , le

---

[1] *Chroniques craonnaises*, p. 715.

XV   DE LA ROË

(JACQUES).

Chevalier, seigneur de la Petite-Roue, Fontaine-Couverte, Livré et Azé.

Né à   , le

Comparaît le premier en la cour de Craon, au nom de tous les chevaliers, écuyers et gens nobles de la ville et baronnie de Craon, pour offrir à Mgr Georges de la Trémoïlle, baron de Craon, grand chambellan de France, la somme de douze mille écus d'or « à cause et pour leur « faire avoir seurté et toute abstinence de guerre avec les « Anglois et leurs alliez, et pour les descharger des gens « estans en garnison en la ville de Craon et aussi de toutes « pilleries[1] », 11 mai 1428.

Contrat de mariage devant   , le
avec Jeanne de Thorigné.

Mort à   , le

---

[1] Duc de la Trémoïlle, Chartrier de Thouars, in-fol., p. 16.

XVI   DE THORIGNÉ

(FOUQUET).

Seigneur de Romfort et du Pont-Rendoul en Cossé-le-Vivien[1]. Qualifié de noble dans le même acte de 1428.
Né à   , le
Contrat de mariage devant   , le
à   , avec

Père de : Jeanne.
Mort à   , le

XV   DE THORIGNÉ

(JEANNE).

Née à   , le
Mariée à   , le   , avec
Jacques de la Roë, avant 1440.
Mère de : Jean III de la Roë.
Morte à   , le

[1] Manuscrit de l'abbé FOUCHER, curé de Saint-Michel de Feins.

XIV   DE LA ROË

(JEAN III).

Seigneur de la Vairie.
Né à   , le
Contrat de mariage devant   , le
à   , avec Jeanne-Marguerite d'Aunières.
Mort à   , le

XIV   D'AUNIÈRES

(JEANNE-MARGUERITE).

Née à   , le
Mariée à   , le   avec Jean III de la Roë.
Mère de : Jean IV.

Veuve, elle rend hommage au seigneur de Craon à cause de sa terre et seigneurie de la Petite-Rote[1], 28 avril 1461, et confesse devoir huit jours et huit nuits de garde au château et ville de Craon.

Morte à   , le

---

[1] *Chroniques craonnaises*, p. 719, 721.

XIII   DE LA ROË

(JEAN IV).

Chevalier, seigneur de la Roë, de la Vairie, etc.
Né à   , le
Contrat de mariage devant   , à
le   , avec Françoise Le Clerc de Juigné.

Veuf après trente ans de mariage, et remarié à Françoise Le Vasseur, dont il eut deux fils : Guyon et René, seigneurs de la Roë (actes de 1524, 1526)[1].

Fondateur de la chapelle de Saint-Georges, au château de Vaux, paroisse de Chaumont[2].

Mort à   , le

Armes : « D'argent à la roue de gueules[3]. »

XXII   LE CLERC DE JUIGNÉ

Ancienne famille du Maine, dont descendaient le marquis de Juigné, colonel du régiment d'Orléans, tué à la bataille de Guastalla, 1734, et son fils Antoine-Éléonore-

---

[1] Archives de la Ragotière d'Astillé.
[2] *Dictionnaire* de Célestin PORT.
[3] CAUVIN, *Essai sur l'armorial du Maine*. — COURCELLES, *Dictionnaire universel de la noblesse de France*. — DE MAUDE, *Armorial du diocèse du Mans*.

Léon Le Clerc de Juigné, 1728-1811, agent du clergé de France en 1760, évêque de Châlons, puis archevêque de Paris jusqu'à la Révolution.

Devise : *Ad alta*[1].

XXI **LE CLERC**

(FOULQUES).

Père de : Colas.

XX **LE CLERC**

(COLAS).

Père de : Robert.

---

[1] *Dictionnaire historique* de Moréri. — *Les grands officiers de la couronne*, par Potier de Courcy.

XIX **LE CLERC**

(ROBERT).

Père de : Roland.

XVIII **LE CLERC**

(ROLAND).

Père de : Colas II.

XVII **LE CLERC**

(COLAS II).

Premier seigneur de Juigné.
Né en 1310.
Père de : Colas III.

XVI   LE CLERC

(COLAS III).

Seigneur de Juigné.
Né en 1335.
Père de : Jean.

XV   LE CLERC DE JUIGNÉ

(JEAN).

Né à   , le
Encore mineur en 1395.
Père de : Jean II.
Mort à   , le

XIV   LE CLERC DE JUIGNÉ

(JEAN II).

Seigneur de Juigné.
Né à   , le   1414.

Contrat de mariage devant , à le , avec Anne de Mellay.

Mort à , le

XV   DE MELLAY

(N...).

Seigneur de Verdelles.
Né à , le
Contrat de mariage devant , à
le , avec
Père de : Anne de Mellay.

Mort à , le

XIV   DE MELLAY

(ANNE).

Née à , le
Mariée à Jean II Le Clerc de Juigné.
Mère de : Françoise Le Clerc de Juigné.
Morte à , le

XIII   LE CLERC DE JUIGNÉ

(FRANÇOISE).

Née à　　　　　　　, le

Mariée à　　　　　　, le　　　　　　, avec Jean IV de la Roë, en deuxièmes noces.

Mère de : 1° Charlotte de la Roë ;

2° Yvonne, = Artus de la Jaille, abandonne en 1523 la terre de Feschal « pour avoir part aux dévotes prières faites par toutes les dévotes dames qui peupleront le couvent de Patience » ;

3° Marguerite, fondatrice et première prieure du monastère de Patience (actes de 1517, 1542).

Morte à　　　　　　, le

Partage de sa succession entre ses trois filles, 1507. Elle avait hérité, le 9 décembre 1466, de son aïeule Guillemette Pointeau de Bois-Dauphin.

XII   DE LA ROË

(CHARLOTTE).

Dame de la Chapelle d'Andigny en Anjou[1].

Née à　　　　　　, le

---

[1] *Nobiliaire* de Saint-Allais, 1872, t. Ier, Ire partie, p. 204.

Mariée à   , le   avec Robert II des Rotours.

Mère de :

1° Julien des Rotours ;

2° Robert, chevalier de l'ordre du Roi, 1584, gentilhomme ordinaire de sa chambre, = Barbe d'Aunières, dont deux filles : Radegonde = Charles du Bellay, seigneur de la Feillée[1] ; et Renée = René de Montesson, gentilhomme ordinaire de la chambre du Roi ;

3° Samson = N... de Riollé, en Poitou ;

4° Françoise = Mathurin de Charnacé, chevalier ;

5°, 6°, 7° Claire, Françoise, Thomasse, religieuses ;

8° Massine = en 1540 Jean des Guetz ; leur arrière-petit-fils, Pierre des Guetz, est reçu chevalier de Malte, 24 novembre 1610.

Contribue largement à la fondation du monastère des Bénédictines de Patience, ou du Clos de Paradis, dans le faubourg Saint-Martin de la ville de Laval.

Morte à   , le   1524.

Testament du   1521, en faveur du même monastère[2], confirmé par ses deux frères « Guyon et René,
« de leur bon gré, esmeus de charité, et considérant les
« grand zèle, amour et dilection qu'ils ensemble ont à ce
« que l'intention soit remplie de dame Marguerite, leur
« sœur, à présent vivant en forme de religion au lieu et en-
« cloux de Patience, et soit amélioration dudict lieu, etc. »

---

[1] Moréri, *Dictionnaire historique*, art. *du Bellay*.
[2] *Histoire de l'église du Mans*, par D. Piolin, t. V, et *Histoire de Laval*, par Saint-Couaunier.

XI ## DES ROTOURS

(JULIEN).

Écuyer, seigneur des Rotours, du Sacq, de l'Éveillerie[1].
Né à   , le
Contrat de mariage devant Jean Guéroult et Charles Philippart, tabellions de la Forest-Auvray, vicomté de Falaise, le 13 mai 1559, avec Nicole de Vassy.
Dot :
Transige avec Jean Turgot (25 avril 1549), fils de Louis Turgot, maître des requêtes de François, duc d'Alençon et seigneur de Tourailles.
Obtient une commission du Roi pour faire poursuivre des malfaiteurs, 2 novembre 1552.
Donne quelques héritages au curé de sa paroisse des Rotours, et fonde des messes pour le repos de l'âme de ses prédécesseurs (acte devant les notaires de la Carneille, 26 avril 1560).

Mort à   , le   1570.
Partage de sa succession devant Jean Robine et Anceaume, tabellions du Pont-Crespin, vicomté de la Carneille, 4 novembre 1599 (chartrier du château des Rotours).

---

[1] Saint-Allais, t. Ier, p. 204.

XXIX   DE VASSY

Maison des plus nobles et des plus anciennes de la province de Normandie, où elle possédait les mêmes fiefs depuis de longs siècles.

Elle prétendait remonter au fameux Rollon ou Rou, et établissait ainsi une généalogie qui la rendait cousine des rois d'Angleterre, de Danemark et de France[1].

XXVIII   ROLLON ou ROU

(DUC DE NORMANDIE).

Prince danois, débarque sur les côtes de la Normandie en 876, en est nommé premier duc par le traité de Saint-Clair sur Epte, 912, et reçoit le baptême. Sa justice était proverbiale (*clameur normande de haro : Ha Rollon!*). Il abdique en faveur de son fils, et vit encore cinq ans, jusqu'en 932.

[1] *Mélanges d'histoire et de littérature*, par de VIMÉNIL-MARVILLE, t. III.

XXVII GUILLAUME LONGUE-ÉPÉE

(DUC DE NORMANDIE).

Deuxième duc, de 927 à 942, assassiné par le comte de Flandre, laisse de SPROTE un fils qui fut célèbre.

XXVI RICHARD Ier SANS PEUR

(DUC DE NORMANDIE).

933-996. Succède à son père sous la tutelle de quatre seigneurs en 942. Beau-frère de Hugues-Capet, il a une grande influence sur les événements qui assurent le trône au duc de France. Sa femme GONNOR lui avait donné huit enfants :

Quatre filles, mariées au comte de Champagne, au roi Ethelred II d'Angleterre, au duc de Bretagne et au vicomte de Turenne ;

Robert, Geoffroy, Guillaume et Richard II le Bon, duc de Normandie de 996 à 1027, qui laisse, de sa femme Judith, Robert le Diable, † à Nicée après son pèlerinage à Jérusalem, 1035. Guillaume le Conquérant, petit-fils de Richard II, né à Falaise, 1027, duc de Normandie, devient maître de l'Angleterre après la bataille d'Hastings, où il avait mené la fleur de la chevalerie normande. Ses trois fils, Robert Courteheuse, Guillaume le Roux et Henri Ier, furent l'un après l'autre ducs de Normandie; ce dernier roi d'Angleterre jusqu'en 1135.

XXV
ROBERT Ier
(COMTE D'ÉVREUX).

Arrière-petit-fils de Rollon et fils de Richard Ier, reçoit de son père, en 989, le comté d'Évreux, auquel il joignit plus tard l'archevêché de Rouen, † 1037, laissant trois fils :

Raoul de Vassy ou de Guaci, connétable de Normandie, tuteur de Guillaume le Conquérant; il fut père de Robert de Vassy, † 1064, sans enfants, et dont les biens[1] passèrent à son cousin Guillaume : les seigneurs de Vassy les possédaient encore au dix-huitième siècle ;

Guillaume, qui s'illustra dans la conquête de la Pouille avec Robert Guiscard ;

Richard II.

---

[1] Vassy, Écouché, etc., dans l'élection de Vire.

XXIV RICHARD II

(COMTE D'ÉVREUX).

Accompagne en Angleterre Guillaume le Conquérant, 1066; fonde à Évreux l'abbaye de Saint-Sauveur, 1060, et laisse de ses deux femmes :

Auvray de Vassy;

Godechilde, abbesse de Saint-Sauveur;

Guillaume, comte d'Évreux, qui se distingue aux batailles d'Hastings et de Tinchebray, 1106, flotte souvent entre les rois de France et d'Angleterre, † sans enfants, 1118;

Agnès, femme de Simon Ier de Montfort et mère de : 1° Guillaume, évêque de Paris, 1092; 2° la reine Bertrade; 3° Amaury Ier, comte d'Évreux et quatrième baron de Montfort, toujours guerroyant comme ses prédécesseurs, 1113-1137, père de Amaury II et de Simon III le Chauve 1140-1180, qui suivit le parti du roi de France. La ville d'Évreux ayant été prise, il se retira dans le château : « Lors, dit une ancienne chronique, vinrent les bourgeois « demourans à la porte du chastel, et la gardèrent tellement, « que par eux ledict chastel fut sauvé. Plusieurs bourgeois « y moururent de faim; et quand ils étoient morts, on les « mettoit aux guérites, tout armés, pour faire signe que « le chastel étoit bien garni[1] ». D'Amieth de Beaumont, fille du comte de Leicester, Simon, a six enfants, dont

---

[1] *Art de vérifier les dates*, in-fol., t. II, p. 805.

deux filles, mariées au comte de Chester et au baron de Lévis-Mirepoix, et Amaury III, 1181-1200, = la fille du comte de Glocester. Demeuré sans enfants, Amaury cède au roi Philippe-Auguste son comté d'Évreux, qui venait d'être le théâtre d'un horrible massacre et de représailles cruelles.

Mort à , le 1067.

XXIII DE VASSY

(AUVRAY).

Chevalier, seigneur de la Forest.
Né à , le
Contrat de mariage à
le , avec
Père de : Enguerrand de Vassy.
Fait donation à l'abbaye d'Aunay d'un septier de froment sur son moulin de Vassy, « en présence et du con-« sentement de son petit-fils Philippe ».

Fait donation à l'ermite de la chapelle Saint-Nicolas, en la paroisse de Vassy. Les sceaux portent les mêmes armes qu'au dix-huitième siècle[1].

Mort à , le

[1] Preuves de noblesse faites par G. H. de Brécé, chevalier de Saint-Lazare, tué au service du Roi en 1691, frère du marquis de Piron.

XXII DE VASSY

(ENGUERRAND).

Seigneur de la Forest-Auvray.
Né à , le
Contrat de mariage à
le , avec
Père de : Philippe de Vassy.
Aumône des héritages à l'abbaye d'Andaines, 1137.
Ratifie une donation faite à l'abbaye de Troarn.

Mort à , le

XXI DE VASSY

(PHILIPPE).

Chevalier, seigneur de la Forest-Auvray.
Né à , le
Contrat de mariage à
le , avec
Père de : Roland de Vassy.
Figure au rôle des seigneurs de Normandie qui por-

taient bannière, sous le roi Philippe-Auguste, avec son frère Amaury. On voit leurs noms dans des actes de 1205 et 1236.

Renouvelle les donations faites par son grand-père sur le moulin de Vassy, et scelle la charte de ses armes, 7 mars 1226.

Selon les historiens, son nom est écrit : « Vedarius « Miles », de Guacé, Wacé, de Vassy.

Mort à   , le

XX DE VASSY

(ROLAND).

Chevalier, seigneur de la Forest-Auvray.
Né à   , le
Contrat de mariage   à
le   1312, avec Élizabeth Tesson.
Comparaît à une « monstre » tenue en 1292.
Transige avec les religieux de Saint-Étienne de Caen, 1302.

Mort à   , le

XXII TESSON

Ancienne et illustre maison qu'on tenait sortie des premiers comtes d'Anjou, de laquelle descendent[1] :

Raoul Ier, dit d'Angers, sire de la Roche-Tesson et des baronnies de Grimbast et de Thury, = Alpaïde, dont :

Raoul II, décide la victoire au val des Dunes, 1047 (*Roman de Rou,* t. II, p. 30). Fondateur de l'abbaye de Fontenay, 1075, à laquelle il aumône la dîme de Cahan et l'église Saint-Jean de Rouvron, avec toutes ses dépendances; baron de Thury; père de : 1° Jeanne Tesson, mariée au seigneur du Bec-Crespin;

2° *Raoul III* = Mathilde, dont :

Raoul IV[2].

Jourdain, employé au rôle que la noblesse de Normandie doit au roi Philippe-Auguste en 1210, à cause du fief de Saint-Sauveur, qu'il tient de son aïeul, et qui faisait partie alors du comté de Mortain.

---

[1] PITARD, *Nobiliaire manuscrit du comté de Mortain,* v° *Tesson.*
[2] *Gallia Christiana,* t. XI, p. 63.

XXI **TESSON**

(JEAN).

Chevalier, seigneur de Subligny.
Né à   , le
Contrat de mariage   à
le   , avec Thomasse N.....

Mort à   , le
Armes : « D'hermine à trois fasces de sinople, diaprées d'or. »

N.....

XXI (THOMASSE).

Née à   , le
Mariée à   , le   , avec Jean Tesson.
Mère de : Élizabeth Tesson.
Morte à   , le

XX   TESSON

(ÉLIZABETH).

Née à   , le
Mariée à   , le   1312, avec
Roland de Vassy.
Mère de : Philippe II de Vassy.

Morte à   , le

XIX   DE VASSY

(PHILIPPE II).

Chevalier, seigneur de Bouquetot.
Né à   , le
Contrat de mariage   le
à   , avec
Père de : Jean de Vassy.
On trouve son nom aux registres de la Chambre des comptes, en 1347 et 1368.
Mort à   , le

XVIII DE VASSY

(JEAN).

Chevalier, seigneur de la Forest-Auvray.
Né à   , le
Contrat de mariage   le
à   , avec Gilette de Caurtonne.
Actes de 1367, 1368, 1380.

Mort à   , le

XVIII DE CAURTONNE

(GILETTE).

Née à   , le
Mariée à   , le   , avec Jean
de Vassy.
Mère de : Guy de Vassy.
Morte à   , le

XVII   DE VASSY

(GUY ou GUYOT).

Chevalier, seigneur de la Forest-Auvray.
Né à   , le
Contrat de mariage   le
à   , avec N... du Hommet.
Acte de 1395.

Mort à   , le

XIX   DU HOMMET

Un Roger du Hommet, évêque de Dol en 1015, était frère du seigneur de Champagne.

Richard, sire du Hommet, connétable de Normandie, = Agnès, fille de Jourdain, seigneur de Saye et de Luce, fut l'un des fondateurs de l'abbaye d'Aunay, où il mourut moine, 1181. Père de Jourdain du Hommet, évêque de Lisieux en 1202, et d'*Enguerrand* du Hommet.

XVIII   DU HOMMET

(N...).

Né à , le
Marié à , le , avec

Père de : N... du Hommet, son unique héritière.
Mort à , le

XVII   DU HOMMET

(N...).

Née à , le vers 1350.
Mariée à , le , avec Guy de Vassy.
Mère de : Jean II de Vassy.
Morte à , le

XVI

DE VASSY

(JEAN II).

Chevalier, seigneur de la Forest-Auvray.
Né à   , le
Contrat de mariage   à
le   , avec
Père de : Olivier de Vassy.
Actes des 6 avril 1404 et 9 avril 1421.

Mort à   , le

XV

DE VASSY

(OLIVIER).

Chevalier, seigneur de la Forest-Auvray.
Né à   , le
Contrat de mariage   à
le   , avec Thomasse de Vierville.
Aveux lui sont rendus pour le fief du Mesnil-Hubert (un quart de fief de haubert, « noblement et franchement tenu à couet et usage »), les 1er et 27 septembre 1442 et 1464.

Ses biens, confisqués par le roi d'Angleterre Henri V, sont donnés à ses tantes Jeannette et Gillette de Vassy, qui les lui rendent en 1449, après l'expulsion des Anglais de la province de Normandie [1].

Porté comme noble dans Monfaux, 1463.

Mort à   , le
Partage de sa succession, le 12 mai 1473.

XVI   DE VIERVILLE

Vierville, Lauvives et Aubigny sont un fief en la vicomté de Bayeux.

Louis de Vierville, écuyer, = en 1485, Nicole de Pont-Bellenger.

XV   DE VIERVILLE

(THOMASSE).

Née à   , le
Mariée à   , le   , avec messire Olivier de Vassy.

---

[1] Sentence de M. le bailly de Caen, 24 avril 1542.

Mère de : 1° Philippe III de Vassy ;
2° Trois autres fils.

Morte à , le

XIV DE VASSY

(PHILIPPE III).

Chevalier, seigneur de la Forest-Auvray.
Né à , le
Contrat de mariage à
le 1484, avec Élizabeth des Essarts.
Actes de 1474, 1477, 1480, 1490 et 1491.
Procès avec les frères de Scépeaux à l'Échiquier de 1499.

Mort à , le

XIV DES ESSARTS

(ÉLIZABETH).

Née à , le
Mariée à , le 1484, avec
Philippe III de Vassy.
Mère de : Jean III de Vassy.
Morte à , le

XIII DE VASSY

(JEAN III).

Chevalier, seigneur de la Forest-Auvray.
Né à   , le
Contrat de mariage   , à
le 24 mars 1511, avec Marguerite de Saint-Germain.

Aveu lui est rendu, le 15 janvier 1506, pour le fief du Mesnil-Hubert, par René de Scépeaux.

Mort à   , le

XVIII DE SAINT-GERMAIN[1]

Ancienne famille noble du comté de Mortain, divisée en deux branches : celle des seigneurs de Parigny, et celle des seigneurs de Fontenay.

Armes : « De gueules à trois besants d'argent. »

Il est à remarquer que l'abbaye de Saint-Germain des Prés, à Paris, avait les mêmes armoiries « sur champ de sable » et que les descendants des premiers Saint-Germain « mettaient en cœur un ongle d'argent », « peut-être,

---

[1] Pitard, *Nobiliaire manuscrit du comté de Mortain*, v° *Saint-Germain*.

dit Pitard, par rapport au nom de Samson, qu'ils affectaient, et à l'histoire du lion mis en pièces par cet ancien preux » : « *Ex ungue leonem.* »

D'anciennes généalogies citent :

Osbert et *Robert* de Saint-Germain (comptes de la baillie de Caen, 1180).

Geoffroy de Saint-Germain, chevalier en 1200.

Richard de Saint-Germain, chevalier, 1226.

Thomas de Saint-Germain, chevalier, est averti de se trouver à Tours, en 1272, par lettres du Roi.

Jean de Saint-Germain, chevalier, présent à une assise de Mortain, 1288.

Pierre de Saint-Germain, écuyer de l'hôtel du Roi, est porté au rôle de l'an 1313.

Jean II de Saint-Germain, rendit aveu de son fief et « servit aux guerres du Roi, en 1338 et 1352 », contre les Flamands et les Bretons; fut reçu chevalier à Saint-Malo avec neuf écuyers, le 7 octobre 1378.

Son frère Mego ou Mathieu fut également reçu chevalier en 1388.

XVII DE SAINT-GERMAIN

(THOMAS).

Écuyer.
Né à , le
Contrat de mariage à

le   , avec Marguerite Corblin.

Acquiert en 1365 le fief de Vengeons, qu'il donne à l'abbaye de Savigny en 1374 (inventaire des titres de cette abbaye).

Reçoit de Charles II, roi de Navarre, comte de Mortain, un nouvel anoblissement du fief de Bas-Villechiers, pour lequel il est dû une paire d'éperons d'or[1] (charte de Pierre de Navarre, 1401).

Mort à   , le

XVIII   CORBLIN

(JEAN).

Sergent du roi de Navarre Charles II, 1352.
Né à   , le
Contrat de mariage   à
le   , avec
Père de : 1° Marguerite Corblin ;
2° Nicolas Corblin, bachelier ès lois, rend aveu au Roi, le 15 janvier 1392, de la sergenterie noble de Corblin, qu'il possédait encore en 1401.
Mort à   , le
Fiefs nobles de Marcilly, Parigny, etc.

---

[1] Charles le Noble, 1361-1425, finit par céder au roi de France les comtés de Champagne, Brie, Évreux et les seigneuries de Mortain, Meulent, etc., etc. Traité du 9 juin 1404.

XVII CORBLIN

(MARGUERITE).

Née à   , le
Mariée à   , le   , avec Thomas de Saint-Germain.

Mère de : Gilles de Saint-Germain.

Fait donation avec son mari à l'abbaye de Savigny, en 1374.

Morte à   , le

Armes : « D'argent au corbeau de sable membré et becqué d'or. »

XVI DE SAINT-GERMAIN

(GILLES).

Écuyer.
Né à   , le
Contrat de mariage   à
le   , avec Jeanne de Saint-Denis.

L'un des cent dix-neuf gentilshommes qui défendirent, en 1423, le Mont Saint-Michel contre les Anglais.

Mort à   , le   , après 1440.

XVII DE SAINT-DENIS

(HENRY).

Fouquet de Sainte-Marie lui rend aveu, pour un fief du comté de Mortain, en 1394.

XVI DE SAINT-DENIS

(JEANNE).

Née à , le
Mariée à , le , avec Gilles de Saint-Germain.
Mère de : Samson de Saint-Germain.

Morte à , le

XV — DE SAINT-GERMAIN

(SAMSON).

Seigneur de Saint-Georges, d'Aunay, de Quesnay, d'Athis, etc., écuyer.

Né à   , le

Contrat de mariage   à
le   , avec Marguerite de Husson.

S'accorde avec Jean de Sainte-Marie, 1448.

Rend aveu des terres de Fontenay-le-Husson, Ranes, etc., qu'il tenait de sa femme, le 29 août 1461; de la baronnie d'Asnebec, 2 mai 1454.

Fait chevalier par le roi Louis XI à son sacre, le 15 août 1461, et reçoit le collier de l'Ordre.

Actes de 1463 pour rétablir un pont et un marché.

Trouvé noble à la recherche de Monfaux, 1463. Tient de la baronnie des Biars un huitième de fief dans les paroisses d'Isigny et de Parigny.

Mort à   , le   1464.

Partage de sa succession entre ses cinq fils, 28 janvier 1480.

XXI   HUSSON

Ancienne maison du comté de Mortain, qui était entièrement éteinte au dix-septième siècle.

Husson, paroisse appelée du nom de son seigneur : Hue, Huchon, Hugon, Huxon, etc.

Armes : « D'azur à six annelets d'argent, trois, deux et un. »

Le comte *Guillaume* de Husson, bienfaiteur de l'église de Mortain, 1082, père de :

Roger. Actes de 1106 et 1112. Père de :

Robert et Guillaume.

XX   DE HUSSON
(GUY).

Né à   , le
Se voit dans les actes de 1198, 1204, 1213.

Contrat de mariage devant   le
avec DENISE N.....

Dont trois fils :

Guillaume de Husson, figure dans des actes de 1238 et

1272, = Mathilde, héritière de Guillaume, seigneur de Ducé, dont : 1° Fraslin, = Clémence, sœur du connétable Bertrand du Guesclin, dont : Thieuphaine, fille unique, = Guy, petit-fils de Guy IX, seigneur de Laval, mère d'un autre Guy et † en 1391 ; 2° Bertaut, seigneur du Petit-Husson (acte de 1341), père de Geoffroy, = Alix de Melun, dont Olivier, chambellan du roi Charles VII, = en 1433 Marguerite de Châlon, comtesse de Tonnerre, dont Jean de Husson, comte de Tonnerre (actes de 1453, 1472, 1485), = Catherine de la Rochefoucauld, dont Charles de Husson, comte de Tonnerre, = en 1473 Antoinette de la Trémoïlle ; dont : 1° Louis Ier, comte de 1492 à 1503, = Françoise de Rohan, dont : Claude, tué à Pavie, 1525, et Louis II, évêque de Poitiers, comte de 1525 à 1537 ; 2° Louise de Saint-Aignan, = Aymery de Beauvilliers ; 3° Anne de Husson, comtesse de 1537 à 1540, = en 1497 Bernardin, vicomte de Clermont, dont Louise, comtesse de Tonnerre de 1540 à 1596, = en 1538 François, prince d'Yvetot ; et en 1556 Antoine de Crussol, premier duc d'Uzès.

Geoffroy et Étienne de Husson.

Mort à , le 1220.

XIX DE HUSSON

(ÉTIENNE).

Seigneur du Grand-Husson, de Jantest en Brécey, de Moissé, etc.

274 FAMILLE DE SALVERTE.

Né à   , le
Contrat de mariage devant   , à
le   , avec Nicole de Milly.
Mort à   , le   1213.

XXII   DE MILLY

(GUILLAUME).

Né à   , le
Père d'Auvray : « G. de Milleio et Alveridus filius ejus. »

Se fit moine à l'abbaye de Saint-Martin de Troarn, vers 1080, et lui donna les églises de Milly[1] et de Chaulieu.

Mort en pèlerinage à Jérusalem.

XXI   DE MILLY

(AUVRAY).

Né à   , le
Père de : Roger de Milly.
Acte de 1117.
Mort à   , le

---

[1] PITARD, v° *de Milly.*

XX   DE MILLY

(ROGER).

Né à   , le

Père de : Nicole de Milly.

Actes de 1139 et suivants. Fait donation à l'abbaye de Savigny.

Une précieuse charte, datée du 31 juillet 1161, relative à un échange entre Philippe de Milly, vicomte de Naplouse, et Baudouin III, roi de Jérusalem, vient d'être publiée dans le cartulaire de l'Ordre teutonique et fournit d'intéressants détails sur la province dite d'Oultre-Jourdain.

Mort à   , le

XIX   DE MILLY

(NICOLE ou NICOLASSE).

Née à   , le

Mariée à Étienne de Husson.

Mère de : 1° PERRONNELLE, qui épousa Colin de Saint-Jean et resta veuve en 1349 [1];

---

[1] Ils figurent déjà à la page 148 avec le n° XIX.

2° Laurence;

3° Aymery de Husson, qui figure dans l'armée navale de Jean de Harcourt, 1295; père de Perronnelle, = Guillaume Le Sotrel avant 1344, et de Henry de Husson, chevalier, = Gervaise de Moissé (actes de 1366), dont Henry de Husson, chevalier (actes de 1393 et 1401), = Thomasse de Halande, dont Guillaume de Husson, † sans enfants, et une fille, = le seigneur du Hallay;

4° Hugues;

5° Geoffroy.

Jacques de Milly, grand maître de Rhodes de 1454 à 1461, fit sculpter sur les murs de son château, à Chypre, son écu écartelé aux 1er et 4e cantons de la croix de l'Ordre, dont il porte la flamme en chef des 2e et 3e quartiers[1].

Nicole transige avec les moines de Troarn, 1232.

Morte à   , le

XVIII DE HUSSON

(GEOFFROY).

Né à   , le

Contrat de mariage devant   , à le   , avec N..... de Fontenay, héritière de Richard de Fontenay.

Père de : Guy II, seigneur de Husson et de Fontenay, 1236.

Mort à   , le

---

[1] *Art de vérifier les dates*, t. Ier, p. 524.

DE FONTENAY

XX

Le sire de Fontenay fut à la bataille d'Hastings, 1066.
Père de : Ingulfe et *Robert*[1] de Fontenay.
Actes de 1105, 1139.

Armes : « D'hermines à la fasce de gueules, chargée de trois molettes d'or. »

DE FONTENAY

XIX

(RANULPHE).

Né à , le
Sénéchal de Mortain, seigneur de Fontenay.
Actes de 1198, 1206, 1224, 1228.
Père de : 1° Alexandre (actes de 1222, 1223);
2° Richard (actes de 1216, 1237);
3° N....., = Geoffroy de Husson.
Mort à , le

---

[1] Les noms en italique désignent les ascendants probables, mais dont la filiation n'est pas certaine.

XVII   DE HUSSON

(GUY II).

Seigneur de Fontenay-le-Husson.
Né à   , le
Père de : Henry de Husson.
Mort à   , le

XVI   DE HUSSON

(HENRY).

Chevalier, seigneur de Ranes, Annebec, Rouvron, Briouze.
Né à   , le
Contrat de mariage   , à
le   , avec N..... de Meheudin.
Père de : Marguerite de Husson.
Rend aveu au Roi du fief de Fontenay, le 1394, et le possède encore en 1401.
Mort à   , le

DE MEHEUDIN
ou MEHOUDUN
ou MEHOUDIN

(PAYEN Ier, *Paganus*).

XIX

Jean Sans terre lui concède tout le fief d'Aissel; Philippe-Auguste reconnaît qu'il tient un fief et demi à Saint-Georges et à Moulineaux (*Antiq. de Normandie*, t. XVI, p. 92 et 177, *Grands rôles*).

Né à , le

Contrat de mariage à , le

avec

Père de : Payen II.

Mort à , le

XVIII

DE MEHEUDIN

(PAYEN II).

Chevalier, baron de Thorigny.

Né à , le

Contrat de mariage devant , à

le , avec Agnès de Neubourg.

Mort à , le avant 1270[1].

---

[1] LAROQUE, *Histoire de la maison de Harcourt*, t. IV, p. 1402.

XXII DE BEAUMONT-MEULENT

(HENRY).

Comte de Warwick.

Fils de Roger de Beaumont et d'Adeline, comtesse de Meulent.

Né à   , le

Père de : Robert de Neubourg.

Mort à   , le

XXI DE NEUBOURG (DE NOVO BURGO)

(ROBERT).

Né a   , le

Signe une charte avec le roi de France, 1152.

Père de : Henry de Neubourg.

Mort à   , le

XX DE NEUBOURG

(HENRY).

Baron d'Asnebec, dont relevaient *dix-sept* fiefs de chevaliers[1].

Doit au service du Roi deux chevaliers et demi.

Né à   , le

Père de : Robert II de Neubourg.

Mort à   , le

XIX DE NEUBOURG

(ROBERT II).

Deuxième baron de Neubourg.

Né à   , le

Contrat de mariage à   , le

avec Marguerite de Gloucester.

Mort à   , le

---

[1] *Antiq. de Norm.*, t. XVI, p. 175, *Grands rôles,* registres des fiefs sous Philippe-Auguste.

XX — DE GLOUCESTER

(ROBERT).

Fils du roi Henri Ier d'Angleterre.

Né à Caen, le

Contrat de mariage à   , le

avec Mabile, fille de Robert Fitz-Aymon, qui possédait d'immenses propriétés en Normandie [1].

Soutient les droits de sa sœur, l'impératrice Mathilde, contre Étienne, comte de Boulogne. Prisonnier en 1141, est échangé (1er novembre) contre ce Roi, qu'il avait défait lui-même à la bataille de Lincoln (2 février).

Mort à Bristol, le 31 octobre 1147 [2].

XIX — DE GLOUCESTER

(MARGUERITE).

Née à   , le

Mariée à   , le   , avec Robert II baron de Neubourg.

---

[1] Comte de La Ferrière, *Histoire du canton d'Athis*, 1858, chez Aubry, p. 260.
[2] *Art de vérifier les dates*, t. Ier, p. 801.

Mère de : 1° Agnès de Neubourg ;
2° et 3° deux autres filles.

Morte à   , le

XVIII   DE NEUBOURG

(AGNÈS).

Née à   , le
Mariée à   , le   , avec Payen II de Meheudin.
Dot : les baronnies de Thorigny et d'Asnebec.
Mère de : Guillaume de Meheudin, son fils unique.
Veuve en 1270.

Morte à   , le

XVII   DE MEHEUDIN

(GUILLAUME).

Seigneur de Ranes, Asnebec, Rouvron, Briouze.
Né à   , le
Contrat de mariage   , à
le   , avec Jeanne Dubois.

Père de : N..... de Meheudin, et de Jean, écuyer, qui rend aveu au Roi le 18 décembre 1372, et † sans enfants, laissant son fief à sa sœur.

Sa fidélité au roi de France est attestée par une charte de Henri V d'Angleterre[1] (acte de 1344).

Aveu lui est rendu pour le Clos-Conart en son fief de Vendœuvre[2].

Mort à   le

XVI   DE MEHEUDIN

                        (N.....).

Née à   , le
Mariée à   , le   avec
Henry de Husson[3].
Mère de : Marguerite de Husson.
Morte à   , le

---

[1] Dilecto armigero nostro Gerardo concessimus menerium de Roferowe cum aliis terris que fuerunt Willelmi Meheudin chivaler, qui nobis rebellis existit. » (BREQUIGNY, *Rôles normands.*)

[2] Archives du Calvados, où l'on voit son sceau.

[3] LAROQUE, *Histoire de la maison de Harcourt*, t. Ier, p. 261, et t. II, p. 151.

XV   DE HUSSON

(MARGUERITE).

Née à   , le
Mariée à   , le   , avec Samson de Saint-Germain.

Dot : la seigneurie de Fontenay-le-Husson.

Mère de : 1° Samson II de Saint-Germain ;

2° Gilles, baron de Ranes, aïeul de Jeanne, qui = François d'Harcourt ;

3° Guillaume, seigneur du Quesnay, dont la postérité se termina aussi par deux filles ;

4° Geoffroy, abbé de Belle-Étoile ;

5°, 6°, 7°, 8°, 9° cinq filles ;

10° Jean, seigneur de Fontenay-le-Husson et de Saint-Georges d'Aunay, = Catherine de Charné, en 1476, dont Jacques, = Jacqueline de Mortainville, en 1508, dont François, qui fut père de Jacques II, = Élizabeth de Mornay, fille du célèbre Philippe du Plessis-Mornay, en 1600, dont les descendants étaient seigneurs de Fontenay et de la Baleine.

Morte à   , le   après 1465.

XIV DE SAINT-GERMAIN

(SAMSON II).

Seigneur de Rouvron, la Selle, Entremant.
Capitaine des nobles du bailliage de Caen, 1488.
Né à , le
Contrat de mariage , à
le 1487, avec Jeanne d'Arquetray.
Actes de 1490, 1500, devant l'échiquier de Normandie.
Mort à , le

XV D'ARQUETRAY
ou D'ARQUENNAY

(HUGUES[1]).

Né à , le
Père de : Jeanne d'Arquetray.
Mort à , le

[1] LAROQUE, *Histoire de la maison de Harcourt*, t. II, p. 1511.

XIV D'ARQUETRAY

(JEANNE).

Née à , le
Mariée à , le , avec Samson II de Saint-Germain.
Mère de : 1° Marguerite de Saint-Germain ;
2° N....., = en 1506 Jacques de la Roque, seigneur de Montsegré ;
3° Jean de Saint-Germain, seigneur de Rouvron, = Prégente de Melun, en 1525 ; leur branche s'éteignit en 1691.
Morte à , le

XIII DE SAINT-GERMAIN

(MARGUERITE).

Née à , le
Mariée à , le 24 mars 1511, avec Jean de Vassy.
Mère de : Gabriel de Vassy.
Morte à , le

XII DE VASSY

(GABRIEL).

Écuyer, seigneur de la Forest-Auvray et du Mesnil-Patry.

Né à   , le
Contrat de mariage devant   , à
le 27 octobre 1538, avec Marguerite de Harcourt[1].
Dot :
Aveu lui est rendu, le 10 mars 1539, pour le fief du Mesnil-Hubert, par Antoine de Rupières; autre aveu, 1550.

Mort à   , le
Armes : « D'argent à trois tourteaux de sable. »

---

[1] La généalogie de la maison d'Harcourt, appuyée sur deux énormes in-folio de *Preuves authentiques,* a été établie au siècle dernier par M. DE LA ROQUE, l'homme le plus exact et le mieux au courant des familles de Normandie.

XXX   DE HARCOURT

Illustre maison, non-seulement alliée, mais descendue de presque tous les trônes de l'Europe. Les rois de France l'ont toujours tenue en haute estime. Elle assure remonter à :

BERNARD *le Danois.*

Prince en Danemark, compagnon de Rollon, le suit en Normandie et reçoit de lui un gouvernement dans cette province, 912.

Tuteur du jeune duc Richard Ier [1].

Père de : Torf.

XXIX   TORF

Seigneur de Torville.
Né à   , le
Marié à Ertemberge de Bricquebec.

[1] *Art de vérifier les dates.*

Charte de Fécamp, 996.
Mort à   , le

XXIX   DE BRICQUEBEC

(ERTEMBERGE).

Née à   , le
Mariée à Torf en
Mère de : 1° Turquetil ;
2° Théroulde de Pont-Audemer, d'où sont venus les anciens comtes de Meulent.
Morte à   , le
Armes : « D'azur à un lion de sinople rampant, onglé et couronné d'argent. »

XXVIII   TURQUETIL

Seigneur de Turqueville.
Né à   , le
Père de : « Anschetillus ».
Mort à   , le

XXVII DE HARCOURT
(ANQUETIL).

Né à   , le
Marié à Ève de Boissy-le-Chatel [1], en
Père de : Errand.
Mort à   , le

XXVI DE HARCOURT
(ERRAND).

Né à   , le
Acte de 1078.
Marié à Emme d'Estouteville, en
Mort à   , le

---

[1] Les noms en petites capitales sont ceux des ascendants qui n'ont pas d'article particulier.

XXVII   D'ESTOUTEVILLE

Noble et ancienne maison.

Robert d'Estouteville, mari de Jeanne Talbot, fut à la conquête de l'Angleterre, 1066.

Beaucoup d'alliances entre cette famille et les de Harcourt. Le cardinal d'Estouteville, archevêque de Rouen, chef de la puissante faction française, faillit être élu pape au conclave de 1458. La dernière duchesse d'Estouteville, Adrienne, † en 1560, mère de Marie de Bourbon, dont sont issus les ducs de Longueville.

Armes : « Burelées d'argent et de gueules à dix pièces à un lion de sable brochant sur le tout. »

XXVI   D'ESTOUTEVILLE

(EMME).

Née à   , le
Mariée à Errand de Harcourt.
Mère de : Robert.
Morte à   , le

XXV   DE HARCOURT

(ROBERT *le Fort*).

Baron.
Né à   , le
Marié à Colède d'Argouges.
Mort à   , le

XXVI   D'ARGOUGES

(ROBERT).

Tua d'un coup de lance, en combat singulier, un énorme géant danois qui l'avait défié ; mais, craignant le courroux de son prince, il se retira dans la Pouille, avec d'autres chevaliers normands qui firent des prodiges de valeur sous la conduite de Robert Guiscard [1].

Auteur de : Colède.

---

[1] Voir les pages 151-153.

XXV D'ARGOUGES

(COLÈDE).

Née à , le
Mariée à Robert de Harcourt, en
Mère de : Guillaume.
Morte à , le

XXIV DE HARCOURT

(GUILLAUME).

Né à , le
Marié à Hue d'Amboise.
Mort à , le

XXV   D'AMBOISE

(HUGUES).

Né à   , le
Marié à   , le   , avec

Père de : Hue d'Amboise.
Fut à la première croisade, 1096-1099.
Mort à   , le
Armes : « Pallées d'or et de gueules[1]. »

XXIV   D'AMBOISE

(HUE).

Née à   , le
Mariée à Guillaume de Harcourt.
Mère de : Robert II.
Morte à   , le

[1] Georges, cardinal d'Amboise, archevêque de Rouen, premier ministre de Louis XII, † 1510. Son frère Émery d'Amboise, grand maître de Rhodes, 1503-1512.

XXIII DE HARCOURT

(ROBERT II *le Vaillant*).

Né à   , le
Marié à Jeanne de Meulent.
Croisé avec Richard Cœur de lion, 1189-1192, et comme lui retenu prisonnier, pendant quatorze mois, par le duc d'Autriche.

Mort à   , le

XXX DE MEULENT

Fief des plus anciens, comprenant Mantes, Meulan et Poissy. Famille également issue de Bernard le Danois.
Armes : « Échiquetées d'or et de gueules. »

XXIX DE PONT-AUDEMER

(THÉROULDE).

Fils de Torf le Riche, et petit-fils de Bernard.

Marié en   , à WEVE, sœur de Gonnor, duchesse de Normandie.

Leur fils : « Hunfridus de Vitulis ».

Mort à   , le

XXVIII ONFROY

Comte de Veules.

« *Inter normanniæ proceres potentissimus*[1]. »

Père de : Roger de Beaumont.

Mort à   , le

---

[1] LA ROQUE, *Histoire de la maison de Harcourt*, t. III, p. 23.

XXVII   ROGER *le Barbu.*

Comte de Beaumont, en Normandie.
Né à   , le
Aussi brave et fidèle que bon politique, fut à la conquête de l'Angleterre, 1066 : « *Omnibus avis proavisque sublimior.* »

Marié à Adeline de Meulent[1] en 1037.

Fondateur de l'abbaye de Préaulx, où il mourut « *factus monachus* », le 29 novembre 1084.

XXXI   WALERENT Ier

(COMTE DE MEULENT).

« *Li quens de Meullent* » † 965.

Son fils, ROBERT Ier, † 990. — Son petit-fils, ROBERT II, comte par la grâce de Dieu, † 997, acquiert le fief de Monceau-Saint-Gervais, à Paris (aujourd'hui quartier de l'Hôtel-de-Ville), *in loco qui dicitur Grevâ*, = ALIX, fille de Gaultier II le Blanc, comte du Vexin ; père de Walerent III.

[1] Voir la page 280.

XXVIII   WALERENT III

(COMTE DE MEULENT).

1015-1070. Bâtit l'église de Saint-Nicaise, 1062-1067, et y est enterré.

Père de : 1° Hugues II;

2° Adeline, par ODA, sœur de sainte Helvise.

Écu : « De sable au lion d'argent à la queue fourchée. »

XXVII   ADELINE

(COMTESSE DE MEULENT).

Née à   , le

Amie intime de la reine d'Angleterre Mathilde, duchesse de Normandie.

Mariée à Roger de Beaumont.

Mère de : 1° Robert III;

2° Henri, comte de Warwick;

3° Auberée, abbesse du couvent d'Eton, près Windsor, en Angleterre.

Morte à   , le   avril 1081.

XXVI   ROBERT III *le Preud'homme*

(COMTE DE MEULENT).

Né à   , le

Actes de 1096. Bâtit le château et l'église collégiale de Meulent. Comte de Leicester, pair et baron de France au parlement de Poissy, 1082.

Devait au duc de Normandie le service de quatre-vingt-huit chevaliers.

« Grand capitaine, habile ministre, conseiller du roi
« d'Angleterre, qu'il avait fait couronner en 1100, accou-
« tumé à gouverner presque en souverain les États d'au-
« trui, et sur lequel on se modelait en tout[1]. »

Marié à Élizabeth de France.

Ami de saint Anselme, abbé du Bec, et archevêque de Cantorbéry.

Mort à Préaulx, revêtu de l'habit monastique, le 5 juin 1118, et inhumé dans l'église de l'abbaye.

---

[1] *Art de vérifier les dates*, t. II, p. 693.

XXXVII SAINT CHARLEMAGNE

(EMPEREUR).

Né à Ingelheim, le 26 février 742.

Sacré à Saint-Denis par le pape Étienne II, en 754.

Proclamé empereur à Rome, par saint Léon III, le 25 décembre 800.

Canonisé en 1160 par Pascal III.

Eut de la reine HILDEGARDE, † à Thionville, le 30 avril 782 : Louis le Débonnaire et Pépin.

Mort à Aix-la-Chapelle, le 28 janvier 814 [1].

XXXVI PÉPIN

(ROI D'ITALIE).

Né en 777 ; sacré à Rome, le 15 avril 781 ; † à Milan, 8 juillet 810.

Père de : Bernard.

---

[1] « Salut, ô Charles, bien-aimé de Dieu, apôtre du Christ, rempart de son « Église, protecteur de la justice, gardien des mœurs, terreur des ennemis du « nom chrétien ! etc. » DOM GUÉRANGER, *l'Année liturgique, Temps de Noël*, t. II, p. 567). Voy. aussi l'antienne de l'Office du Bienheureux :

O spes afflictis, timor hostibus, hostia victis,
Regula virtutis, juris via, forma salutis,
Carole, servorum pia suscipe vota tuorum.

XXXV BERNARD

(ROI D'ITALIE).

Né en 799.

Reçoit, en octobre 812, de Charlemagne les États de son père.

Prétendit à l'empire. Son oncle, l'empereur Louis, lui fit crever les yeux, et dut faire ensuite pénitence publique de ce crime, à la diète d'Attigny.

Père de : Pépin.

Mort le 17 avril 818, et inhumé à Milan, dans la basilique Ambroisienne.

XXXIV PÉPIN

Seigneur de Péronne.
Né à   , le
Actes de 834 et 840.
Père de : Héribert.
Mort à   , le

XXXIII   **HÉRIBERT Ier**

(COMTE DE VERMANDOIS).

Abbé de Saint-Quentin, dont il faisait les fonctions.
Père de : Héribert II.
Assassiné par le comte de Flandre, 902.

XXXII   **HÉRIBERT II**

(COMTE DE VERMANDOIS ET DE TROYES).

Né à   , le
Tient en prison le roi Charles le Simple, 924-929, pendant l'usurpation de Robert et de Rodolphe. Longues luttes d'influence avec Hugues le Grand, duc de France.

Père de : 1° Albert; 2° Eudes, comte d'Amiens; 3° Robert, comte de Troyes.

Mort en 943, et enterré à Saint-Quentin.

XXXI ALBERT *le Pieux*

(COMTE DE VERMANDOIS).

Fonde l'abbaye de Saint-Prix.

Marié à GERBERGE, fille du roi de France LOUIS IV d'Outremer et de GERBERGE, fille de HENRI L'OISELEUR (roi de Germanie, 919-936, chef de la maison de Saxe, et arrière-grand-père de saint Henri, empereur, 1014-1024).

Père de : Herbert III.

Mort à   , le 9 septembre 987.

XXX HERBERT III

(COMTE DE VERMANDOIS).

Abbé de Saint-Quentin et de Saint-Crépin de Soissons.

Marié à HERMENGARDE, † 1015.

Père de : 1° Othon; 2° Guy, comte de Soissons.

Mort le 29 août 1000.

XXIX   OTHON

(COMTE DE VERMANDOIS).

Abbé de Saint-Quentin, 1010, = Pavie.
Père de : Herbert IV.
Mort le 25 mai 1045, à

XXVIII   HERBERT IV

(COMTE DE VERMANDOIS).

Comte de Valois, du chef de sa femme, Hildebrante, fille de Raoul le Grand, comte du Vexin, d'Amiens et de Valois, 1063-1074 (fils de Raoul II et petit-fils de Gauthier II le Blanc, 988-1027).

Assiste au sacre du roi Philippe Ier.

Mort à   , le   1080.

XXVII   ADÉLAIDE

(COMTESSE DE VERMANDOIS ET DE VALOIS).

Née à   , le
Mariée à Hugues le Grand, fils du roi de France

Henri Ier, 1031-1060, petit-fils de Robert II le Pieux et arrière-petit-fils de Hugues-Capet, † 996. Hugues se croise en avril 1096, descend en Italie à la tête d'une armée florissante; retenu prisonnier par l'empereur grec Alexis Comnène, il prend ensuite Nicée et Antioche. Une seconde expédition fut moins heureuse; † de ses blessures, à Tarse en Cilicie, le 18 octobre 1101.

Mère de : 1° Élizabeth de France;

2° Raoul, sénéchal de France, régent avec Suger;

3° Simon, premier comte et pair-évêque de Noyon.

Grand'mère de saint Félix de Valois, fondateur de l'Ordre des Trinitaires, † 4 novembre 1212.

Remariée au comte de Clermont.

Morte à , le 1118.

XXX   SAINT WLADIMIR *le Grand*.

Premier souverain chrétien de la Russie; nouveau Clovis, apôtre d'un zèle encore barbare, † le 15 juillet 1015, après un règne glorieux de quarante-cinq ans.

Il avait épousé, en 989, ANNE (sœur des empereurs grecs Basile II, le vainqueur des Bulgares, et Constantin IX; de Théophane, impératrice d'Occident), fille de l'empereur ROMAIN II (né en 939, † 15 mars 963[1]).

Leur fils : Iaroslaw.

XXIX   IAROSLAW *le Sage*.

Né en 978, grand-duc de Kiew, 1019, † 7 février 1055.

Marié à ENGUERHERDE (fille d'Olaus Ier, roi de Norvége), qui lui donna six fils et trois filles, dont Anne, reine de France.

---

[1] Descendu de l'empereur BASILE LE MACÉDONIEN, qui faisait remonter sa généalogie au grand Alexandre : « By the marriage of his granddaughter with « Henry, king of France, the blood of the Macedonians, and perhaps of the « Arsacides, the Parthian kings, still flows in the veins of the Bourbon line. » GIBBON, *History of the decline and fall of the Roman Empire*, t. V, ch. XLVIII, p. 326.

XXX   OLAUS Ier

(ROI DE NORVÉGE).

Né en 953. Fils du roi Trygwe, † 974.

Séjourne longtemps en Russie. Couronné en 994. Introduit le christianisme en Norvége, Islande, Groënland.

Avait épousé Thyra, fille de Harald II *à la Dent bleue* (né en 895, baptisé en 970, roi de Danemark, 935-985, seigneur du Cotentin en Normandie), et petite-fille de Biornon, roi de Suède.

Mort à Swolde, le   1001.

XXVIII   ANNE DE RUSSIE

(REINE DE FRANCE).

Née à   , le   1025.

Mariée en 1044 au roi Henri Ier.

Mère de : 1° Le roi Philippe Ier ;

2° Hugues le Grand.

Remariée au comte de Crespy.

Morte à   , le

XXVI   DE FRANCE-VERMANDOIS

(ÉLIZABETH).

Née à   , le

Descendue, comme son mari, de Gauthier II, comte du Vexin, leur trisaïeul.

Mariée à Robert III, comte de Meulent, avec dispenses du Saint-Père, alors en France (Urbain II, venu pour prêcher la première croisade).

Mère de : 1° Walerent IV ; 2° les comtes de Leicester et de Bedford.

Morte à   , le

XXV   WALERENT IV

(COMTE DE MEULENT ET DE WINCHESTER).

Né en 1104; succède à son père, 1118.

Marié à Agnès, fille du baron de Montfort, Amaury IV, dame de Rochefort et Gournay, dotée par son frère Simon le Chauve, comte d'Évreux et baron de Montfort.

« Tout jeune il surprit par sa science et la finesse de « son esprit le pape Calixte II, qui se trouvait à Gisors. »

Pèlerin à Saint-Jacques de Compostelle; croisé à Vézelay

à la voix de saint Bernard, 1147; il aide le roi de Portugal à chasser les Maures de Lisbonne, rejoint Louis VII en Palestine, en 1148. Fonde l'abbaye de Valace, au pays de Caux. Dépositaire de la couronne d'Angleterre.

Mort à Préaulx, *monachus,* le 10 avril 1166.

Cri de guerre : « Meullant et saint Nicaise. »

XXIV ROBERT IV

(COMTE DE MEULENT).

Né à   , le   1141.

Établit une commune à Meulent, 1189.

« Feudataire de deux puissants monarques, il ne pou-
« vait ménager l'un sans se mettre l'autre sur les bras. »

Exclu expressément des conventions du traité de Rouen, 1ᵉʳ juin 1204. Sa race est à jamais privée du comté de Meulent, que Philippe-Auguste réunit à la couronne.

Père de : 1° Jeanne; 2° deux autres filles et trois fils.

Mort à   , le

XXIII DE MEULENT

(JEANNE).

Baronne d'Elbeuf.
Sœur de Walerent et de Pierre, morts avant leur père.
Mariée à Robert II de Harcourt[1].
Mère de : Richard.
Morte à   , le

XXII DE HARCOURT

(RICHARD).

Vicomte de Saint-Sauveur.
Né à   , le
Marié à JEANNE DE LA ROCHE-TESSON.
Père de : Jean.
Mort à   , le

---

[1] *Histoire généalogique de la maison de Harcourt*, par G. A. DE LA ROQUE, chez Seb. Cramoisy. Paris, 1662, 4 vol. in-fol. — Voy. plus haut, p. 296.

XXI ## DE HARCOURT

(JEAN).

Baron, vicomte de Saint-Sauveur, armé chevalier par saint Louis, qui « prisoit fort la sagesse et prudence dont « il étoit orné ».

Né à , le
Marié à Alix de Beaumont, 1257.
Mort à , le

XXII ## DE BEAUMONT

(JEAN).

Né à , le
Père de : 1° Alix de Beaumont;
2° Guillaume, maréchal de France, 1250.
Mort à , le

XXI ## DE BEAUMONT

(ALIX).

Née à   , le
Mariée à Jean de Harcourt en 1257.
Mère de : 1° Jean II;

2° Raoul, chanoine de Paris; 3° Robert, évêque de Coutances, † 1307, qui fondèrent ensemble le collége de Harcourt, en 1280;

4° Guy, évêque de Lisieux, † 1315 ;

5° Agnès, 1255-1291, deux fois abbesse des Clarisses urbanistes de Longchamps, avec Madame Isabelle de France[1] (1225-1270), dont elle écrit l'histoire[2].

Morte à   , le

XX ## DE HARCOURT

(JEAN II).

Né à   , le
Accompagne saint Louis à Tunis, 1269.
Échappe aux Vêpres siciliennes, 1282.

---

[1] Sainte Isabelle, sœur de saint Louis, fondatrice en 1260 du monastère de *l'Humilité de Notre-Dame*, où, renonçant au monde, elle voulut s'ensevelir avec ses pieuses compagnes. Béatifiée en 1521.

[2] *Édition de Joinville*, par Du Cange. Paris, Seb. Cramoisy, 1678, in-fol.

Nommé maréchal et amiral de France, 1295, par Philippe le Bel.

Eut un duel célèbre avec le sire de Tancarville, devant trois Rois « pour juges d'armes [1] ».

Contrat de mariage à   , avec Jeanne de Châtellerault, 1286.

Mort à   , le   1302.

Armes : « De gueules fascé d'or de deux pièces. »

XX   DE CHATELLERAULT

(JEANNE).

Dame de l'Islebonne.

Née à   , le

Mariée à Jean II de Harcourt.

Mère de Jean III.

Morte à   , le

XIX   DE HARCOURT

(JEAN III).

Né à   , le

Vicomte de Châtellerault, seigneur de la Carneille (acte

---

[1] La Roque, *Histoire de la maison de Harcourt*, t. II, p. 344.

de 1302). Ambassadeur auprès du Saint-Siége, combat à Courtray en 1302, et à Mons en Puelle.

Contrat de mariage à   , le
avec Alix de Brabant[1].

Mort à   , le   1326, et inhumé
au prieuré du Parc, qu'il avait enrichi de grands biens[2].

[1] Descendue des anciens ducs souverains de Lorraine, de Bourgogne et de Brabant, et alliée aux maisons royales de France, d'Angleterre, d'Allemagne, etc.
[2] LE FÉRON, *Histoire manuscrite de la maison de Harcourt*. Bibliothèque nationale, n° 9891.

XXV   GODEFROY II

(DUC DE BASSE-LORRAINE).

Marquis d'Anvers, comte de Louvain, 1140-1143. Père de : Godefroy III.

XXIV   GODEFROY III *le Courageux*

(DUC DE BASSE-LORRAINE).

Né à   , le   1126.
Duc en 1143.

Marié à Marguerite de Limbourg, pour terminer la guerre qui désolait leurs deux pays. Fonde la ville de Bois-le-Duc.

Mort à   , le 10 août 1190.
Inhumé à Saint-Pierre de Louvain.

XXIV   DE LIMBOURG

(MARGUERITE).

Duchesse de Basse-Lorraine.

Fille de Henry II (comte de Limbourg en 1139 et d'Arton en 1151, duc des Ardennes, † 1170, = en 1135, Mathilde de Septemberg, † 1145).

Née à   , le

Mariée à Godefroy III, le   1155.

Mère du duc Henry Ier et d'Albert, évêque de Liége.

Morte à   , le   1172.

XXIII   HENRY Ier *le Guerroyeur*

(DUC DE BRABANT).

Né à   , le   1158.

Comte de Louvain, 1172.

Duc de Brabant, 1190.

Croisé en 1191 et 1197 ; accorde une charte à la commune de Bruxelles en 1229.

Marié : 1° en 1179 à Mathilde d'Alsace ;

2° à Marie de France, fille de Philippe-Auguste et d'Agnès de Méranie.

Mort à Cologne, le 5 novembre 1235.

Inhumé à Saint-Pierre de Louvain.

XXIV   MATHIEU D'ALSACE

(COMTE DE BOULOGNE).

Fils de THIERRY D'ALSACE, comte de Flandre, et de SIBYLLE d'ANJOU, et arrière-petit-fils de ROBERT LE FRISON, comme le bienheureux Charles le Bon (comte de Flandre, 1119-1127).

Né à   , le

Marié à Marie de Boulogne en 1160.

Fonde la ville d'Étaples. « *Miles admodùm pulcher et probus et donis largissimus.* »

Mort à   , le   1173.

Inhumé à l'abbaye de Saint-Josse.

XXVII   THIBAULT III

(COMTE DE BLOIS ET DE CHAMPAGNE).

Né à   , le

Comte de Blois, Tours, Chartres, 1037.

Marié à ALIX, dont : ÉTIENNE, comte de Meaux, 1081; VIe comte de Blois, 1089; croisé 1096, † à Escalon, 1102, = ADÈLE, fille du roi GUILLAUME LE CONQUÉRANT; dont Thibaut IV le Grand et Étienne de Blois.

Mort à Epernay, le   1089.

XXV ## ÉTIENNE DE BLOIS

(COMTE DE BOULOGNE).

Né à   , le
Comte de Mortain en 1102.
Duc de Normandie, roi d'Angleterre en 1135. Prisonnier à la bataille de Lincoln, 1141.
Marié à   , le   avec MATHILDE de Boulogne († 3 mai 1152).
Mort à   , le 25 octobre 1154, en reconnaissant pour son héritier au trône d'Angleterre Henri Plantagenêt, bien qu'il laissât un fils, Guillaume II, comte de Boulogne, 1153-1159, et deux filles : Mathilde et Marie.

XXVI ## EUSTACHE III

(COMTE DE BOULOGNE).

Né à   , le
Frère de Godefroy de Bouillon et de Baudouin, 1ᵉʳ et 2ᵉ rois de Jérusalem.
Marié en 1102 à MARIE, sœur de la reine Mathilde et fille de MALCOLM, roi d'Écosse, † 1115.
Père de : Mathilde, comtesse de Boulogne.
Mort religieux à l'abbaye de Cluny en 1125.

XXIV   MARIE

(COMTESSE DE BOULOGNE).

Abbesse de Ramsay, en Angleterre.
Née à   , le ·   1134.
Fiancée, à deux ans, au comte de Meulent, Walerent III.
Mariée à   , le   1160, avec Mathieu d'Alsace.
Mère de : 1° Mathilde, duchesse de Brabant; 2° Ide, comtesse de Boulogne en 1173.
Morte à Montreuil, le   1180.
Inhumée au monastère de Saint-Austreberthe, qu'elle avait fondé en 1170.

XXIII   MATHILDE D'ALSACE

(DUCHESSE DE BRABANT).

Née à   , le
Mariée à   , le   1179, avec Henry Ier, duc de Brabant.
Mère de : 1° Henry II; 2° l'impératrice Marie.
Morte à   , le   1211.

XXII ## HENRY II *le Magnanime*

(DUC DE BRABANT).

Né à   , le   1189.

Duc en 1235. Nommé par le Pape un des électeurs du Saint-Empire romain.

Marié : 1° en 1207 à Marie, fille de l'empereur Philippe II ;

2° en 1239 à Sophie, fille de *sainte Élisabeth*, dont il eut Henry l'Enfant, landgrave de Hesse, 1247, père d'Otton, 1308, et grand-père de Henry de Fer, mort à cent quatre ans.

Mort à   , le 1ᵉʳ février 1248. Inhumé à l'abbaye de Villers.

XXV ## FRÉDÉRIC *le Borgne*

(DUC DE SOUABE).

Né à   , le

Duc d'Alsace en 1105 ; petit-fils, neveu, frère et père d'empereurs, fils de Frédéric le Vieux, 1050-1105, duc de Souabe, = Agnès 1080, fille de l'empereur Henri IV ; inhumé dans l'abbaye des Bénédictins, qu'il avait fondée à Lorch.

Marié à Judith de Bavière.

Mort à   , le   1147.

XXVII   GUELPHE Ier

(DUC DE BAVIÈRE).

Né à   , le

Marquis d'Est, croisé.

Marié à Judith († 1091, fille de Baudouin V, comte de Flandre).

Père de : Henry le Noir.

Mort à Chypre, le   1101.

XXVI   HENRY *le Noir*

(DUC DE BAVIÈRE).

Né à   , le

Duc en 1120.

Marié à Wulfhilde, fille de Magnus, duc de Saxe, † 1106, et de Sophie, fille de Bela Ier, roi de Hongrie.

Régent de l'Empire en 1116.

Inhumé avec l'habit religieux dans l'abbaye de Weingarten, près Haguenau.

Père de : Judith.

Mort à   , le   1126.

XXV

JUDITH

(DUCHESSE DE SOUABE).

Née à   , le
Mariée à Frédéric le Borgne.
Mère de :

1° Le grand empereur Frédéric Barberousse;

2° Françoise de Souabe, = Thomas, comte d'Aquin et de Sommacle, gouverneur de Lorette, issu des princes lombards, allié aux rois d'Aragon; grand'mère de *saint Thomas d'Aquin,* né en 1227, qui prit l'habit de Saint-Dominique en 1243 [1].

Morte à   , le   . Inhumée à Lorch, où l'on voit encore son portrait et ceux des princes de la maison de Souabe, peints à fresque sur les murs de l'abbaye.

[1] *Vie de saint Thomas,* par le P. Touron, in-4°. Paris, 1737.

XXIV   FRÉDÉRIC Ier BARBEROUSSE

(EMPEREUR).

Né à   , le   1121.

Couronné à Aix-la-Chapelle en 1152, à Rome en 1155 et 1167, à Arles en 1177.

Conclut avec le pape Alexandre III la trêve de Venise, 1173, et la paix de Constance, 1183.

Marié en 1156 à Béatrix, impératrice et reine, fille de Renaud, comte de Bourgogne, † le 15 novembre 1185.

Père de :

1° L'empereur Henry VI, 1165-1197 ;

2° L'empereur Philippe de Souabe.

Croisé.

Mort dans les eaux du Cydnus, le 10 juin 1190. Inhumé à Tyr.

XXIII   PHILIPPE[1]

(EMPEREUR).

Né à   , le   1181.

Marquis de Toscane, 1195 ; duc de Souabe, 1197. Roi

---

[1] Il prenait volontiers le nom de Philippe II, comme successeur du premier empereur romain du nom de Philippe, l'Arabe.

des Romains, 1198; réélu et couronné à Aix-la-Chapelle en 1205.

Marié en 1196 à Irène, fille de l'empereur grec Isaac l'Ange (qui règne, de 1185 à 1195, à Constantinople, et fut rétabli sur son trône, en 1203, par les Croisés.

Assassiné à Bamberg, le 23 juin 1208, par Othon de Wittelsbach.

XXIII   IRÈNE

(IMPÉRATRICE).

Née à   , le
Mariée : 1° à Roger de Sicile;
2° à l'empereur Philippe.

Mère de : Marie; Béatrix, impératrice; Ethisa, = saint Ferdinand III de Castille.

Morte à Hohenstauffen, 1209. Inhumée au monastère de Lorch.

XXII   MARIE DE SOUABE

(DUCHESSE DE BRABANT).

Née à   , le
Mariée en 1207 au duc Henry II.

Mère de : 1° Henry III, duc de Brabant;

2° Mahaut, mariée successivement à Robert, comte d'Artois, et à Guy, comte de Saint-Paul.

Morte à   , le

XXI   HENRY III *le Débonnaire*

(DUC DE BRABANT).

Né à   , le   1228.

Marié à   , le   , avec Alix de Bourgogne.

Duc en 1248.

Cultivait la poésie française.

Mort à Louvain le 28 février 1261.

Inhumé au couvent des Dominicains à Louvain.

XXIX   ROBERT *le Vieux*

(DUC DE BOURGOGNE).

Troisième fils de ROBERT II, roi de France, 970-1025, et de CONSTANCE D'ARLES.

Né à   , le

Marié à   , le   avec
Hélie de Semur, dont il tua le père.

Grand-père de :

a Hugues Ier, duc de Bourgogne, 1075-1078 ;
b Eudes Borel ;
c Constance, reine de Castille ;
d Hildegarde, duchesse d'Aquitaine.

Duc en 1032, après son frère le roi Henry Ier.

Fonde le prieuré de Semur.

Mort à Fleury-sur-Ouche en 1075.

XXVII **EUDES BOREL**

(DUC DE BOURGOGNE).

Né à   , le
Marié à   , le   , avec Mahaut, fille de Guillaume le Grand, comte de Bourgogne, et de Étiennette, comtesse de Vienne, 1057-1087.

Duc en 1078. Fait la guerre en Espagne contre les Sarrazins, 1087. Eut une entrevue singulière avec saint Anselme[1].

Père de : Hugues II.

Mort à   en Palestine, le   1102.
Inhumé à Cîteaux.

---

[1] *Art de vérifier les dates*, t. II, p. 500.

XXVI HUGUES II *le Pacifique*

(DUC DE BOURGOGNE).

Né à , le

Marié le , à , avec Mathilde de Turenne

Duc en 1102. Reçoit à Dijon le pape Pascal II, 1106. Pèlerin à Saint-Jacques de Compostelle, 1140.

Mort à , le , 1142.

XXVII BOSON Ier

(VICOMTE DE TURENNE).

Descendu d'ADHÉMAR, †984, et d'ARCHAMBAUD, vicomte de Comborn, Ventadour et Turenne en Limousin.

Né à , le

Marié à , le , avec GERBERGE († 1103).

Père de : 1° Mathilde ; 2° Raymond 1er.

Croisé.

Mort à , en Terre-Sainte, le 1091.

XXVI MATHILDE DE TURENNE

(DUCHESSE DE BOURGOGNE).

Née à   , le
Mariée à   , le   , avec Hugues II.
Mère de : 1° Eudes II; 2° trois évêques; 3° Mathilde, = le 25 février 1157, Guillem VII, seigneur de Montpellier, qui lui donne en dot les châteaux de Montferrier et de Pignan, le marché du Peyrou et les bains publics de Montpellier [1], † vers 1170.
Morte à   , le

XXV EUDES II

(DUC DE BOURGOGNE).

Né à   , le
Marié à   , le   1142, avec Marie de Blois.
Reçoit l'hommage de son beau-père pour le comté de Troyes.
Mort à   , le   septembre 1162.

[1] Voir le texte du contrat de mariage au *Liber Instrumentorum Memorialium*, p. 263, in-4°. Montpellier, 1886.

XXVI THIBAUT IV *le Grand*

(COMTE DE BLOIS ET DE CHAMPAGNE).

Né à , le
Marié à , le 1126, avec MATHILDE, fille de ENGILBERT II, duc de Carinthie et marquis de Frioul, † religieuse à Fontevrault.

Père de : Henri Ier, comte de Champagne; Thibaut V le Bon, comte de Blois; Guillaume, cardinal de Sainte-Sabine; Marie de Blois; Alix, femme du roi Louis le Jeune.

Comte en 1102. Assiste au concile de Reims, 1119; ami de saint Bernard; bienfaiteur de la ville de Troyes.

Mort à , le 8 janvier 1152. Inhumé à Lagny.

XXV MARIE DE BLOIS

(DUCHESSE DE BOURGOGNE).

Née à , le
Mariée à , le , avec le duc Eudes II.

Mère de Hugues III.

Morte à , le

XXIV **HUGUES III**

(DUC DE BOURGOGNE).

Né à   , le
Marié : 1° à   , le   1163, avec Alix de Lorraine;

2° en 1183 à Béatrix d'Albon.

Duc en 1162. Accorde le droit d'une commune aux habitants de Dijon en 1187. Il y élève une Sainte-Chapelle.

Croisé en 1171 et 1190.

Mort à Tyr, 1193.

Inhumé à l'abbaye de Cîteaux. « Moult bon chevalier de sa main et chevaleureux [1]. »

XXV **MATHIEU Ier**

(DUC DE LORRAINE).

Fils de Simon Ier, duc en 1115, et petit-fils de Thierry le Vaillant, duc 1070-1115.

Né à   , le

---

[1] Joinville.

Marié à BERTHE, sœur de Frédéric Barberousse, le

Elle meurt en 1195.

Père de : 1° Alix; 2° les ducs Simon II et Ferry Ier.

Duc en 1139. Acquiert la ville de Nancy, 1155.

Inviolablement attaché à l'empereur Frédéric Barberousse.

Mort à   , le 13 mai 1176. Inhumé dans l'abbaye de Clairlieu, qu'il avait fondée.

XXIV — ALIX DE LORRAINE
(DUCHESSE DE BOURGOGNE).

Née à   , le

Mariée avec Hugues III en 1163.

Mère du duc Eudes III et d'Alexandre.

Morte à   , le

XXIII   **EUDES III**

(DUC DE BOURGOGNE).

Né à   , le
Marié : 1° avec Mathilde de Portugal, dont le mariage fut annulé, 1197 ;
2° avec Alix de Vergy, 1199.
Duc en 1193. Commande l'armée royale à Bouvines, 1214 ; demeure fidèle à Philippe-Auguste. Accorde à Beaune le droit de commune. Croisé contre les Albigeois.
Mort à Lyon le 6 juillet 1218.
Son cri de guerre était : « *Montjoye au noble duc.* »

XXV   **HUGUES**

(SIRE DE VERGY).

Fils de Guy, grand sénéchal de Bourgogne.
Sa maison avait longtemps été en rivalité avec les ducs de Bourgogne. Paix conclue en 1196.
Né à   , le
Marié à   , le   avec

Père d'Alix de Vergy.
Mort à   , le

XXIII ALIX DE VERGY

(DUCHESSE DE BOURGOGNE).

Née à , le
Mariée le 1199, au duc Eudes III.

Mère de : 1° Hugues IV; 2° Jeanne, comtesse d'Eu.
Fonde et dote le couvent des Dominicains à Dijon, 1234.
Morte à , le 3 mai 1251. Inhumée à Cîteaux.

XXII HUGUES IV

(DUC DE BOURGOGNE).

Né à , le 9 mars 1212.
Duc en 1218, comte de Châlons en 1237.
Croisé avec saint Louis, 1239-1241 et 1249.
Marié à , le 1229, avec Yolande de Dreux.
Mort à , le 1272.

YOLANDE DE DREUX

(DUCHESSE DE BOURGOGNE).

XXII

Fille de ROBERT III, comte de Dreux, et d'ÉLÉONORE de Saint-Valery.

Née à   , le

Mariée en 1229 au duc Hugues IV.

Mère de : 1° Marguerite, vicomtesse de Limoges ; 2° Eudes, comte de Nevers ; 3° Robert II, duc de Bourgogne ; 4° Alix de Bourgogne.

Morte à   , le   1255.

ALIX DE BOURGOGNE

(DUCHESSE DE BRABANT).

XXI

Née à   , le

Mariée à   , le   , au duc Henry III.

Mère de : 1° le duc Jean Ier le Victorieux, 1261-1290, qui fut père de Marguerite, mariée en 1292 à l'empereur Henry VII ; mère de Jean de Luxembourg, roi de Bohême, deux fois vicaire de l'Empire, capitaine général et lieutenant du Roi en Languedoc, † à Crécy, 1346 ; et grand'mère de l'empereur Charles IV et de Bonne, mariée au roi de France, Jean le Bon, en 1332, et inhumée à Maubuisson en septembre 1349 ; le duc Jean de Brabant était donc le trisaïeul du roi Charles V.

2° Godefroy, sire d'Arscot, † 1302 ;

3° Marie, reine de France, couronnée à Paris le 24 juin 1275 ; mère de Marguerite, reine d'Angleterre, et de Blanche, duchesse d'Autriche, † à Murel, près Meulan.

4° Henry, religieux.

Amie de saint Thomas d'Aquin, qui lui dédia un ouvrage.

Morte à , le 23 octobre 1273.

DE BRABANT

xx

(GODEFROY).

Né à , le
Sire d'Arscot.
Marié à JEANNE DE VIERSON, dont : Alix de Brabant.
Tué à la bataille de Courtray, 1302.

XIX   DE BRABANT

(ALIX).

Dame d'Arscot.
Née à   , le
Mariée à Jean III de Harcourt[1].
Mère de Jean IV; de Louis; de Godefroy, qui, banni de France, y revient à la tête des Anglais, pillant et brûlant la Normandie.
Morte à   , le

XVIII   DE HARCOURT

(JEAN IV).

Né à   , le
Premier comte de sa maison, gouverneur de Normandie, 1338.
Contrat de mariage à   , le
avec Isabeau de Parthenay.

Tué à Crécy, aux côtés du duc d'Alençon, 1346.

---

[1] Voir page 314.

XIX   DE PARTHENAY

(GUILLAUME).

Né à , le
Marié à Jeanne de Mathefelon.

Mort à , le

XX   DE MATHEFELON

(THIBAULT).

Né à , le
Marié à Béatrix de Dreux.

Mort à , le

XXVII LOUIS LE GROS

(ROI DE FRANCE).

Né à   , le   1077.
Marié à   , le   1115, avec Adélaïde de Savoie.
Associé au trône du vivant de son père, réprime les vassaux turbulents, 1108.
Mort à   , le 1ᵉʳ août 1137.

XXVII ADÉLAÏDE DE SAVOIE

(REINE DE FRANCE).

Fille de Humbert II, comte de Savoie, marquis de Suse, 1072-1108, et de Gisèle de Bourgogne (fille du comte Guillaume le Grand), et tante de *saint Humbert III*, de l'Ordre de Cîteaux, né 1136, † comte de Savoie, 1188.

Née à   , le
Mariée à   , en 1115, avec Louis VI.
Sacrée à Reims, le   1131, par le pape Innocent.
Mère de :
1° Louis VII, roi de France ;

2° Henri, archevêque de Reims ;

3° Philippe, archidiacre de Paris ;

4° Robert de Dreux ;

5° Pierre de Courtenay ;

6° Constance, reine d'Angleterre.

La reine Adélaïde, devenue veuve, chercha un appui en épousant Mathieu de Montmorency.

Morte à l'abbaye de Montmartre, le   1154.

XXVI   **ROBERT LE GRAND**

(COMTE DE DREUX).

Né à   , le

Marié en 1152 à AGNÈS DE BAUDEMENT.

Père de : 1° Robert II ; 2° Henri, évêque d'Orléans ; 3° Philippe, évêque de Beauvais, croisé en 1178, 1190, 1210, † en 1217 ; Alix.

Fondateur de Brie-Comte-Robert. Accorde en 1159 aux habitants de Dreux une commune. Croisé en 1147.

Mort à   , le 11 octobre 1188.

Armes : « Échiquetées d'or et d'azur. »

XXV

ROBERT II

(COMTE DE DREUX).

Né à   , le

Croisé en 1190 et 1211. Se signale à la bataille de Bouvines. Auteur des ducs de Bretagne et des Choiseul.

Marié en 1184, à YOLANDE, fille de RAOUL Ier, sire de Couci, dont il eut douze enfants : Pierre Mauclerc, duc de Bretagne; Henri, archevêque de Reims; Jean, comte de Mâcon; Robert III, etc., etc.

Mort à   , le 28 décembre 1218.

XXIV

ROBERT III

(COMTE DE DREUX).

Seigneur de Saint-Valery, comte de Braine.
Né à   , le
Marié en 1210 à ÉLÉONORE, fille et héritière de THOMAS, seigneur de Saint-Valery, qui † 15 novembre 1251.
Père de : 1° Jean Ier ;
2° Yolande, duchesse de Bourgogne.

> « *Hic in amicitia Theseus fuit, alter in armis*
> *Ajax, consilio pollens, fuit alter Ulysses.* »

Fait chevalier par Philippe-Auguste, 1217.
Mort le 3 mars 1234; inhumé à Saint-Yved de Braine.

XXIII JEAN Ier

(COMTE DE DREUX).

Né à   , le
Créé chevalier par saint Louis, 1241.

Marié en 1240 à MARIE (fille d'ARCHAMBAUD IX, sire de Bourbon, 1215-1242, connétable d'Auvergne et de Champagne,═BÉATRIX, dame de Montluçon). Elle meurt le 23 août 1274.

Père de : 1° Robert IV; 2° Jean, chevalier du Temple. Mort à Nicosie en Chypre, 1248.

XXII ROBERT IV

(COMTE DE DREUX).

Comte de Braine et Montfort.
Né à   , le
Accompagne le roi Philippe le Hardi dans la guerre du Languedoc.

Marié en 1259 à Béatrix (fille et héritière de JEAN Ier, dernier comte de Montfort-l'Amaury, †1249, dans l'île de Chypre, et de JEANNE, vicomtesse de Châteaudun, fille de GEOFFROY). Elle meurt le 9 mars 1311.

Père de : 1° Yolande, reine d'Écosse, 1286, puis comtesse de Bretagne, 1294, qui fut mère de Jean de Montfort[1], comte de Bretagne, heureux rival de Charles de Blois ;

2° Jean II ;

3° Marie, baronne de Montmorency.

Mort à   , le 14 novembre, 1282.

XXI JEAN II *le Bon*

(COMTE DE DREUX).

Comte de Braine.

Né à   , le

Grand chambrier de France. A part aux conquêtes de Philippe le Bel, en Flandre, 1297-1302.

Marié en 1293 à JEANNE DE BEAUJEU (fille et héritière de HUMBERT, seigneur de Montpensier et connétable de France, qui avait obligé le comte de Toulouse à jurer la paix de Meaux, en 1229). Elle meurt en 1308.

Père de : Béatrix et de Robert V, Jean III, Pierre, Jeanne, tous successivement comtes de Dreux.

Mort à   , le 7 mars 1309.

---

[1] Voir page 106.

XX   DE DREUX

(BÉATRIX).

Née à   , le
Mariée à Thibault de Mathefelon.
Mère de : Jeanne.
Morte à   , le

XIX   DE MATHEFELON

(JEANNE).

Née à   , le
Mariée à Guillaume de Parthenay.
Mère de : Isabeau.
Morte à   , le

XVIII   DE PARTHENAY

(ISABEAU).

« Cousine du Roi[1] », dame de Vibraye.

[1] Comme descendante du roi Louis le Gros, et comme femme de Jean IV de Harcourt, cousin au septième degré de la reine Bonne.

Née à   , le
Mariée à Jean IV, comte de Harcourt[1].
Mère de : 1° Jean V ;
2° Guillaume, seigneur de la Ferté-Imbault, † en 1400.
3° Louis.
Morte à   , le

XVII **JEAN V DE HARCOURT**
(COMTE D'AUMALE).

Comte de Harcourt, vicomte de Chatellerault, baron de Montgommery.

Né à   , le

Marié en 1340 à Blanche de Ponthieu, princesse de Castille, alliée à la plupart des maisons royales de l'Europe.

Blessé à la bataille de Crécy, 1346, « le premier grand « désastre qu'éprouva la France dans une bataille vrai- « ment nationale[2]. »

Malheureusement entraîné dans les séditions de Charles le Mauvais, roi de Navarre et comte d'Évreux, contre le Dauphin de France, avec d'autres seigneurs de Normandie qui furent seuls durement punis.

Mort à Rouen, le 5 avril 1355, par ordre du Roi, qui l'avait arrêté de sa main dans un banquet solennel.

Partage de sa succession devant le roi Charles V, à Melun, 2 octobre 1374.

---

[1] Voir page 337.
[2] LAVALLÉE, *Histoire des Français*, t. II, p. 18.

XXX COMTES DE PONTHIEU

Fief très-considérable au temps des Carlovingiens, avec Abbeville pour capitale.

Les premiers seigneurs tiraient leur origine de *saint Angilbert,* gendre de Charlemagne et abbé de Centule, † le 18 février 814.

Hugues Ier, comte de Montreuil et avoué de Saint-Riquier, = *Gisèle,* fille de Hugues Capet; dont Enguerrand.

XXVII GUY Ier
(COMTE DE PONTHIEU).

Petit-fils d'Enguerrand, premier comte de Ponthieu, † 1045, et d'Adélaide de Gand.

Né à , le

Arme chevalier dans Abbeville le prince Louis, fils du roi Philippe Ier, 1097. Il avait assisté à son sacre, 1059.

« La coutume barbare de son temps était que ceux qui « avaient évité le naufrage sur ses côtes se trouvaient « exposés à un nouveau danger sur ses terres (*Jus lagani*). « Il dépouilla donc Harold, futur roi d'Angleterre, que la

« tempête avait jeté à l'embouchure de la Somme. Il le
« retint prisonnier à Beaurain, près Montreuil, et ne le
« relâcha qu'à la prière de Guillaume, duc de Normandie,
« et moyennant une forte rançon, 1065[1]. »

Père de : Agnès.

Mort à   , le 13 octobre 1100.

XXVI AGNÈS

(COMTESSE DE PONTHIEU).

Née à   , le

Unique héritière de Guy.

Mariée à ROBERT II, comte d'Alençon, de Bellême, de Schrewsbury, fils de ROGER DE MONTGOMMERY, 1070-1094, et de MABILE. Sous lui, les habitants de Domfront se révoltèrent pour se donner au roi d'Angleterre, 1091.

Dot : Ce fief.

Mère de : Guillaume II, fils unique.

Morte à   , le

[1] AUGUSTIN THIERRY, *Conquête de l'Angleterre*, t. III, p. 221.

XXV — GUILLAUME II

(COMTE D'ALENÇON ET DE PONTHIEU).

Né à   , le

Comte de Bellême; porte le nom de Talvas, comme son aïeul, fonde quatre abbayes et prend la croix à Vézelay.

Perd et recouvre plusieurs fois ses domaines dans ses luttes avec les rois anglais.

Marié à HÉLÈNE, fille de Eudes Ier, duc de Bourgogne, croisé, et de Mahaut (sœur du comte Raymond de Bourgogne, qui épouse Urraque de Castille; et du pape Callixte II, 1119-1124, qui tient le premier Concile général de Latran).

Père de : 1° Guy II;

2° Jean, comte d'Alençon.

Mort le 29 juin 1172, à

XXIV — GUY II

(COMTE DE PONTHIEU).

Né à   , le

Père de : Jean.

Mort à Éphèse, pendant la croisade, 1147.

XXIII   JEAN Ier

(COMTE DE PONTHIEU).

Abbé de Saint-Vulfran.

Né à   , le

Se bat en duel avec le seigneur de Saint-Valery, dans la cour abbatiale de Corbie, sur la demande expresse de l'abbé[1].

Accorde le droit de commune aux habitants d'Abbeville, 1184.

Marié à BÉATRIX de Saint-Paul, fille du comte ANSELME.

Père de : Guillaume III.

Mort au siége d'Acre, à la croisade de 1191.

Inhumé à l'abbaye de Saint-Josse aux Bois des Prémontrés.

XXII   GUILLAUME III

(COMTE DE PONTHIEU).

Seigneur de Saint-Riquier.

Né à   , le   1179.

Marié le 20 août 1195, à ALIX, sœur du roi Philippe-

---

[1] *Art de vérifier les dates*, t. II, p. 753.

350   FAMILLE DE SALVERTE.

Auguste (fille de Louis VII et de Constance de Castille).

Père de : Marie.

Croisé contre les Albigeois, 1209 et 1215.

Fait à Bouvines des prodiges de valeur pour la cause du Roi :

« *Pontivi comitem comitantur in arma Pohevi.* »

Accorde une concession aux bourgeois de Dourlens, 1202; empêche le clergé du Ponthieu de se livrer au commerce.

Mort à   , le 4 octobre 1221.

XXIII   CONSTANCE DE CASTILLE

(REINE DE FRANCE).

Née à   , le

Fille du roi Alphonse VIII de Castille.

Mariée à Orléans, le   1154, avec Louis VII.

Retourne l'année suivante, avec le roi son mari, à Saint-Jacques de Compostelle et à Tolède.

Mère de : 1° Marguerite, reine de Hongrie;

2° Alix, fiancée à Richard Cœur de lion, puis comtesse de Ponthieu.

Morte à   , le 4 octobre 1160.

XXI MARIE

(COMTESSE DE PONTHIEU ET D'ALENÇON).

Petite-fille de France.
Née à   , le
Mariée à Simon de Dammartin, le   1208.
Obligée de céder au Roi le comté d'Alençon et la terre d'Avesnes par le traité de 1225.
Remariée à Mathieu de Montmorency, fils du connétable de France, en 1243.
Morte à Abbeville, le   1251.

XXII ALBÉRIC II

(COMTE DE DAMMARTIN).

Fief dans l'Ile-de-France.
Fils de ALBÉRIC Ier et de CLÉMENCE de Bar.
Né à   , le
« *Vir apud Deum et homines valdè clarus.* »
Père de : 1° Simon ;
2° Renaud, comte de Dammartin, 1187, comte de Boulogne du chef de sa femme Ida, et seigneur de Domfront, l'un des plus rudes adversaires de Philippe-Auguste.
Mort à Londres, le 19 septembre 1200.

XXI   SIMON DE DAMMARTIN.

Né à   , le

Reçoit de Philippe-Auguste le comté d'Aumale en 1200.

Proscrit et retiré en Angleterre, 1214-1230, obtient sa grâce de saint Louis.

Marié à   , le   avec Marie de Ponthieu.

Père de : 1° Jeanne ;

2° Trois autres filles.

Mort à Abbeville, le 21 septembre 1239.

XX   JEANNE

(REINE DE CASTILLE).

Comtesse d'Aumale, 1239 ; de Ponthieu, 1251.

Née à   , le

Fiancée en 1235 au roi d'Angleterre. (Ce mariage fut empêché par saint Louis.)

Mariée à saint Ferdinand III, en 1238.

Mère de : 1° Ferdinand II ;

2° Éléonore, reine d'Angleterre, = Édouard Ier, qui

règne de 1272 à 1307 ; † le 29 novembre 1290 et inhumée à Westminster.

Remariée en 1260 à Jean de Nesle, l'un des régents du royaume de France. Elle confirme tous les priviléges accordés aux Abbevillois par ses prédécesseurs.

Morte à Abbeville, le 16 mars 1279. Inhumée à l'abbaye de Valroi.

XXVI   ALPHONSE VII LE FORT

(ROI DES ASTURIES, LÉON ET CASTILLE).

Fils du premier roi de Castille.
Né à   , le
Marié à   , le   1080, avec CONSTANCE, fille de Robert Ier, duc de Bourgogne, † 1092.
Roi en 1065.
Appuyé sur le Cid, il soutient la formidable invasion des Mores Almoravides et continue la croisade en Espagne.
Père de : 1° Urraque ;
2° Teresa.
Mort à   , le 29 juin 1109.

XXV URRAQUE

(REINE DE CASTILLE).

Née à   , le
« Reina Propriétaria », 1109.

Mariée en 1090 à RAYMOND, comte d'Amous et de Galice, † 1108, fils du comte de Bourgogne GUILLAUME LE GRAND et d'ÉTIENNETTE.

Mère de : Alphonse VIII.

Remariée à Alphonse le Batailleur, roi d'Aragon et de Navarre, contre lequel elle prit plusieurs fois les armes. Elle fit aussi la guerre à sa sœur et à son fils.

Morte à Léon, le 8 mars 1126. Inhumée dans l'église royale de Saint-Isidore.

XXIV ALPHONSE VIII

(ROI DE CASTILLE).

Né à   , le   .   1106.

Roi de Galice en 1112, de Castille et de Léon en 1126, après sa mère.

Couronné « empereur des Espagnes » par l'archevêque

de Tolède, 1135. Étale en toute circonstance une grande magnificence.

Ravage l'Andalousie jusqu'au rocher de Gibraltar, prend Alméria à la tête d'une véritable croisade : la flotte, commandée par son beau-frère, le comte de Barcelone, comptait de nombreuses galères de France, de Gênes et de Pise.

Marié à   , le   1128, avec BÉRENGÈRE, fille de RAYMOND BÉRENGER III, comte de Barcelone, † le 3 février 1148.

Père de : 1° Constance, = le roi de France Louis VII ;
2° Sancie, reine de Navarre ;
3° Sanche III, roi de Castille ;
4° Ferdinand II, roi de Léon.

Mort à   , le 21 août 1157.

XXIII   SANCHE III

(ROI DE CASTILLE).

Né à   , le
Marié à BLANCHE, † 12 août 1156 (fille de GARCIA IV, roi de Navarre, 1134-1150).
Père de : Alphonse IX.
Mort à Tolède, le 31 août 1158.

XXII ALPHONSE IX LE NOBLE

(ROI DE CASTILLE).

Né à   , le 11 novembre 1155.

Roi en 1158, s'empare des provinces basques d'Alava, Biscaye, Guipuzcoa, 1200; de la Navarre, 1204. Battu par les Almohades à Alarcon, en 1195, il prend une revanche éclatante, est vainqueur, le 16 juillet 1212, à « las Navas de Tolosa », du roi de Maroc. Cent dix mille croisés étrangers étaient venus soutenir les Espagnols dans cette grande bataille, qui ruina la domination musulmane en Espagne.

Fonde l'Université de Palencia, 1208.

Marié en septembre 1170, à   , avec Éléonore d'Angleterre.

Mort à   , le 6 août 1214. Inhumé au monastère des Cisterciennes de « las Huelgas », à Burgos, qu'il avait fondé.

XXVI GUILLAUME LE CONQUÉRANT

(ROI D'ANGLETERRE).

Duc de Normandie et roi en 1066.

Né à Falaise, le   1027.

Marié en 1056 à MATHILDE[1], fille du comte BAUDOUIN V de Flandre, tuteur du roi de France.

Père de : Robert Courteheuse, duc de Normandie;

2° Guillaume le Roux, roi d'Angleterre, 1087-1100;

3° Henry Ier.

Mort à Rouen, le 9 septembre 1087. Inhumé à l'abbaye Saint-Étienne de Caen.

XXV   HENRY Ier BEAUCLERC

(ROI D'ANGLETERRE).

Troisième fils du Conquérant.

Né à   , le   1068.

Fit à la France deux guerres qui durèrent douze ans, 1100.

Marié à sainte MATHILDE Atheling, fille de MALCOLM, roi d'Écosse, et de sainte Marguerite.

Père de : Mathilde.

Mort à Saint-Denis de Forment, dans la forêt de Lions, le 2 décembre 1135; inhumé à l'abbaye de Reading.

[1] *Art de vérifier les dates*, t. II, p. 842.

XXVI   SAINTE MARGUERITE

(REINE D'ÉCOSSE).

Arrière-petite-fille d'EDMOND II Côte de fer, roi d'Angleterre, 1016-1017, nièce du roi *saint Édouard IV le Confesseur*, 1041-1065.

Née en Hongrie, le   1046.

Mariée à   , le   1070, avec Malcolm III.

Mère de : 1° sainte Mathilde ;

2° Trois rois d'Écosse.

Morte à   , le 8 juillet 1093 ; canonisée en 1251.

XXV   SAINTE MATHILDE

(REINE D'ANGLETERRE).

Née à   , le

Mariée à   , le   1100, avec Henry Ier, roi d'Angleterre.

Couronnée par saint Anselme, le 11 novembre 1100.

Mère de : la reine Mathilde.

On conserve à Caen un très ancien portrait qui la représente, un livre de prières à la main.

Morte à   , le 30 avril 1118.

XXIV   MATHILDE

(IMPÉRATRICE ET REINE).

Née à   , le

Mariée : 1° avec l'empereur Henri V, 1114-1125 ;

2° à   , le 12 mai 1127, avec Geoffroy Plantagenet, comte d'Anjou, † 1151.

Mère de : Henri II.

Couronnée reine d'Angleterre en 1141 ; rentrée en Normandie, 1147. On lui attribue la fameuse tapisserie de Bayeux.

Morte à Rouen, le 10 septembre 1167. Inhumée à l'abbaye du Bec.

XXIII   HENRY II

(ROI D'ANGLETERRE).

Duc de Normandie, 1149 ; comte d'Anjou, 1151, du Maine, de Touraine, de Boulogne, duc d'Aquitaine ; maître de l'Auvergne, du Berry et de la Bretagne.

Né au Mans, le 5 mars 1133.

Marié à Poitiers, le 18 mai 1152, avec Éléonore, duchesse d'Aquitaine.

Couronné roi à Westminster, le 19 décembre 1154.

Conquiert l'Irlande en 1171, bat les Écossais, mais doit sans cesse lutter contre les révoltes de ses propres fils.

Complice du meurtre de saint Thomas Becket, archevêque de Cantorbéry, le 29 décembre 1170; il est obligé d'aller faire au tombeau du martyr une rude pénitence, pour être absous des censures ecclésiastiques, 1172-1174, et fonde en expiation la chartreuse du Liget, près de Loches. Il multiplie ses bonnes œuvres, va en pèlerinage au Mont Saint-Michel; donne aux moines de Lonlay-l'Abbaye le droit de faire chasser deux cerfs chaque année dans la forêt de Lande-Pourrie, entre Domfront et Mortain, pour s'assurer le parchemin nécessaire à la transcription des anciens ouvrages[1]; enfin il confirme toutes les donations que leur avait faites, en 1026, Guillaume de Bellême.

Mort à Chinon, le 6 juillet 1189. Inhumé à Fontevrault.

Armes : « Trois lions passants lampassés de gueules. »

XXVII   GUILLAUME V LE GRAND

(DUC D'AQUITAINE).

Fils de GUILLAUME IV Fier-à-bras et d'EMME de Blois; arrière-petit-fils de Rollon; descendant de Lothaire.

Né à   , le.   969.

Abbé de Saint-Hilaire, comte du Poitou et du Limousin, duc d'Aquitaine, 990. Refuse en 1025 la couronne d'Italie. Pèlerin à Rome et à Compostelle.

---

[1] *Neustra pia*, p. 426.

Marié en 1018 à AGNÈS, fille de OTTE-GUILLAUME (fils d'ADALBERT, roi de Lombardie, et premier comte-propriétaire de Bourgogne, 1002-1027).

Père de : 1° Guillaume VII, duc d'Aquitaine, 1039-1058;

2° Guillaume VIII;

3° L'impératrice Agnès.

Mort « *factus monachus* », à l'abbaye de Maillezais, qu'il avait fondée, le 31 janvier 1030.

XXVI   GUILLAUME VIII

(DUC D'AQUITAINE).

Guy-Geoffroy, dit Guillaume VI, comte de Poitiers, duc de Gascogne, en 1052, et prince de Talmont, 1059.

Né à   , le

Marié à   , le   1070, avec HILDEGARDE, † 1120, fille du duc de Bourgogne, Robert Ier.

Père de : Guillaume IX.

Vainqueur des Mores en Espagne, 1063.

Pèlerin à Rome, 1066; fondateur à Poitiers du monastère de Moustier-Neuf, 1073; assiste en 1080 au concile de Bordeaux.

Mort à Chizé, le 24 septembre 1086.

XXV GUILLAUME IX

(DUC D'AQUITAINE).

Né à   , le 22 octobre 1071.
Marié à   , le   1094, avec
PHILIPPE, comtesse de Toulouse, † à Fontevrault, 1116
(fille de GUILLAUME IV, 1040-1093, comte de Toulouse,
d'Albigeois et du Quercy, croisé, † en Terre Sainte, et
d'EMME de Mortain, nièce de Guillaume le Conquérant).
Père de : 1° Guillaume X ;
2° Raymond, prince d'Antioche ;
3° Agnès, reine d'Aragon.
Croisé avec 300,000 hommes ; combat et défait à Cordoue les Sarrasins d'Espagne, 1119-1120 ; marche, en
1124, au secours du roi de France contre l'Empereur.
Mort à Poitiers, le 10 février 1127 ; inhumé à l'abbaye
de Moustier-Neuf.

XXIV GUILLAUME X

(DUC D'AQUITAINE).

Comte de Poitou.
Né le   1099, à Toulouse, que son père venait

de conquérir, au nom des droits de la comtesse Philippe, sur Raymond IV, alors à la croisade.

Marié à AÉNOR, sœur du vicomte de Chatellerault.

Père d'Éléonore, son unique héritière.

Vaillant homme de guerre, converti par saint Bernard à Poitiers.

Mort à Saint-Jacques de Compostelle, le vendredi saint 9 avril 1137.

Par son testament, il demande au Roi, son seigneur, sous le bon plaisir de ses barons, de faire épouser Éléonore par son fils, le seigneur Louis[1] (le Jeune).

XXIII ÉLÉONORE D'AQUITAINE

(REINE D'ANGLETERRE).

Née à   , le   1123.

Mariée : 1° à Bordeaux, le 22 juillet 1137, au roi Louis VII de France (couronné duc d'Aquitaine le 8 août); dont : 1° Marie, comtesse de Champagne; 2° Alix, comtesse de Chartres. — Divorcée au concile de Beaugency, le 18 mars 1152.

2° à Poitiers, le 18 mai[2] 1152, avec Henri, comte d'Anjou.

---

[1] SUGER, *Vie de Louis VI*, p. 157.
[2] « Après avoir délibéré de ne jamais épouser homme. » DOM BOUQUET, *Histoire d'Aquitaine.*

Mère de : Richard Cœur de lion, roi d'Angleterre, 1189-1199;

Jean Sans terre, roi d'Angleterre;

Henri Courtmantel, 1155-1183;

Geoffroy, duc de Bretagne;

Éléonore, reine de Castille;

Mathilde, duchesse de Saxe, mère de l'empereur Othon IV;

Jeanne, reine de Sicile.

Croisée de 1147 à 1151.

Reçoit en douaire de son second mari la ville de Domfront, où elle résida souvent. Donne un Code maritime à l'île d'Oléron en 1150. Ces lois, dites *de Layron,* servirent de règle au commerce de l'Océan et de la Baltique. Cette grande princesse, appelée « la Perle incomparable du Midi», ne fut guère heureuse et mérita, dit-on, la sévérité de ses deux maris. Louis s'était contenté de la répudier; mais Henri la tint seize ans renfermée dans une étroite prison, pour l'empêcher de se joindre aux révoltes de leurs fils.

Prête hommage à Philippe-Auguste comme duchesse d'Aquitaine, 1199. Négocie le mariage de sa petite-fille Blanche avec Louis VIII, et la ramène d'Espagne.

Accorde une commune aux bourgeois de Poitiers, la Rochelle, 1199; Niort, 1203.

Morte, après avoir pris le voile à l'abbaye de Fontevrault, le 31 mars 1204. Inhumée avec Henri II.

XXII   ÉLÉONORE D'ANGLETERRE

(REINE DE CASTILLE).

Née le 1161, à Domfront, dans le château fort.

Baptisée, dans la chapelle du prieuré de Saint-Symphorien, par le cardinal-légat Henri.

Présentée au baptême par le bienheureux Achard de Domfront, évêque d'Avranches (1161-1171), et par Robert, abbé du Mont Saint-Michel « au péril de la mer[1] ».

Mariée à , le septembre 1170, à Alphonse le Noble, roi de Castille[2].

Dot : Le duché de Gascogne.

Mère de : 1° Bérengère, reine de Léon ;

2° Urraque, = le roi de Portugal, Alphonse II, 1208.

3° Blanche de Castille, = le roi de France Louis VIII, 1200 ;

4° Éléonore, = le roi d'Aragon, Jayme Ier, 1220 ;

5° Henri Ier, roi de Castille, 1214-1217.

Elle fait donation de quinze serfs à l'église de Dax ; diplôme souscrit par l'archevêque de Tolède, les évêques de Bazas et de Bayonne, les comtes de Béarn et de Tartas, 1204[3].

Morte à , le 21 octobre 1214.

---

[1] *Mémoires de l'Académie des inscriptions et belles-lettres*, t. XLIII, p. 376.
[2] Voir page 356.
[3] De Marca, *Histoire de Béarn*, p. 507.

XXI   BÉRENGÈRE DE CASTILLE

(REINE DE LÉON).

Née à   , le   1179.

Mariée en 1197 à Alphonse IX, roi de Léon.

Mère de : 1° saint Ferdinand III ;

2° Alphonse et trois filles.

Son mariage fut cassé par le Pape, comme l'avait été le premier mariage de son mari avec une infante de Portugal.

Tutrice du jeune roi Henri, son frère, 1214-1215, a de longs démêlés avec Alvar de Lara.

Renonce à la couronne et fait proclamer son fils saint Ferdinand « al Campo Grande de Valladolid ».

Morte à Burgos, le 8 novembre 1246.

XXII   FERDINAND II

(ROI DE LÉON).

Né à   , le

Régent de Castille. Confirme l'ordre militaire de Saint-Jacques.

Marié à URRAQUE de Portugal, le   1164.

Père de : Alphonse IX.

Mort à   , le 21 janvier 1188.

ALPHONSE Iᵉʳ

(ROI DE PORTUGAL).

XXIII

Né à   , le   1096.

Fils de HENRI de Bourgogne, comte de Portugal, = en 1095 TÉRÉSA (fille d'Alphonse VII de Castille). Il imite les exploits de son père, est proclamé roi par ses troupes après la défaite de cinq rois mores, à Ourique, en 1139. Il conquiert Lisbonne sur les Almoravides, avec le secours des croisés, 1148.

Marié à MATHILDE de Savoie.

Père de : 1° Urraque;

2° Sanche 1ᵉʳ;

3° Mathilde, duchesse de Bourgogne.

Mort à   , le 6 décembre 1185.

ALPHONSE IX

(ROI DE LÉON).

XXI

Né à   , le   1168.

Allié étroitement contre les musulmans avec son cousin Alphonse IX de Castille.

Érige, en 1223, l'Université de Salamanque, qui contint à la fois jusqu'à 14,000 étudiants.

Marié à   , le   1197, avec Bérengère de Castille.

Remporte à Mérida une victoire sur les Mores, s'empare de Badajoz.

Mort en pèlerinage à Saint-Jacques de Compostelle, le 23 septembre 1230.

XX SAINT FERDINAND.

(ROI DE CASTILLE).

Roi de Léon, 1230.

Né à   , le   1200.

Cousin germain de saint Louis ; aussi pieux et aussi brave. Comme lui, du Tiers Ordre de Saint-François d'Assise.

Comme lui il eut onze enfants, dont le plus célèbre fut Alphonse X le Sage, qui, longtemps avant Charles-Quint, faillit s'asseoir sur le trône impérial.

Fonde l'Université de Salamanque et publie le Code de « las Siete partidas ».

Marié en secondes noces, à Bordeaux, avec Jeanne, comtesse de Ponthieu, le   1238 [1].

Père de Ferdinand II, comte d'Aumale.

Obtient du pape Honorius III la publication d'une troisième croisade en Espagne, 1224.

En 1235 il prend Cordoue, l'antique capitale des califes d'Occident, où les chefs Almohades se disputaient le pouvoir. Le contre-coup de cette victoire fut immense en Espagne et mit fin virtuellement à la domination des Mores : le roi de Grenade se déclara son vassal et l'aida à conquérir Séville, qui lui ouvrit ses portes après un siége de seize mois, en 1248.

Mort à Séville des fatigues de la guerre, le 30 mai 1252 [2], quand il se préparait à poursuivre les Mores en Afrique.

---

[1] Voir page 352.
[2] *Histoire d'Espagne*, par John BIGLAND, t. I, chap. VIII.

Canonisé en 1671[1]. Son corps repose sous une châsse d'or et d'argent dans la chapelle royale de la cathédrale, où j'ai vénéré, en 1866, son étendard, son épée, la Vierge miraculeuse « de los Reyes » que lui donna saint Louis, deux beaux portraits du Roi par Murillo, et les clefs de la ville, qui lui furent remises par les Mores et les Juifs.

XIX   FERDINAND II

(COMTE DE PONTHIEU ET D'AUMALE).

Prince de Castille, baron de Montgommery.
Né à   , le
Marié à Laure de Montfort, dame d'Épernon, † en 1270.
Père de : Jean Ier.
Mort à   ; le   1260.

XXI   SIMON IV

(BARON DE MONTFORT).

Fils de Simon III le Chauve, comte d'Évreux.
Né à   , le

---

[1] On a pu dire de ce saint monarque, bon poëte et grand musicien, qu'il réussissait à faire avec grâce les sept actions de la vie : « *Comiendo, bibiendo, segendo, yacindo, estando, andando, cavalcando.* »

Succède en 1181 à la baronnie de Montfort.

Croisé, 1202-1207; chef de la croisade contre les Albigeois, 1208; comte de Carcassonne, de Toulouse, 1215; vainqueur à Muret; duc de Narbonne, 1216.

Marié à   , le   1190, avec ALIX (fille de BOUCHARD V, sire de Montmorency, et † le 22 février 1221).

Père de : 1° Amaury VI; 2° Guy, comte de Bigorre; 3° Simon, comte de Leicester.

Mort au siége de Toulouse, le 25 juin 1218. Inhumé au prieuré de Hautes-Bruyères.

XX

AMAURY VI

(COMTE DE MONTFORT).

Né à   , le

Marié à   , le   avec BÉATRIX, comtesse d'Albon et de Vienne (fille de GUIGUES VI, fils de Hugues III, duc de Bourgogne, = en 1183 Béatrix, dauphine de Viennois, et de MARIE DE SABRAN [1].

Père de : Laure de Montfort.

Connétable de France, cède au roi Louis VIII toutes

---

[1] Saint Elzéar de Sabran, mari de sainte Delphine de Glandèves, fut élevé par son oncle Guillaume de Sabran, abbé de Saint-Victor, à Marseille. Vaillant général, gouverneur du duc de Calabre, ambassadeur de Naples auprès de la cour de France en 1324, † à Paris, le 27 septembre 1325. Son corps fut déposé dans l'église des Franciscains de Paris (car il était tertiaire depuis l'âge de vingt-sept ans), puis transféré à Apt. Canonisé par le pape Urbain V, dont il avait été le parrain. (L'abbé BOZE, *Histoire de saint Elzéar*, Paris, 1860.)

ses conquêtes du Midi en 1223; croisé en 1239, prisonnier à Gaza et à Babylone.

Mort à Otrante, le 1241.

Inhumé à Rome dans la basilique de Latran.

XVIII JEAN Ier

(COMTE D'AUMALE).

Baron de Montgommery et Noyelles, seigneur d'Épernon, prince de Castille.

Né à , le

Soutient un long procès avec son oncle, le roi Édouard Ier d'Angleterre, au sujet du fief du Ponthieu (dont il est exclu par le Parlement, 1281).

Marié à IDE (fille de AMAURY II, seigneur de Meulent et Mézy, † 16 janvier 1324).

Père de : 1° Jean II;

2° Laure, = le baron de Rosny.

Tué à la bataille de Courtray, le 11 juillet 1302.

XVIII   JEAN II

(COMTE D'AUMALE).

Prince de Castille, seigneur de Fontaine-Guérard.

Né à   , le

Contrat de mariage à   , le   1320, avec Catherine de Beaumont.

Mort à   , le   1342.

Armes : « Bandé d'or et d'azur à une bordure de gueules. »

XXV   ALIX DE CHAMPAGNE

(REINE DE FRANCE).

Fille de Thibault IV le Grand, 8° comte de Champagne, 1102-1152, = en 1126 Mahaut de Carinthie.

Née à   , le

Contrat de mariage à   , le   1161, avec le roi Louis VII. Sacrée à Paris.

Mère de : 1° Philippe II ;

2° Agnès, = successivement les empereurs grecs Alexis et Andronic Comnène, 1110-1185.

Retirée en Champagne après la mort de son mari.

Régente en 1190, pendant la croisade de son fils.

Morte à   , le   1206.

Inhumée près Melun, à Sainte-Marie de Barbeaux.

XXIV   **PHILIPPE-AUGUSTE**

(ROI DE FRANCE).

Né à   , le 22 août 1165; sacré le 1ᵉʳ novembre 1179.

Marié à   , le 28 avril 1180, avec ISABELLE de Hainaut, qui lui apporte en dot le comté d'Artois, † à   , le   1188, à l'âge de vingt et un ans. Elle avait un grand goût pour la poésie des trouvères.

Croisé 1190-1191.

Père de : Louis VIII.

Mort à Mantes, le 14 juillet 1223.

XXIII   **LOUIS VIII** *le Lion*[1]

(ROI DE FRANCE).

Né à   , le 5 septembre 1187; roi le 14 juillet 1223, sacré le 6 août 1223; élu roi d'Angleterre, 1216.

Marié, à la suite du traité de Vernon, avec Blanche de Castille, nièce du roi d'Angleterre, à Purmor en Normandie, le 23 mai 1200.

[1] On l'a représenté sous les traits d'un lion paisible, avec cette devise : «*Non furit sed dominatur.* »

Mort, au retour de ses victoires dans le Midi, à Montpensier, le 8 novembre 1226.

Par son testament il compromet l'œuvre de son père, en distribuant lui-même les principales acquisitions de la couronne en apanage à ses enfants.

XXIII   BLANCHE DE CASTILLE

(REINE DE FRANCE).

Née à   , le   1187.

Mariée en 1200, au roi Louis VIII.

Régente pendant les longues années de minorité et d'absence de son fils; laisse l'autorité royale affermie contre les entreprises des grands vassaux. Fait frapper une monnaie nommée « la reine d'or ».

Reçoit Meulan en accroissement de douaire, 1237.

Mère de onze enfants :

Huit fils, dont saint Louis; Robert, comte d'Artois; Charles, comte d'Anjou; Alphonse, comte de Poitiers;

Trois filles, dont *sainte Isabelle de France,* religieuse Urbaniste, 1225-1270; professe au monastère de l'Humilité Notre-Dame, qu'elle avait fondé à Longchamps[1].

Morte à Paris, le 1er décembre 1252; enterrée à l'abbaye de Maubuisson, qu'elle avait fondée pour des filles de l'Ordre de Cîteaux.

---

[1] Sa fête est célébrée le 1er septembre. Une partie de ses reliques sont conservées dans l'église de Saint-Louis en l'Ile.

XXII ROBERT *le Vaillant*

(COMTE D'ARTOIS).

Né à   , le   septembre 1216.

Lettres patentes de Louis IX, son frère, 7 juin 1237, le mettant en possession de son apanage.

Marié la même année à MAHAUT, fille de Henry II, duc de Brabant. Noces coûteuses et magnifiques : on y vit un cheval danser sur la corde[1], etc., etc.

Père de : 1° Robert II ; 2° Blanche, reine de Navarre et comtesse de Champagne, puis comtesse de Lancastre.

Aussi brave que bon. Refusa la couronne impériale, 1239.

Croisé en 1248.

Tué dans Mansourah, à la tête de trois cents chevaliers, le 8 janvier 1250.

Armes : « De France, chargées au chef d'un lambel à trois pièces de gueules et de neuf châteaux d'argent », à cause des neuf châtellenies de l'Artois.

XXI ROBERT II *l'Illustre*

(COMTE D'ARTOIS).

Pair de France.

Posthume. Né le   août 1250, à

[1] *Art de vérifier les dates*, t. I, p. 769.

Armé chevalier par son oncle saint Louis, 1267. Il montre partout sa valeur et son dévouement à la patrie. On le voit à Tunis en 1270; en 1275 à Pampelune, gouvernant la Sicile pendant cinq ans; général de l'armée des Flandres en 1298.

Contrat de mariage à   , le   1262, avec Amicie de Courtenay, fille de Philippe de Courtenay, issue des anciens empereurs latins de Constantinople et † à Rome en 1275.

Père de : 1° Philippe d'Artois ;

2° Mahaut, comtesse d'Artois et de Bourgogne, 1302-1329, pairesse de France, « qui, au sacre de Philippe le « Long, son gendre, soutint la couronne sur la tête du mo- « narque avec les autres pairs, ce qui étoit sans exemple ».

Mort à la bataille de Courtray, percé de trente coups de pique, 11 juillet 1302.

XX PHILIPPE D'ARTOIS.

Seigneur de Domfront, de Conches et de Mehun-sur-Yèvre.

Contrat de mariage à   , le   1280, avec Blanche de Bretagne.

Mort des blessures reçues à la bataille de Pont-à-Vendin, le 11 septembre 1298.

XXIII   PIERRE MAUCLERC

(COMTE-DUC DE BRETAGNE).

Seigneur de Fère-en-Tardenois et de Brie-Comte-Robert.
Arrière-petit-fils du roi Louis le Gros.

Né à   , le

Marié en 1212 à ALIX, † le 21 octobre 1221 (fille et héritière de la duchesse CONSTANCE, 1081-1201). Rend hommage au roi, 1213.

Père de : Jean Ier.

Fonde la ville de Saint-Aubin du Cormier, où il fait la paix, en 1231, avec Blanche de Castille, qui s'écriait : « Il « a pis fait au Roi que nul homme qui vive! »

Croisé en 1226 et 1239; vainqueur à Jaffa.

Mort à la croisade, mai 1250.

Inhumé à Saint-Yved de Braine.

XXII   JEAN Ier *le Roux*

(COMTE-DUC DE BRETAGNE).

Comte de Richemont.

Né à   , le   1217.

Couronné en novembre 1237. Croisé, 1270.

Marié en 1236 à Blanche, † le 12 août 1283 (fille de Thibaut IV, 12ᵉ comte de Champagne et Navarre, et d'Agnès de Beaujeu).

Père de : Jean II.

Mort à , le 8 octobre 1286.

Inhumé à l'abbaye de Prières.

Prit le premier les *armes* d'hermines (au lieu de celles de Dreux).

XXI JEAN II

(DUC DE BRETAGNE).

Comte de Richemont.

Créé duc et pair de France, septembre 1297.

Né à , le 4 janvier 1239.

Contrat de mariage à , le 1259, avec Béatrix d'Angleterre.

Mort à Lyon, pendant la procession du couronnement du pape Clément V, le 14 novembre 1305. Inhumé à Ploërmel, dans l'église des Carmes.

XXIII JEAN SANS TERRE

(ROI D'ANGLETERRE).

Né à , le 1166.

Couronné à Westminster, 1199.

Marié à Angoulême, le 24 août 1200, avec Isabelle, † 1245 (fille d'Aymar, comte d'Angoulême, et d'Alix, arrière-petite-fille du roi Louis le Gros).

Père de : 1° Jeanne, reine d'Écosse ;

2° Isabelle, impératrice ;

3° Henry III.

Mort à Newarck, le 19 octobre 1216.

Inhumé à l'abbaye de Winchester.

XXII
HENRY III
(ROI D'ANGLETERRE).

Né à , le 1ᵉʳ octobre 1207.

Couronné par le légat du Pape, à Gloucester, en 1216, avec un simple bandeau de fil d'or, la couronne royale ayant été perdue dans la fuite de son père devant Louis de France.

Contrat de mariage à , le 1236, avec Éléonore, deuxième fille de Raymond Bérenger IV, comte de Provence, † le 25 juin 1291.

Père de : 1° Béatrix ; 2° Marguerite, reine d'Écosse ; 3° Édouard Iᵉʳ, roi d'Angleterre ; 4° Edmond, comte de Lancastre.

Laisse gouverner pendant quinze ans son beau-frère Simon de Montfort, comte de Leicester, comme régent[1].

---

[1] Voir le sceau du Régent : Wallon, *Histoire de saint Louis*, p. 240.

Soutient de fréquentes luttes contre la France et ses propres barons. Sous son règne, les Frères Mineurs furent introduits en Angleterre [1].

Ce fut lui qui substitua, dans les *armes* d'Angleterre, trois léopards aux trois lions passants des Plantagenets.

Mort à Londres, le 15 novembre 1272.

XXI   BÉATRIX D'ANGLETERRE

(DUCHESSE DE BRETAGNE).

Née à   , le

Mariée en 1259, avec le duc Jean II.

Mère de : 1° Blanche ;

2° Arthur II, duc de Bretagne, 1262-1312 ;

3° Jean, comte de Richemont, 1266-1334 ;

4° Pierre, vicomte de Léon ;

5° Marie, = Guy IV de Châtillon, 1292.

Morte à   , le   1275.

---

[1] « On assure qu'il entendait trois messes par jour. Sur quoi saint Louis lui ayant représenté qu'il valait mieux entendre moins de messes et plus de sermons, il répondit qu'il aimait mieux entendre parler plus rarement de son ami et le voir plus souvent. » (*Art de vérifier les dates*, t. I, p. 807.)

XX — BLANCHE DE BRETAGNE.

Née à   , le
Mariée à Philippe d'Artois, 1280.
Mère de : Robert.
Morte à   , le

XIX — ROBERT D'ARTOIS

(COMTE DE BEAUMONT).

Seigneur de Domfront.
Né à   , le   1287.

L'histoire est pleine de ses longs démêlés avec sa tante Mahaut, au sujet du fief de l'Artois. De nombreux arrêts du Parlement, soutenus par les rois, dont ils favorisaient l'intérêt, décidèrent contre lui « que la représentation « n'avait pas lieu dans les grands fiefs », 1309, 1330, 1332, « ce qui facilita merveilleusement, au moyen des « alliances, la réunion de ces mêmes grands fiefs au do- « maine de la couronne[1] ». Assurément, la question était fort douteuse en ce temps-là : aussi Robert eut-il toujours en Artois un parti puissant. D'un autre côté, Philippe le

---

[1] *Art de vérifier les dates*, t. II, p. 770.

Bel, puis Philippe le Long cherchaient à l'amener à se désister de ses prétentions, tant ils attachaient d'importance au précédent qu'on venait de trancher contre lui ! Il reçut d'abord le comté de Beaumont, puis ce comté fut érigé en pairie (janvier 1328). Mais rien ne pouvait lui donner satisfaction. Il crut réussir par l'appui du roi d'Angleterre, et lui offrit son épée dans la guerre de Bretagne et de Flandre, tandis que la Cour des pairs confisquait ses biens et le condamnait au bannissement, comme ennemi du Roi et de l'État, 1337.

Reprit, les armes à la main, sa seigneurie de Domfront, 1341[1].

Contrat de mariage à   , le   1318 avec Jeanne de Valois, sœur du roi Philippe VI. « L'homme qui le plus l'aida à parvenir à la couronne, ce fut messire Robert d'Artois[2]. »

Mort à   , le   1342, des suites de ses blessures (reçues en soutenant les prétentions des Montfort sur la Bretagne, prétentions fondées sur la Loi salique et absolument opposées à ses propres revendications sur l'Artois).

[1] Voir page 130.
[2] Froissard, t. I, p. 45.

XXII SAINT LOUIS

(ROI DE FRANCE).

Né à Poissy, le 25 avril 1215.

Armé chevalier à Soissons; sacré à Reims, le 29 novembre 1226, en présence du roi de Jérusalem et d'un seul pair de France.

Marié à Sens, le 27 mai 1234, avec Marguerite de Provence.

Second père des communes, réforme la législation, réprime l'usure, soutient l'Université[1].

Conclut avec son beau-frère Henri III, roi d'Angleterre, le célèbre traité d'Abbeville, 1259, qui assure définitivement la réunion à la couronne des grands fiefs de Normandie, Touraine, Anjou, Maine et Poitou.

Croisé de 1248 à 1254, et en 1270; aussi grand dans sa captivité en Égypte que lorsque les princes de l'Europe le prenaient pour arbitre.

Patron du Tiers Ordre de Saint-François, dont il était profès.

Élève du Frère Pacifique, cet ancien troubadour qui fut le premier provincial de l'Ordre en France; ami des deux plus grands docteurs de son temps, saint Thomas et saint Bonaventure; protecteur en toute circonstance des reli-

---

[1] La France ne possédait alors aucun autre port assuré sur la Méditerranée que Aigues-Mortes : telle fut la raison qui décida le Roi à s'y embarquer deux fois. Quand, à son retour, une tempête le jeta en vue d'Hyères, il fallut les prières de sa femme et de ses compagnons pour le décider à aborder sur cette terre de Provence, alors étrangère.

gieux, agrandit le couvent des Cordeliers à Paris, fonde celui de Sens, où il sollicite humblement les prières des Frères Mineurs pour son expédition et son royaume.

Saint Louis bâtit la Sainte Chapelle pour y placer la sainte couronne d'épines et le reliquaire de l'empereur Baudouin ; fonde les Quinze-Vingts pour les aveugles ; forme en corporation les chirurgiens, à condition de soigner gratuitement les incurables, qui venaient se réfugier dans les *charniers* établis auprès des principales églises de Paris ; visite et sert de ses royales mains les lépreux, les misérables, et se fait aider dans ces œuvres de miséricorde par ses frères et par ses fils. « Il eut toujours mer-
« veilleusement compassion des souffreteux, des mésaisés
« de toute sorte, et son cœur s'empressoit de courir aux
« malades et aux pauvres, etc. »

Mort devant Tunis, le 25 août 1270. Son testament datait de la première croisade et contenait des instructions célèbres, adressées à son fils. Il y ajoute un codicille : *actum in castris juxta Carthaginem* [1].

Canonisé le 11 août 1297. Sa fête fixée au jour de sa sainte mort [2].

---

[1] On a conservé plusieurs portraits comtemporains du saint Roi. H. WALLON, *Saint Louis*, 1880. — *Le sire de Joinville* (édition Natalis de Wailly, 1874). — *Vie de saint Louis,* par le confesseur de la reine Marguerite et par GEOFFROY DE BAULIEU. — *Chronique du frère Salimbene,* franciscain de Parme, p. 95.

[2] La réception des novices du Tiers Ordre se termine par cette belle oraison : « Deus, qui beatum Ludovicum confessorem tuum de terreno regno ad cœlestis
« regni gloriam transtulisti, ejus quæsumus meritis et intercessione, Regis Regum
« J.-C. filii tui facias nos esse consortes. »

XXIV ALPHONSE II

(COMTE DE PROVENCE).

Fils d'Alphonse II, roi d'Aragon.
Né à   , le
Contrat de mariage à   , le   1193, avec GERSENDE de Sabran, comtesse de Forcalquier, qui gouverna pendant la minorité de leur fils, et se fit ensuite religieuse à l'abbaye de la Celle, 1222.

Père de : Raymond-Bérenger IV.

Mort à Palerme, le   février 1209.

XXIII RAYMOND-BÉRENGER IV

(COMTE DE PROVENCE).

Né à   , le   1198.
Marié à   , le   décembre 1220, avec BÉATRIX DE SAVOIE († 1266).

Père de quatre reines :

1° Marguerite, reine de France;

2° Éléonore, reine d'Angleterre, 1236;

3° Sancie, reine des Romains, 1244;

4° Béatrix, comtesse de Provence par le testament de

son père, = en janvier 1246 Charles, comte d'Anjou, frère de saint Louis; vend ses pierreries pour lui amener une armée de 30,000 hommes; est couronnée avec lui à Saint-Pierre de Rome, le 6 janvier 1266, † 1267 : grand'-mère de *saint Louis d'Anjou,* né à Brignoles, en Provence, février 1274; retenu comme otage pendant sept années à Barcelone; nommé archevêque de Lyon par saint Célestin V (1294); sacré évêque de Toulouse par le pape Boniface VIII, le 30 décembre 1295; nommé évêque de Pamiers, 1296; profès à l'Ara-Cœli, chez les Frères Mineurs, et voulant en toute occasion manifester son obéissance à leur règle, † à Brignoles, le 19 août 1297; canonisé en 1317, en présence de sa mère et de son frère, par le pape Jean XXII, qui avait été son précepteur[1]. Ses reliques, déposées à Marseille, dans l'église de l'Ordre de Saint-François, furent enlevées en 1423 par le roi d'Aragon et placées dans la cathédrale de Valence.

Raymond-Bérenger, comte à onze ans du beau pays que les philosophes du dix-huitième siècle appelaient irrévérencieusement « cette gueuse parfumée ».

Prend la ville de Nice, 1229; fonde celle de Barcelonette, 1230.

Mort à Aix, le 19 août 1245.

Testament célèbre, fait à Sisteron, le 20 juin 1238.

---

[1] *Vie de saint Louis d'Anjou,* patron de la ville de Brignoles, par l'abbé HERMITTE. Brignoles, 1876, chez Vian.

XXII — MARGUERITE DE PROVENCE

(REINE DE FRANCE).

Née à   , le   1219.
Mariée à Sens avec le roi Louis IX, 1234[1].

Dot : 10,000 marcs d'argent, dont la valeur actuelle serait de 588,000 francs. Elle n'en avait reçu que le cinquième à la mort de sa sœur Béatrix (1266), et ne cesse dès lors de réclamer un quart de la Provence. Ni les rois de France ni les papes ne se souciant d'accueillir ses prétentions, elle obtient de l'empereur Rodolphe l'investiture du comté. Elle s'apprête à faire la guerre à son neveu de Naples, rassemble des troupes à Lyon et ne s'arrête que devant le désastre des Vêpres siciliennes, 1282.

Mère de : 1° Philippe le Hardi;

2° Robert, comte de Clermont, = Béatrix de Bourbon, auteur de la Maison actuelle de France, † 1317;

3° Quatre autres fils et cinq filles.

Accompagne saint Louis à la VIIe croisade, pendant quatre années, où elle eut souvent à faire preuve d'énergie. Quand elle apprend la prison du Roi, elle demande une grâce au vieux chevalier qui la veillait : « C'est que, si les « Sarrasins entrent, vous me coupiez la teste. » — « Ma« dame, répond-il, jà y avois songié. » Par ses instances et par l'énorme dépense de 360,000 livres, elle retient

---

[1] Son anneau d'or figurait une guirlande entrelacée de lys et de marguerites; au milieu, un gros saphir sur lequel étaient gravés ces mots : « Hors cet annel « pourrions treuver amor? »

dans le devoir les Génois et les Pisans, qui menaçaient de quitter Damiette, seul gage qui restât à son mari captif. Elle venait d'y mettre au monde Jean-Tristan, qui devait mourir à Tunis ; ce fut à Jaffa que naquit Blanche, = Ferdinand de la Cerda, infant de Castille, et qui finit, comme sa mère, ses jours aux Cordelières de Saint-Marcel, en 1320. Au retour, à la hauteur de Chypre, le vaisseau donne sur un banc de rochers, et trois toises de la quille sont emportées. La Reine fait vœu d'offrir à saint Nicolas une *nef en argent* du poids de cinq marcs. Les nourrices affolées accourent lui demander s'il faut lever ses trois petits enfants endormis. « Vous ne les éveillerez ni ne les « lèverez, s'écrie-t-elle, mais vous les laisserez aller à Dieu « en dormant[1]. »

Ce fut au château de Vincennes qu'elle fit ses adieux au saint Roi, auquel elle devait survivre vingt-cinq ans, et dont, à sa prière, un moine, son confesseur, et le bon sénéchal de Joinville écrivirent l'histoire.

Marguerite, complétement écartée de toute influence politique par la reine Blanche, sa belle-mère, paraît avoir voulu s'en dédommager au plus vite. A la mort de son fils aîné, elle obtint du nouvel héritier, Philippe, la promesse solennelle de rester sous sa tutelle jusqu'à l'âge de trente ans accomplis, de ne faire aucune alliance avec Charles d'Anjou, mari de sa sœur, qu'elle n'aimait guère, etc., etc. Le sage Urbain IV connut cette promesse : par un bref du 6 juillet 1263, il délia le jeune prince de son engagement téméraire et lui rendit pleine liberté, « assuré, écrivait le « Pape, qu'il n'en userait jamais contre sa mère[2] ». Elle

---

[1] CELLIEZ, *Les Reines de France*, p. 276.
[2] WALLON, *Histoire de saint Louis*, p. 389.

reçoit à titre de douaire le comté de Meulan, Pontoise, Vernon; y établit un bailli, tandis que sa belle-fille, la reine-veuve Marie de Brabant, met également un bailli dans son domaine de Mantes, 1294 [1].

Morte à Paris, le 20 décembre 1295, au couvent des Cordelières du faubourg Saint-Marcel, qu'elle avait fondé.

XXI   PHILIPPE III LE HARDI

(ROI DE FRANCE).

Né à   , le   mai 1245 [2].

Proclamé roi devant Tunis, le 25 août 1270.

Sacré à Reims   août 1271.

Marié 1° à Clermont avec Isabelle d'Aragon, le 28 mai 1262; 2° en deuxièmes noces avec Marie, fille du duc Henry III de Brabant, † en 1321.

Réunit à la couronne l'Auvergne, le Valois, le Poitou et le comté de Toulouse, et marie son fils à l'héritière de la Navarre.

Mort à Perpignan, le 6 octobre 1285.

---

[1] ÉM. RÉAUX, *Histoire du comté de Meulan*, p. 269 et suiv.
[2] Voir son portrait à l'âge de vingt-deux ans: WALLON, *Histoire de saint Louis*, p. 485.

XXV   PÉTRONILLE

(REINE D'ARAGON).

Fille de Ramire le Moine, qui ne resta hors de son monastère que trois ans pour régner sur l'Aragon, se marier avec Agnès (fille de Guillaume IX, duc d'Aquitaine) et abdiquer.

Née à   , le   1135[1].
Mariée à   , le   1151,
avec Raymond-Bérenger, comte de Barcelone.
Mère de : 1° Douce, reine de Portugal ;
2° Alphonse II.
Morte à Barcelone, le 18 octobre 1172.

XXIV   ALPHONSE II

(ROI D'ARAGON).

Né à   , le   1152.
Comte de Barcelone, 1162 ; de Provence, 1167 ; du Roussillon, 1172.

---

[1] Contemporaine de saint Oldegar, l'un des patrons de Barcelone, enterré dans la cathédrale de cette ville avec sainte Eulalie.

Souvent en lutte avec les Almohades, le comte de Toulouse et les barons de la Provence.

Bon troubadour et poëte.

Marié à   , le 18 janvier 1174, avec SANCIE, fille d'Alphonse VIII, roi de Castille.

Père de : 1° Constance, reine de Sicile ;

2° Éléonore, comtesse de Toulouse ;

3° Alphonse II, comte de Provence ;

4° Pèdre II.

Mort à Perpignan, le 25 avril 1196. Inhumé au monastère de Poblet, fondé par son père aux environs de Tarragone.

XXIII
PÈDRE II
(ROI D'ARAGON).

Né à   , le   1175.

Proclamé roi à Daroca[1], 1196.

Marié à Montpellier, le 15 juin 1204, avec Marie, comtesse de Montpellier.

Père de : Don Jayme Ier.

Roi chevalier, dont les poésies se chantèrent pendant longtemps dans le Midi.

---

[1] *Douar* de la tribu des Aucas, conquise sur les Mores en 1122. A pour armes : « Six hosties miraculeuses », depuis la défaite de 20,000 musulmans par une poignée de chevaliers chrétiens, 1239.

Couronné à Rome par le pape Innocent III, le 11 novembre 1204.

Prend part à la grande victoire de Las Navas de Tolosa, où il commande l'aile gauche des chrétiens, tandis que le *Miramolin,* ou roi de Maroc, enflamme l'ardeur de ses 600,000 soldats, en tenant le Coran d'une main et son sabre de l'autre, le 16 juillet 1212.

Tué à la bataille de Muret, avec 15,000 de ses sujets, le 17 septembre 1213. Leur valeur éprouvée ne put tenir devant l'âpre acharnement des compagnons de Simon de Montfort, auxquels le Roi avait osé proposer de se rendre à discrétion... « Les troupes aragonaises ne surent pas
« bien se ranger, et, autant par leur mauvaise ordonnance
« que pour leurs péchés, elles furent vaincues. Ainsi
« mourut mon père, écrit le roi don Jayme, car c'est de
« cette manière qu'en ont toujours usé mes ancêtres dans
« les batailles qu'ils ont données, et que j'en userai dans
« celles que je donnerai. Vaincre ou mourir! »

Inhumé au monastère de Xiquena en Aragon.

XXVII   GUILLEM V

(SEIGNEUR DE MONTPELLIER).

Descendu des seigneurs, dont les actes les plus anciens qui nous soient parvenus sont : une donation de fief sous le règne de Lothaire (26 novembre 985) et une inféodation faite à Guillem Ier, en 990, du territoire de Montpellier.

Fils de GUILLEM IV et de ERMENGARDE, fille de RAYMOND Ier, comte de Melgueil, mariés en 1056.

Né à   , le

Succède à son père, sous la tutelle de son aïeule BELIARDE, 1068.

Obtient, de 1112 à 1114, les donations des châtellenies de Frontignan, Popian, Montbazin et Pignan.

Contrat de mariage à   , le avec Ermessinde de Melgueil.

Prête serment de fidélité à son évêque, en 1090 ; conclut, en 1103, un accord avec l'évêque de Nîmes.

Reçoit à Maguelone Urbain II, pendant cinq jours, en 1095, et le traite magnifiquement à Montpellier ; quand Gélase II est obligé d'abandonner l'Italie à la faction impériale, il reçoit encore, avec une profonde soumission, le Pape à Maguelone et à Saint-Gilles, 1118.

Croisé en 1096, prend part au siége d'Antioche, emporte la place de Marrah, 1098 ; est à la conquête de Jérusalem, 1099 ; retourne en Terre Sainte, 1105-1107.

Aide le comte de Barcelone à repousser les Sarrasins, équipe 20 vaisseaux, lève 100 chevaliers et un corps d'infanterie pour enlever aux Infidèles la ville de Mayorque.

Testament de « Guillem, fils d'Ermeniarde[1] », fait à Montpellier, le   1114, par lequel il prescrit que, dans le cas où lui, sa femme et ses enfants viendraient à mourir pendant son expédition, la ville et la seigneurie de Montpellier feraient retour à l'évêque de Maguelone[2]. Acte renouvelé en 1121[3]. « Ses fils ne devront jamais confier les fonctions de bailli à un Juif ou à un Sarrasin. »

Mort à Montpellier, le   1121.

XXVII   DE MELGUEIL

(ERMESSINDE).

Descendue des anciens comtes de Substantion et de Melgueil, célèbres par leur résistance aux Sarrasins, par leurs efforts pour relever l'antique éclat du siége de Maguelone, et par la fabrication de la monnaie melgorienne[4], longtemps en usage dans cette province.

Fille du comte PIERRE, 1079-1090, qui, par un acte hardi, se déclare en 1085 vassal de la sainte Église romaine, = en 1065 ALMODIS, comtesse de Montferrand, † 1133 (fille du comte palatin PONS de Toulouse et d'ALMODIS de la Marche).

Née à   , le

---

[1] Cette désignation était alors nécessaire dans ces familles du Midi, où plusieurs personnes portaient à la fois le même prénom.

[2] Introduction au *Mémorial*, p. IV.

[3] *Liber Instrumentorum Memorialium*, in-4°, p. 172; Montpellier, 1884-1886.

[4] *Mémorial*, p. 119, 122, 140, 145, etc.

Mariée à   , le   , avec Guillem V.

Mère de six enfants :

1° Guillem VI, auquel son père lègue le domaine de Montpellier;

2° Guillem le Mineur, seigneur d'Omelas et des fiefs dans la vicomté de Béziers et le duché de Narbonne, = Tiburge, comtesse d'Orange; arrière-grand-père de Raimbaud d'Orange;

3° Bernard, seigneur de Villeneuve, Frontignan, Montbazin, Pignan, etc.;

4° Guillemette, dotée de 7,000 sous melgoriens, = en 1120, Bernard IV, comte de Melgueil, qui prend l'habit monastique à Saint-Chafre en Velay, 1132; mère de Béatrix[1], sa fille et unique héritière, = 1° en 1135 le comte de Provence Raymond-Bérenger Ier; 2° en 1146 Bernard Pelet (de la maison de Narbonne), dont Ermessinde, = en 1172 Raymond VI, comte de Toulouse, et lui apporte en dot Melgueil. La réunion des deux comtés subsista jusqu'au moment où Melgueil, confisqué par Innocent III, fut inféodé en 1215 à l'évêque de Maguelone pour lui et ses successeurs;

5° Ermengarde, dotée de 5,000 sous melgoriens;

6° Adélaïde, qui reçoit même dot. « Elles ne pourront se marier que de l'avis de mon fils, héritier de ma seigneurie, et des nobles hommes de Montpellier. »

Elle était enceinte d'un septième enfant, que son père destine à la vie religieuse dans une des abbayes du Saint-Sauveur d'Aniane, avec deux ou trois mille sous melgoriens de dot, selon le sexe de l'enfant.

Tutrice, en 1149, de son petit-fils Guillem VII.

Morte à   , le

---

[1] *Mémorial* de Montpellier, *passim*.

XXVI ## GUILLEM VI

(SEIGNEUR DE MONTPELLIER).

Né à   , le
Contrat de mariage à Montpellier, le 1ᵉʳ août 1129, avec SIBYLLE de Mataplane, issue d'une noble famille de la Catalogne (donation, contre-signée par cinq évêques, des châteaux de Montferrat, Substantion, Salzède, etc., une partie des revenus du château de Lates, et une pension annuelle, pendant la vie de Guillem, de mille sous de Melgueil « *ad faciendam omnem voluntatem tuam, pre-« ter tantum quantum cum tuo amore invenire potero* [1] »).

Père de : 1° Guillem VII;

2° Guillem, seigneur de Melgueil et Tortose, s'enrôle après son veuvage, en 1158, dans l'Ordre des Templiers à Jérusalem;

3° Raymond, abbé d'Aniane (Ordre de Cluny) et évêque de Lodève;

4° Bernard-Guillem, qu'il avait désiré voir embrasser l'état ecclésiastique, † moine à Valmagne;

5° Guy Guerrégiat (le Guerroyeur);

6° Guillemette, = Bernard, vicomte de Nîmes;

7° Adélaïde, = Eblis, seigneur de Ventadour;

8° Ermessinde, = N... de Servian;

dotées de « 100 marcs d'argent, un lit, deux corbeilles « d'argent et un palefroi ».

[1] *Mémorial*, p. 262, 270.

Succède, en 1121, à son père. A la garde noble de Béatrix, comtesse de Melgueil.

Pèlerin en Terre Sainte avec son frère, 1128.

Fonde à son retour l'église de Sainte-Croix, agrandit la basilique de Notre-Dame des Tables, établit à Montpellier les Bénédictins, dote l'hôpital de Saint-Guillaume et la maladrerie de Castelnau.

Souvent en guerre avec ses voisins : le comte de Melgueil, 1124; le comte de Toulouse, 1132; va combattre les Sarrasins avec les Castillans et les Génois; prend, en 1147, Alméria et Tortose, que, dès le 28 décembre 1136, il avait reçue d'avance à titre de fief du comte de Barcelone, pour le presser d'en entreprendre la conquête[1].

Depuis longtemps la justice était rendue à Montpellier par un *viguier* au nom de l'évêque : cette charge était possédée héréditairement par la puissante famille des Aimoins, à laquelle Guillem croit devoir l'enlever. Une sédition éclate et oblige ce seigneur à quitter la ville pendant deux ans, 1141-1143. Il ne peut y rentrer qu'après un long siége, avec les secours des Génois et de son fidèle ami Raymond-Bérenger IV, devenu roi d'Aragon, et surtout grâce à l'énergique appui du pape Innocent II, auquel il s'était adressé comme au *suzerain* de Montpellier (en vertu de la donation faite, en 1085, par le comte Pierre de Melgueil au Saint-Siége). Dès 1130, Guillem s'était prononcé contre l'antipape Anaclet : il avait suivi Innocent II au Puy, à Clermont, à Étampes. Le légitime chef de l'Église ne lui marchanda pas sa reconnaissance : par de fréquentes bulles et lettres, citées au Cartulaire, il encourage, soutient le seigneur de Montpellier, lui assure

---

[1] *Mémorial*, CLII, p. 284.

le concours des évêques de la province et fait de lui ce magnifique éloge : « Nous te prenons sous notre tutelle et « protection, toi, notre homme et féal serviteur, chevalier « spécial de Saint-Pierre, prince catholique. Une mère ne « peut oublier son enfant... Tu es le juste éprouvé comme « l'or dans la fournaise, etc[1]. »

Testament fort touchant du 11 décembre 1146, à Montpellier, « en présence de sa mère Ermessinde[2] ».

Embrasse, en 1149, la vie monastique à l'abbaye de Grandselve (Ordre de Cîteaux), comme il l'avait naguère promis à saint Bernard, et y meurt en odeur de sainteté, le 1162[3].

XXV

GUILLEM VII

(SEIGNEUR DE MONTPELLIER).

Né à   le   1130.

Prend part aux expéditions d'Alméria et de Tortose, où le comte de Barcelone lui choisit dans le butin quantité de pierreries, disant que, « puisqu'il étoit encore à marier, « il en seroit mieux venu de sa fiancée ».

Succède à son père, en 1149, sous la tutelle de sa grand'mère Ermessinde de Melgueil.

[1] 1132-1142 : *Mémorial*, p. 37-46.
[2] *Liber Instrumentorum Memorialium*, XCV, p. 177.
[3] Tous les souverains de l'Europe qui vivaient en 1630 descendaient de ce seigneur, selon la remarque de D. VAISSETTE.

Prête serment de fidélité à son suzerain, l'évêque de Maguelone (février 1152 et juin 1161[1]).

Prisonnier à Toulouse en 1154, y revient encore en 1159, avec les troupes du roi d'Angleterre; s'empare de Cahors, prend parti pour le roi d'Aragon contre le comte Raymond V, en 1167, etc. Toutes ces querelles étaient suivies de raccommodements fort peu durables.

Assiste en 1162 aux cortès de Huesca : « Par ses « sympathies personnelles et par les intérêts de ses fiefs, « Guillem se sent poussé vers l'Espagne, en même temps « qu'il se rallie à la cause de la nationalité méridionale, « que ne tarderont pas à menacer les barons du nord[2]. »

Agrandit ses domaines du fief de Tortose et de la terre de Castries (depuis érigée en duché), dont son frère lui fait donation au moment de partir pour la Terre Sainte; du château d'Omelas et de celui de Mireval, engagé par Raimbaud d'Orange, le célèbre troubadour, son cousin.

L'antipape Victor IV, ne voulant rien négliger pour l'attirer à son parti, lui avait écrit la lettre la plus flatteuse, en l'assurant de l'amitié de l'empereur Frédéric Barberousse, et lui avait envoyé un légat[3]. Mais Guillem demeure inébranlable dans sa fidélité au véritable Pontife romain, auquel il en donne les preuves les plus fortes et les plus répétées. Adrien IV l'avait pris expressément, lui et les siens, sous sa protection[4]. Quand Alexandre III[5] se voit contraint de quitter l'Italie, c'est à Maguelone qu'il

---

[1] Jean de Montlaur Ier, 1158-1190, *Liber Instrumentorum Memorialium*, p. 84, 85.
[2] *Id.*, Introduction par GERMAIN (de l'Institut), p. XIII.
[3] *Id.*, I, p. 31, Bref du 12 septembre 1160.
[4] *Id.*, VI, Bref du 5 mai 1158 à l'archevêque de Narbonne et à ses suffragants.
[5] 1159-1181, *Mémorial*, p. 46-50.

débarque : Guillem vient l'y recevoir en grand cortége, prend en main les rênes de sa haquenée blanche et l'emmène à Montpellier, où le Saint-Père passe plusieurs mois, en 1162 et 1164.

Reconnaissant de cette généreuse hospitalité, le Pape recommande aux évêques du Midi la personne et les biens de Guillem, sa famille, ses sujets, les marchands de Montpellier, que molestaient les Génois. Il écrit aux consuls de la République et à l'archevêque, pour faire cesser les actes de piraterie dont se plaignaient les habitants, l'incendie des bâtiments de commerce jusque dans le port de Maguelone, et les rigueurs exercées contre les marchands et les voyageurs[1].

Contrat de mariage à Montpellier, le 25 février 1157, avec MATHILDE, sœur du duc Eudes II de Bourgogne († avant Guillem, qu'on appelait dans les actes la *duchesse Mathilde*), en présence des évêques d'Autun, de Nevers, de Chalon, de Maguelone et d'un grand nombre de seigneurs. Il promet de ne jamais la répudier, du moins sans une sentence canonique de l'archevêque de Lyon. Il ajoute à sa première donation quelques domaines *et les Juifs de Montpellier*[2].

Marié à l'église de Sainte-Marie.

Testament au château de Montpellier, le 29 septembre 1172, de Guillem, « *filius quondam Sibilie* », en présence de nombreux témoins.

Si ses trois fils (il ne comptait plus le Religieux) viennent à mourir sans héritiers légitimes, il leur substitue son frère Guy et ses descendants. A défaut de Guy, sa fille Sibylle et ses autres filles.

---

[1] *Liber Instrumentorum Memorialium*, p. 49 et 50. Brefs de 1169.
[2] *Id.*, XCVII et XCVIII, p. 263.

Il laisse ses enfants sous la garde et tutelle du Dieu tout-puissant, de Jean, évêque de Maguelone, et de son frère Guy, « *cum consilio proborum hominum meorum* »; cet évêque, son frère, ses enfants, tous ses hommes « *et universum honorem meum* » sous la garde et défense de son gendre Raymond Gaucelin II (seigneur de Lunel, qu'il avait tiré de captivité), et de son seigneur Alphonse, roi d'Aragon.

Père de : 1° Guillem VIII;

2° Guillem le Bourguignon (*Bergondio* ou *Borguonnon*), = Adalaiz de Cognaz, dont une fille, Berguondiosa ; auquel il lègue une rente annuelle et viagère de 20 marcs d'argent ou mille sous melgoriens. Le Bourguignon reçoit aussi des héritages et des châteaux par le testament de son oncle Guy Guerrégiat, en 1178, et lègue la plus grande part de ses biens à son frère, le seigneur de Montpellier, novembre 1182[1];

3° Raymond, moine de Grandselve et évêque de Lodève en 1188, qui reçoit de son père mille sous melgoriens;

4° Guy, fondateur de l'Ordre des Hospitaliers du Saint-Esprit, destiné à entrer dans la milice des Templiers, reçoit pareil legs de même somme;

5° Sibylle, dame de Lunel, dotée de 110 marcs d'argent, 2 lits, des habillements et des chevaux;

6° Guillelmine, même legs;

7° Adélaïde, *id.*;

8° Marie, *id.*;

9° Clémence, destinée à la vie religieuse, reçoit de son père 20 marcs d'argent pour elle et le monastère de Tarn; elle épousa Rostan de Sabran, qui donne quittance de sa

---

[1] *Mémorial*, p. 190.

dot en 1198, et emprunte pour elle à son frère qui suit.

Mort à   , le   septembre 1172.

Inhumé au monastère de Grandselve.

XXIV   GUILLEM VIII

(PRINCE DE MONTPELLIER).

Né à   , le   1157.

Succède à son père, en 1172, sous la tutelle de ses oncles Guy et Raymond.

En 1174, il reçoit du comte de Toulouse[1] serment de protection : « *Ego Raymundus Dei gratia dux Narbone, comes Tolose, marchio Provincie, filz de Faidida jur a te sener de Mon pesler, filz de Mathelz, ta vida e ta membra et que d'aquesta hora enant eu non t'enguanarai de ta honor ni de ton aver ni de tons homes meu escien*, etc., etc. » Est contraint de lui faire hommage pour Montpellier, Castries, Pignan, etc. (1184 et 1190). Acquiert Loupian, Frontignan, Murviel et rachète la viguerie de sa ville principale, 1197 et 1199.

Entoure de murailles la ville de Montpellier, y déclare la liberté absolue de l'enseignement de la médecine, «*quia acerbum est nimiùm, et contra fas et pium, uni soli dare et concedere monopolium in tam excellenti scientiâ...*

---

[1] *Liber Instrumentorum Memorialium*, LXXXI, p. 153. — C'était la reproduction du même serment, prêté en 1132.

« *ut in perpetuum omnes quicumque sint vel undecunque*
« *sint regant sco'as de fisicâ*[1], etc., etc. »

Conclut un traité de commerce et de paix avec les Pisans, en 1178, et un traité de navigation et de commerce avec l'évêque et le vicomte d'Agde, 1185[2].

Ami des papes Célestin III et Innocent III, témoigne d'un grand zèle contre les Albigeois, qu'il avait écartés de ses domaines.

Aussi ces papes le prennent sous leur protection avec ses biens, et lui concèdent beaucoup de faveurs spirituelles, lui recommandent un cardinal envoyé pour la répression de l'hérésie et le pressent de procéder contre les captifs, l'encouragent à se faire le défenseur de l'orthodoxie[3], mais ne peuvent consentir officiellement à reconnaître, du vivant d'Eudoxie, son second mariage.

Marié 1° à Montpellier, le 1181, avec la princesse Eudoxie Comnène;

2° le avril 1187, avec Agnès de Castille, parente du roi d'Aragon, qui lui accorde, à titre viager, le domaine de Prades[4]. Elle emprunte à des Juifs de Lunel, qui lui donnent quittance en mai 1197. Son mari lui lègue en viager Châteauneuf, le château de Montferrat, et les impôts sur les Juifs. Elle semblait traitée en épouse et son fils Guillem en enfant légitime, dans le bref de Célestin III du 24 décembre 1191[5]. Obligée de sortir de Montpellier en 1204. Agnès avait eu huit enfants :

1° Guillem IX, 1188-1214, auquel son beau-frère, le

---

[1] *Mémorial*, CCXLVI, p. 409.
[2] *Ibid.*, p. 346.
[3] *Ibid.*, p. 48-65.
[4] *Ibid.*, p. 169.
[5] *Ibid.*, p. 52. — *Art de vérifier les dates,* t. II, p. 325.

roi d'Aragon, prétend donner en fief la baronnie de Montpellier, 24 janvier 1213;

2° Thomas de Tortose, qui reçoit de son père ce fief avec ses biens dans les diocèses de Lodève et de Béziers, outre une rente annuelle de mille sous melgoriens, « *postquam Tortosa equitaverit cum armis* »;

3° Raymond, destiné à être moine de Grandselve, légataire de cent livres pour cette abbaye;

4° Bernard-Guillem, destiné à être chanoine de Girone et de Lodève, avec cent livres;

5° Guy, destiné à être moine Bénédictin de Cluny, avec cent livres;

6° Bergundion[1], destiné à être chanoine de Puy, avec cent livres;

7° Agnès, vicomtesse de Carcassonne, qui eut la douleur d'assister au sac de Béziers par Montfort et à la prise de son mari; mère de Raymond Trancavel II, 1207-1263, qui, dépouillé des ses six vicomtés, sans autre crime que d'être fils d'un proscrit, et des droits régaliens que ses ancêtres possédaient depuis trois siècles, cède et abandonne tous ses États au roi de France en 1247, et devient son fidèle compagnon en Terre Sainte et à Paris;

8° Adélaïde, légataire de cent marcs d'argent pour sa dot.

« Je laisse mes enfants, continue Guillem, leurs hommes
« et leurs choses, sous la protection et la garde de Dieu et
« de la bienheureuse Vierge Marie, et sous la garde et
« *manutentia* du comte de Toulouse, de la reine d'Aragon[2]
« et de son fils le seigneur roi. »

---

[1] Toujours en souvenir de son aïeule, Mathilde de Bourgogne.
[2] Cette même Sancie de Castille, qui avait épousé le roi Alfonse II à la place d'Eudoxie, et dont la nièce Agnès remplaçait encore Eudoxie auprès du seigneur de Montpellier.

Testament à Montpellier, le 5 novembre 1202, de Guillem, fils de la duchesse Mathilde[1] (nombreux legs aux églises, couvents, hôpitaux, bonnes œuvres, etc. Cinq cents pauvres seront aussitôt d'habits entièrement vêtus, et cinquante le seront à perpétuité chaque année). Le seigneur dote des filles pauvres, prescrit enfin cinq mille messes pour le repos de son âme.

S'il devait avoir d'autres enfants d'Agnès, tous les mâles seront tenus de se faire clercs et recevront cent livres de ses biens; toutes les filles de se faire religieuses avec la même dot; il place sa femme et ses enfants jusqu'à l'âge de vingt-cinq ans sous la garde de quinze notables et la protection de son frère Raymond, évêque d'Agde, et de l'évêque de Maguelone.

Comme Agnès, il lui avait fallu emprunter de grosses sommes aux Juifs : il recommande à ses héritiers de les payer en dix ans à vingt échéances, et renouvelle l'injonction de tous ses prédécesseurs : « *Ne unquam Judeus bajulus sit Montis Pessulani.* » Il termine par révoquer tous droits exorbitants, qu'il aurait pu imposer au peuple de Montpellier.

Mort à   , le   1202.
Inhumé au monastère de Grandselve.

---

[1] *Mémorial,* XCIX, p. 195.

XXV — MANUEL COMNÈNE

(EMPEREUR D'ORIENT).

Fils du sage et vaillant empereur JEAN, 1088-1143; petit-fils d'ALEXIS COMNÈNE, 1048-1118, couronné le 1ᵉʳ avril 1081 (qui appela l'Occident à son secours contre les Turcs et trouva dans les croisés des ennemis presque aussi redoutables), et d'IRÈNE DUCAS.

Né à   le   1120.

Proclamé empereur à Constantinople en 1143; célèbre par ses exploits, sa valeur héroïque, qui l'ont fait souvent comparer au redoutable Achille. Vainqueur du sultan d'Iconium, il oblige le prince d'Antioche à reconnaître sa suzeraineté, enlève Corfou au roi de Sicile, fiance son fils à la jeune Agnès, fille du roi de France Louis VII, secourt Amaury, roi de Jérusalem, dans ses entreprises sur l'Égypte, etc., etc.

Manuel rêvait de reconstituer à son profit l'unité du grand empire romain[1], et, depuis la séparation de Rome et de Byzance, nul mieux que lui ne pouvait y prétendre sans orgueil. Maître d'Ancône, de la Pouille et de la Calabre, protecteur des cités lombardes, il prodiguait aux papes les avances les plus flatteuses, en faisant toujours briller à leurs yeux l'espoir d'une réconciliation entre les deux Églises, semait en Italie l'or à pleines mains et s'efforçait de rattacher à sa cause, par d'utiles alliances, les

---

[1] GIBBON, *History of the decline and fall of the Roman Empire*, t. VI, p. 349.

principaux monarques de l'Occident. Beau-frère de l'empereur Conrad, suzerain et beau-père du roi de Hongrie, allié au roi de France, reconnu comme seigneur des princes latins d'Orient, il ne négligeait rien pour étendre sa domination sur la Méditerranée.

Le belliqueux royaume d'Aragon, — fort et impétueux comme le grand Èbre, ce beau fleuve dont le long cours le traverse, — réuni depuis peu à la riche et industrieuse Catalogne, comptait déjà parmi les six puissances navales qui se disputaient l'empire des mers [1]. Aussi, quand une ambassade de Pèdre II vint, du fond des provinces d'Espagne, demander pour ce roi la main de la princesse impériale Eudoxie, Manuel n'hésita pas à la lui accorder.

Marié à   , le   1161, avec Marie d'Antioche.

Mort à   , le 24 septembre 1180.

XXVIII   **BOËMOND Ier**

(PRINCE D'ANTIOCHE).

Fils de Robert Guiscard (le 6e des douze fils de Tancrède de Hauteville, bon chevalier du pays de Coutances). Duc d'Apulie (1060-1085).

Né à   , le

Marié à Chartres, le   1106, avec Constance

---

[1] Constantinople, Venise, la Sicile, Gênes, Pise et Barcelone.

de France, fille du roi Philippe Ier et de Berthe de Hollande.

Père de : Boëmond II.

Prend Antioche, après un siége de huit mois, en 1098[1], reçoit l'investiture des mains du patriarche de Jérusalem; prisonnier des musulmans pendant deux ans, offre à saint Léonard des chaînes d'argent, du poids de celles de fer qu'il portait chez les Sarrasins; défend vigoureusement sa conquête contre les Grecs, va chercher de nouvelles troupes en Italie, etc.

Mort à Canossa, le   février 1111.

XXVII   BOËMOND II

(PRINCE D'ANTIOCHE ET DE TARENTE).

Né à   , le   1107.

Succède à son père, sous la régence de Tancrède, prince de Galilée, 1111.

Marié à   , le   1127, avec Alix, fille de Baudouin II, roi de Jérusalem, qui, devenue veuve, prétendit à la régence de la principauté et « combattit, pour conserver le timon des affaires, tantôt son père et tantôt son gendre ».

Père de : Constance.

Marche contre Damas, avec les comtes d'Edesse et de

---

[1] Cette ville ne devait retomber qu'en 1268 au pouvoir des Infidèles.

Tripoli, ensuite contre Alep, et repousse les troupes du schah de Perse en 1125.

Mort à Athareb, le   février 1134.

Inhumé au monastère de Notre-Dame, près du Saint-Sépulcre.

XXVI

CONSTANCE

(PRINCESSE D'ANTIOCHE).

Fille et héritière de Boëmond II.
Née à   , le   1127.
Mariée à Antioche par l'habile et superbe patriarche Raoul de Domfront[1], le   1136, avec RAYMOND de Poitiers (fils de Guillaume IX, duc d'Aquitaine, et de Philippe de Toulouse). Il se trouvait en Angleterre, à la cour de Henry Ier, qui l'avait créé chevalier, lorsqu'on vint lui offrir la main de cette princesse et la souveraineté qui devait être le prix de cette alliance[2]. Déguisé en pèlerin, il échappe en Italie aux embûches de ses ennemis, se maintient à Antioche, malgré les attaques de l'empereur Jean Comnène, reçoit magnifiquement à sa cour le roi

---

[1] Le deuxième des patriarches latins de ce siége, 1035-1042. Raymond et les légats du Pape eurent ensuite beaucoup à souffrir de ses hauteurs; il s'appuyait « sur cette raison : que saint Pierre avait été évêque d'Antioche avant d'être « évêque de Rome ».

[2] *Art de vérifier les dates*, t. I, p. 444.

Louis et sa nièce Éléonore, en 1148[1]; tué à la guerre de   , le 27 juin 1149.

Mère de : 1° Boëmond III (1163-1201), = Orgueilleuse de Harenc;

2° Philippe, célèbre par sa beauté;

3° Marie.

Remariée, en 1153, avec Renaud de Châtillon, qui s'allie aux Pisans, rend hommage, dans Antioche, à l'empereur Manuel Comnène, et prend l'engagement de recevoir désormais de sa main un patriarche grec et non latin.

Morte à   , le   1160.

XXV MARIE D'ANTIOCHE

(IMPÉRATRICE).

Née à   , le
Mariée à   , le   1161, avec Manuel Comnène, empereur de Constantinople.

Mère de : 1° Alexis II (1167-1183), couronné avec son épouse Agnès de France, le 16 mai 1182;

2° Eudoxie.

Régente de l'Empire pendant quelques mois, abandonne le pouvoir au « Sebastocrator », parent de son fils.

Morte à   , le   1182, étranglée

---

[1] *Guillaume de Tyr*, liv. XV. On assure qu'il fallut enlever presque de force aux plaisirs de cette cour asiatique la belle reine de France, heureuse de retrouver si loin les gais et brillants chevaliers de son pays natal.

par ordre de l'usurpateur Andronic. Ce meurtre et celui de son fils furent le signal du massacre général des Latins, dont Manuel avait favorisé l'établissement dans son Empire. La tête du cardinal-légat fut traînée dans les rues de Constantinople, les églises et les hôpitaux latins brûlés et 4,000 chrétiens réduits en esclavage et vendus aux Turcs [1].

XXIV   EUDOXIE COMNÈNE

(PRINCESSE DE MONTPELLIER).

Née à   , le
Fiancée au roi d'Aragon Alphonse II ; mais, ayant trop tardé à se rendre en Espagne, elle débarque aux environs de Montpellier et y apprend le mariage du roi avec l'infante Sancie de Castille, le 18 janvier 1174.

« Tandis que ses compagnons attendoient les ordres de
« leur maître, la mort de Manuel (1180) arriva sur ces
« entrefaites, et Guillem VIII, fort jeune et aimable, offrit
« sa main à la princesse : il l'engagea, dans la détresse où
« elle se trouvoit, à l'accepter malgré l'inégalité des condi-
« tions et l'hésitation des Grecs qui l'escortoient [2]. »

Mariée à Montpellier, le   1181, avec Guillem VIII, en stipulant que son premier enfant hériterait (quel que fût son sexe) de la seigneurie de Montpellier.

---

[1] GIBBON, *History of the decline and fall of the roman Empire*, t. VI, p. 530.
[2] *Art de vérifier les dates*, t. II, p. 324.

Mère de : Marie.

Répudiée « pour ses hauteurs et parce qu'elle n'avoit point donné de fils à son seigneur », en 1187, et retirée dans un monastère d'Aniane. Mais les papes ne consentirent jamais à reconnaître le deuxième mariage de Guillem VIII avec Agnès et à légitimer leurs fils. Malgré tous les efforts de ce seigneur, son dévouement incontesté à l'Église, Innocent ne fléchit pas et repoussa formellement sa demande en 1202. Guillem dut céder et se réconcilier avec cette noble grecque [1].

Morte à   , le

XXIII MARIE DE MONTPELLIER

(REINE D'ARAGON).

Née à   , le   1182.

Veuve dès le mois de décembre 1194, de Barral, vicomte de Marseille, qui lui lègue 500 marcs d'argent et un riche mobilier ; dotée par son père de 200 marcs d'argent, et remariée à Bernard IV, comte de Comminges, en décembre 1197 [2].

Ce seigneur venait d'être divorcé, un mois auparavant, par l'Ordinaire de son diocèse. Il donne à Marie 500 marcs

---

[1] Bibliothèque de l'École des chartes, janvier 1885.
[2] *Mémorial*, p. 349.

d'argent hypothéqués sur la ville et le château de Muret. On oblige cette princesse, âgée seulement de quinze ans, à signer une renonciation formelle à tous ses droits sur la seigneurie de Montpellier, en faveur de son frère Guillem, fils d'Agnès, né du vivant de sa propre mère Eudoxie[1]. Elle reçoit les serments de fidélité de ses vassaux, pour elle et ses filles (1201). Mais le comte de Comminges (qui avait déjà deux femmes vivantes) répudia Marie cette même année et refusa de la reprendre, malgré les exhortations très-pressantes du Saint-Père[2].

Nommée plusieurs fois dans le testament de son père, mais après tous ses fils. Elle doit recevoir de son frère, le futur seigneur de Montpellier, 200 marcs d'argent, quatre vêtements de rechange, « *cum quatuor venerabilibus lectis ornatis*[3] ».

Mariée en troisièmes noces avec Don Pèdre II, roi d'Aragon, par contrat de mariage à Montpellier, le 15 juin 1204 (reconnu valide, le 19 janvier 1213, par le Saint-Siége, malgré tous les efforts de Pèdre pour faire annuler ce mariage). Ce prince y assigne pour douaire à son épouse *tout le comté du Roussillon,* depuis la fontaine de Salces jusqu'à la Cluse.

Marie, reconnue dame et comtesse de Montpellier, rend hommage à l'évêque de Maguelone. Réside à Montpellier pendant les fréquents voyages du roi Don Pèdre, le réconcilie avec les députés de la ville, sous la médiation du légat Pierre de Castelnau. La ratification du traité a lieu dans Montpellier même, où l'un et l'autre s'étaient rendus du château de Mirevaux, « la Reine montée en

---

[1] *Mémorial,* etc., CCV, p. 353.
[2] *Ibid.,* p. 67 et suiv.
[3] *Ibid.,* p. 198.

croupe derrière son époux », ce qui donna lieu à une fête annuelle [1].

Mère de : Don Jayme Ier.

Testament du 20 avril 1214, en faveur de son fils.

Morte à Rome, le 30 avril 1214 « en odeur de sainteté ».

XXII   JAYME Ier LE CONQUÉRANT

(ROI D'ARAGON).

Roi de Murcie, Valence, Navarre etc.

Né à Montpellier, le 1er février 1208.

A deux ans, est remis en otage à Simon de Montfort.

Marié à   , le 8 septembre 1235, avec Yolande de Hongrie.

Conquiert Mayorque, 1229; la Navarre, 1231; les royaumes mores de Murcie et Valence, 1238-1242; livre aux mahométans trente-trois batailles; fait construire à Valence (au lieu même où saint Jean de Matha avait obtenu un secours miraculeux pour la rédemption des captifs) un grand couvent de Trinitaires sous le nom de Notre-Dame *de los Remedios*. — A la suite d'une vision,

---

[1] *Art de vérifier les dates*, t. II, p. 325. C'était l'usage alors : tandis que le concile de Soissons délibérait sur les moyens à prendre pour obliger le roi de France à reprendre Ingeburge, Philippe-Auguste vient enlever sa femme à l'abbaye de Notre-Dame de Soissons, la met en croupe sur son cheval et la ramène en reine dans son palais (1200).

il encourage *saint Pierre Nolasque* et *saint Raymond de Pennafort* à établir pour le même objet l'Ordre de la Merci (fondé en 1223 et approuvé en 1235 par le Saint-Siége).

Par le traité de Corbeil, 11 mai 1258, il fait reconnaître à saint Louis sa souveraineté sur la Catalogne, le Roussillon, la Cerdagne. Il bâtit mille églises, assiste au concile général de Lyon. En 1218, il confirme les priviléges de Montpellier et prend sous sa protection les douze consuls et toute la bourgeoisie de cette ville ; en 1221, il reçoit d'un député de Montpellier une pièce de drap d'or; il s'y rend souvent, 1231, 1234, 1238, etc.

En 1246, il confirme à Huesca « los Fueros » de l'Aragon, réunis et codifiés par l'évêque Vital. A Barcelone, en 1243, il bâtit l'*Atarazanas* pour la défense de sa flotte, qui devait être la terreur de la Méditerranée.

Mort à   , le 25 juillet 1276.

Inhumé, revêtu de l'habit des moines de Cîteaux, dans l'abbaye de Poblet près Tarragone. Comme les rois angevins de Naples, il a deux statues sur son tombeau : l'une en guerrier, l'autre en religieux.

XXIV   PIERRE DE COURTENAY

(EMPEREUR D'ORIENT).

Petit-fils du roi Louis le Gros, fils de Pierre de France.
Né à   , le
Comte d'Auxerre en 1184.

Croisé contre les Albigeois; se couvre de gloire à Bouvines.

Élu empereur de Constantinople par les barons latins en 1216.

Couronné dans la basilique de Saint-Laurent hors les murs[1], par le pape Honorius III, le 9 avril 1217.

Marié à   , le   avec Yolande de Flandre.

Mort prisonnier en Épire, le   1219.

Armes : « D'azur semé de billettes d'or chargé d'un lion d'or. »

XXIV   YOLANDE DE FLANDRE

(IMPÉRATRICE).

Fille de BAUDOUIN V, comte de Hainaut et de Flandre, marquis de Namur, 1171, † à Mons en 1195, = en avril 1169 MARGUERITE d'Alsace († à Bruges, le 15 novembre 1194, fille de Thierry d'Alsace[2], comte de Flandre en 1128, = en 1135 Sibylle d'Anjou, † en Palestine abbesse des Religieuses de Saint-Jean à Jérusalem.)

Sœur de la reine de France Isabelle, des empereurs latins de Constantinople Baudouin I*er* et Henri I*er*. Marquise de Namur, 1213.

---

[1] « Non à Saint-Pierre, afin qu'il ne pût s'en prévaloir pour étendre ses pré-
« tentions sur l'empire d'Occident. » (*Art de vérifier les dates,* t. I, p. 452.)
[2] Voy. page 318.

Née à   , le

Régente de l'empire pendant la captivité de son mari, 1218-1219.

Mariée à Pierre de Courtenay, 1193.

Mère de :

1° Robert de Courtenay, empereur d'Orient, 1220-1228, couronné à Sainte-Sophie;

2° Baudouin II, empereur d'Orient, né à Constantinople en 1217, † en Italie 1273;

3° Henry, marquis de Namur;

4° Marie, = Théodore Lascaris, empereur de Nicée, 1206-1222;

5° Éléonore, = Geoffroy de Villehardouin, prince d'Achaïe;

6° Yolande de Courtenay.

Morte à Constantinople, le   août 1219.

XXVII   FOULQUES *le Jeune*

(ROI DE JÉRUSALEM).

Né à   , le   1092.

Comte d'Anjou. Roi de Jérusalem en 1131.

Marié à   , le   1129, avec MÉLISSENDE, sage et vaillante princesse, † 1161 (fille du roi BAUDOUIN II, 1118-1131, et de MORPHIE, duchesse d'Arménie).

Père de : SIBYLLE.

Mort à Ptolémaïs, le 13 novembre 1144.

XXIII — YOLANDE DE COURTENAY

(REINE DE HONGRIE).

Née à   , le
Mariée à André, roi de Hongrie, en
Mère de : Yolande.
Morte à   , le

XXIV — BÉLA III

(ROI DE HONGRIE).

Seizième roi de Hongrie, arrière-petit-neveu de *saint Ladislas* (roi 1077, † 1095, canonisé 1198). Élevé à la cour impériale de Constantinople, couronné le 13 janvier 1174, avec l'appui de l'empereur grec.

Marié à MARGUERITE de France, fille du roi Louis VII et de Constance de Castille, veuve de Henry Court mantel, le   1185. Elle mourut en Terre Sainte, à Acre, et fut mère de :

1° Henri et André II, rois de Hongrie;

2° Constance, = Ottocar 1ᵉʳ, roi de Bohême, 1197-1230, † en 1240; mère de la bienheureuse *Agnès*, professe, le 18 janvier 1236, au monastère de Sainte-Claire, qu'elle avait fondé à Prague, † en 1280[1];

3° Marguerite, = l'empereur grec Isaac l'Ange.

Mort à   , le 18 avril 1196.

Inhumé dans l'église d'Albe-Royale.

XXIII   ANDRÉ II

(ROI DE HONGRIE).

Roi de Dalmatie, Croatie, Servie, Galicie et Lodomirie.
Né à   , le

Roi en 1204.

Contrat de mariage à   , le   ,
avec Yolande de Courtenay.

En premières noces, il avait épousé Gertrude de Méranie, assassinée en 1213, fille de Berthold V (marquis d'Istrie et de Carinthie, duc de Méranie, 1180; de Dalmatie, 1188; croisé en 1189, † 1204); sœur de sainte *Hedwige* (duchesse de Pologne, † 1243 et canonisée 1267), d'Agnès de Méranie (femme de Philippe-Auguste, † 1201, à Poissy, mère de Marie, duchesse de Brabant, et de Philippe, comte de Mortain). Gertrude lui avait donné :

a Coloman, « roi des Russes de Galicie, = la bien-

---

[1] On conserve encore sa correspondance avec sainte Claire, qui lui avait envoyé une corde pour serrer ses reins, une écuelle et un crucifix. (*Vie de sainte Élizabeth*, par le comte de MONTALEMBERT, t. I, p. 81.)

« heureuse *Salomé*, qui, devenue veuve, se fit Clarisse »,
et † 1268.

b Béla IV, roi de Hongrie, père des bienheureuses filles de Sainte-Claire : *Cunégonde*, duchesse de Pologne, 1224-1292 [1]; *Yolande*, duchesse de Kalisz, † 1298, *Marguerite*, 1242-1270; et d'Étienne IV, père de Marie, = Charles II, roi de Naples, auquel elle donna quatorze enfants : saint Louis d'Anjou; Charles-Martel, roi de Hongrie; Robert le Sage, roi de Naples, † 1343, qui acheta au soudan d'Égypte les sanctuaires de la Terre Sainte; Marguerite, = Charles de Valois en 1290, † 1299; Blanche, reine d'Aragon, mère de Pierre d'Aragon, « qui « prit l'habit de Saint-François, après une apparition de « son saint oncle, et s'illustra dans l'Ordre, pendant « vingt ans, par ses vertus et les services qu'il rendit à « l'Église [2]. »

c Sainte Élizabeth, née à   , le   1207, = Louis IV, landgrave de Thuringe, tige des maisons de Hesse, 1220; mère de Sophie, duchesse de Brabant et de sainte *Gertrude* (abbesse d'Altenberg, qu'elle gouverna pendant quarante-neuf ans, † en 1297); veuve en 1227, fait, en 1229, profession solennelle du Tiers Ordre franciscain, dont elle devait être la patronne, † le 19 novembre 1231. Canonisée en 1235, par le pape Grégoire IX, qui lui avait autrefois envoyé l'humble manteau du Patriarche séraphique. Inhumée dans la chapelle de l'hôpital Saint-François, qu'elle avait fondé à Marbourg.

---

[1] Veuve, elle se retira au monastère de Sandeck; on assure qu'elle y renouvela devant les Tartares le prodige accompli par sainte Claire, dont la présence aux fenêtres de Saint-Damien avait jeté une insurmontable panique dans les rangs des Sarrasins.

[2] *L'auréole séraphique*, etc., t. III, p. 225.

André accorde à ses sujets de grands priviléges, par la Bulle d'or.

Il fut à la cinquième croisade, 1217-1222.

Mort le 7 mars 1235, à

XXII   **YOLANDE DE HONGRIE**

(REINE D'ARAGON).

Née à   , le
Mariée le 8 septembre 1235, à   , avec Don Jayme Ier.

Mère de :

1° Isabelle d'Aragon, reine de France ;

2° Jayme, roi de Mayorque, 1262-1318 ; comte du Roussillon, qui fit beaucoup d'honneur à la ville de Montpellier, où il avait pris naissance[1], père de la bienheureuse *Sancie*, reine de Naples, 1309-1345[2] ;

3° Yolande, = Alphonse X, roi de Castille ;

4° Don Pèdre III, roi d'Aragon et de Sicile, 1276-1285, = Constance, petite-fille de l'empereur Frédéric II ; dont *sainte Élisabeth,* nommée par l'Église « *Mater pacis* », née en 1261, = en 1282, Denis, roi de Portugal (« le Père de la Patrie », 1279-1325), dont elle assura deux fois la réconciliation avec son fils ; professe du Tiers Ordre de

---

[1] Dom Vaissette.
[2] *L'auréole séraphique,* par le P. Léon, t. III, p. 237.

Saint-François, retirée au monastère des Clarisses de Coïmbre, ✝ le 4 juillet 1336; canonisée par Urbain VIII en 1625¹.

Morte à   , le   1251.

XXI   ISABELLE D'ARAGON

(REINE DE FRANCE).

Née à   , le   1236.

Contrat de mariage à   , le 11 mars 1258.

Mariée à Clermont en Auvergne, le 28 mai 1262, avec Philippe, fils de saint Louis².

Dot : les comtés de Carcassonne et de Béziers.

Mère de : 1° Louis, ✝ empoisonné à quinze ans;

2° Philippe IV le Bel;

3° Charles de Valois.

Morte à Cosenza, en Calabre, le 28 janvier 1271, au retour de la huitième croisade à Tunis.

---

[1] « Seigneur, daignez par son intercession, nous accorder cette paix que vous « êtes venu apporter à la terre, la paix au milieu des agitations du monde, la « paix malgré les injures, la paix dans les tribulations, dans les angoisses de « l'âme et du corps, la paix avec Dieu et avec les hommes. » (*L'auréole séraphique*, t. III, p. 32.)

[2] Voy. page 390.

XX DE VALOIS

(CHARLES).

Deuxième fils du roi Philippe le Hardi.
Né à   , le 12 mars 1270.
Comte de Valois, comte-pair d'Anjou et du Maine, 1297.
Proclamé roi d'Aragon et de Valence, 1284; défenseur de l'Église, empereur d'Orient, 1302.
Marié en 1301 à Catherine de Courtenay, † le 2 janvier 1308.
Père de : 1° Jeanne de Valois;
2° Jean, comte de Chartres; 3° Catherine, princesse de Tarente, † 1346; 4° Isabelle, abbesse de Fontevrault, — monastère de religieuses Bénédictines, fondé par le bienheureux Robert d'Arbrissel, — † 1349.
D'un premier lit, il fut père du roi Philippe VI, beau-frère de saint Louis d'Anjou, grand-père de Jeanne, reine de Naples, et sixième aïeul de la sainte reine *Jeanne de Valois*, 1464-1505, fille de Louis XI, duchesse d'Orléans, 1476; reine de France, 1498; retirée à Bourges et fondatrice de l'Ordre de l'Annonciade, qui possède encore deux couvents : à Boulogne-sur-Mer et à Villeneuve-sur-Lot[1].
Mort à Paris, le 16 décembre 1323, après avoir rendu à la France de grands services par sa valeur et sa prudence.
Son corps inhumé aux Jacobins, son cœur aux Cordeliers.
Armes : « L'écu semé de France à la bordure de gueules. »

---

[1] Voy. sa vie par Louis d'Attichy, évêque de Riez.

XXIII   JEAN DE BRIENNE

(ROI DE JÉRUSALEM).

Né à   , le

Marié 1° à Acre, le 14 septembre 1210, avec Marie, fille de l'invincible Conrad, marquis de Montferrat, et de la reine Isabelle;

2° à   , le   , avec BÉRENGÈRE de Castille.

Père de : MARIE, = en 1234 BAUDOUIN II, dernier empereur latin de Constantinople, 1228-1273, qui devait donner à saint Louis le célèbre reliquaire conservé dans nos musées[1], et la Couronne d'épines de Jésus-Christ, pieusement reçue en 1239 par toute la cour de France; dont Philippe de Courtenay, 1235-1274.

Douzième et dernier successeur de Godefroy de Bouillon au royaume de Jérusalem, désigné par Philippe-Auguste au choix des barons de Palestine comme un autre Judas Macchabée, « *in armis probum, in bellis securum, in* « *agendis providum*, etc. »

Vainqueur à Damiette, régent de l'empire latin d'Orient, qu'il défendit vaillamment, malgré le poids de ses années : « *Magnus et grossus et longus staturâ, doctus ad prælium,* « *nec fuit miles in mundo melior eo*[2]. »

Mort à   , le 23 mars 1237, ayant pris l'habit des Frères Mineurs[3].

---

[1] WALLON, *Histoire de saint Louis*, p. 123.
[2] *Chronique* du Frère SALIMBENE.
[3] GIBBON, t. VII, p. 25.—DUCANGE, *Histoire de C. P.*, liv. III, ch. XIII-XXVI.

XXII   CHARLES Ier D'ANJOU

(ROI DE SICILE).

Troisième fils de Louis VIII et de Blanche de Castille. Né à   , le   mars 1220.

Contrat de mariage à   , le 19 janvier 1246, avec Béatrix de Provence.

Comte d'Anjou et du Maine, roi de Naples, dit « le Lion de Sicile ».

Armé chevalier par saint Louis, auquel il était tendrement dévoué et qu'il suivit aux croisades. Avec son assentiment, il répond à l'appel du Pape, qui a prêché une croisade contre l'usurpateur de la Sicile. Sénateur de Rome, y reçoit l'investiture du royaume de Naples ; est vainqueur de Manfred à Bénévent, 1266 ; de Conradin à Tagliacozzo, 1268. Couronné roi de Jérusalem par le Pape, et reconnu en cette qualité, par les Barons et les Templiers, à Saint-Jean d'Acre, le 7 juin 1278 ; soutient une longue lutte avec le roi d'Aragon, prétend à l'empire de Constantinople. Il trouvait le temps, selon l'historien Giannone, de donner une once d'or par mois à saint Thomas d'Aquin, pour le prix de ses leçons de théologie.

Père de : 1° Charles II, comte de Provence et de Forcalquier en 1267, prince de Salerne, roi de Naples, 1285-1309 ;

2° Philippe, prince d'Achaïe ;

3° Isabelle, = Ladislas III, roi de Hongrie, 1272-1290 ;

4° Béatrix d'Anjou.

Mort à Foggia, le 7 janvier 1285. Inhumé dans la cathédrale de Naples. Son cœur fut porté, suivant ses volontés, à l'église des Jacobins, rue Saint-Jacques, à Paris.

XXI · BÉATRIX D'ANJOU

Née à , le
Mariée à , le 15 octobre , avec
PHILIPPE de Courtenay.
Mère de : Catherine.
Morte à , le

XIX · DE VALOIS

(JEANNE).

Sœur du roi Philippe VI (1293-1350).
Née à , le
Mariée à Robert III d'Artois[1].

[1] Voir page 383.

Mère de : 1° Catherine de Beaumont;

2° Jean, comte d'Eu;

3° Charles, comte de Longueville.

Morte à Château-Gaillard, après une prison de vingt-neuf ans, le 9 juillet 1363 [1].

XVIII CATHERINE DE BEAUMONT

(COMTESSE D'AUMALE).

Née à   , le

Mariée à Jean II, prince de Castille, en 1320 [2].

Mère de : 1° Blanche;

2° Jeanne-Marie, = Jean VI, comte de Vendôme et de Castres, 1354-1366, dame d'Épernon et de Vernon, † le 30 mai 1376.

Transaction avec sa fille aînée, au sujet de son douaire, confirmée par lettres patentes du Roi en 1342.

Morte à   , le   novembre 1368.

XVII BLANCHE

(COMTESSE D'AUMALE).

Comtesse de Ponthieu, princesse de Castille.

Née à   , le

---

[1] *Art de vérifier les dates*, t. II, p. 770.
[2] Voir page 373.

Mariée en 1340 à Jean V de Harcourt¹.

Mère de : 1° Philippe;

2° Jean VI, comte de Harcourt et d'Aumale, vicomte de Châtellerault, otage au traité de Brétigny, = le 14 octobre 1359 Catherine, fille de Pierre Ier, duc de Bourbon, et belle-sœur du roi Charles V, † le 28 février 1389; père de : *a* Jeanne, comtesse de Namur; *b* Marie, duchesse de Gueldre; *c* Louis, archevêque de Rouen ;

d Jean VII de Harcourt, 1370-1452, connétable de France, prisonnier à la bataille d'Azincourt, 1415, = le 17 mars 1389 Marie d'Alençon, petite-fille de Charles de Valois, dont :

a' Marie, comtesse de Harcourt, d'Aumale, de Mortain, 1398-1476, = en 1417 le prince Antoine de Lorraine, comte de Vaudemont, tige des ducs de Lorraine et des empereurs d'Autriche. Elle fut aussi la souche des ducs de Guise et du célèbre Henri, comte de Harcourt, dit « Cadet la Perle », 1601-1666 (que nous retrouvons souvent dans l'histoire des Margarit et Couppel et qui s'illustra par tant de victoires : Quiers, 1639; Casal, 1640; Ivrée et Coni, 1641; les campagnes en Picardie, 1642; Cambrai, 1649; Cognac, 1651); vice-roi de Catalogne, 1645; grand écuyer de France, gouverneur de Guyenne, d'Alsace et d'Anjou;

b' Jeanne;

c' Jean VIII de Harcourt, 1396-1424, tué à la bataille de Verneuil.

3° Jacques, baron de Montgommery, lieutenant général pour le Roi en Picardie, = Jeanne d'Enghien ²;

---

¹ Voir page 345.
² Aïeul de Marie, = Jean Dunois, bâtard d'Orléans, petit-fils du roi Charles V, comte de Longueville, grand chambellan de France (1402-1468).

4° Jeanne, = Raoul de Guines; 5° trois autres enfants.

Eut de longs démêlés, au sujet du Ponthieu et de Noyelles, avec le roi d'Angleterre[1].

Morte à   , le 12 mai 1387.

XVI DE HARCOURT

(PHILIPPE).

Baron de Bonnestable.

Né à   -   , le 6 février 1345.

Filleul du roi Philippe VI.

Contrat de mariage à   , le   , avec Jeanne de Tilly.

« Cousin du roi » Charles VI, à cause de sa bisaïeule Alix de Brabant.

Vainqueur à la bataille de Rosbecq, 1382.

Mort à   , le

XIX DE TILLY

(AMFRID).

Capitaine, commandant le château de Hastings.

Né à   , le

---

[1] Dès l'an 1200, une branche de la famille de Harcourt s'établissait en Angleterre : ses descendants y occupent encore un rang important dans le Parlement.

Contrat de mariage à   , le   , avec
Alix de Grentemesnil, fille du vicomte de Leicester.

Mort à   , le

Armes :

XVIII   DE TILLY

(JEAN).

Descendu de Jean Paynel, chevalier, seigneur de Bricqueville (qui avait pour *armes* : « d'or à deux lions passants de gueules »), et possédait le fief de Rouellé près Domfront.

Né à   , le

Contrat de mariage à   , le   , avec Luce de Beauffou.

Mort à   , le

XIX   DE BEAUFFOU

(HENRY).

Maison considérable, alliée aux Luxembourg, descendue des anciens barons de Beauffou et Beuvron[1].

[1] *Gallia Christiana*, t. XI, p. 443.

Né à , le
Marié à , le , avec
Père de : Luce.

Fondateur de l'abbaye de Cerisy, lui aumône le fief noble de Belle-Étoile, qu'il possédait sur la paroisse de Cahan.

Mort à , le
Armes :

XVIII DE BEAUFFOU

(LUCE).

Née à , le
Mariée à Jean de Tilly.
Dot : Les fiefs de Beauffou, Beuvron, etc.
Mère de : Guillaume.
Morte à , le

XVII DE TILLY

(GUILLAUME).

Sire de Tilly.
Né à , le
Contrat de mariage à , le , avec Guillemette de Tournebu.
Mort à , le

XXII

DE TOURNEBU

(THOMAS).

Maison qui tenoit rang entre les plus nobles et les plus anciennes de Normandie[1].

Né à   , le

Compris, en 1210, au rôle des possesseurs de fiefs, pour le service de trois chevaliers.

Père de : Jean.

Mort à   , le

Armes : « D'argent à une bande d'azur. »

XXI

DE TOURNEBU

(JEAN).

Né à   , le

Chevalier, baron de Tournebu et Barentan, porté au rôle de la Chambre des comptes en 1236.

Père de : Simon.

Mort à   , le

---

[1] Pitard, *Nobiliaire du comté de Mortain*, v° *Tournebu*.

XX — DE TOURNEBU

(SIMON).

Né à   , le

Donne à l'abbaye de Villers-Canivet tous ses droits sur l'église de Durcet [1].

Père de : Guy.

Mort à   , le

XIX — DE TOURNEBU

(GUY).

Né à   , le

Chevalier, baron de Tournebu.

Actes de 1272, 1293.

Présent au jugement rendu en 1283 contre Charles, roi de Sicile.

Contrat de mariage à   , le   , avec Blanche Crespin.

Mort à   , le

---

[1] *Archives du Calvados*, Chartes du treizième siècle.

CRESPIN

(JEAN).

xx

Né à   , le
Baron de Thury, de Dangu, de Grimbost.
Contrat de mariage à   , le   , avec Jeanne d'Avaugour.
Mort à   , le

D'AVAUGOUR

(JEANNE).

xx

Née à   , le
Mariée à Jean Crespin, baron de Thury.
Mère de : Blanche.
Morte à   , le

XIX CRESPIN

(BLANCHE).

Dame de Dangu, Grimbost, etc.
Née à   , le
Mariée à Guy de Tournebu.
Mère de : Robert.
Morte à   , le

XVIII DE TOURNEBU

(ROBERT).

Chevalier.
Né à   , le
Acte de 1316.
Père de : 1° Guillemette ;
2° Richard. — (Acte de 1401, par lequel Jean le Forestier lui rend aveu pour le fief de Durcet.)
Mort à   , le

DE TOURNEBU

(GUILLEMETTE).

XVII

Née à   , le
Héritière des baronnies de Grimbost et Thury.
Mariée à Guillaume de Tilly.
Mère de : Jeanne, sa fille unique.
A vécu plus d'un siècle.
Morte à   , le   1485 [1].

DE TILLY

(JEANNE).

XVI

Héritière des Tilly et des Tournebu, de Beuvron.
Née à   , le
Mariée à Philippe de Harcourt [2].
Mère de : 1° Girard ;
2° Quatre autres enfants.
Morte à   , le

---

[1] DE LA ROQUE, *Histoire de la maison de Harcourt*, t. I, p. 277 ; et PITARD, *Nobiliaire du comté de Mortain*.
[2] Voir page 430.

XV — DE HARCOURT

(GIRARD).

Baron de Beuvron.

Né à , le

Contrat de mariage à , le , avec Marie de Graville[1].

Tué à la bataille d'Azincourt, 1415.

[1] Voir page 456.

XXIV   MALLET

(ROBERT).

Né à   , le

Contrat de mariage à   , le   , avec ALIX ou Hela d'Alençon, fille de JEAN Ier, comte d'Alençon, 1172-1191, et de BÉATRIX d'Anjou, nièce de Geoffroy Plantagenet.

Père de : Robert II.

Mort à   , avant 1205.

XXIII   MALLET

(ROBERT II).

Chevalier banneret, descendu des ducs de Bourgogne et des comtes d'Alençon.

Né à   , le

Contrat de mariage à   , le   , avec AGNÈS de Tancarville.

Père de : Guillaume.

Acte de 1226.

Mort à   , le

XXII MALLET

(GUILLAUME).

Né à , le
Acte de 1250.
Contrat de mariage à , le , avec Ameline, dame du Bosc.
Mort à , le

XXIII DU BOSC

Ancienne maison qui figure à la conquête de l'Angleterre, à la prise de Jérusalem, et fournit quatre otages au roi Philippe-Auguste par le traité du 1er juin 1204.

Armes : « De gueules, à la croix échiquetée d'argent
« et de sable de trois traits, cantonnée de quatre lions
« d'or. »

---

[1] PITARD, v° *du Bosc.*

XXII DU BOSC

(AMELINE).

Née à , le
Mariée à Guillaume Mallet.
Mère de : Jean.
Morte à , le

XXI MALLET

(JEAN).

Sire de Graville.
Né à , le
Croisé, avec deux seigneurs de Harcourt.
Contrat de mariage à , le , avec Marie de Léon.
Mort à , le

XXIII DE LÉON

(HERVÉ).

Né à   , le
Contrat de mariage à   , le   , avec
N....., fille de GUILLAUME de Poissy[1].
Père de : Hervé II.
Mort à   , le

XXII DE LÉON

(HERVÉ II).

Né à   , le
Contrat de mariage à   , le   , avec
Marguerite d'Avaugour.
Mort à   , le
Armes : « D'argent au chef de gueules. »

XXIII D'AVAUGOUR

Branche cadette des anciens comtes de Bretagne, issus de CONAN Ier et de JUDICAEL. Elle a pour tige ÉTIENNE,

[1] DE LA ROQUE.

comte de Penthièvre et frère puîné d'Alain le Noir, comte de Richemont[1].

Henry, troisième fils d'Étienne, comte de Tréguier, Guingamp et Avaugour, = en 1151 Mahaut, fille de Jean Ier, comte de Vendôme, 1136-1192[2], dont :

Alain Ier, comte de Penthièvre et Avaugour (acte de 1189), père de :

Henry, = Marguerite de Mayenne, fille de Juhel, baron de Mayenne, et de Gervaise, vicomtesse de Dinan ; dont trois branches d'Avaugour :

L'aînée finit avec Jeanne, baronne de Mayenne, comtesse de Goëllo, = en 1318 Guy de Bretagne, comte de Penthièvre, frère puîné du duc Jean III ; la seconde, des seigneurs du Parc et de la Roche-Mabile, finit avec Henry, archevêque de Bourges, † 1446 ; la troisième, des seigneurs de Kergrois, finit avec Blanche, = Jean de Bellouan.

XXII D'AVAUGOUR

(MARGUERITE).

Née à   , le
Mariée à   , le   , avec Hervé II de Léon.
Mère de : 1° Marie ;

[1] P. Anselme, t. III, p. 56.
[2] *Art de vérifier les dates*, t. II, p. 814.

2° Jeanne, = Jean, vicomte de Rohan.

Morte à   , le

Après que la seigneurie d'Avaugour eut été confisquée, en 1420, sur les Penthièvre[1], le duc François II l'érigea de nouveau en baronnie au profit de son fils François, comte de Vertus et de Goëllo, = en 1495 Madeleine de Brosse. Cette dernière famille s'est éteinte en 1746, avec Henry-François de Bretagne-Avaugour[2].

XXI   DE LÉON

(MARIE).

Née à   , le
Mariée à Jean Mallet.
Mère de : Jean II.
Morte à   , le

XX   MALLET

(JEAN II).

Sire de Graville.
Né à   , le

[1] Voir page 106.
[2] BOREL D'HAUTERIVE, *Annuaire de la noblesse*, 1866, p. 147.

Rend aveu au Roi en 1316, 1317.
Contrat de mariage à   , le   , avec
Anne de Saint-Venant.
Mort à   , le

XXI DE WAURIN

(ROBERT).

Maréchal de France.
Né à   , le
Père de : Anne de Saint-Venant.
Mort à   , le

XX DE SAINT-VENANT

(ANNE).

Née à   , le
Mariée à Jean II Mallet de Graville.
Mère de : Jean III.
Morte à   , le

XIX   MALLET

(JEAN III).

Sire de Graville, seigneur de Séez, Bernay.

Né à   , le

Contrat de mariage à   , le   , avec Léonor de Saint-Pol et Châtillon.

Mis à mort à Rouen, par ordre du roi Jean, pour s'être trouvé avec Jean de Harcourt dans la rébellion de Charles, roi de Navarre, en 1355.

Armes : « De gueules à trois fermeaux ou fermoirs d'or. »

XXVI ## DE SAINT-POL

(COMTES).

Grand fief mouvant du comté de Flandre.

Famille alliée aux maisons royales de France, de Sicile, d'Angleterre et de Bohême.

HUGUES III fonde l'abbaye de Cercamp en 1137, et y place des moines de Cîteaux.

Père de : ANSELME, 1150-1174, qui fut père de : 1° Béatrix, = Jean I{er}, comte de Ponthieu ;

2° Hugues IV.

Armes : « De gueules à trois pals de vair, au chef d'or, au lambel d'azur à cinq échancrures. »

XXIV ## HUGUES IV

(COMTE DE SAINT-POL).

Comte, seigneur de Champ d'Avesnes.

Né à   , le

Contrat de mariage en   , avec Yolande de Hainaut.

Croisé, connétable de l'Empire latin d'Orient, en 1204.

Fidèle allié de Philippe-Auguste, son beau-frère.

Mort à Constantinople, le   1205.

Inhumé à l'abbaye de Cercamp.

XXVI   BAUDOUIN III

(COMTE DE HAINAUT).

Né à   , le
Comte, 1099-1120.
Marié à Yolande de Gueldre.
Père de : Baudouin IV « le Bâtisseur », et aussi « le Guerroyeur », = Alix de Namur, dont :
1° Yolande; 2° Baudouin V, comte de Hainaut, père de Baudouin Ier, empereur de Constantinople.
Mort à   , le 8 novembre 1171. Inhumé à Saint-Vandru de Mons.

XXIV   YOLANDE DE HAINAUT

(COMTESSE DE SAINT-POL).

Née à   , le
Mariée à : 1° Yves, comte de Soissons; 2° Hugues IV.
Mère de : Élisabeth.
Morte à   , le

XXIII   ÉLISABETH

(COMTESSE DE SAINT-POL).

Fille et héritière de Hugues IV.
Née à   , le
Mariée à Gaucher de Chastillon, 1196.
Mère de : Hugues V.
Morte à   , le   mars 1233.

XXIII   DE CHASTILLON

(GAUCHER III).

Fils de Guy II, comte de Chastillon-sur-Marne, et de Alix, fille de Robert Ier, comte de Dreux.

Petit-neveu du célèbre pape Urbain II.
Né à   , le
Contrat de mariage à   , le   1196, avec Élisabeth, comtesse de Saint-Pol.

Fonde la seconde race des comtes de Saint-Pol.

« Le plus franc et le plus vaillant chevalier de son temps. » Vainqueur en Normandie, en Flandre, en Bretagne, etc.

Sénéchal de Bourgogne. Grand bouteiller de Champagne.

Quatre fois croisé. Fait des prodiges de valeur à la bataille de Bouvines, où il reçoit douze coups de lance, 1215.

Mort à Saint-Pol, le   octobre 1219.

XXII   HUGUES V

(COMTE DE SAINT-POL ET BLOIS).

Né à   , le
Seigneur de Troissy, comte de Chastillon et sénéchal de Champagne. Croisé. Accompagne saint Louis en Bretagne.

Contrat de mariage à   , le   1225, avec Marie d'Avesnes.

Mort le 9 avril 1248, et inhumé dans l'abbaye de Pont-aux-Dames près Meaux, qu'il avait fondée.

XXIII   GAUTHIER II D'AVESNES

Né à   -   , le
Contrat de mariage à   , le   , avec Marguerite, comtesse de Blois.

Seigneur aux Pays-Bas, de Guise, etc. Deux fois croisé.

Mort à Damiette, le   1249.

MARGUERITE

(COMTESSE DE BLOIS).

XXIII

Fille de THIBAULT V, comte de Blois et de Chartres, grand sénéchal de France, † au siége d'Acre, 1191, = en 1164 ALIX, fille de Louis le Jeune et de la reine Éléonore.

Née à , le
Comtesse en 1218.
Mariée à : 1° Otton de Bourgogne; 2° Gauthier d'Avesnes.
Mère de : Marie, sa fille unique.
Morte à , le 1230.

MARIE D'AVESNES

(COMTESSE DE BLOIS).

XXII

Née à , le
Mariée à Hugues V, 1225.
Mère de : 1° Guy III, comte de Saint-Pol; 2° Jean, comte de Blois et de Chartres; 3° Gauthier IV de Chastillon.
Morte à , le 1241.
Inhumée dans l'abbaye des filles de Cîteaux, à Pont-aux-Dames, qu'elle avait fondée.

XXI   GUY III

(COMTE DE SAINT-POL).

Comte de Chastillon « et de toute la terre qui est « entre la rivière de Somme et la mer[1] », 1248.

Né à   , le

Contrat de mariage à   , le   , avec MAHAUT de Brabant, veuve du comte Robert d'Artois.

Père de : 1° Hugues VI, qui fut grand-père de Charles de Blois, duc de Bretagne, 1300-1364; 2° Guy IV; 3° Béatrix, = Jean de Brienne, comte d'Eu[2].

Croisé en 1270.

Général dans les Flandres et en Aragon, 1276.

Mort à   , le 12 mars 1289. Inhumé avec sa femme à l'abbaye de Cercamp.

XX   GUY IV

(COMTE DE SAINT-POL).

Seigneur d'Encre, 1292.

Né à   , le

Contrat de mariage à   , le   , avec Marie de Bretagne.

---

[1] Par le testament de son père en 1246.
[2] Petit-fils du roi de Jérusalem du même nom, et de Bérengère de Castille.

Grand bouteiller de France.

Exécuteur testamentaire du roi Louis X. Ambassadeur auprès du Pape en 1298, et de l'Empereur en 1299. Vainqueur à Mons-en-Puelle, 1304.

Il battait monnaie et y employait des Lucquois[1].

Mort à　　　　　　　　, le 6 avril 1317.

Inhumé à Cercamp.

XX

MARIE

(COMTESSE DE SAINT-POL).

Fille de Jean II, duc de Bretagne.

Née à　　　　　　, le

Mariée à Guy IV, comte de Saint-Pol, en 1292.

Mère de : 1° Léonor;

2° Mahaut, † 1358, = en 1308 Charles de Valois;

3° Six autres filles; 4° deux fils : Jean, comte de Saint-Pol, et Jacques, seigneur d'Encre.

Morte à　　　　　　, le 5 mai 1339.

XIX

LÉONOR

(DE SAINT-POL ET DE CHATILLON).

Née à　　　　　　, le

Mariée à Jean III, sire de Graville.

[1] *Art de vérifier les dates*, t. II, p. 778.

Mère de : Robert III.
Morte à , le

XVIII MALLET

(ROBERT III).

Sire de Graville.
Né à , le
Père de : Guy.
Mort à , le

XVII MALLET

(GUY).

Sire de Graville, « cousin de Pierre, comte d'Alençon », 1395.
Né à , le
Père de : Jean IV.
Mort à , le

XVI — MALLET DE GRAVILLE

(JEAN IV).

Grand pannetier et grand arbalétrier de France, 1416.
Né à   , le
Contrat de mariage en   , avec Jeanne de Bellengues.
Rend aveu au Roi pour le fief de Bousemont, 1412.
Défend généreusement, contre les Anglais, la ville de Montargis, 1426.
Tué à Moncontour, le   1436.

XVII — DE BELLENGUES

(GUILLAUME).

Né à   , le
Contrat de mariage à   , le   1390, avec Jeanne de Brienson.
Père de : Jeanne.
Chambellan du Roi.
Mort à   , le
Armes : « D'argent à la bande de paillé[1]. »

[1] DE LA ROQUE, *Histoire de la maison de Harcourt.*

XVI ## DE BELLENGUES

(JEANNE).

Née à , le
Mariée à Jean IV de Graville.
Mère de : Marie.

Aïeule de Louis Mallet de Graville, gouverneur de Picardie et de Normandie, chevalier de l'Ordre du Roi, capitaine des cent gentilshommes de sa Maison, 1486; amiral de France; actif et vigilant conseiller de Charles VIII[1]; eut grand crédit à la cour de trois rois; fut à la journée de Saint-Aubin du Cormier; prit part à la conquête du royaume de Naples[2], etc.

Morte à , le

XV ## DE GRAVILLE

(MARIE).

Née à , le
Mariée à Girard de Harcourt.
Mère de : 1° Jean ;

---

[1] *Correspondance de Charles VIII*, etc., pendant la guerre de Bretagne, publiée par le duc de la Trémoille, Paris, 1875.
[2] Monéri, *Dictionnaire historique*, t. V, p. 82. — M. Robert Mallet de Graville est actuellement conseiller municipal à Caen; la comtesse de Graville habite Paris.

2° Jacques de Harcourt, baron de Beuvron, père de Charles, qui fut père de François, père de Guy, = Marie de Saint-Germain; dont neuf enfants mâles :

L'aîné, Pierre de Harcourt, marquis de Beuvron, gouverneur de Rouen, lieutenant pour le Roi en Normandie, fut la souche de Henry, premier duc de Harcourt, 1654-1718; pair et maréchal de France, du conseil de régence, grand d'Espagne, qui fut père de deux ducs et maréchaux de France : François, 1689-1750, et Anne-Pierre, 1701-1784, et auteur du duc François, né 1835, = en 1862 N... de Mercy-Argenteau, et de son oncle le comte Bernard, ambassadeur à Rome et à Berne, = en 1851 Élisabeth de Saint-Priest, dont : 1° la comtesse Duchâtel; 2° Gilonne.

Morte à   , le

XIV DE HARCOURT

(JEAN).

Baron de Bonnestable, de Tilly.

Né à   , le

Contrat de mariage à   , le   1453, avec Catherine d'Arpajon.

Assiste aux États Généraux de Tours en 1467.

Mort à   , le

Partage de sa succession, le   1501.

XXI BERAUD

(SEIGNEUR D'ARPAJON).

Né à   , le
Seigneur en 1207.
Père de : Hugues.
Mort à   , le
Armes : « De gueules à la harpe d'or[1]. »

XX HUGUES Ier

(SIRE D'ARPAJON).

Né à   , le
Père de : Bérenger.
Acte de 1268.
Mort à   , le

---

[1] DE LA ROQUE. — La commune d'Arpajon (Seine-et-Oise) porte encore le même écusson.

XIX ## BÉRENGER

(SIRE D'ARPAJON).

Vicomte de Lautrec, 1316.
Né à   , le
Père de : Hugues II.
Mort à   , le

XVIII ## HUGUES II

(SIRE D'ARPAJON).

Chevalier, seigneur de Calmont, 1340.
Né à   , le
Père de : Bérenger II.
Mort à   , le

XVII ## BÉRENGER II

(SIRE D'ARPAJON).

Né à   , le
Père de : Hugues III.
Seigneur en 1380.
Mort à   , le

XVI   HUGUES III

(SIRE D'ARPAJON).

Né à , le
Contrat de mariage à , le , avec Jeanne de Sévérac.
Mort à , le

XVIII   DE SÉVÉRAC

(N.....)

Baron en Rouergue.
Né à , le
Père de : 1° Guy V ;
2° Amaury, maréchal de France.
Mort à , le

XVII   DE SÉVÉRAC

(GUY V).

Né à , le
Contrat de mariage à , le , avec Jeanne, Dauphine d'Auvergne.
Mort à , le

XXVII   DAUPHINS D'AUVERGNE

Guillaume IV, comte de Clermont, 1096; croisé, 1102-1113, = en 1086, Emma, comtesse de Sicile[1], † 1136; dont Robert III, comte d'Auvergne en 1136, = Marchise, fille de Guigues IV d'Albon, Dauphin du Viennois; dont Guillaume VII.

XXV   GUILLAUME VII LE GRAND

(COMTE D'AUVERGNE ET DE VELAY).

Né à   , le

Prisonnier du roi Louis VII. Souvent en guerre avec son oncle et avec l'évêque de Clermont.

Marié à Jeanne de Calabre.

Père de : 1° Robert-Dauphin;

2° Ansalde, = Hercule III, vicomte de Polignac.

Mort à   , le   1169.

Prend le titre de *Dauphin d'Auvergne*[2] (Charte de 1147).

Quitte les *armes* d'Auvergne, « un gonfanon frangé de « sinople en champ d'or », pour prendre « un dauphin en « champ d'or ».

---

[1] *Art de vérifier les dates*, t. II, p. 356.
[2] A l'imitation de Guigues, son aïeul, qui, le premier, se qualifia Dauphin du Viennois.

XXIV ROBERT-DAUPHIN

(COMTE DE CLERMONT).

Né à , le
Traite, le 30 septembre 1199, avec Philippe-Auguste, qu'il reconnaît pour suzerain, et, en février 1229, avec saint Louis.

Bienfaiteur de la Grande Chartreuse en septembre 1215.

Marié à G. DE MONTFERRAND, † 1199.

Père de : 1° Guillaume-Dauphin ;

2° Dauphine ;

3° N....., = Bernard de la Tour d'Auvergne.

Mort à , le 22 mars 1234, après un gouvernement de soixante-cinq ans.

XXIII GUILLAUME-DAUPHIN Ier

(COMTE DE MONTFERRAND ET CLERMONT).

Né à , le
Marié en 1196 à HUGUETTE de Chamalière.
Père de : Robert II.
Rend hommage à Louis VIII en 1226.
Mort à , le 1240.

XXII   ROBERT II

(COMTE DE CLERMONT).

Né à   , le

Contrat de mariage à   , le   , avec Alix de Ventadour.

Père de : Robert III ;

2° Alix, = Eustache IV, seigneur de Montboissier.

Mort à   , le   1262.

XXI   ROBERT III

(COMTE DE CLERMONT, DAUPHIN D'AUVERGNE).

Né à   , le

Marié à Mahaut (fille de Guillaume X, comte d'Auvergne, et d'Alix de Brabant), qui † le 12 août 1280.

Père de : 1° Robert IV ;

2° Guy, commandeur du Temple, arrêté en 1307, brûlé le 18 mars 1313, dans l'île du Palais, à Paris ;

3° Guillaume, doyen de Chamalière, † 1302.

Mort à Clermont, le 20 mars 1282. Inhumé dans l'église Saint-André, suivant son testament du 3 novembre 1281.

XX   ROBERT IV

(COMTE DE CLERMONT ET MONTFERRAND).

Né à   , le
Contrat de mariage à   , le   1279, avec ALIX de Mercœur, † le 15 juillet 1286.

Père de : Jean Dauphinet.

Prend part à de nombreux combats.

Mort à   , le 29 janvier 1324.

Inhumé dans l'abbaye de Saint-André.

XIX   JEAN DAUPHINET

(DAUPHIN D'AUVERGNE).

Né à   , le

Gouverneur de Saint-Omer.

Battit les Flamands et les Anglais en Gascogne.

Contrat de mariage à   , le   1312, avec ANNE de Poitiers, fille d'AYMAR IV, comte de Valentinois, 1250-1330, et de MARGUERITE (fille de RODOLPHE, comte de Genève, et de MARIE de Coligny).

Père de : 1° Béraud 1ᵉʳ;

2° Hugues, chanoine de Clermont.

Mort à   , le 10 mars 1351.

XVIII   BÉRAUD Ier

(DAUPHIN D'AUVERGNE).

Né à   , le
Contrat de mariage à   , le   1333,
avec MARIE de Villemur, † le 28 septembre 1383[1], nièce du pape Jean XXII (Jacques d'Euse, de Cahors, qui avait été précepteur de saint Louis d'Anjou).

L'un des plus riches seigneurs de l'Auvergne.

Père de : 1° Jeanne;

2° Catherine, = le marquis de Beaufort, seigneur de Canillac, neveu du pape Clément VI;

3° Trois autres filles;

4° Béraud II, dit « le comte Camus », aussi brave que magnifique, seigneur de Mercœur, † en 1400, = Marguerite, comtesse de Sancerre, † en 1419; auteur de « la « grande Mademoiselle », 1627-1693, qui fut la dernière des Dauphines d'Auvergne[2].

Mort à   , le 27 août 1356. (Testament du 19 août.)

---

[1] BALUZE, *Preuves de l'histoire de la maison d'Auvergne.*
[2] *Art de vérifier les dates*, t. II, p. 373.

XVII JEANNE

(DAUPHINE D'AUVERGNE).

Née à   , le
Mariée à Guy V (Guionnet) de Sévérac.
Mère de : 1° Jeanne;
2° Guy, † sans postérité.
Morte à   , le

XVI DE SÉVÉRAC

(JEANNE).

Née à   , le
Mariée à Hugues III, sire d'Arpajon.
Mère de : 1° Jean;
2° Guy, auteur du duc d'Arpajon, marquis de Sévérac en 1659.
Morte à   -   , le

XV — D'ARPAJON

(JEAN).

Seigneur d'Arpajon, vicomte de Lautrec.
Né à   , le
Contrat de mariage à   , le   , avec Blanche de Chauvigny.
Père de : Catherine.
Mort à   , le

XIX — DE BRABANT

(MATHILDE OU MAHAUT).

Fille de Henry le Magnanime, descendue de Louis IV d'Outremer et par lui de l'empereur Charlemagne.
Née à   , le
Veuve de Robert, comte d'Artois[1].
Mariée à Guy III de Châtillon.
Mère de : 1° Jeanne ;
2° Béatrix ; 3° et 4° Hugues VI et Guy IV, tous deux comtes de Saint-Pol.
Morte à   , le 29 septembre 1288.

[1] Voir pages 321-326, 376 et 452. Elle fut ainsi trois fois notre aïeule.

XVIII DE CHATILLON

(JEANNE).

Née à   , le
Mariée à GUILLAUME III de Chauvigny, seigneur de Châteauroux.
Mère de : ANDRÉ, = Jeanne de Brosse.
Morte à   , le

XIX GIRARD

(VICOMTE DE LIMOGES).

Né à   , le
Marié à ROTHILDE, fille et héritière du vicomte de Brosse.

Père de GUY, vicomte de Limoges, † en 1025, = EMMA, fille du vicomte de Ségur, dont est descendu Roger, père de Pierre Ier, vicomte de Brosse, seigneur de Boussac, = en 1307 Blanche, fille de Jean Ier (1268-1280, comte de Sancerre), dont Louis Ier, tué à la bataille de Poitiers 1356, = en 1339 Constance de la Tour, dont Pierre II, † en 1400, père de Jean de Brosse, maréchal de France, qui se signale au siége d'Orléans, et † en 1433.

Auteur de Hugues.
Mort à   , l'an 1000.

XVIII   **HUGUES**

(VICOMTE DE BROSSE).

Né à   , le
Contrat de mariage à   , en   ,
avec
Père de : Jeanne.
Mort à   , le

XVII   **DE BROSSE**

(JEANNE).

Vicomtesse de Brosse.
Née à   , le
Mariée à   , le   , avec
André de Chauvigny.
Mère de : Guy, sire de Châteauroux, vicomte de Brosse, qui fut père de : Blanche.
Morte à   , le
Armes : « D'azur à trois gerbes d'or liées de gueules. »

XIV — D'ARPAJON

(CATHERINE).

Née à   , le

Mariée, par contrat du 20 août 1453, devant A. Ingleton, notaire juré à Issoudun, et G. Bouteiller, notaire à Limoges, avec Jean de Harcourt.

Dot : Six mille écus d'or.

Mère de : 1° Jacques ;

2° François de Harcourt, baron de Bonnestable, = Anne de Saint-Germain, dont les descendantes épousèrent François, prince de Conti, et Charles, comte de Soissons ;

3° Philippe, baron de Longey, Saint-Ouen, Escouché et Gul ;

4° Nicolas, archidiacre de Lisieux ;

5° Jean, seigneur d'Auvillers.

Par testament du 7 mars 1487, elle lègue « cinq sols à « chacune des religions mendiantes de Caen et de Bayeux « et aux églises de Vouvant et de Tilly ».

Morte à   , le

XIII — DE HARCOURT

(JACQUES).

Baron de Longey, Écuyer.

Né à   , le

Contrat de mariage devant   à   ,
le   , avec Ysabeau Bouchard d'Aubeterre.

Actes de 1497, 1522, 1558.

Mort à   , le

---

xv   BOUCHARD

(FRANÇOIS).

Chambellan du roi Louis XI.

Sénéchal d'Angoumois.

Né à   , le

Contrat de mariage à   , le   , avec Catherine Odart, fille du seigneur de Cursay.

Père de : Louis.

Mort à   , le

---

xiv   BOUCHARD D'AUBETERRE

(LOUIS).

Appelé « le chevalier sans reproche ».

Né à   , le

Contrat de mariage à   , le   , avec

MARGUERITE de Mareuil, fille de GUY de Mareuil, baron de Villebois, et de PHILIPPES Paynel, dame d'Ollendes[1].

Père : d'Ysabeau.

Mort âgé de cent ans!

XIII   BOUCHARD D'AUBETERRE

(YSABEAU-MARGUERITE).

Dame d'Olende, près la mer.

Née à   , le

Mariée à   , le   , avec Jacques de Harcourt.

Mère de : 1° Charles, sire d'Ollande et d'Avurcher. La branche d'Olonde, naguère représentée par Georges-Trevor-Douglas-Bernard, marquis d'Harcourt, ambassadeur à Londres, etc., etc., 1809-1884, dont trois fils : Bernard, Emmanuel, Amédée et la comtesse d'Haussonville.

2° Marguerite;

3° Jacques, protonotaire apostolique, baron de Longey;

4° Marie;

5° Nicolas, seigneur d'Écouché;

6° Jean, seigneur de Juvigny.

Morte à   , le

---

[1] DE LA ROQUE.

XII ## DE HARCOURT

(MARGUERITE).

Née à   , le
Mariée à   , le 27 octobre 1538, avec Gabriel de Vassy[1].

Mère de : 1° Nicole ;

2° Louis, seigneur de la Forest-Auvray, chevalier, = le 15 mars 1571, Françoise Damfernet (fille de Jacques Damfernet, baron de Montchauvel, Brécé, Celland et de Renée d'Oessé, dame de Touchet et du Guast), † le 1ᵉʳ janvier 1595.

Ce n'était pas la première alliance entre leurs deux maisons : Anne de Brécé, héritière de la branche aînée, = Julien d'Amfernet, qui rend aveu de leurs fiefs en 1533, en présence de Jean de Brécé, Écuyer, seigneur d'Isigny, chef de la branche cadette. — PITARD, cite un sieur de Brécé, compagnon du duc Guillaume le Conquérant en 1066 ; plusieurs moines de ce nom, bienfaiteurs des abbayes d'Aunay, de Savigny, de Montmorel ; Hamelin et Guillaume, qui firent hommage pour leurs fiefs au roi Philippe-Auguste ; *Robertus de Brécé miles, qui tenet duas partes feodi*, au rôle du bailliage du Cotentin, en 1272 ; Jean, officier sous les rois Charles V et Charles VI, etc.

Louis de Vassy eut pour fils :

Jacques de Vassy, seigneur de la Forest, baron de

---

[1] Voir page 288.

Brécé, gentilhomme de la chambre du roi, † en 1638, = Louise de Montgommery, fille de N... de Montgommery et de Suzanne de Bouquetot, dont : Jacques, seigneur de la Forest ; Jean-Baptiste, seigneur du Guast ; et

Gabriel, chevalier, marquis de Brécé[1], = en 1640 Claude du Bois, fille de la marquise de Piron, dont :

Claude, chevalier, marquis de Piron et de Brécé, † mars 1704, = en juillet 1681 Marie-Angélique de Motteville, fille de Georges, marquis de Motteville, premier président de la chambre des comptes à Rouen, et de Anne de Montecler ; dont : *a* un fils abbé, *b* une fille religieuse, *c* Louis-Alexandre, chevalier de Brécé, *d* Anne-Marie-Gabrielle, = J. F. Pitard de Lionnière[2] et

e François-Marie de Vassy, marquis de Brécé, = en 1707 Hélène de Geraldin.

Morte à   , le

XI   DE VASSY

(NICOLE).

Née à   , le

---

[1] Pitard, *Nobiliaire* mss. du comté de Mortain, v° *de Brécé*. Il ne faut pas confondre les seigneurs de la baronnie de Brécé avec une autre famille, née et élevée dans la paroisse de Brécey même, et fort différente de l'autre : Côme de Brécey, sieur de la Simondière, capitaine de cavalerie, anobli en janvier 1670, † dans le service, a laissé un fils officier. Ils ne possèdent point de fiefs. Leurs *armes* sont « de gueules à deux sabres, la lame d'argent et la garde d'or, mis en « sautoir, la pointe en haut. »

[2] Voir page 159.

Mariée à   , le   , avec
Julien des Rotours[1].

Mère de :

1° Jean IV, = Barbe Brochard, dont François II, né en 1613, officier de cavalerie aux campagnes de 1630, 1635 et 1636, = en 1638, à Tournebu, Catherine d'Anisy, †sans postérité, après avoir vendu ses terres et seigneuries des Rotours au marquis Claude de Vassy-la-Forest, le 3 novembre 1684;

2°, 3°, 4° : Charles, Jacques, Julien, auteurs des barons des Rotours de Chaulieu, et de Gabriel des Rotours, sous-préfet, grand-père du baron des Rotours, député, = N... de Salviac de Viel-Castel, dont : Raoul, baron des Rotours, = en 1886 Marthe d'Haubersart; N....., = le vicomte de Saint-Rémy; Marthe[2], etc.

5° Marie;

6° et 7° Nicole et Catherine.

Nommée par sentence du siége de Falaise, 20 décembre 1571, tutrice de ses enfants mineurs. *Id.*, 16 février 1584, maintenue en possession de la terre des Rotours[3]. *Id.*, ses enfants sont relevés de la garde noble, 20 février et 21 octobre 1587.

Morte à   , le

---

[1] Voir page 249.
[2] Borel d'Hauterive, *Armorial de la noblesse*, 1855-1865, v° *Des Rotours*.
[3] Les Rotours (Orne), commune de deux cents habitants.

X   DES ROTOURS

(MARIE).

Dame de Bri.

Née à   , le

Mariée à   , le   , avec Jean de Marguerit[1].

Signe, en 1616 et 1617, les actes de mariage de sa fille, Nicolle de Marguerit.

Mère de : 1° Nicolle;

2° Charlotte, marraine à Domfront de son neveu Siméon Couppel, le 17 février 1618; accordée en mariage, le 19 septembre 1619, avec Louis du Merle, seigneur de Couvrigny, descendant de Foulques du Merle, maréchal de France;

3° Jacques de Marguerit, baron de Rouvres et Soignolles, etc., parrain à Domfront de son neveu Jacques Couppel, le 27 mai 1619, seigneur du Busc, conseiller au Parlement en 1609[2]; conseiller d'État, 1618 ; prévôt général de Normandie. Eut un duel célèbre aux portes de Falaise, avec le marquis de Beuvron. Achète en 1640 la terre du Mesnil-Hubert à Jeanne de Clinchamps. Marié, le 5 décembre 1634, à Hélène le Hérissey, dont deux filles religieuses, et un fils, Jean, 1638-1721, = Louise de Négrier, dont mesdames Gislain de Benouville et Morel, comtesse d'Aubigny ;

4° Guillaume de Marguerit, reconnu noble de race en

---

[1] Voir page 222.
[2] *Catalogue des magistrats du parlement de Rouen*, p. 58.

1641, seigneur de Guibray, Sacy, Saint-Pierre du Bû, Estrées, etc., etc., vicomte de Falaise, = le 29 janvier 1629 Charlotte de Vigneral, et partage, en 1672, ses biens entre ses deux fils ; père de

François de Marguerit de Guibray, 1631-1709, conseiller au parlement de Rouen en 1654, seigneur de Panthou, Versainville, Estrées-la-Campagne, etc., = le 8 novembre 1672 Madeleine Thomson, 1636-1719, dont

François-Joseph de Marguerit de Guibray, conseiller au parlement de Rouen en 1700, président en la Cour des comptes[1], aides et finances de Normandie, 1711, chevalier, haut justicier, etc., premier marquis de Versainville, 1675-1760, = le 5 mars 1730 Marie-Thérèse de Chaumont de la Galaizière, † 1773, dont

Antoine, officier aux gardes françaises, seigneur et patron de Versainville, Mézières, Condé, etc., 1735-1810, = le 8 juin 1763 Marie-Angélique Le Viconte de Saint-Hilaire, dont

a Armand-Joseph, chevalier de Saint-Louis, 1766-1859 ;

b Marie de Marguerit de Versainville, 1774-1813, = le 19 mai 1802 Philippe, comte Odoard du Hazey, page du Roi et gentilhomme de sa chambre, mort à près de cent ans en 1870, dont

Adolphe, comte Odoard du Hazey, garde du corps de Charles X, 1803-1879, = le 24 mai 1831 Barbe de Marbeuf, 1806-1880, dont

a' François-Gaston, comte Odoard du Hazey, sixième marquis de Versainville, officier de cavalerie, 1833-18 , = le 7 février 1866 Marie Grandin de l'Éprevier, 18 -18 , dont

---

[1] *Catalogue des magistrats du parlement de Rouen*, p. 81 et 101.

François A. H., né en 1874, et Gildippe, née en 1868;

b' Joséphine-Barbe, 1831-1872, = en 1851 F. P. A., marquis de Mailly-Nesle, prince d'Orange, dont : le marquis et le comte de Mailly; Henriette, = le comte Aimery de la Rochefoucauld; Blanche, = le comte Raoul de Kersaint.

Morte à sa terre du Mesnil-Besnard, le 13 novembre 1621. Inhumée dans sa chapelle, église Saint-Gervais de Falaise.

IX   DE MARGUERIT

(NICOLE DE GUIBRAY).

Née à   , le
Baptisée le
Mariée à Falaise, le 15 janvier 1617, avec Brice Couppel[1].
Marraine de sa petite-fille Nicolle Couppel, le 5 décembre 1647, à Domfront.
Mère de : 1° Jacques;

2° Brice-François-Siméon, né le 3 février 1618, vicomte de Domfront, installé le 7 juin 1639, † sans être marié, le 20 octobre 1639, et inhumé à Notre-Dame sur l'Eau, le 21. Son frère unique lui succède.

Elle se remaria en   , à François Ledin, seigneur de la Chalerie, écuyer, auquel elle transporta pour 23,660 livres

---

[1] Voir page 167.

la charge de vicomte de Domfront, 1628, entre son premier mari, † 1623, et son fils aîné, † 1639[1]. François était d'ailleurs frère de Marquise Ledin, première femme de Brice Couppel. Il signe, avec son cousin Charles de Marseille de la Châlerie, au contrat de mariage de Jacques Couppel, son beau-fils, 1644. Nicole et François eurent pour enfants : 1° Marie, marraine, le 3 novembre 1650, de Marie Couppel sa nièce;

2° Jacques Ledin (Leydin ou Lesdain), seigneur de la Challerie, et de la Haute-Chapelle, maître des eaux et forêts à Domfront, et de la gruerie de Falaise[2], parrain, en 1658, de Gabrielle Couppel, sa nièce, et, en 1683, du sixième enfant de Brice Couppel, = Marguerite Hébert, qui fut marraine, le 29 octobre 1656, de Charles-François Couppel, son neveu. Ils eurent deux fils :

A Charles-Claude, gentilhomme de la chambre du duc d'Orléans, chevalier du Mont-Carmel et de Saint-Lazare, gouverneur de Domfront, grand bailli d'épée d'Alençon, † en son château de Godras, le 17 mai 1747, ne laissant de son mariage avec Charlotte-Thérèse de Bassompierre qu'une fille nommée Marie-Françoise-Charlotte-Michelle, = son cousin Pierre VI;

B Pierre V, seigneur, patron de Saint-Remy sur Orne, la Villette et Saint-Lambert, haut justicier de Clécy, baron de la Landelle, = Catherine-Thérèse de Croisilles, dont : *a'* Pierre VI François, seigneur de la Sausserie, de la Villette et de Saint-Lambert, capitaine de dragons au régiment de Harcourt, chevalier de Saint-Louis, lieutenant des maréchaux de France, gouverneur des ville et

---

[1] *Livre de raison* de Jacques Dupont de la Pesnière, fol. 12, 101, 103, 150.
[2] La maîtrise des eaux et forêts avait un ressort des plus étendus de France, et s'étendait jusqu'à Caen et Falaise.

château de Domfront, † en 1770. Sa fille unique, Louise-Henriette Ledin, = le 28 octobre 1770 Louis-Marie de Vassy, comte de Brécé, lieutenant de gendarmerie, qui vend en 1769 et en 1771 le château de Godras, ainsi que les bancs et places dans les églises de Notre-Dame sur l'Eau et de Domfront, avec deux beaux costumes du dernier gouverneur : « 1° robe de chambre en « drap d'or doublée en satin bleu ciel, avec veste et cu- « lottes du même satin, galonnées ; 2° la même en drap « d'argent, doublée en satin cramoisi. »

Leur fille unique fut madame de Chazot, 1773-1852.

b' Nicolas, aspirant au sacerdoce, 1715-1744.

Morte à la Châlerie, le 3 décembre 1649. Inhumée à Notre-Dame sur l'Eau, le 5, dans la chapelle de M. de la Châlerie. François Ledin, son deuxième mari, † l'année suivante, fut enterré auprès d'elle.

VIII   COUPPEL

(JACQUES).

Seigneur de l'Épinay, Bellée, Vaucé et de la Faverie.
Né à Domfront, le 24 mai 1619.

Baptisé dans l'église paroissiale le 27, par Jullien Simon, curé des églises de Domfront. Parrain : M. du Bû (de Marguerit), oncle maternel. Marraine : Magdelaine de Cormier, dame de la Challerie, veuve de René Ledin.

Contrat de mariage devant M⁰ Guillaume Douilly, tabellion royal en la vicomté de Saint-Silvin, avec Louise de Beaurepaire, le 8 mars 1644, au manoir seigneurial de Peyrières.

Écuyer, conseiller du Roi, premier assesseur au bailliage de Domfront, vicomte de Passais et de Domfront depuis 1640, patron honoraire de l'église de Vaucé.

Demeure dans une maison *manable* sur la grande rue de Domfront, adjacente à l'Horloge.

« D'un certificat du comte de Harcourt (1ᵉʳ janvier 1662), il appert que le sieur de L'Espinay a fait servir à ses dépens un homme dans les armées du roi en Italie, pendant les années 1641 et 1642[1]. »

Tient les plaids royaux à Domfront, 1659. Des jugemens rendus en la vicomté de Domfront, 15 octobre 1640 et 12 février 1641, le qualifient de noble, fils de noble.

---

[1] Il avait succédé au maréchal de Créquy dans le commandement de l'armée d'Italie, défait les Espagnols à Casal, délivré la citadelle de Turin le 22 septembre 1641, et repris Ivrée et Coni en 1642.

Passe bail devant M° Chevallier, notaire royal du bourg de Vaucé, à la Thibaudière, à Brice Couppel, sieur de Saint-Laurent et Rouellé (anobli en 1639), le 30 octobre 1650; *idem* le 17 décembre 1665; *idem* le 7 avril 1667, du moulin de Vaucé, aux charges notamment « de payer « au seigneur deux pipes de vin, douze chapons et douze « poulets; à ses serviteurs un pain de sucre royal, et quinze « livres à damoiselle de L'Épinay, sa fille aînée », etc., etc.

Ventes devant le même notaire, les 14 mars 1664 et 15 mars 1667; *idem* de divers immeubles dépendant de Fontaine-Daniel, les 15 et 22 juin 1663. En effet, par contrat passé au bourg de Couptrain, paroisse de Saint-Frambault sur Pisse, le 27 mai 1658, devant M° François Chevallier, il avait acquis de damoiselle Marie-Gabrielle de Bellée (sœur et seule héritière de Charles-François de Bellée, seigneur de Bellée et de Vaucé, chevalier, gouverneur de la citadelle de Barcelone, écuyer de la grande écurie du Roi et capitaine des gardes du comte de Harcourt) : « 1° les fief et terre noble de Bellée, comme un quart « de fief de haubert... tous droits seigneuriaux... les mou-« lin et étang du fief de Bellée; le domaine fieffé relevant « du Roi à cause de son domaine de Dompfront[1], etc., etc.

2° « Les terres de Gastines et de la Guibinière;

3° « La moitié du fief noble de Vaucé, acquise des sieurs « abbé et religieux de Fontaine-Daniel par le deffunt sieur « de Bellée, avec tous ses droits et priviléges, hommes et « vassaux qui en dépendent »; c'était par contrat du 21 février 1646[2] que Charles de Bellée avait acquis ce

---

[1] En 1761, il existait dans le bailliage de Domfront 12 fiefs de haubert relevant nuement du Roi et dont les aveux lui étaient rendus en la Chambre des comptes de Normandie, et plusieurs petits fiefs dits *portions de haubert* (car les fiefs de haubert étaient divisibles jusqu'en huit parties).

[2] Devant Levasseur, notaire à Paris et garde-nottes du Chastelet.

fief noble de Vaucé, moyennant une rente perpétuelle de 100 livres à l'abbaye[1].

4° « La moitié du droit de marché qui se tient au bourg
« de Vaucé, et le bois de Haute-Futaye ;

« 5° Dix-huit livres de rente foncière à prendre sur la
« métairie du bourg de Vaucé ;

« 6° Tout ce qui lui est échu de la succession de
« deffunt son frère, tant en fiefs nobles qu'en rotures
« dans les provinces de Normandie et du Maine, etc.

« La présente vendition moyennant 57,000 livres (dont
« la venderesse devoit déjà 43,000 audit vicomte de Dom-
« front, par suite de différents contrats du 29 novembre
« 1656), le surplus devant demeurer entre les mains
« dudit vicomte jusques après le payement du douaire de
« 19,000 livres à dame Françoise de Villette, épouse à pré-
« sent du sieur Antoine Auber, baron d'Aunay, et avant du
« deffunt sieur de Bellée. » (Il y avait un procès pendant,
entre mademoiselle de Bellée et sa belle-sœur, depuis 1657.)

En présence de Laudier, sieur de Beauvais, de la ville d'Alençon ; de René Verraquin, sieur de la Bretonnière, conseiller du Roi en l'élection de Domfront[2], et de plusieurs avocats au siége de Domfront.

En 1663, Jacques Couppel passe des baux de terres sises à Mantilly, devant le même Chevallier, notaire, moyennant des *vinages* de 25 et de 14 livres, c'est-à-dire le vin du contrat.

Le 19 février 1664, il rend aveu au Roi pour ses terres et seigneurie de Bellée, à cause de la châtellenie et vicomté

---

[1] Dès 1190, Henry II, roi d'Angleterre et duc de Normandie, qui résidait volontiers au château de Domfront, avait assuré à l'abbaye de Lonlay l'église et le droit de patronage sur Vaucé ; plus tard, moyennant une aumône, l'abbaye transféra le droit de présentation à cette cure aux seigneurs de Bellée.

[2] Blanchetière, *Pierres tombales*, p. 115 et suivantes.

de Domfront[1]. — En 1664, il loue la Mansellière (paroisse de l'Épinay) moyennant 80 livres, 45 boisseaux de seigle, autant d'avoine, 8 livres de *fil blanc*, 6 chapons, autant de poulets et 40 livres en pot de beurre salé. — *Idem* la mare de Vaucé, et la métairie de la basse-cour de Bellée; à la charge notamment « de payer, suivant la valeur des « dites métairies, le *Pasqueret*, et l'*Aquilanleu*[2], et pour « ayder son fermier à peupler ledict lieu de bestiaux né- « cessaires pour le faire valoir, ledict vicomte s'oblige luy « bailler 200 livres à la Saint-Georges ».

Accord notarié, le 17 octobre 1665, avec Jean Moreau, qui reconnaît avoir chassé sur les terres dudit vicomte et tué un lièvre dans ses garennes, et payera deux cents livres pour arrêter le différend[3].

[1] Nous relevons à Domfront des aveux rendus au Roi et au duc d'Alençon, par Ambroise et François de Bellée, 20 février 1509, 5 mars 1540, 10 février 1579.

[2] *Pasqueret*, cadeau consistant en œufs, payé à Pâques. A Noël, on devait l'*aquilan neuf* pour la nouvelle année, avec des branches de gui.

[3] Dont ayant fet informer et sur le point de mettre à exécution le jugement par luy obtenu, ledit Jean Moreau, sieur de la Cherague, l'auroit fet prier de s'accomoder à l'amiable pour son chef et regard, ce que ledit sieur vicomte auroit bien voullu; pourquoy ont été présents de leurs personnes ledit seigneur de Bellée, demeurant en la ville de Dompfront, et ledit messire Jean Moreau, sieur de la Juassière, demeurant au lieu de Cherague, paroisse du Poil, stipulant et faisant fort dudit Jean Moreau, son fils, lesquels par l'advis de leurs amis ont accordé ledit procès comme il en suit : c'est à savoir que ledit Jean Moreau, sieur de Cherague, stipulé et représenté par son père comme est dit, recognoist avoir failly, et pour demeurer quitte des intérests que ledit seigneur de Bellée auroit pu prétendre tant pour la valeur dudit lièvre que dépens de ladite poursuite, pour le regard seulement dudit Jean Moreau fils, a présentement payé au dit sieur vicomte la somme de deux cents livres tournois, à laquelle iceluy sieur de Bellée s'est contenté, luy remettant le surplus qu'il luy auroit pu demander et prétendre... et en la considération de ses amis, et a iceluy Jean Moreau fils renoncé à porter doresnavant les armes, ny chasser sur les terres dudit sieur vicomte; sur les poursuites au cas appartenant et moyennant ce présent accord ledit Jean Moreau fils et autres enfants du dit Moreau Juassière ne seront recherchés, ny poursuivis par le dit sieur vicomte pour autres informations qu'il peut avoir fet faire contre eux auparavant pour pareille chasse et port d'armes, sauf au dit seigneur de Bellée à poursuivre les autres interfecteurs et complices dudit Moreau fils, comme il verra bien, et ainsy d'accord fait.

Aveu lui est rendu pour la maison de l'Isle, paroisse Saint-Front, dépendant du fief noble du Lude, le 19 juillet 1656, par Le Maréchal et Magnin, à cause de Marie et Françoise Potier, filles et seules héritières de Nicolas Potier, capitaine, qui était à Domfront en 1574, auteur des Potier du Lude et de Fresnay. (Voir la brochure de M. A. Christophle, gouverneur actuel du Crédit foncier, sur l'*élection municipale en* 1738 d'un Potier de la Denays, qui sortait de la même famille.)

L'intendant d'Alençon chercha à susciter à Jacques les affaires les plus humiliantes et les plus dispendieuses, qui tendaient à lui faire perdre la noblesse, en lui imposant différentes taxes qui ne devaient être payées que par les personnes taillables. Il fallut donc recourir au conseil d'État pour se faire rendre justice. L'arrêt du 16 novembre 1641 accorde au vicomte mainlevée des fiefs de Jumilly et du Lude, et ordonne que les bestiaux et les deux chevaux sur lui saisis à la requête de Jean Richard, sous-traiteur du recouvrement de taxes en Normandie, lui seront restitués. *Idem*, arrêts des 22 mai 1642, 29 mars 1645, 3 août 1649, 8 janvier 1650. De nouveaux arrêts du conseil privé, rendus contradictoirement avec les habitants de Domfront, le rayent du rôle de la taille et le remettent au chapitre des anciens nobles : 23 décembre 1653, 2 septembre 1654, 18 et 27 janvier 1656, 12 avril 1658. Deux ordonnances, en date des 11 juillet 1656 et 20 février 1660, de la chambre souveraine des francs-fiefs, du consentement du procureur général du Roi, le déchargent (*comme noble de race, lui et ses prédécesseurs*) des assignations données pour droits de francs-fiefs et des taxes sur lui faites. Aussi est-il employé au chapitre des nobles, dans les rôles des tailles de Domfront en 1662,

1664, 1665. Le 2 avril 1666, les habitants de Domfront déposaient dans l'enquête qu'il était véritable gentilhomme et noble, comme feu son père (enquête devant Charles, sieur du Fresne). Cependant M. de Marle, commissaire du Roi en la généralité d'Alençon, avait rendu une ordonnance contraire, le 1ᵉʳ octobre 1667 ; les titres et les parchemins produits étaient argüés de faux devant les commissaires généraux. Jacques dut recommencer son procès et renouveler des mémoires appelant de l'ordonnance : le dernier imprimé date de 1672 [1]. Il mourut, tandis que l'affaire était en suspens. De plus, une nouvelle législation sur les francs-fiefs avait été édictée en août 1693. Ses fils poursuivirent et obtinrent un arrêt définitif de maintenue de noblesse, rendu par le conseil d'État [2], sur le rapport de M. de Breteüil, intendant des finances, qui les déchargeait de toutes taxes pour les fiefs de Bellée et du Lude, 8 mars 1695. Le même arrêt fut confirmé, le 17 juin 1721, en faveur de son petit-fils Siméon-Brice Couppel.

Un mois avant sa mort, le 17 avril 1676, il portait plainte devant le bailli d'Alençon contre « une douzaine « de personnes inconnues, armées de fusils et de bastons, « qui arrivèrent le 14 avec bruit et tumulte au bourg de « Vaucey, et, par une insulte autant téméraire que criminelle, avoient planté un poteau dans le cimetière, « coupé et emporté des branches de poiriers, proféré « plusieurs menaces et blasphesmes contre le suppliant,

---

[1] Simon ou Siméon Couppel, praticien, procureur avocat, postulant en cour laye, employé aux rôles de 1572, n'étoit ni écuyer, ni sieur de la Cousinière, ni bisaïeul de Jacques, vicomte de Domfront.

Il justifie plusieurs pièces où son père et lui ont été juges de ces Couppel et de leurs descendants sans qualité, et aussi ils ont été les juges de la famille du postulant, d'où s'ensuit qu'il n'y avoit pas entre eux de parenté, puisqu'ils étoient juges les uns des autres. (*Factum* de 1672.)

[2] Je l'ai copié sur l'ancien registre aux Archives nationales.

« qui (à raison de sa seigneurie de Bellée, relevant immé-
« diatement du Roy, à cause de sa chastellenie de Domfront)
« est sans contredit seigneur honoraire de Vaucey et en
« possession immémoriale des honneurs et droits de pré-
« sentation en l'église du lieu. Les armoiries et écussons
« des anciens seigneurs sont en effet de tout temps em-
« preintes sur la principale vitre de l'église paroissiale, sur
« le banc, etc. Une cloche ayant été autrefois cassée, le
« suppliant fut autorisé, par sentence du bailly du 15 mai
« 1665, à la faire refondre et empreindre de ses armes, etc. »

L'édit royal de juillet 1677 porta suppression des tabellions dans la province de Normandie, et les remplaça
par des notaires royaux : Jacques, un peu processif, fit
des premiers un très-fréquent usage[1]. Par acte du 9 décembre 1675, il dispose en faveur de la chapelle du
château de Bellée, desservie par le curé de Saint-Brice,
de la terre de Pontbureau et de deux rentes de 65 livres
chacune, l'une pour célébration par semaine de cinq
messes, l'autre pour distribution aux pauvres le vendredi
saint.

« Mort à Dompfront, après quinze jours d'une inflam-
mation aux poumons et d'une grosse fièvre continue,
secouru des sacrements », le 24 mai 1676. Inhumé le
22 juin, dans la chapelle Sainte-Anne de Notre-Dame sur
l'Eau.

Partage de sa succession le 12 octobre 1679 ; choisie
de lots, le 17 février 1680, entre ses quatre fils survi-
vants : les immeubles forment 45 articles, et il y a 22 rentes
actives. Nouveau partage devant M° Lebigot, notaire
royal à Domfront, le 3 août 1711.

---

[1] Les 16 février 1662, 15 juillet 1663, 1664, 1665, etc.

XVIII GAULTIER

(JEAN-MICHEL).

Famille bretonne, qui a donné deux évêques à la ville de Nantes.

Né à , le
Seigneur de Courteilles des Bois, Longchamps et Sortis. Acte de 1200[1].
Père de : Salomon.
Mort à , le

XVII GAULTIER

(SALOMON).

Né à , le
Chevalier, seigneur de Courteilles.
Contrat de mariage à , le 1236, avec Noga de Dol.
Mort à , le
Armes : « De gueules à la croix ancrée d'argent, liée en sautoir d'azur. »

---

[1] BOREL D'HAUTERIVE, *Annuaire de la noblesse de France*, 1866, p. 217.

DE DOL

(NOGA).

XVII

Fille de JEAN de Soligny de Dol et d'ALIÉNOR de Combourg.
Née à   , le
Mariée en 1236 à Salomon Gaultier.
Mère de : Roland.
Morte à   , le
Armes : « Écartelé d'argent et de gueules. »

GAULTIER

(ROLLAND).

XVI

Né à   , le
Chevalier, seigneur de Courteilles et Longchamp, gouverneur de la ville d'Apremont, en considération des services rendus au roi Philippe par son père et par lui-même, 1318.
Contrat de mariage à   , le   1305,
avec ISABEAU du Chastellier.
Père de : Guillaume.
Mort à   , le

XII DU CHASTELLIER

(ALAIN).

Né à   , le
Contrat de mariage à   , le   , avec Perrine de Dinan.
Mort à   , le
Armes : « D'or au chef de sable. »

XVII DE DINAN

(PERRINE).

De la famille des barons de Châteaubriand.
Née à   , le
Mariée en   , avec Alain du Chastellier, dont Isabeau, mère de Guillaume Gaultier.
Morte à   , le

XV

GAULTIER

(GUILLAUME).

Né à   , le
Chevalier, seigneur de Courteilles et du Rou, servit sous trois rois dans les guerres contre les Anglais.
Contrat de mariage à   , le   1367, avec Marie d'Épiney.
Père de : Pierre.
Mort à   , le

XVI

D'ÉPINEY

(SIMON).

Né à   , le
Contrat de mariage à   , le   , avec Marie de la Frette.
Père de : Marie.
Mort à   , le
Armes : « D'argent au lion rampant coupé de gueules et de sinople, couronné, armé et lampassé d'or. »

XIV   GAULTIER

(PIERRE).

Né à   , le

Chevalier, seigneur du Rou, de Colombelle, Poislé, servit contre les Anglais.

Contrat de mariage à   , le   1412, avec Mélior Le Bouteiller.

Mort à   , le

XV   LE BOUTEILLER

(GUILLAUME).

Né à   , le

Contrat de mariage à   , le   , avec PHÉLIPOTE Goyon, dame des Landes.

Père de : Mélior.

Mort à   , le

Armes : « D'argent à cinq fusées d'azur accolées et posées en fasce. »

XIV — LE BOUTEILLER

(MÉLIOR).

Née à   , le
Mariée en 1412 à Pierre Gaultier.
Mère de : Phélipot.
Morte à   , le

XIII — GAULTIER

(PHÉLIPOT).

Né à   , le
Écuyer, seigneur du Rou, de Pierrefitte, Saint-Lambert.

Confirmé dans sa qualité de noble (depuis cent ans), et déchargé des taxes auxquelles il avait indûment été imposé, le 1ᵉʳ décembre 1450.

Contrat de mariage à   , le   1440, avec Aliette de la Feüillis.

Mort à   , le 23 octobre 1478.

Inhumé dans l'église de Jort, qu'il avait fait construire, et où il rassembla les restes de ses aïeux.

XIII DE LA FEÜILLIS

(ALIETTE).

Fille d'OLIVIER de la Feüillis et de JEANNE de Coesme.
Née à   , le
Mariée en 1440 à Phélipot Gaultier.
Mère de : Jean.
Morte à   , le
Armes : « Semé de France à la patte de lion d'or étendue en fasce. »

XII GAULTIER

(JEAN).

Écuyer, seigneur du Rou, de Jort, Pierrefitte.
Né à   , le
Sert en Bourgogne et en Italie.
Maintenu dans sa qualité de noble, le 4 mars 1481.
Marié avec N....., en premières noces, eut dix enfants (dont sept fils qui continuèrent le nom de Gaultier); en deuxièmes noces, 1497, avec Jacqueline de Beaurepaire.
Mort à   , le

BEAUREPAIRE

XIV

Ancienne famille de Normandie ; possédait une terre de ce nom près d'Argentan.

Un de ses membres avait secouru à la bataille de Cassel Philippe de Valois, qui voulut l'anoblir. Mais l'homme d'armes, déjà noble, préféra recevoir du Roi une modification à ses armes, 1328.

Ce nom se retrouve souvent dans les rôles normands du quinzième siècle, récemment découverts à la Tour de Londres. En 1420, Jean de Beaurepaire reçoit à Séez un sauf-conduit du roi d'Angleterre.

La recherche de Monfaut, en 1463[1], déclara nobles les Beaurepaire.

Armes : « De sable à trois gerbes d'avoine d'argent. »
Couronne de marquis. — Supports : deux anges.

DE BEAUREPAIRE

(AMBROISE).

XIII

Seigneur de Beaurepaire.
Né à   , le

[1] Imprimée à Caen en 1818, par LABBEY de la Roque.

Gouverneur du Mont Saint-Michel.

Contrat de mariage à   , le   , avec Jeanne de Domaigué.

Mort à   , le

XIII DE DOMAIGUÉ

(JEANNE).

Née à   , le
Mariée à Ambroise de Beaurepaire.
Mère de : Jacqueline.
Morte à   , le
Armes : « D'argent fretté de gueules. »

XII DE BEAUREPAIRE

(JACQUELINE).

Née à   , le
Mariée à Jean Gaultier, le 6 septembre 1497.
Mère de : 1° Gratien Gaultier de Beaurepaire; 2° Antoine; 3° Siméon; 4° Bertrand.
Morte à   , le

XI   GAULTIER DE BEAUREPAIRE

(GRATIEN).

Né à   , le
Écuyer, seigneur du Jort, Pierrefitte, la Malardière.
Commande une compagnie de cavalerie dans les guerres contre l'empereur Charles-Quint.
Contrat de mariage à   , le   1530, avec Anne de Tirmois.
La condition du mariage de ses parents avait été, que leur fils aîné prendrait le nom et les armes de Beaurepaire. Cette autorisation fut donnée à Gratien par lettres patentes du roi Charles IX, en date du 25 janvier 1561, enregistrées le 9 février suivant, « d'autant que le coignon de « Beaurepaire est en danger de briesvement périr et de-« meurer esteint[1]. »
Mort à   , le

XII   DE TIRMOIS

(JEAN).

Né à   , le
Avocat général au parlement de Rouen.

[1] Chartrier du château de Louvagny.

Contrat de mariage à   , le   , avec N... DIGNIER-JOANIN.

Père de : Anne.

Mort à   , le

Famille de l'élection de Caen. Arrêts de maintenue 1664 et 1676.

Armes : « D'azur au sautoir d'argent chargé de cinq huchets de sable. »

XI   DE TIRMOIS

(ANNE).

Née à   , le

Mariée devant les tabellions d'Argentan, le 31 décembre 1530, avec Gratien Gaultier de Beaurepaire.

Mère de : 1° Maurice ;

2° Robert de Beaurepaire, seigneur de la Rozière et de Pierrefitte, gentilhomme ordinaire de la chambre du roi Henry IV, gouverneur de Saint-Maixent, contrôleur général des guerres dans les villes et vicomtés d'Alençon et Argentan, = en 1557 Adrienne du Rouyl, dont

Louis de Beaurepaire, page des ducs de Lorraine et de Guise, seigneur de Louvagny depuis 1595[1], capitaine de cinquante hommes d'armes, = en 1596 Madeleine le Fournier, dont

---

[1] Ce château, conservé dans la famille, renferme de très-précieux documents sur la Normandie.

François de Beaurepaire, comte de Louvagny par lettres patentes du roi Louis XIV en 1651, commandant d'une compagnie de gens à pied, = en   Diane de Guerpel, dont

Henry de Beaurepaire, colonel d'infanterie, comte de Louvagny et maintenu dans sa noblesse en 1667, = en 1657 Anne de Piédoue, dont

Alexandre de Beaurepaire-Pontfol, chef d'une branche encore existante en Angleterre, et Henry II de Beaurepaire, comte de Louvagny, officier des chevau-légers de la garde royale, blessé à la bataille de Leuze, 1691, et emporté par un boulet de canon à Tongres, le 16 juin 1693. Tous ces vaillants capitaines sont encore rangés dans le caveau sépulcral, au-dessous de la chapelle seigneuriale adossée à l'église de Louvagny. Sur la voûte sont peintes les armes des Gaultier, des Beaurepaire et de toutes les femmes qui sont entrées par alliance dans leur famille [1].

Henry II de Beaurepaire avait épousé en 1681 Anne Le Sens de Folleville, dont Jacques de Beaurepaire, comte de Louvagny, mousquetaire de la garde, = en 1711 Charlotte de Saint-Martin (fille de Jacques de Saint-Martin, seigneur des Cerceaux, et de Marguerite Mallet de Graville), dont Jean-Baptiste-Jacques de Beaurepaire, comte de Louvagny, seigneur de Brocotte et de Beuvronet, page de la grande écurie, officier des gardes françaises; sert en 1733 dans la campagne d'Allemagne, = en 1752 Marie-Reine de la Fresnaye, dont un docteur en Sorbonne, et

Jacques-Alexandre-Reine de Beaurepaire, comte de

---

[1] Golleron, *Statistique de l'arrondissement de Falaise*, t. III, 7ᵉ cahier, p. 391.

Louvagny, chevalier de Saint-Louis, capitaine de cavalerie, officier dans l'armée de Condé, = en 1781 Françoise Gouhier de Saint-Cenery, dont

Joseph-Alexandre-Reine de Beaurepaire, né en 1783, au vieux château de Louvagny[1], comte de Louvagny, brillant élève à Stuttgard, en Suisse et au concours général de Paris, à l'École militaire de Fontainebleau; officier de la Légion d'honneur, gentilhomme ordinaire de la chambre du roi, pèlerin aux Lieux Saints en 1817, diplomate de 1807 à 1830 et chargé des affaires de France à Constantinople, Madrid et Londres, auteur d'un traité sur l'architecture normande, etc., = en 1833 N..... de Robillard et † en 1862, laissant des filles, dont l'une, madame de Postel, est encore propriétaire des château et chartrier de Louvagny.

Le deuxième fils de Jacques A. R., Urbain-Jacques-Dominique, vicomte de Beaurepaire-Louvagny, officier de cavalerie, † en 1859, = en 1827 Alexandrine-Angélique (fille du vicomte Antoine de la Myre), dont il a onze enfants : savoir, deux missionnaires, une religieuse à la Visitation d'Amiens et huit fils. L'aîné, Ludovic-Reine-Raoul de Beaurepaire, comte de Louvagny, officier de marine, propriétaire d'un grand cru dans la Gironde, habite près Montdidier, = en 1852 Eugénie (fille du comte Auguste de la Myre-Mory et de Louise de Lur-Saluces), a trois filles et cinq fils, dont l'aîné, Marie-René-Guillaume, est né en 1857.

3° Anne de Tirmois eut encore « deux fils qui furent d'église, » trois filles mariées et Julien, dit M. de Pierre-

---

[1] Voir dans l'*Annuaire de Normandie* de 1865, p. 545 (imprimé à Caen en 1864), la notice émue, lue au Congrès de l'Association normande, par le comte de Charencey, neveu du comte de Beaurepaire.

fitte, mestre de camp d'un régiment d'infanterie, gouverneur de Châtillon-ès-Vaudelais, † en 1621. On conserve au chartrier de Louvagny plusieurs lettres très-affectueuses que lui écrivait le roi Henry IV, celle-ci entre autres : « Monsieur de Pyerefytte, je me remès d'une
« afere que j'afectyone fort à ce que vous an escryt le
« sieur du Plessys. Je vous prys de vous y amployer, et
« ce fesant vous me feres cervyce tres agréable, lequel je
« recognoytray come vous vous an pouves asseurer et en
« fere estat ansamble vos cervyces. Sur ce je prye Dieu
« qu'yl vous ayt, monsieur de Pyerrefytte, an sa saynte
« garde.

« Ce XXe désambre à Vernon.

« HENRY. »

Morte à , le

X   DE BEAUREPAIRE

(MAURICE).

Seigneur d'Ailly et de Pierrefitte.
Né à , le
Contrat de mariage à , le 24 mai 1571, avec Stéphanote d'Ouchy.
Mort , le 1624.
Partage de sa succession, le 16 avril 1624, entre ses trois fils, devant les tabellions de la vicomté d'Argentan, confirmé aux archives de Falaise, en 1625 et 1626.

XI   OUCHY

(AGNEN).

Sieur de Sacy, seigneur de Ouchy Hollendon.
Né à   , le
Contrat de mariage à   , le   , avec FRANÇOISE de Montagu.
Père de : Stéphanote.
Mort à   , le
Armes : « D'argent au chevron d'azur accompagné de trois tourteaux de gueules. »

XIII   DE MONTAGU

(NICOLAS).

Ancienne famille de Normandie, dont sont issus les marquis d'O, maintenue dans la noblesse en 1667.

Jean de Montagu, vidame du Laonnois, grand maître de France, surintendant des finances, fondateur d'une abbaye de Célestins, † en 1409. Son fils = Catherine d'Albret et † à Azincourt, 1415.

Né à   , le

Contrat de mariage à   , le   , avec ROBERTE.

Père de : GALLOIS, écuyer, = MARGUERITE Le Coutellier, dont Françoise.

Armes : « D'argent à deux bandes de sable côtoyées de sept coquilles de même posées 2, 3 et 2 ».

XIII   LE COUTELLIER

(INNOCENT).

Né à   , le

Maître des requêtes.

Marié en   , avec   , le

Père de : Marguerite.

Mort à   , le

Armes : « D'argent à trois hures de sanglier de sable posées 2 et 1. »

X   D'OUCHY

(STÉPHANOTE).

Née   , le

Mariée en 1571 à Maurice de Beaurepaire.

Mère de : 1° Siméon;

2° Pierre, † sans postérité;

3° Julien de Beaurepaire, seigneur d'Ailly, Pierrefitte, Pons, etc., = en 1622 Anne de Héricy (fille de Jean de Héricy, seigneur de Prayes, et de Madeleine de Vauquelin), dont Antoine de Beaurepaire, écuyer, seigneur de Pierrefitte, Pons, Vendœuvres, etc., = en 1646 Françoise de Romaire, dont trois filles et cinq fils : l'aîné Pierre de Beaurepaire, écuyer, seigneur de Pierrefitte et Vandœuvres, = Élizabeth Le Bas[1], etc., etc.;

4° Trois filles.

Morte à   , le

IX   DE BEAUREPAIRE ou DE BEAUREPÈRE

(SIMÉON).

Né à   , le   1575.

Chevalier, seigneur de Peyrière et de Cauvigny, Fouqueville et Bailleul.

Homme d'armes dans la compagnie de Soissons.

Contrat de mariage devant   , à le 25 juillet 1619, avec Jeanne de Lesvérac.

Partage avec ses frères la succession de leur père, 1624-1626.

Parrain de son petit-fils Brice Couppel, à Domfront,

---

[1] Chartrier de M. le comte de Beaurepaire à Saint-Germain en Laye.

le 2 mars 1646 (devant messire Ambroize Le Rées, curé de Dompfront).

Déchargé en 1636 des taxes du ban et de l'arrière-ban, fait diverses acquisitions par contrat de 1650.

Mort à   , le

Inhumé à Perrières.

XII DE LESVÉRAC

(NICOLAS).

Né à   , le

Contrat de mariage à   , le   , avec JEANNE Leconte.

Père de : Nicolas.

Mort à   , le

Armes : « De gueules à trois aigrettes d'argent. »

XI DE LESVÉRAC

(NICOLAS II).

Écuyer, sieur du Bouillon.

Né à   , le

Contrat de mariage à   , le   , avec Marie de Courcy.

Mort à   , le

XII **DE COURCY**

(PIERRE).

Écuyer, seigneur de Magny-la-Champagne.
Né à   , le
Contrat de mariage à   , le   , avec MARGUERITE Bracques, fille de PIERRE Bracques, chevalier, seigneur du Parc, et de LOUISE Le Cerf.
Père de : Marie.
Mort à   , le.
Armes : « D'argent fretté d'or. »

XI **DE COURCY**

(MARIE).

Née à   , le
Mariée en   , le   , avec Nicolas II de Lesvérac.
Mère de : JEAN-CHARLES, seigneur de Carel et des Planches.
Morte à   , le

XIII — DE MERLE

(JEAN).

Né à   , le
Contrat de mariage à   , le   , avec JEANNE Lesesve, dame de Brosse.
Père de : Jacques.
Mort à   , le

XII — DE MERLE

(JACQUES).

Né à   , le
Contrat de mariage à   , le   , avec GABRIELLE d'Aché, fille de JEAN d'Aché et de MADELEINE d'Orbec.
Père de : Jacques II.
Mort à   , le
Armes : « De gueules à trois quintefeuilles d'argent. »

XI **DE MERLE**

(JACQUES II).

Né à   , le
Seigneur du Blancbuisson.
Chevalier des Ordres du Roi.
Contrat de mariage à   , le   , avec FRANÇOISE Legrix.
Père de : Adrienne.
Mort à   , le

XIII **LEGRIX**

(ROBERT).

Né à   , le
Contrat de mariage en   , avec
Père de : Pierre.
Mort à   , le
Un chambellan de Pierre II, comte d'Alençon, du nom de *Jacques* Legris, eut un duel célèbre, en 1386, avec Jean de Carrouges devant la Cour de France.

Armes : « De sable à trois coquilles d'or. »

XII   LEGRIX

(PIERRE).

Baron d'Eschauffour, Montreuil et Tournebu.
Né à   le
Contrat de mariage à   , le   , avec
JEANNE de Thieuville, dame de Monfrémont.
Père de : Françoise.
Mort à   , le

X   DE MERLE

(ADRIENNE).

Née à   , le
Mariée en   , avec Jean-Charles de Lesvérac.
Mère de : Jeanne.
Morte à   , le

IX   DE LESVÉRAC[1]

(JEANNE).

Dame de Chauvigny et de Perrières.

[1] Marguerite de Lesvérac; = en 1569 Philippe de Sarcilly, seigneur de la Fressengère, qui se fit protestant; mère de Jacques, = Rachel Dauvet, fille d'un président au parlement de Paris.

Née à   , le
Veuve de Thomas de Siran.

Mariée à Siméon de Beaurepaire, le 25 juillet 1619.

Marraine en l'église Saint-Julien, à Domfront, le 3 avril 1645, de sa petite-fille Jeanne Couppel.

Mère de :

1° Louise ;

2° Messire Julien de Beaurepaire, seigneur de Beaurepaire et de Peyrière, né en 1620, signe au contrat de sa sœur, en 1644; parrain dans la même église, le 2 juin 1653, de son neveu Julien Couppel; chevalier, capitaine au régiment d'Harcourt, = en 1648 Marie de Romère, qui fut marraine, le même jour, au même lieu, de sa nièce Louise Couppel. Julien de Beaurepaire et Marie eurent six fils, nés de 1651 à 1665 :

L'aîné, René, chevalier, écuyer ordinaire du Roi, = en 1680, Catherine de Romère, dont il a cinq fils : l'aîné étant mort sans postérité, le deuxième Antoine-Marc, seigneur de Damblainville et Périères, né en 1691, = en 1731 Marie Aubert et † en 1744 à Damblainville, laissant quatre fils. L'aîné, Louis-Marc-Antoine, né en 1736, créé marquis par brevet du roi Louis XV, seigneur de Villers-en-Ouches, Mesnil-Soleil, etc., = en 1765 Charlotte d'Oilliamson et † à Damblainville en 1785, laissant un fils : Louis-Gabriel-Théodose, né en 1765, officier dans l'armée de Condé, chevalier de Saint-Louis, colonel de la garde nationale, = en 1795 Marie-Charlotte de Béthune-Hesdigneul (fille d'Eugène, prince de Béthune), † à Saint-Germain en Laye en 1844.

Son fils, Alfred-François-Joseph comte de Beaurepaire, garde du corps de Charles X, qu'il accompagna à Cherbourg, président du Cercle catholique d'ouvriers à Saint-

Germain en Laye, etc., né en 1806, = en 1829 Léonie de Tainteguies, † le 6 avril 1885, père du comte Eugène de Beaurepaire, né le 15 mars 1846, = le 28 juin 1873 Hélène Cornuau d'Offémont, dont : Henry, né le 26 février 1879, et Marguerite, née le 12 avril 1874.

Le troisième fils d'Antoine-Marc de Beaurepaire fut Amédée, capitaine de vaisseau, † à l'île d'Elbe en 1798; dont Jacques, 1770-1838, général au Brésil, dont Henri, lieutenant-colonel au service du Brésil, où toute sa branche est établie.

3° Marc-Antoine de Beaurepaire, écuyer ordinaire du Roi, seigneur de Bailleul;

4° Marie, religieuse; 5° Pierre, religieux à Caen;

6° Madame de Rupières;

7° François, reçu chevalier de Malte le 22 avril 1645, après avoir fait ses preuves.

Morte à   , le

VIII DE BEAUREPÈRE

(LOUISE).

Noble dame.

Née à   , le   1626.

Mariée à Peyrières, le 8 mars 1644, avec Jacques Couppel, vicomte de Domfront [1].

Témoins du mariage :

Nicolas Douisy, écuyer, sieur du Tilly;

---

[1] Voir page 481.

Guillaume Peyron, avocat au siége de Falaise, seigneur de Boisaumont.

Dot : 18,000 livres tournois, dont elle fait don pour un tiers audit vicomte si elle prédécède. Au cas de prédécès du mari « elle emportera ses bagues et joyaux, sa chambre « garnie, son carrosse de chevaux, avec exemption de « toutes charges et dettes, en outre et par-dessus ses « droits coutumiers ».

Mère de *quinze* enfants, savoir :

1° Jeanne, 1645-1678, religieuse du Calvaire à Mayenne;

2° Brice[1], né à Domfront, le 2 mars 1646. Écuyer, seigneur de Bellée et présentateur de Saint-Brice, conseiller du Roi, lieutenant général en la vicomté de Domfront, commissaire examinateur audit lieu. Reçoit, au partage de 1680, les fiefs de Bellée et de Vaucé, avec la troisième partie de la pêche de l'étang de Bellée. Acquiert de M. le maréchal de Tessé[2] les terres, métairies et fiefs du bourg de Vaucé (contrat devant Mes Jarry et Boullyé, notaires au Mans, le 24 décembre 1681). Gentilhomme, il figure à la convocation de l'arrière-ban des années 1693 et 1695[3], † à Vaucé, le 7 octobre 1696, et inhumé à Notre-Dame sur l'Eau. Inventaire devant Me Michel Barrabé, notaire à Vaucé. Par contrat de mariage devant Me Domesnil, notaire à Domfront, le 15 novembre 1676, il avait épousé Françoise de Ponthault de Vilaine (fille de Siméon

---

[1] « La nuit d'entre le 1er et le 2e jour de mars, audit an 1646, madame la « vicomtesse accoucha d'un fils, qui fut nommé Brice, etc. » *Livre de raison*, de J. D. DE PESNIÈRE, f° 161.

[2] René, comte de Froulai, maréchal de Tessé, ambassadeur à Rome et à Madrid, † retiré chez les Camaldules, 1650-1725.

[3] Il fallait renouveler les quatre armées victorieuses mais affaiblies, de Luxembourg et Villeroy en Flandre, de Choiseul sur le Rhin, de Vendôme en Espagne et de Catinat en Piémont.

de Ponthault, procureur du Roi à la vicomté de Domfront[1], et de Julienne Le Silleur), qui lui donna aussi *quinze* enfants : Renée et Julienne, jumelles, en 1694; Charlotte, posthume, née en 1697; Louise, 1677-1759; Cécile, = 1° en 1716, F. de Billehustes, 2° en 1721, N. de la Haye; quatre fils nommés Jacques et † jeunes, etc. Françoise se remaria ensuite à Guillaume-François de Gillebert du Belbestre (patron de l'ermitage Sainte-Anne, où il fit nommer, en 1705, un profès du Tiers Ordre de Saint-François[2]) et assista avec lui au mariage de sa fille Marie, 1685-1764, avec Nicolas Bourdon, sieur de Montigny, 1706. Le cinquième enfant de Brice et de Françoise, fut :

Siméon-Brice, né le 18 octobre 1682, seigneur de Bellée, lieutenant général en remplacement de son père, héritier en partie de Jacques, seigneur du Lude. Demeure au château du Mesnil-Bœufs, puis à Nuillé-sur-Vicoin, † le 14 septembre 1751. Par contrat de mariage devant M° Nudpieds, notaire à Laval, le 17 juillet 1720, = Jeanne Monteau de la Plissonnière, qui lui donna le même nombre de *quinze* enfants : Camille-François, né en 1729, marié deux fois en 1747 et 1769, † sans enfants; les sieurs de la Faucherie et de la Pommerais; Marie-Jacqueline Couppel de Beauvais, huitième enfant, 1731-1800, reçut pendant longtemps une rente viagère de madame Louis de Floissac, qui lui fit un legs; à quarante-six ans, = le 13 novembre 1777 Jacques du Moulinet, sieur de la Fuzelière, etc., etc.; et

Gervais Couppel de Beauvais, troisième enfant de Siméon-Brice, chevalier, Seigneur du Lude, né le 29 janvier

---

[1] Cette famille avait acquis un des titres de noblesse créés en faveur de la société de colonisation du Canada.

[2] Latrouette, *l'Ermitage de Sainte-Anne*, 1856.

1724, représente au bureau général du tarif de Laval ses titres de noblesse, qui lui sont remis le 25 juin 1754. Habite à Loigné, près de Château-Gontier, † en 1780. Par contrat de mariage, à Château-Gontier, le 11 février 1765, = Cunégonde-Barbe Amélant, qui lui donne cinq enfants : Louis-Jean, chevalier, seigneur du Lude et des Monceaux, 1766-1807; Louise, 1776-1844, = Julien Le Droit, etc. ;

Siméon-Brice-Daniel, deuxième enfant de Gervais, seigneur de Couches, 1770-1839, = en 1813 Aimée de Préaulx, qui lui donne quatre enfants, dont :

Le deuxième, Siméon-Amaury-Tancrède, vicomte du Lude, colonel, 1815-1854, tué à l'ennemi devant Sébastopol, = en 1850 L. d'André de Saint-Victor, dont :

Raoul-Siméon-Marie-Amaury Couppel du Lude, né à Mortagne en 1851, sous-préfet, = en 1877 Antoinette de Ponthou, dont Robert-Amaury, né en 1880.

3° Nicolle, née en 1647, religieuse;

4° Jacques, né et † en 1648;

5° Julien, 1649-1650;

6° Marie, née le 24 octobre 1650 (filleule de Robert des Landes, écuyer, sieur de Surlandes et du Bois-Josselin, conseiller du roi, lieutenant général civil et criminel de M. le bailly d'Alençon, dont le tombeau subsiste encore au collége de Domfront; noble famille qui remonte au quatorzième siècle). Religieuse au couvent de Saint-Antoine, où la ville de Domfront avait appelé, dès 1627, des Bénédictines[1]. Depuis la Révolution, cette abbaye servit successivement de caserne, de collége, de mairie, de halle aux toiles et fut détruite en 1851;

---

[1] Les *armes* de ce couvent étaient : « D'argent à un saint Benoit de carnation, vêtu de l'habit de son Ordre de sable et tenant une crosse d'or. »

7° Louise, née le 20 octobre 1651, = en 1677 Jean-Baptiste de Thoury, écuyer, seigneur de Roullours et de Boussentier, fils de Jacques de Thoury et de Renée Petron, dont quatre enfants : un fils, = N... Chaloir de Mortain; une fille, = M. Du Bois; le curé de Rouellé, et une religieuse à Barenton;

8° Julien, né le 16 octobre 1652, baptisé le 2 juin 1653, qui eut pour marraine Claude Lehéricé, femme de Jean Deslandes, seigneur du Bois-Josselin, conseiller du Roi, receveur des tailles à Domfront. (Il y avait précisément quatre-vingts ans que les frères Lehéricé avaient massacré, en pénétrant dans sa chambre par la fenêtre, le commandant Couppel, qui gouvernait alors le château de Domfront.) Ce Julien fut de la Société de Jésus;

9° Joachim, 1653-1657;

10° Charles-François, né le 29 octobre 1654, filleul de Charles-François de la Vieuville, conseiller d'État, abbé de Savigny. Il fut écuyer, sieur de l'Épinay, premier assesseur, et vicomte de Domfront en Passais, † en 1709. Au partage de 1679, il reçut les maisons de Domfront et les métairies de Saint-Front et des Cocheries sur Torchamps.

Charles-François, par acte du 17 décembre 1675, avait fondé, de concert avec ses frères, une rente pour être distribuée aux pauvres de Saint-Brice, hypothéquée sur la terre de la Cousinière. Par contrat du 15 mai 1700, il vend le fief du Fresne, paroisse de Saint-Brice, moyennant 24,000 livres, à charge de servir des rentes aux dames de Magny et de la Pouplière.

Il avait épousé : *A* Suzanne-Françoise Pitard (fille de Thomas Pitard, écuyer, sieur de la Boulaye, dans l'élection d'Argentan, et d'Anne de Viel; sœur d'Élizabeth

Pitard, comtesse de Clastin, en 1700; et marraine, le 18 octobre 1682, à Vaucé, de son neveu Siméon-Brice Couppel). Charles-François n'eut, de son premier mariage, que Anne-Françoise, 1675-1730, = *a* le 8 mars 1695 Pierre-Marc Ruault de la Saussaye-Vaidière, mousquetaire du Roi, auteur de M. Du Plessis, doyen des conseillers à la Cour de Caen [1] : leur fille, Jeanne Ruault, = le 15 janvier 1726 L. F. de Brunes, Chevalier, seigneur de Montlouët;

b Jean-Mathurin Guischard, écuyer, seigneur de Villiers-la-Croix, dans l'Avranchin, qui intervient au partage de 1711 [2].

B Marie-Jeanne-Couppel de la Goulande, fille de Guillaume, anobli en 1643 [3], et de Ambroise Rallu; ce fut la première alliance entre les deux familles Couppel, qui étaient depuis longtemps rivales. Marie-Jeanne Couppel se remaria, en 1720, avec Siméon de Croisilles;

11° Gabrielle, « née le 14 août 1657, de la même couche « que Louis, filleule en 1658 de haute et puissante dame « Gabrielle de Breget, épouse de M. le comte de Quincé »; = le 27 octobre 1679 Jacques Picquot, seigneur et patron de Magny-la-Champagne, ou Magny-le-Désert, « terre « relevant de l'honneur d'Écajeul [4] », dans l'élection de Falaise. (Il était son cousin, étant petit-fils de Jean de Marguerit, par sa mère Jacqueline, mariée le 3 mai 1624

---

[1] Dont le fils, Maurice du Plessis, = le 1er février 1883 Lise Colombel.
[2] Le château et la seigneurie de Villiers furent donnés en 1820 aux missionnaires du diocèse de Coutances.
[3] Voir page 113. Armes : « Deux étoiles en chef et une en pointe. »
[4] Ducange, *Glossaire français*, v° *Honor*. — Cueruel, *Dictionnaire des institutions de la France*, v° *Honneurs*. — Littré, v° *Honneur*, n° 18, etc., etc. Ce mot est l'équivalent de : domaine, fief, bénéfice. Nous l'avons vu souvent employé par les Guillems de Montpellier, léguant *omnem honorem suum*.

à Claude de Picquot¹). Elle en eut quatre filles : une †
sans enfants, deux religieuses Bénédictines à Domfront,
et Louise, = M. de Percy (de la branche des Percy
Montchamps, à trois lieues de Vire, qui avaient fait en
1463 et 1598 leurs preuves, comme descendants de
Raoul de Percy au treizième siècle, et dont la parenté était
reconnue par les Percy d'Angleterre, ducs de Northumberland ²);

12° Louis Couppel, seigneur de Vaucé;

13° Jacques, né le 16 septembre 1659, baptisé le 20 novembre, et nommé par deux pauvres, parce qu'il était
malade, ce qui ne l'empêcha pas de vivre soixante-dix ans.
Seigneur du Lude-Guinchet, convoqué comme gentilhomme
à l'arrière-ban de la noblesse de l'élection de Domfront,
par M. de Matignon, officier dans la garde du Roi sous le
prince de Soubise, 1682 à 1689 ³. Il avait à un très-haut
degré le sentiment des devoirs de famille : ce fut lui qui
fit le partage de la succession de son père Jacques Couppel, en réservant expressément les droits de sa sœur,
Gabrielle de Magny, à une légitime de 8,000 livres; lui
qui fut tuteur des enfants de son frère Brice; lui qui fit
donation à sa nièce, Madame Louis de Floissac, de biens
sis surtué la paroisse de l'Épinay; lui qui, seul survivant
des fils de Jacques Couppel au deuxième partage du
3 août 1711 (passé devant Matharin Lebigot, notaire
royal et garde-notes héréditaire de la paroisse de Saint-

---

¹ *Généalogie de la famille de Picquot*, par M. DU FEUGRAI : Madeleine de
Picquot, = en 1612 Gabriel de Neuville, et leur fils Eustache, = Anne de
Picquot.

² Comte DE LA FERRIÈRE, *Histoire du canton d'Athis*, p. 355

³ La puissance de la France était alors à son apogée : Louis XIV conduisait
lui-même l'heureux siége de Luxembourg, en 1684; le grand Dauphin, à la tête
d'une armée de 80,000 hommes, s'emparait des électorats ecclésiastiques et du
Palatinat, 1688.

Roch, à Domfront), prit pour lui-même le quatrième lot (fief du Lude, métairie de la Mansellière, etc.), encombré de rentes de toute nature, — « dont cinq sols de rente « foncière sur les héritiers de Jacques-Charles et Georges « Lehéricé, sieurs de Lauvrère et d'Hallaines, » l'un lieutenant du vicomte de Domfront (1610), l'autre avocat et juge à l'Échiquier d'Alençon (1576 [1]).

Enfin Jacques Couppel, par son testament olographe du 1ᵉʳ mai 1723, légua « une rente de quatre boisseaux pour « les pauvres, plus une rente d'argent et de deux chapons, « deux poulets, une géline et vingt-cinq œufs pour fonder « à perpétuité dans l'église de Saint-Brice des services reli- « gieux en faveur de ses parents », de son frère Louis Couppel de Vaucé et de lui-même, aux fêtes de Pâques, la Pentecôte, la Toussaint et Noël. (Ces recommandations des fondateurs et bienfaiteurs de l'église de Saint-Brice ont encore lieu aujourd'hui.) Jacques † en 1729 sans être marié;

14° Benoît, 1660-1665; comme trois de ses frères « nommés par deux pauvres parce qu'ils estoient fort « malades »;

15° Jeanne-Françoise, 1662-1672, eut pour marraine Jeanne, sa sœur aînée, et pour parrain François Couppel, écuyer, sieur de Mermentel, curé de la Haute-Chapelle et official de Mgr l'évêque du Mans à Domfront, prieur de Saint-Laurent, de la deuxième branche des Couppel [2].

Peu après, Louise de Beaurepère, dame Couppel de

---

[1] Le fief de la Touche était sis en la Haute-Chapelle. Les Le Héricé étaient des maisons nobles du Passais. Malgré le drame sanglant de 1574, leur famille semblait réconciliée avec les Couppel. — LE PAIGE, *Dictionnaire du Maine*; D'HOZIER, *Armorial général*; CAUVIN, *Armorial du Maine*.

[2] Voir page 113 et 482. Armes : « D'azur au chevron d'or accompagné de deux étoiles d'or en chef et d'un lion d'or en pointe. »

l'Épinay, tomba malade; « elle souffrit dix-huit mois
« d'un ulcère au poumon qui la dessécha et la consumma
« malgré tous les remèdes et soignemens. Elle avoit vécu
« dans la pratique de toutes les vertus chrétiennes. Elle
« décéda, le 10 février 1664, à Dompfront avec les senti-
« ments d'un grand amour de Dieu; elle fut inhumée le
« 11 dans la chapelle Saint-Anne, qui est celle des Couppel,
« à Notre-Dame sur l'Eau : son convoi fut nombreux; il
« y avoit plus de soixante-dix gens d'Église, tous les
« officiers et avocats, quantité de noblesse, et une mul-
« titude de peuple dont elle étoit généralement regrettée
« par sa vertu et sa charité. L'oraison funèbre fut pro-
« noncée par M. Le Rées, prestre, qui s'en acquitta digne-
« ment. »

VII

COUPPEL

(LOUIS).

Écuyer, seigneur de Vaucé, Bellée, etc.

Né à   , le 14 août 1657, jumeau de Gabrielle, 11ᵉ enfant de Jacques Couppel.

Baptisé le même jour dans l'église Saint-Julien, à Domfront. Parrain : messire Louis de Quincé, chevalier, comte dudit lieu et du Saint-Empire, etc.; marraine : noble damoiselle Nicole Liays, dame de Bassigny.

Contrat de mariage devant Mᵉ   , notaire à   le   , avec Marie-Cécile de Cahaignes.

Parrain dans l'église Saint-Julien, à Domfront, de sa nièce Renée-Louise, 3ᵉ enfant de Brice Couppel, le 17 septembre 1679. Sert une rente de 100 livres aux Bénédictines de Domfront et une rente de 45 livres à l'église paroissiale de Saint-Brice.

Demeure au château de Vaucé, puis reçoit (au partage de 1680) la terre de la Cousinière, la maison des Halles, à Domfront, avec un jardin, deux métairies à Saint-Front et à Avrilly.

Mort à   , le   1707. Inhumé à l'église de Saint-Brice, le 7 mai 1707, par M. du Gassil, curé des églises de Domfront, doyen du Passais, docteur de Sorbonne[1].

IX DE KAHEUGNES

(DENYS[2]).

Né à   , le

Acquiert, en 1295, diverses rentes en argent à prendre sur un jardin dans les paroisses de Saint-Gilles et de Sainte-Marie de Froiderue, à Caen[3].

---

[1] Charles Couppel, chevalier de Saint-Front, et Guillaume Couppel furent, en 1789, députés de la noblesse pour le bailliage d'Alençon.

[2] *Archives du Calvados*, par LÉCHAUDÉ D'ANISY, Caen, 1834. Huet, le docte évêque d'Avranches, parle de cette famille dans ses *Origines de la ville de Caen*, 1706, p. 359-361. — Lebeuvrier cite deux anoblissements de ses membres, 4 juin 1593 et septembre 1644. — *Matthieu de Cahaignes* eut pour fils *Pierre*, qui fut médecin ; pour petit-fils *Jacques* de Cahaignes, recteur de l'Université et échevin de Caen, qui écrit en latin l'éloge des citoyens illustres de cette ville. Son portrait est à la Bibliothèque.

[3] *Archives du Calvados*, t. II, p. 206, n° 317.

Échange avec l'abbaye des Bénédictines de Sainte-Trinité deux portions de pré, situées dans la prairie de madame l'abbesse, contre une rente sur Guillaume de Colleville[1]. Reçoit « en fieffe » une pièce de terre de l'abbesse de Caen, à charge d'une rente de quatre boisseaux de froment[2].

Laurent de Cahaignes, son fils, intervient et scelle de son sceau les deux actes précédents. Reconnaît en 1304, avec *Thomasse*, sa femme, devoir à ladite abbaye 9 livres tournois de rente pour la ferme d'un jardin et du « petit pré à l'abbesse[3] ».

Hugues de Cahagnes, chevalier, donne au prieuré des Augustins, à Sainte-Barbe en Auge, tous ses droits sur un tennement à Gouviz[4]. Donne décharge à Emma de Cormeilles, pour elle et ses héritiers, « du service d'un cava-« lier, qu'elle lui devoit pour la moitié d'une vavassorie « qu'elle tenoit de lui[5] ».

Jacques-Étienne de Cahaignes[6] fait ses études en Hollande, à l'Académie de Leyde. Mérite l'honneur d'être un des quatre gentilshommes désignés pour porter en 1609 les coins du drap mortuaire de Scaliger, qui, depuis dix-huit ans, tenait la chaire de Juste Lipse.

Denis de Cahaignes (de la religion P. R.), 1674-1755. Chevalier, seigneur de Verrières, Busly, Hamart, etc. Enterré dans son jardin à quatre heures et demie du matin (paroisse Saint-Martin de Fontenay, vicomté de

---

[1] *Archives du Calvados*, t. II, p. 206, n° 320.
[2] *Ibid.*, t. II, p. 208, n° 340.
[3] *Ibid.*, t. II, p. 209, n° 347.
[4] *Ibid.*, t. I, p. 104, n° 83, diocèse de Lisieux.
[5] *Ibid.*, t. I, p. 146, n° 49, diocèse de Bayeux, abbaye des Cisterciens, à Barberie.
[6] On trouve aussi le nom écrit *Chahaigne* et *O' Cahaignes*.

Saint-Sylvin), = Anne Bayeux (paroisse Saint-Pierre, à Caen), dont Marie-Henriette de Cahaignes de Verrières, = le 26 novembre 1751 Pierre-Michel-Gilles de Salen, chevalier d'honneur du présidial de Caen, seigneur de Monts et de Silly, etc. Veuve, elle émigra, et le département du Calvados saisit sur elle des titres de famille relatifs au partage de la succession de Quincé en 1714. (*Archives du Calvados.*)

VIII DE CAHAIGNES

(N.....).

Né à   , le
Contrat de mariage en   , à   , avec
Père de : 1° Marie-Cécile ;

2° Henri de Cahaignes de Boismorel, ingénieur ordinaire du Roi à Caen en 1719 ;

3° Messire Daniel-Nicolas de Cahaignes, brigadier des armées du Roi, chevalier de Saint-Louis, = Nicole-Françoise Julien (veuve, elle signe au contrat Boismorel et Floissac), dont :

Philippe-Charles de Cahaignes, 1697-1768, seigneur de Boismorel et de Pringy, chevalier de Saint-Louis, page du régent, maréchal de camp, gentilhomme de Mgr le duc d'Orléans, qui lui donnait, ainsi que le Roi, une pension viagère ; fit les campagnes de Flandre, 1745-1747. Gouverneur de Neuilly-sur-Front ; major du fort de l'Escarpe et de Douay, où il mourut. Inhumé le 14 avril dans l'église de Saint-Nicolas. Pas d'inventaire (déclaration des échevins de Douay, le 27 février 1769). Par contrat de mariage devant Mᵉ Doyen, notaire à Paris, le 29 janvier 1724, = Catherine-Charlotte de Floissac, dont :

a Augustine F. de Cahaignes de Boismorel, = J. D. L. O'Farel, seigneur de Platteville, conseiller au parlement de Flandre, demeurant à Douay, rue d'Equerelin, qui signe au contrat de mariage de madame Baron en 1782. Les O'Farel eurent pour fille Constance, légataire de madame Baron.

b André-Philippe de Boismorel, né et baptisé le 7 novembre 1735; parrain et marraine : Jean et Françoise Cohier, qui ont déclaré ne savoir signer (paroisse Saint-Rémy de Soissons). Officier au régiment de Piémont, en mars 1772. Il avait renoncé à la succession de ses père et mère.

c Jean-Baptiste, † en 1732;

d Nicolas-Jules, lieutenant au régiment de carabiniers, † 1760. (Acte devant Mᶜˢ Moulin et Desaulx, notaires à Douay, le 10 janvier 1761.) Légataire de M. de Floissac.

Mort à   , le

Armes : « D'azur à un chevron d'or, accompagné en chef de deux roses d'argent et en pointe de trois mains rangées, tenant chacune une épée, le tout de même. »

VII   DE CAHAIGNES DE BOISMOREL

(MARIE-CÉCILE).

Née à   , le
Mariée à   , le   avec Louis Couppel, seigneur de Vaucé.

Mère de : 1° Françoise-Nicolle ;

2° Marie-Louise, = vers 1722 M. Giret de Flotteville, dont André-Nicolas. Les deux sœurs reçurent en donation des biens sis paroisse de l'Épinay, de leur oncle Jacques Couppel, seigneur du Lude, les 5 mars 1705 et 22 janvier 1719 (Mes Laillier et Laubigot, notaires à Domfront) ;

3° Jacques, écuyer, ingénieur ordinaire du Roi, officier au régiment de Champagne, 1721; seigneur de Vaucé, Bellée, Gattine et du domaine de Domfront, † sans enfants (avant 1729[1]).

4° Jullien-François, chevalier de Vaucé, puis seigneur de la terre noble et seigneurie de Bellée, formant un quart de fief de haubert, conseiller du Roi, lieutenant général civil et criminel au bailliage et vicomté de Domfront, pensionnaire du Roi, patron honoraire et seigneur de Vaucé, qu'un arrêt du grand conseil, 8 juillet 1734, maintient dans la possession et jouissance du fief de Vaucé. Arrêts rendus en la Chambre des comptes de Rouen, les 11 janvier 1745 et 5 juin 1750, donnant audit Couppel pleine

---

[1] Acte de *clameur* de la seigneurie de Vaucé sur la veuve et le fils aîné de Louis de Vaucé, acquéreurs de Jacques Couppel, seigneur du Lude, qui avaient retiré à droit féodal.

mainlevée du fief de Bellée. Acte devant Michel Laigre, notaire à Vaucé, 1756. Il consent au mariage de sa sœur Françoise en 1729. Il acquiert de M. de Cauvigny le fief de la terre de la *Ville qui branle* (contrat du 7 octobre 1762) et † en 1764. Il avait épousé, le 6 avril 1725, Marie Achard de Saint-Mauvieu[1], † en 1770, dont quatre enfants :

A Charles-Jean-François, garde du corps du Roi, compagnie de Luxembourg, † le 27 avril 1755, à la Cousinière, âgé de vingt-cinq ans; *B* et *C* Françoise et Marie, nées en 1726 et 1734, † jeunes;

D Charles-Louis, chevalier, lieutenant de cavalerie au régiment de Chartres, etc., † le 13 novembre 1766, laissant une jeune veuve, † le 26 février 1807 à l'âge de soixante-six ans. Il avait épousé à Caen, le 15 juillet 1761, Catherine-Françoise Blancard de Montbrun (depuis madame Rioult de Villaunay), à qui madame de Floissac, devenue dame de Vaucé, servait une rente depuis le 28 décembre 1766.

Marie-Cécile, noble dame, fut marraine, en l'église Saint-Pierre de Vaucé, de sa nièce Cécile-Antoinette, onzième enfant de Brice Couppel, le 5 juillet 1689, et d'un autre enfant, le 13 avril 1711.

Au mariage de sa fille Françoise-Nicolle, elle donne devant M⁰ Rhedon, notaire à Domfront, le 10 juillet 1729, mandat pour la représenter à son neveu, Ph. C. de Cabaignes de Boismorel. Autre procuration pour sa fille et son gendre devant M⁰ Laigre, notaire à Vaucé, 1745.

---

[1] De la famille du *bienheureux Achard*, chanoine régulier de Saint-Augustin, abbé de Saint-Victor à Paris, célèbre évêque d'Avranches, 1161-1171. Les Achard possédaient déjà des terres en Passais au onzième siècle.

Demeure au manoir de la Cousinière, paroisse Saint-Brice.

Morte à Saint-Brice, près Domfront (Maine), le 5 mars 1751. Inhumée dans l'église de cette paroisse par le curé de Lucé.

VI   COUPPEL DE VAUCÉ

(FRANÇOISE-NICOLE).

Née à   , le

Contrat de mariage devant M° Doyen, notaire à Paris, le 28 juillet 1729, avec Louis de Floissac. Témoins : plusieurs conseillers au Parlement, R. P. Gruyn, garde du trésor royal, et Catherine-Nicole Gruyn, épouse de Louis-Dominique, comte de Cambise, grand-croix de Saint-Louis, gouverneur de Sisteron, ancien ambassadeur en Piémont, etc., etc.

Mariée le 5 septembre 1729, à Saint-Brice [1].

Dot : 300 livres de rente perpétuelle et 412 livres de rente viagère.

Douaire assuré : 500 livres de rente viagère; préciput : 6,200 livres.

Mère de :

1° Charles-Jacques-Cécile de Floissac de l'Épinay;

2° Louis-François de Floissac de la Mancellière, officier

---

[1] Voir page 103.

des mousquetaires, commandant de gendarmerie, qui recueille les biens de Normandie pour 169,600 livres et † non marié, à Paris, rue de l'Université, le 2 juin 1814, laissant un legs aux pauvres de Saint-Thomas d'Aquin;

3° Catherine-Charlotte, née à Paris le 24 janvier 1734, filleule de Philippe de Boismorel et de Catherine de Bauldry, † non mariée;

4° Marie-Charlotte, = Pierre Randon de Pommery, écuyer. (Contrat devant M° Doyen, le 24 janvier 1749).

Mère de :

A Élie Randon de Saint-Martin, † en 1840, = N... de Betteville, dont : *a* F. E. Randon, 1794-1865, = le 8 mai 1826 Aglaé Cahier, dont : *a'* Gaston, officier, † en 1862; *b'* Pauline, = Jules Clausener, colonel, dont Georges, Paul, Gabrielle et Amélie; — *b* Virginie, † en 1850, = le 12 septembre 1822 Aimé, comte des Plas, † en 1862, dont : *a'* Albert, général comte des Plas, 1824-18 , = le 15 mai 1860 Paule de Bougainville; *b'* Claire, religieuse clarisse à Versailles « sœur Saint-François Régis »; *c'* Georges, 18 -18 , = Ernestine Fergon, dont Jean, 1871-1 , et Georgette, 1866-1 , = en 1885 François Lagé, officier, dont Simone, née en 1886; — *c* Clara, = le 3 mai 1821 Ernest, comte de Brossard, 1772-1827, † en 1866, dont Edmond de Brossard de Cléry, 1822-18 , et Louise;

B Charles Randon du Thil, = 1° Agathe d'Avranges, dont : *a* Hélène-Paméla, 1798-1867, = le 30 août 1822 Édouard de Parseval-Deschênes, 1787-1866, dont : *a'* Charles, colonel, 1825-1879; *b'* Gustave, 1826-18 , = en 1871 Suzanne Colleman; *c'* Camille, 1830-1855; *d'* Paul, 1831-1862; *e'* Édouard, 1833-1864; *f'* Sophie, 1823-18 ; *b* Charles-Fernand Randon du Thil, † en

1870; *c* Laure; 2° N..... de Cloyes, dont : *a'* Gabrielle; *b'* Adrienne, = Camille-Louis, marquis de Rochemore, dont Louise-Marie, = en 1866 Léon, baron de Champchevrier, dont Jean, Marguerite, Madeleine.

Françoise transige avec ses frères devant M⁰ Rhedon, notaire à Domfront, les 19 septembre 1720 et 23 août 1724. Consent contrat de fief de la terre de Pontbureau, le 5 juillet 1767.

Elle prête foi et hommage à Monsieur, frère du Roi, pour le fief noble de Bellée, 25 avril 1777 [1], ayant recueilli en 1766, tous les biens de sa famille. — Elle loue en 1783, la terre de la Cousinière au comte de Cheverne. Obtient lettres de mainlevée du fief de Vaucé, dont elle était devenue patronne et dame, 14 mai 1777.

Demeure à Paris, rue Royale, paroisse Saint-Roch, et ensuite rue Sainte-Anne, chez son fils.

Testament olographe à Paris, 24 mars 1773, 15 et 24 juin 1783. Legs aux pauvres honteux de sa paroisse, aux Nouvelles Catholiques, rue Sainte-Anne, aux Ursulines d'Argenteuil.

Morte à Paris, le 27 juin 1784. Son convoi à Saint-Roch coûte 1,055 livres. Trois services ont été célébrés à Saint-Brice, Vaucé et Domfront.

Inventaire devant M⁰ Regnault, notaire à Paris, les 2 août et décembre 1784. Partage devant M⁰ Giret de Valville et M⁰ Mayeux, notaires à Paris, les 15 juin 1785 et 29 mars 1788.

---

[1] Cet acte a coûté 216 livres et 138 livres pour l'enregistrement.

DE FLOISSAC

(CHARLES-JACQUES-CÉCILE).

Né à   , le

Contrat de mariage devant Mᵉ Sibire, notaire à Paris, le 29 octobre 1760, avec Denise Deniset.

Dot : une maison estimée 26,000 livres, rue Pavée, près la Comédie Italienne, et 66,000 livres. La présidente de Chauvelin (Anne Càhouët de Beauvais) signe au contrat.

Marié à   , le   1760.

Licencié en droit. Jusqu'à la mort de son père, il demeurait en pension chez madame de Chabrol, à Clermont, et y était attaché au directeur des domaines. Seigneur du Thil de la Lande, de Saint-Martin, fermier général, régisseur général des droits du Roi. Intendant de Mesdames, tantes de Louis XVI. Il avait acheté 110,000 livres l'une des trois cents charges de secrétaire du Roi du Grand Collége, dont son père était mort pourvu, en juin 1755. Il obtint des lettres d'intermédiat et y fut reçu le 23 septembre 1755. Cette charge rapportait des grandes et des petites bourses, des bourses d'honoraires et des petites bourses de la chancellerie du Palais.

Plusieurs portraits.

Il achète, le 22 mai 1784, le fief noble de l'Hermite (75 arpens sur la paroisse de la Ville-sous-Orbais, en Champagne). Recueille les fiefs nobles de Vaucé et de Bellée dans la succession de sa mère, et donne ensuite à deux de ses filles, en constituant une rente à leur profit devant Mᵉ Regnault, notaire à Paris, le 27 octobre 1780, les noms de Vaucé (depuis madame de Parseval) et de Bellée (depuis madame de Malartic). — Vend pour 97,600 livres, aux Tanquerel, la terre de Bellée, affermée 4,000 livres payables à la Saint-Georges, le 16 juin 1785 (Mᵉ Giret de Valville), et en 1788, pour 72,000 livres, la Cousinière, affermée 1,080 livres, plus, en redevances, 54 chapons à 10 sols, 68 poulets à 5 sols, etc.

Sa mère lui avait encore laissé un legs de 45,000 livres, sa vaisselle d'argent et la tenture de son salon en tapisserie de Beauvais.

Légataire pour moitié de son cousin André C. de Floissac de Jourdan, 1784.

Reçoit dans la succession de son père 118,000 livres; dans celle de sa mère 271,000 livres, et laisse plus d'un million de livres (somme égale à son cautionnement sur son office de régisseur général).

Mort intestat à Paris, rue Sainte-Anne, le 10 novembre 1788.

Inventaire devant Mᵉ Mayeux, notaire à Paris, le 18 novembre 1788; partage devant Mᵉ Picquais, notaire à Paris, le 14 octobre 1789.

X   DENISET

Suivant une tradition de famille, les Deniset seraient d'une maison parlementaire de Bourgogne, alliée à celle des Frémyot, d'où sont sorties *sainte Jeanne-Françoise de Chantal* et madame de Sévigné.

Les Deniset furent très-anciennement établis en Champagne. « On en a eu fort longtemps de résidence à Savigny » (qui fut un gros bourg, et dont il ne reste plus qu'une maison, à 1,500 mètres de Dormans). En 1574, un Deniset était prêtre et principal du collége de Dormans (préparatoire à celui de Beauvais, qu'avait fondé à Paris le cardinal Jean de Dormans, chancelier de France sous Charles V).

Un autre Deniset fut *Déan,* lieutenant du châtelain, président du tribunal de haute, moyenne et basse justice (le dernier Déan, titre particulier à Dormans, † en 1715).

IX   DE NISSET

(NICOLAS).

Frère de :

1° N....., chevalier de Saint-Louis, capitaine de cavalerie, ayant servi sous les ordres de MM. les maréchaux d'Estrées et de Broglie (celui-ci habitait, en 1660, le château de Dormans);

2° et 3° Antoinette et Barbe, toutes deux religieuses au couvent de l'Amour-Dieu, près de Troissy, en 1629.

Né à   , le

Contrat de mariage devant M^e   , notaire à   , le   1620, avec GILLE Le Poivre, qui fut marraine, en 1646, d'Élizabeth Deniset.

Père de : 1° Charles;

2° Pierre Deniset, marchand, † le 3 août 1669, à quarante-huit ans, $= A$ en 1645, Marguerite de la Fontaine[1], dont : Nicolas, né en 1645; Élizabeth, baptisée le 15 novembre 1646, filleule de Gille de la Fontaine, † en 1709; Pierre, baptisé le 16 août 1648, filleul de Robert de la Fontaine; Antoinette, baptisée le 22 septembre 1649, filleule d'Alexandre de la Fontaine; Marguerite, née en 1650;

$B =$ en 1654, Marie Desmazures, dont neuf autres enfants : Jean, 1655; Pierre, 1656; Marie, 1657; Anne, 1660-1743, $=$ en 1684 Robert Autreau de Vigneux, dont elle eut quinze enfants; Antoinette, 1661; Nicolas, né en 1662, curé de Rosoy; Charles, 1663; Jeanne, née en 1664, $=$ P. Ludier, garde des sceaux au bailliage de Châtillon; Marie-Louise, 1669;

3° Nicolas, baptisé le 30 décembre 1623;

4° Jean, baptisé le 23 juin 1633, parrain en 1655;

5° Nicolas, baptisé le 13 janvier 1641, † le 29 janvier

---

[1] Famille de Château-Thierry, qu'une faible distance (5 lieues) sépare de Dormans. Charles de la Fontaine, bourgeois de Château-Thierry, fut père du grand fabuliste Jean, né en 1621, † à Paris en 1695, et de Claude, qui se fit prêtre en 1649.

1715, marguillier à Dormans en 1712, = Anne Desmazures, dont treize enfants;

6° Abel, baptisé le 27 mars 1646, † le 25 décembre 1718, avocat, = en 1670 Marie Jobert, 1638-1723, dont : *a* Marianne, née en 1671, = C. Chevallier; *b* Pierre Deniset du Sommelan, 1675-1724, = Marie-Anne Jobert, dont onze enfants;

7° Philippe, parrain en 1648, 1656, 1661, 1664, † en 1683;

8° Marie-Anne, baptisée à Dormans, le 20 janvier 1625;

9° Marie, baptisée le 26 mai 1635. Religieuse de la Congrégation de Soissons, 1668, † à Dormans en 1684;

10° Antoinette, baptisée le 18 octobre 1643, filleule de Robert Billard de Vaux;

11° Barbe, baptisée le 23 juin 1644.

« Honneste personne » (actes de 1641); « honorable « homme » sieur de Lange à Dormans, seigneur du fief de l'Ange dès 1643.

Signe aux registres comme parrain en 1634, 1645, 1659, 1660.

Mort à Dormans, le 20 décembre 1667.

VIII   DE NISSET ou DENISET

(CHARLES).

Sieur de Lange.
Né à   , le   1628.

Contrat de mariage devant M^e   , notaire à   , le   1660, avec Marie Daas.

Parrain dès 1640; *idem,* le 27 mars 1646, de son frère Abel (il signe « De Nisset » aux registres de la paroisse de Dormans); *idem,* en 1650, de Marguerite, fille de son frère Pierre et de Marguerite de la Fontaine; *idem,* en 1659; *idem,* en 1667 et 1671, d'Anne et d'Antoinette, filles de son frère Nicolas et d'Anne Desmazures; *idem,* en 1669, de Nicolas Deniset; *idem,* en 1671, de Marie-Anne, fille de son frère Abel.

Seigneur du fief de Lange, qui, arpenté en 1673, s'est trouvé contenir 70 verges : maison, cour et jardin; 118 arpens en 1752, et évalué 30,000 livres. Cette maison subsiste encore, et sert de mairie et d'école communale.

Le fief, consistant en seigneuries, censives et redevances, évalué 40,000 livres en 1725, fut donné en dot à Anne-Marie Deniset dans son contrat de mariage avec M. Delalot, en 1752; aussi fut-elle qualifiée de « ex-noble » en 1794...

Mort à Dormans « en présence de messieurs ses fils, « le 3 avril 1697, après avoir reçu les saints sacrements « et donné des marques d'un véritable chrestien, et d'une « grande résignation à la volonté de Dieu. »

VIII   DAAS

(MARIE-MARGUERITE).

Née à   , le
Mariée à   , le   1660, avec Charles Deniset.

Mère de : 1° Charles ;

2° Marie, baptisée le 7 septembre 1661 ;

3° Jean, baptisé le 25 octobre 1675, filleul de Philippe de la Falconnière, seigneur du Fossoy ;

4° Philippe Deniset de Montgarnin, baptisé le 3 avril 1665, conseiller du Roi en l'élection d'Epernay, = M. A. Theveny, dont Ursule, 1696-1767, = en 1715 A. Delastre, seigneur d'Aubigny, dont F..., seigneur de Mézy (qui signe au contrat Deniset et Delalot), et C. F. d'Aubigny, capitaine au régiment du Lyonnois ;

5° Nicolas, 1669-1670 ;

6° Nicolas, baptisé le 6 mai 1670, filleul de son oncle Nicolas ;

7° Abel, baptisé le 1er novembre 1672, filleul de son oncle Abel ;

8° Marie-Anne, baptisée le 11 mai 1674, filleule de Élisabeth Deniset, = devant Nicolas Deniset, curé de Rosoy, le 15 septembre 1693, Guillaume N. Montier, conseiller du Roi, président et lieutenant général au bailliage de Sézanne et maire perpétuel de cette ville. Nommée quelquefois M. A. Deniset du Lhoan ou Lohan [1], 1694 ;

9° Antoinette, baptisée le 18 novembre 1677, filleule de sa tante Antoinette.

Marraine, le 29 avril 1661, d'Antoinette, fille de Pierre Deniset et de Marie Desmazures ; de Marie-Antoinette, sa petite-fille, 21 décembre 1700 ; de Marie-Anne Deniset, 1672 ; de Philippe Deniset, 1675 ; d'Abel Deniset, 1708.

Partage devant Me Balhan, notaire à Joyonne, après son veuvage, le 21 juillet 1698 : 150,000 livres pour

[1] Étang aux environs de Mareuil-en-Brie.

ses enfants et 100,000 livres pour elle. Une des premières Dames de Charité, à la fondation de cette Congrégation à Dormans, le 12 juin 1698; élue supérieure des Dames en 1705. Par testament du 7 octobre 1709, a légué une rente à la Charité de Dormans.

Morte à Dormans, le   1709.

Traité entre ses enfants, le 12 avril 1714, et transaction devant Mᵉ Bouron, les 12 décembre 1732 et 4 septembre 1733.

VII   DENISET

(CHARLES II).

Seigneur de Lange.

Né à Dormans, le   1663.

Baptisé dans l'église Saint-Hippolyte, à Dormans, « par « Antoine Beauchamps, prestre, religieux de Saint-Fran- « çois, bachelier en théologie, prédicateur du carême, le « 26 mars 1663. »

Parrain : Claude Daas; marraine : Marie Desmazures.

Contrat de mariage devant Mᵉ   , notaire à   , le   1698, avec Marie-Etiennette Garnot.

Parrain à huit mois, représenté par son père, de Charles (fils de Pierre Deniset et de Marie Desmazures), le 2 décembre 1663; de son frère Nicolas, 1669; de Charles, fils de Pierre Deniset du Sommelan, 1713. Signe au registre de l'abbaye Saint-Martin d'Épernay (avril 1715), pour le mariage de sa nièce Ursule avec le seigneur d'Aubigny. Bourgeois de Paris, il y demeure rue de la Mortellerie, paroisse Saint-Jean en Grève et rue des Deux-Portes, paroisse Saint-Sauveur. Capitaine de l'Arquebuse au baptême d'une cloche, à Dormans, 1729; seigneur du fief de l'Auge (actes de 1671, 1678, 1696, 1700, 1712, 1725). Constitue des rentes au profit : du sieur Gonnet, le 7 septembre 1728; du baron Jabin de Bellefaye (M° Bénard, notaire à Paris, le 21 juin 1725).

Mort « à Dormans, le 26 janvier 1731, d'une attaque de « léthargie, après avoir reçu seulement le sacrement de « l'extrême-onction. »

Le prieur de Mareuil signe l'acte d'inhumation au cimetière de Dormans, le 27. Ses enfants renoncent à la succession, que Laurent accepte seul (sous bénéfice d'inventaire, devant M° Bénard, le 28 janvier 1733).

VIII

GARNOT

(N......).

Frère de : Roland, avocat au parlement de Paris, demeurant à la Ferté-en-Col (diocèse de Meaux), = le 26 octobre 1699 Geneviève Milthouard, dont François Garnot, 1677-1709, = Françoise Mirgault à Dormans. François est parrain à Dormans, en 1700, de Marie-Antoinette Deniset; il signe au décès de Marie-Étiennette

Garnot, 1706. Son fils, Jean-Claude, écuyer, capitaine au régiment de Picardie, chevalier de Saint-Louis, signe au contrat Deniset-Delalot, 1752. Un autre fils, Pierre-Nicolas Garnot, conseiller du Roi, auditeur en la Chambre des comptes, 1729, remplace, comme administrateur de l'Hôtel-Dieu, M. Soufflot (14 juin 1719)[1].

Né à   , le

Contrat de mariage devant M[e]   notaire à   , le   , avec

Père de : 1° Marie-Étiennette ;

2° François Garnot, prêtre, élève de la chapelle du Roi, chanoine de l'église de Rheims, qui signe au contrat Deniset-Delalot et laisse un legs à madame Delalot.

Mort à   , le

VII GARNOT

(MARIE-ÉTIENNETTE).

Née à   , le   1678.

Mariée à   , le   1698, avec Charles II Deniset.

Mère de : 1° Charles III ;

2° Marie-Antoinette, baptisée le 21 décembre 1700 ;

3° Anne-Angélique, baptisée le 14 novembre 1702, = N..... du Tillet, †1736, laisse un legs à la Charité de Dormans ;

---

[1] *Archives hospitalières : Hôtel-Dieu*, t. II, p. 143. Paris, 1884.

4° N..... Deniset, prêtre, attaché à la paroisse Saint-Roch;

5° Pierre-Laurent Deniset, 1704-1733, parrain en 1724, 1728, 1729, 1732. Seigneur de Lange et du Monset, seul héritier de son père sous bénéfice d'inventaire (actes devant Mᵉ Bouron, notaire à Paris, les 21 mars 1731 et 20 novembre 1732); † et inhumé à Dormans, le 3 août 1733 : le fief de Lange passe donc à son frère Charles;

6° Jacques-Charles, père de Charlotte-Claire-Nicole, = Jacques, baron de Leslie, brigadier des armées du Roi, reste veuve avant 1760.

Grand'mère de : *A* P. P. Andrieu, seigneur de Maucreux, avocat au parlement de Paris, = A. M. Germain; ils signent au contrat de mariage Deniset-Delalot, 1752;

B Madame Anson, † sans enfants, dont madame de Parseval, née de Floissac, a hérité en 1812;

C Madame de Pussay, mère de Marie-Élisabeth de Pussay, qui signe au contrat Deniset-Floissac, en 1760, et de Marie-Louise de Pussay, majeure en 1752, demeurant chez le président Deniset, rue d'Argenteuil, lui constituant des rentes, le 9 mai 1759 et 1763 (devant Mᵉ Sibire). Signe au contrat Delalot, 1752. Dame de Suizy et Maucreux, 1762, † le 11 juin 1782, = J. P. Lappara de Méjanès, capitaine de cavalerie, chevalier de Saint-Louis, † à Suizy, le 22 août 1782, sans enfants.

Marraine en 1689 avec M. Liénard, juge déan de Dormans; en 1699 avec Philippe Deniset.

Morte à Dormans, le 23 août 1706, « après avoir reçu les saints sacrements de l'Église. »

VI DENISET

(CHARLES III).

Seigneur de Lange.

Né à   , le 28 octobre 1700.

Contrat de mariage devant M° Bouron, notaire à Paris, le 27 septembre 1725, avec D. E. Rossignol.

Dot : 150,000 livres (ses deux charges, valant 110,000 livres, et deux fermes).

Seigneur du fief de Lange, après son frère Laurent (actes devant M° Bouron, à Paris, les 21 mars 1731 et 1733).

Possédait une maison à Troissy, la vendangerie de Vincelles, les fermes de Solly, Chavenay et Pouillon, celle de Champrenaule, acquise des religieux de l'abbaye Saint-Pierre, à Orbais, deux maisons à Paris, etc., etc.

Écuyer, lieutenant général du bailliage de Châtillon-sur-Seine, grand voyer de la généralité de Paris. Il était très occupé d'une société pour l'exécution de la carte générale de France (constitution devant M° Aléaume, notaire à Paris, les 25 juin et 17 juillet 1756.) Commissaire du Roi pour la direction des ponts et chaussées, conseiller secrétaire du Roi (acquiert l'office devant M° Desplasses, notaire à Paris, le 17 octobre 1735. Lettres royales et réception, 22 novembre 1725.) Secrétaire de Sa Majesté en la grande chancellerie, 31 décembre 1744. L'un des sept officiers du conseil du Roi, trésorier de France au bureau des finances (aquiert ladite charge devant Mes Bénard et Huet, notaires à Paris, 17 juillet 1724 et 6 juillet 1746.) Président dudit bureau, 27 novembre 1760, et président de la chambre du domaine du Palais à Paris.

Parrain deux fois en 1701 : « Jeune enfant, son père a répondu pour lui »; encore deux fois en 1706, nommé Deniset le Jeune, signe à grand'peine *Denist*; et en 1713, 1717, 1724. Faisait une rente à deux religieuses de son nom, à l'abbaye Notre-Dame de Sézanne.

Tuteur de sa fille Anne-Marie, le 29 août 1750.

Surnommé *Bouche d'Or*, à cause de la force de ses raisonnements et de son éloquence.

Demeure à Paris, rue d'Argenteuil; y meurt intestat, le 27 juillet 1763 (acte du 28, église Saint-Roch). Les frais funéraires payés à l'abbé Deniset sont de 744 liv. 12 sols. Inventaire devant M° Sibire, notaire à Paris, 28 août 1763; partage devant M° Sibire, 21 juillet 1764.

Laisse une maison à la Charité de Dormans. A sa mort, il est célébré trois services funéraires : à Dormans, à l'Hôpital général de Paris et aux Célestins de Paris.

Sa charge fut vendue en 1768. Sa maison, rue des Cordeliers, fut abandonnée à sa fille, Denise-Pélagie, pour 80,000 livres, et vendue par ses héritiers 41,000 francs, devant M° Herbelin, notaire à Paris, le 9 août 1814.

VIII — ROSSIGNOL

(GUILLAUME).

Né à   , le
Contrat de mariage devant M°   , notaire à

, le , avec ÉLIZABETH Mozac, qui, après son veuvage, recevait une pension des échevins de Paris. Constitution de rente devant M° Richard, 22 avril 1722. Constitution de rente devant M° Dupont, notaire à Paris, 3 janvier 1721.

Père de : René, son fils unique.
Marchand bourgeois de Paris.
Mort à , le 1720.
Alliances : Pierre Rossignol de Vaudricourt, = Anne Dumouchi Saint-Maurice, dont A. C. de Vaudricourt. Tous trois signent, en 1716, au contrat de mariage de Henry de Floissac.

Louis-Daniel Rossignol, secrétaire de M. d'Argenson, = Charlotte Laurent, dont Guillaume Rossignol, né et baptisé le 30 octobre 1717, paroisse Saint-Paul.

On trouve en 1578 un Pasquier Rossignol, crieur juré du Roi ès ville, prévôté et vicomté de Paris.

VII ROSSIGNOL

(RENÉ).

Né à , le
Contrat de mariage devant M° , notaire à , le 1706, avec C. D. M. Aubert.
Écuyer, succède comme quartinier à M. Hazon, 16 janvier 1714. Échevin de Paris sous la prévôté de M. Turgot, 1730; remplacé par M. Gaucherel, 14 août 1731.

Lettres de noblesse (édit de 1716).

Portrait gravé par Beaumont[1].

Signe au contrat de sa petite-fille D. P. Deniset, avec C. J. C. de Floissac, 1760.

Des rentes sont constituées par le prévôt et les échevins de Paris, à son profit, le 22 avril 1722, devant Mᵉ Richard, notaire, et, le 27 février 1726, devant Mᵉ Marchand.

Demeure à Paris, rue de la Monnoye.

Mort à   , le   1762.

Partage de sa succession entre ses petites-filles, mesdames de Floissac et Delalot, devant Mᵉ Sibire, à Paris, les 1ᵉʳ juin et 2 juillet 1763.

Armes : « D'azur au chevron d'or accompagné de trois rossignols d'argent, deux en chef et un en pointe[2]. »

VIII ROUVELIN

(DENISE).

Fille de THOMAS Rouvelin ; sœur de Catherine-Françoise.

Née à   , le

Mariée à   , le   avec JACQUES Aubert.

Mère de : 1° Jacques Aubert, bourgeois de Paris, 1664-

---

[1] *Histoire de Paris*, par CHEVILLARD.
[2] Bibliothèque nationale, dans le Livre des Échevins, et musée Carnavalet.

1729, demeure rue des Deux-Boules (M⁰ Hurel, 15 mars 1731), = M. A. Chénault, dont Denise Aubert. Tous trois signent au contrat Deniset-Rossignol, 1725. Charles Deniset signe à son décès le 22 mai 1729 (paroisse Saint-Germain l'Auxerrois);

2° Thomas Aubert, contrôleur des rentes;

3° Catherine-Denise-Marguerite Aubert.

Demeure à Paris, rue Saint-Honoré, paroisse Saint-Eustache.

Morte à   , le

VII   AUBERT

(CATHERINE-DENISE-MARGUERITE).

Née à Paris, le 18 mars 1686. Baptisée le 19 (paroisse Saint-Eustache).

Parrain : Germain Douaire, ancien greffier de la prévôté de l'hôtel.

Marraine : Catherine-Françoise Rouvelin.

Mariée à   , le   , avec René Rossignol.

Mère de : 1° Denise-Élizabeth;

2° Louis-Bernard Rossignol, prêtre, chapelain de l'église de Laon, demeurant à l'Hôtel-Dieu de Paris, en 1783.

Cousine de J. B. Aubert, écuyer, avocat au Parlement, = Marie-Madeleine de Sacy (qui signe aux contrats Deniset et Delalot en 1752, Deniset et de Floissac en 1760).

Marraine de sa petite-fille à Dormans, avril 1738.

Morte à Paris, rue d'Argenteuil, le 16 janvier 1754. Inhumée le 17 (église Saint-Roch).

VI ROSSIGNOL

(DENISE-ÉLIZABETH).

Née à   , le

Contrat de mariage devant M⁰ Bouron, notaire à Paris, le 27 septembre 1725.

Dot : 106,000 livres (dont 6,000 pour logement et nourriture des futurs époux avec leurs domestiques, pendant trois ans, chez les Rossignol).

Mariée à Paris, le   1725, avec Charles Deniset.

Mère de : 1.° Denise-Pélagie;

2° N..... Deniset « née et ondoyée en péril de mort, « par une matrone de Dormans, le 16 avril 1738 », filleule de sa grand'mère Rossignol;

3° Anne-Marie, née en 1733, † en 1806 (contrat de mariage devant Mᵉ Huet, notaire à Paris, le 8 avril 1752). Dot: 104,000 liv. = D. F. Delalot, né en 1726, écuyer, conseiller-secrétaire du Roi, fils du premier échevin de la Ferté-sous-Jouarre; sa descendance habite encore Dormans. Anne-Marie y meurt, après être revenue de l'émigration. Son fils Charles, député sous la Restauration, fut père de :

a Victor, vicomte de la Lot († à Dormans en 1869), dont : Victor, vicomte Delalot † en 1885; Victoire, = Jules Massias, le 4 mai 1875; Jehanne, = Franz Massias, le même jour;

b Félicité, 18 -18 , = en 1825, Edmond Ruinard de Brimont, dont : *a'* Charles, vicomte de Brimont, 18 - 18 , = en 1824 Alice Hennessy, dont : Henri, 1858-1884; André, né en 1861; Armand, né en 1872; Lucie, = en 1881, Maurice Mertian, dont Bernard, né en 1887; Sophie, = en 1886, Auguste Ouizille : dont Liliane, née en 1887; Édith;

b' Edgard, vicomte de Brimont, = Mina Sheppard;

c' Marie-Victoire de Brimont, 1823-1876, = en 1841, Auguste, comte Rozée d'Infreville, dont : Camille; Gabriel, † en 1873; Remi, = N... Hutin; François, = N... Barbey; Marie, = en 1880, Charles Tiercelin; Henriette; Anna, = Félix de Quincerot, † en 1879; Isabelle, = Léon de Quincerot, † en 1880;

d' Lucie, religieuse à la Visitation de Reims.

c Armande, = en 1829, N... Le Sergeant d'Hendecourt, dont : Louis, officier d'ordonnance de l'Empereur, † 1870; N....., † 1871, = Edgard, vicomte de Richemont; Henri, = en 1868, Geneviève Morissot, dont : Louis, né en 1872; Bernard, né en 1884; Alice.

4° Jacques-Charles Deniset, né à Dormans, 1735, † et enterré à Dormans, 1738.

Marraine à Dormans, 1736. Une rente avait été constituée à son profit devant M° Huet, notaire à Paris, le 30 août 1745.

Morte à , le 1750.

Inventaire devant M° Huet, notaire à Paris, 9 septembre 1750, et devant M° , notaire à Dormans.

v

DENISET

(DENISE-PÉLAGIE).

Née à Dormans, le 8 octobre 1737.

Baptisée à l'église Saint-Hippolyte. Parrain : Jacques-Charles Deniset, frère. Marraine : Anne-Marie Deniset, sœur, « pour lesquels il a été répondu par deux habitants de Dormans ».

Contrat de mariage devant M° Sibire, notaire à Paris, le 29 octobre 1760, en présence de Machault, ancien Garde des sceaux, et de MM. Trudaine et de Beaumont, anciens ministres.

Dot : 140,000 livres. Recueille encore 50,000 livres dans les successions de ses parents Deniset et 2,650 dans celle de ses grands-parents Rossignol.

Mariée à   , le   1760, avec C. J. C. de Floissac.

Mère de : 1° Charlotte-Françoise;

2° Françoise-Charlotte, née le   1762, † le 13 février 1789, = le 28 octobre 1784, Jean-Baptiste-Anne de Malartic[1] (contrat devant M° Giret de Valville, notaire à Paris), conseiller au Parlement, puis conseiller à la Cour royale de Paris, etc., né le 24 juin 1750, † le 25 mars 1825, dont :

A J. B. Alphonse, comte de Malartic, préfet, conseiller d'État, etc., né le 21 février 1786, † le 7 août 1860,

---

[1] Voir page 66.

= le 14 mai 1821, Louise-Laurence-Amélina Pasquier, 1804-1856, nièce du duc Étienne-Denis Pasquier, préfet de police, ministre, chancelier de France, 1767-1862, et tante du duc Edme-Gaston d'Audiffret-Pasquier, président de l'Assemblée nationale et du Sénat, de l'Académie française, 18 -18 , et dont :

a J. B. Camille, comte de Malartic, préfet, directeur de l'établissement national des sourdes-muettes de Bordeaux, né le 13 mai 1822, = le 22 septembre 1852 Claire, 1834-18 , (fille de A., marquis de Nettancourt, et de N. du Chastel) dont :

a' Comte Étienne de Malartic, né le 21 mai 1854;

b' Vicomte Jean, né le 7 août 1858;

c' Henry, né le 19 décembre 1870;

d' Thérèse, née le 13 novembre 1864;

b Marguerite, née le 19 avril 1825, † au château des Tuileries, le 30 octobre 1859, = en 1847, M. L. Amand, général, vicomte de Courson de la Villeneuve, 1812-1879, dont :

a' Amand, vicomte de Courson, né le 3 janvier 1848, = en 1873 Élisabeth, 1854-18 , fille du comte Aurélien de Courson de la Villeneuve et de mademoiselle de Kergaradec, dont Jean, 1876; Marguerite, 1877; Jacques; Marie-Thérèse, etc.

b' Alphonse, baron de Courson, officier d'infanterie, né le 28 août 1849.

c' Irène, née le 6 décembre 1851-18 , = en 1879 Emmanuel G. de Gourville, 1838-18 , dont Claire, 1880-1883, Jean, né en 1881, Robert, né en 1882.

c Gabrielle, née le 30 avril 1828, † le 1er septembre 1862, = en 1848 Auguste Latimier du Clézieux, receveur des finances, † 1870, dont :

Denise, 1849-18   , = en 1872 Louis Sagey, et Jeanne 1854-18   , = en 1875 Eugène Verdavaine.

B Denise-Natalie de Malartic, née le 23 janvier 1789, † le 26 juin 1845, = en mars 1811 Jean-Maurice de Chanceaulme de Fonrose 1786-1865, dont :

a Alfred de Chanceaulme de Clarens, né le 23 décembre 1811, † le 19 juillet 1879, = le 15 avril 1844 Isabelle de Tartas d'Haumont, née le 20 juin 1821, † le 30 janvier 1880, dont :

a' Natalie, née le 13 septembre 1846, = le 6 septembre 1864 Raoul, baron de Pichon-Longueville, 1838-18   , dont Albert, né le 14 août 1865; Richard, né le 24 mars 1867; Marguerite, née le 27 mai 1871;

b' Marie, née le 15 octobre 1847-18   , = le 31 juillet 1866, Déodat, comte de Verthamon, 1837-18   , dont Maurice, né le 23 décembre 1867; Hermine, née le 28 mai 1869; Isabelle, 1874-1885; Marie, née le 28 janvier 1878;

c' Édith, née le 10 décembre 1854-18 = le 12 février 1880, Olivier comte de Boury, 1848-18   , dont :

Geneviève, née le 18 mars 1881; Raoul, né le 29 janvier 1883;

b Caroline de Chanceaulme de Clarens, née le 14 février 1825, † le 8 septembre 1881, = le 23 avril 1843, Hyacinthe, comte de Caumia-Baillenx, 1814-18   , dont :

a' Armand, vicomte de Baillenx, né le 20 décembre 1844, = le 8 janvier 1873, Marie de Salinis, 1852-18   , dont : Henri et Louise, jumeaux, nés le 22 septembre 1873; Jeanne, née le 10 janvier 1875; Hyacinthe, née le 20 mai 1876; Albert, né en 1878; Joseph, né en 1879; Caroline, née en décembre 1884; François, né en 1886;

b' Marie-Jeanne, née le 16 octobre 1846, = le 7 juillet

1873 Georges d'Ougnac de Saint-Martin, officier de cavalerie, 1835-18 , dont :

Marie-Aimée, née le 7 mai 1874; Marguerite, née le 26 avril 1876; Marie-Thérèse, née en 1877; Armand, né en septembre 1880; Louise, née en août 1886;

c' Baron Pierre, né le 25 juillet 1860 = en 1887 N... de Marbotin;

3° Charles-Denis, né le 5 août 1767;

4° Nicole-Marie-Louise, 176 -1834, = le 10 avril 1787 (contrat devant Me Mayeux, notaire à Paris) Alexandre-Philibert-Pierre de Parseval, 1758-1794.

Un grand tableau de Voiriot, peint en 1767, représente mon oncle de Parseval tout enfant, déguisé en petit Savoyard, ainsi que ses frères et sœurs, et recevant l'aumône de ses parents accoudés sur un balcon. Administrateur de l'Hôtel-Dieu de Paris en 1779, fermier général, il est compris dans les accusations cruelles et injustes dirigées contre la Ferme et qu'une plume instruite a si bien réfutées[1]. Malgré l'éloquent mémoire de Lavoisier et les efforts de ses amis, il fut guillotiné avec vingt-sept de ses collègues, parmi lesquels son frère Parseval de Frileuse et ses beaux-frères, MM. de Vernan et de Vaucel.

Sa veuve restait toute jeune, mais non pas isolée. Elle se consacra courageusement à l'éducation de ses trois petits enfants, et en fit des hommes de mérite. M. Delahante cite d'elle une lettre remarquable, écrite le 23 prairial an II, peu après l'exécution de son mari[2]. On l'appela longtemps Vaucé, sans trop savoir pourquoi, même dans sa famille[3].

---

[1] Adrien Delahante, *Une famille de finance au dix-huitième siècle*, t. I, liv. IV, chap. II, p. 189. Paris, 1881.

[2] *Ibid.*, t. I, p. 399.

[3] *Ibid.*, t. I, p. 359, 365, 378, 397, 415.

Ce nom était tout ce qui lui restait de l'ancien fief des Couppel de Vaucé, qu'avait reçu sa grand'mère.

Mère de : *A* Amédée 1789-1878; *B* Augustin 1791-1859, = en 1815 Evelina de Pestre, † 1834, dont Marie-Augusta, 1821-1844, = en 1840 Louis de Saint-Didier, sans enfants; *C* Charles, officier de la garde royale, 1792-1864, = Hermine A. L. de Waru 18 -18 , dont six enfants : *a* Charles 1825-1884, = en 1854 M. de Montpinson dont : *a'* Marthe de Parseval, 1862-18 , = en 1884 Robert, vicomte de Vendeuvre; *b'* Joseph, officier 1854-18 ; *c'* Charles, 1858-18 ; *d'* Henri, 1860-18 ; *b* Alexandre, 1827-18 , = en 1858 E. B. de la Brunière, dont Georges, 1860, Paul, officier, 1862, Adolphe, officier, 1868, Gaston, 1870; *c* Louis 1834-18 , = en 1870 M. de Frotté, dont Hubert 1873; *d* Hermine 1828-18 , = en 1855, G. P. de Leyrac, dont Mathilde, 1856-18 , = en 1875, Gaston de Witasse, dont André; *e* Cécile 1839-1862, = en 1859, Alfred baron de Pontalba, 1818-1877, dont Michel, 1860-18 = en mai 1884, Henriette de Maussac, dont Cécile et Alfred, né le 20 novembre 1886; *f* Mathilde, « sœur Marie Kotska », religieuse à la Visitation de Paris.

On conserve de madame de Floissac un portrait au pastel, avec sa petite-fille madame de Salverte. Elle reçoit un douaire de 2,500 livres après son veuvage. Demeure à Neuilly-sur-Seine, puis rue des Ursulines, à Paris.

Son testament olographe du 30 janvier 1811, à Paris, déposé chez M*e* Champion, enregistré le 7 janvier 1813, commence par ces mots touchants : « Je suis née et je « meurs dans le sein et croyance de l'Église catholique.

« J'en ai rempli les devoirs et suivi les préceptes. J'espère
« en la miséricorde de Dieu, qu'il me pardonnera le relâ-
« chement et la négligence que j'ai pu mettre dans la pra-
« tique des devoirs de notre sainte religion », et contient
des legs aux pauvres de sa paroisse et aux Ursulines.

Morte à Paris, le 30 décembre 1812. Inhumée au cimetière de Vaugirard.

Inventaire devant M° Champion, notaire à Paris, 3 février 1813. Partage devant M° Champion, les 6 mai 1813, 26 septembre 1814, 16 mars 1816.

IV DE FLOISSAC

(CHARLOTTE-FRANÇOISE).

Née à Paris, le 8 août 1761.
Baptisée à l'église Saint-Roch.
Parrain : Charles Deniset, grand-père.
Marraine : Françoise Couppel de Vaucé, veuve de Louis de Floissac, grand'mère.
Contrat de mariage devant M° Regnault, le 4 avril 1782.
Dot : 100,000 livres. Le repas de noces coûte 1,746 livres 12 sols. Trousseau de 8,215 livres, dont 3,324 livres de dentelles.
Mariée à l'église Saint-Roch, le 9 avril 1782, avec Germain Baron[1]. Témoins : Louis-François de Floissac de la Mancellière, oncle, et J. D. O'Farel, seigneur de

[1] Voir page 89.

Platteville, conseiller au parlement de Flandre, oncle à la mode de Bretagne.

Mère de : 1° Charlotte-Françoise-Félicité ; 2° Hippolyte, † jeune.

Reçoit dans la succession de son père 71,000 livres, outre sa dot.

Dans la jolie collection de tabatières formée par M. Baron, une miniature très-fraîche en or et écaille,

<blockquote>Peut-être à bien chercher, la trouverais-je encore,</blockquote>

représente une belle personne, aux pieds de laquelle mon arrière-grand-père passait pour avoir jadis brûlé quelque encens, et qui acceptait ses hommages d'un œil assurément fort doux... Puis, l'âge et la réflexion étaient venus pour tous deux : *il* s'était marié fort tard, à quarante et un ans ; *elle*, au bout de quelques années, voyant venir la vieillesse et l'isolement, avait pris le parti héroïque d'aller vivre en province. Dès que la jeune et aimable madame Baron fut informée de ce projet, elle écrivit à son mari le gentil billet suivant :

« Cette pauvre madame de L...! Ne trouvez-vous pas bien imprudent que, souffrante comme elle l'est, elle quitte Paris pour aller s'enterrer à X...? Vous savez comme moi combien il est impossible qu'elle trouve là aucune ressource, ni pour la société, ni pour sa santé. C'est, dit-elle, par économie. Mon Dieu! cela fait mal à penser! Mais d'abord son voyage sera coûteux. Mon ami, il me semble que, si elle a besoin de quelques secours, elle doit vous avoir conservé assez d'affection pour ne pas s'affliger de les recevoir de vous. Ne lui parlez pas de moi du tout, si cela peut lui faire quelque peine ; mais il me semble que votre conduite, constamment bonne avec elle, vous donne des droits que vous pouvez faire valoir.

« Elle n'était pas ici à sa fête : ne pourriez-vous prendre ce prétexte, pour qu'un bouquet lui fût utile? Ne pourriez-vous prier madame de L... d'accepter une certaine somme? Cela ne ferait pas une terrible brèche dans l'augmentation de fortune qui m'est arrivée de mon pauvre père. Quoique je ne prétende pas, bien assurément, diviser nos fortunes et me faire indépendante, je serais heureuse de penser qu'il y a quelque chose de moi, affecté à adoucir les années de vieillesse et de souffrance de celle qui a été votre première amie. Voilà, mon bon ami, ce dont je désirais causer avec vous... Son voyage me paraît une chose inquiétante : elle est sans doute beaucoup changée, etc. »

En effet, l'ancienne amie resta, mais sa fierté ne voulut rien accepter de celle dont elle n'oublia jamais la charmante indulgence.

Amie de la marquise de Rumigny, de madame Hamelin, etc.

Transmet à sa fille son goût pour les arts et la peinture.

Portrait par Jouye, en 1779, avec ses deux sœurs.

Demeure à Paris, rue de Choiseul, à l'hôtel de la Régie des domaines.

Testament fait à Savigny-sur-Orge, le 9 août 1791; homologué par jugement du juge de paix du 1er arrondissement de Paris, le 12 janvier 1792.

Morte chez madame Hamelin, au château de Savigny, le 15 août 1791. Inhumée le 16, dans le cimetière de la paroisse Saint-Martin, à Savigny-sur-Orge.

Inventaire devant Me Préau, notaire à Paris, le 23 août 1791.

III ## BARON

(CHARLOTTE-FRANÇOISE-FÉLICITÉ).

Née à Paris, le 11 février 1783.

Baptisée à l'église Saint-Roch, le 12 février.

Parrain : J. B. L. René, chevalier de Moncorps, gouverneur de Montuel en Bresse, commandant des chasses du prince de Conti, oncle.

Marraine : F. N. Couppel de Vaucé, veuve de Floissac, arrière-grand'mère.

Contrat de mariage devant M⁰ Préau, notaire à Paris, le 17 frimaire an VIII.

Dot : 650,000 francs, rapportant net 16,500 francs de rente.

Mariée le 20 frimaire an VIII (11 décembre 1799), avec J. M. Eustache Baconnière de Salverte, au 2ᵉ arrondissement de Paris, et à l'église Saint-Roch [1].

Mère de : 1° Charles ;

2° Élisabeth, née le 29 avril 1802 et baptisée à Saint-Roch (parrain : Louis de Floissac, arrière-grand-oncle ; marraine : Anne-Marie E. de Salverte, veuve de J. Doazan, tante[2]), † le 30 avril 1815, inhumée au cimetière de Vaugirard avec madame de Floissac, son arrière-grand'mère ;

3° Eusébie, née le 16 septembre 1803, baptisée le 11 novembre à Saint-Roch (parrain : J. M. E. de Vaines,

---

[1] Voir page 15.
[2] Voir page 71.

cousin germain; marraine : N. M. de Floissac, veuve de A. de Parseval, grand'tante), † le 14 juin 1806.

Ce fut une vie singulièrement agitée, et souvent attristée, que celle de cette jeune femme ! A neuf ans, l'enfant a perdu sa mère et son père; deux ans après, l'échafaud lui prend ses deux oncles, et fait tomber d'autres têtes qui lui étaient bien chères. Entrée au couvent des Dames de la Croix, selon le vœu de sa mère mourante, elle voit bientôt ces religieuses chassées et leur Ordre aboli. Sa grand'mère la recueille, mais la Révolution les force à changer souvent d'asile. Pupille de madame de Floissac (qui lui rend ses comptes devant Me Préau, notaire à Paris, le 16 thermidor an VII), elle est émancipée à quinze ans : « Je jouissais « alors, disait-elle gaiement, d'un revenu de 25 francs par « mois, dont je devais rendre un compte très-exact! » On se hâte de la marier. M. de Malartic, son oncle et membre de son conseil de famille, lui présente un sien cousin germain, M. de Salverte, qui a juste le double de son âge, homme sérieux, laborieux à l'excès, toujours occupé, et que les devoirs de chef d'une nombreuse famille, aussi bien que les événements politiques, ont encore mûri.

Mariée à seize ans, heureuse mère pendant quelques années, madame de Salverte perd coup sur coup ses deux filles. Le chagrin altère sa santé; elle ne cesse plus de traîner une vie languissante. Alors elle fait appel à toute son énergie, et, douce envers la vie et la souffrance comme elle le sera envers la mort, elle multiplie les occupations sédentaires, apprend à tracer les plus délicates broderies, et se consacre tout entière aux arts.

« Jusqu'à ma peinture, disait-elle, je n'avais presque « jamais rien fait; j'ai été grondée toute ma jeunesse pour

« mon inactivité. » Élève de Granet[1], dont elle s'approprie le merveilleux talent pour la perspective, les vues intérieures des cloîtres, les jeux d'ombre et de lumière, elle traverse l'atelier du grand David, dont elle reflète le talent dans ses portraits[2]; elle peint, comme en se jouant, les fleurs avec Redouté[3], la miniature avec Parent, Menuisier, etc. Toujours occupée, même aux eaux, où l'on voulait qu'elle allât reprendre quelques forces, elle se plaint de sa paresse. Tout en causant, elle peint sur camées, et la rentrée des Bourbons procure à son mari un *Henry IV*, un *Louis XIV* à madame de Rémusat[4]. Si on l'oblige à ne travailler chaque jour que quelques heures : « Mon Dieu, » s'écrie-t-elle, « qu'on est donc heureux de se porter bien, « tout naturellement, sans être obligé de soigner sa « santé ! »

Pendant le voyage qu'elle fait dans le midi de la France en 1816, une correspondance très-suivie et très-intéressante s'échange entre les deux époux : M. de Salverte lui adresse un minutieux journal sur les événements politiques et littéraires ; sa femme lui répond par de fines observations sur la situation en province : « Quelle sin- « gulière disposition des esprits, que celle où de braves « royalistes disaient : « Allons, la journée a été bonne ! Il « n'y a pas eu à Toulouse plus d'un ou deux cris de « Vive le Roi ! » Tout le monde criait : « Vivent le duc « et la duchesse d'Angoulême !... » et elle ajoute : « Ceux

---

[1] Granet, 1775-1849, membre de l'Institut, qui passa plus de vingt années à Rome.
[2] David, 1750-1825.
[3] Redouté, 1759-1840, peintre belge.
[4] Jeanne de Vergennes, 1780-1821, = le comte de Rémusat, chambellan de l'Empereur, préfet de la Haute-Garonne ; mère de Charles de Rémusat, ministre, de l'Académie française, 1797-1875.

« qui crient : *Vive le Roi* (Louis XVIII) sont regardés ici
« comme des Jacobins. »

D'autres fois, ce sont de gracieuses et fidèles descriptions des beaux lieux qu'elle a visités, la fontaine de Vaucluse, le pont du Gard, le bassin de Saint-Ferréol, Pau et les Pyrénées, etc. Sa gentille levrette *Furie,* qu'elle aime à placer dans tous ses tableaux, bondit et gambade autour d'elle. L'animal fait des sauts si prodigieux et tant de folies, que les paysans de Luchon, — alors un peu simples et habitués à ne voir que leurs gros molosses de montagne, — croient voir dans Furie tantôt un jeune loup et tantôt un izard : le nom lui en est resté.

Mais bien souvent, madame de Salverte est retenue dans son lit ou à sa table de travail, par la maladie de poitrine à laquelle elle devait succomber. Mesdames Baudon et de Rémusat l'entourent des soins les plus affectueux. « Celle-ci est une aimable garde-malade. On n'est pas
« meilleure ni plus sensible; et puis elle est gaie, amu-
« sante, maligne, contant des anecdotes bien jolies, mais
« qu'elle rend plus jolies encore. Je lui ai montré une
« bonne lettre de mon Charles : elle, dont le fils aîné s'ap-
« pelle Charles, dit qu'ils sont tous charmants comme
« cela... Elle n'a pas plus de trente-six ans; elle s'est
« mariée à seize ans, son fils en a dix-neuf; c'est toute
« notre histoire. Il y a aussi à peu près la même différence
« d'âge entre elle et son mari, etc. »

Madame de Salverte aimait trop les arts pour ne pas désirer visiter l'Italie. Bien des obstacles semblaient s'opposer à ce projet. Elle y voyagea cependant deux fois sous l'Empire, quand on ne pouvait trouver une seule auberge passable de Lausanne à Milan : il lui fallut dormir plusieurs nuits dans sa voiture, monter les montagnes à grand renfort de bœufs, vivre de pain et de fruits, etc. Mais rien n'arrêtait cette petite femme, frêle et délicate, qui avait la passion du beau et que la vue d'une belle statue ou d'un joli paysage transportait au point de donner à tous, même à elle, l'illusion de sa guérison.

Elle fit un séjour de deux mois à Turin, près de ses neveux de Vaines, dont elle avait promis de tenir l'*éléphant* sur les fonds de baptême. « On ne voit pas clair ici « au spectacle, et tout le monde y parle haut, de même « qu'à l'église. » Elle admira Milan et Gênes tout embaumées de fleurs : le beau comte d'Orsay, alors en garnison à Alexandrie, lui servit d'excellent *cicerone*. Elle se plut beaucoup à Parme, dans la société de mesdames de Beauregard et de Trévisi, passa à Florence un mois charmant. Mesdames Petiet et de Colbert, ses parentes; MM. de Saint-Thomas et de Châteauneuf, Piémontais fort polis et aimables (ce dernier prétendant avoir donné bien des conseils à Lafond, à Talma, à Monvel, et déclamant à merveille, tout en jurant qu'il ne dit jamais de vers), lui furent d'une grande ressource. M. de Chabrol de Crousol, président du conseil souverain et extraordinaire de liquidation en Toscane, se faisait estimer des Italiens, comme le meilleur homme du monde et le plus galant, fort instruit et d'un ton excellent. Il se déclare son *chevalier servant*, met à ses pieds sa maison et sa voiture, la comble d'attentions délicates, porte son châle et son grand éventail pendant les promenades, la fait dîner avec le prince Corsini, avec Canova[1], alors dans tout l'éclat de sa renommée. « Celui-ci parle assez mal le fran« çais, mais sa figure est simple et bonne. On va poser

---

[1] Antoine Canova, 1747-1822.

« son monument d'Alfieri dans l'église de Sainte-Croix.
« Il m'a beaucoup invitée à le venir voir à Rome, où il a
« quelques beaux ouvrages terminés dans son atelier et
« où l'on ne parle que de lui. »

Le mois suivant, elle passait de longues heures dans l'atelier de ce *divin* Canova. « Il est vraiment inimitable :
« il a fait quatre danseuses charmantes; que cela est
« délicieux! La tête colossale de l'Empereur est d'une
« beauté, d'une noblesse extrêmes. J'admire tout cela
« jusqu'à genoux, je t'en reparlerai souvent : il y a bien
« de quoi s'enthousiasmer. S'il était mort depuis deux
« cents ans, on lui élèverait des autels, etc., etc.

« Malheureusement M. de Crousol[1] nous quittera dans
« quatre ou cinq jours pour le couvent des Camaldules, où
« il va faire une retraite pour l'anniversaire de sa femme...;
« il nous rejoindra à Rome, si la grande-duchesse Élisa
« ne l'occupe pas trop à son retour. »

En visitant les ateliers de mosaïques et d'albâtre, madame de Salverte entend parler d'un graveur qui fait des portraits en cire, charmants de ressemblance : « Il
« s'appelle Santarelli : on dit que c'est le meilleur graveur
« de l'Italie. J'ai vu de lui des empreintes de cire qui sont
« frappantes. Si jamais il vient à Paris, j'obtiendrai de toi
« que tu me donnes ainsi ton portrait. Si tu savais comme
« il les fait ressemblants! Mon Dieu, que je voudrais avoir
« ton image fixée par Santarelli[2]! »

---

[1] Charles de Chabrol de Crousol, 1771-1836, petit-fils d'un conseiller d'État sous Louis XVI et fils d'un député de la noblesse d'Auvergne aux états généraux. Élevé à l'Oratoire, maître des requêtes et président de chambre sous Napoléon; intendant général en Illyrie, puis en Piémont. Conseiller d'État et préfet de Lyon sous Louis XVIII, sous-secrétaire d'État à l'intérieur avec M. Lainé; directeur de l'enregistrement et des domaines. Ministre de la marine, 1823-1828, et des finances avec M. de Polignac.

[2] Santarelli ne quitta pas Florence, où il avait bien de l'ouvrage pour l'Em-

Parfois on dînait de bonne heure, et l'on allait courir dans la campagne, par un clair de lune magnifique : « Vrai-« ment ces nuits de Toscane sont plus belles que nos plus « beaux jours. » Elle quittait les bords de l'Arno pour monter jusqu'à Fiesole et découvrir le large horizon des Apennins. Elle visitait tous ces merveilleux environs de Florence : « A Poggio, je suis restée en extase; c'est, je « crois, la plus admirable vue qu'on puisse rencontrer, « même en Italie. »

Rome, veuve du Pape, l'attrista : les rues lui paraissaient sales et étroites, le Tibre dégoûtant, les places mornes et désertes. Mais les splendides fontaines, les belles églises, les collections de tableaux absorbaient tout son temps. Elle passa de longues heures devant l'*Aurore* du Guide, dans le jardin du palais Rospigliosi; devant les *Sybilles* du Guerchin et du Dominiquin. Granet finissait alors son *Intérieur de l'église généralice des Capucins* sur la place Barberini, qui enthousiasma madame de Salverte. Elle visitait souvent l'Académie de France, dont Lethière était encore directeur [1]. Ce créole, célèbre par ses tableaux de *Junius Brutus* (auquel il avait donné les traits de Lucien Bonaparte, son ami) et de *Didon*, n'était plus jeune et avait toutefois inspiré un sentiment très-vif à mademoiselle L..., qui ne quittait pas son atelier par amour de la peinture, et plus encore du maître.

« Ma passion ici, écrit à son mari ma jeune grand'mère « (tu sais bien qu'il m'en faut toujours une), c'est un « certain buste en marbre de Lucius Verus : il devait être

perçeur, l'Impératrice et tous les rois et reines possibles; mais trois séances lui suffirent pour faire, en octobre 1810, le gracieux et ressemblant portrait en cire de madame de Salverte. Je le conserve précieusement.

[1] Lethière, membre de l'Institut, 1760-1832.

« bien joli garçon ; on le dit fort ressemblant ; quand les
« statues arriveront de la villa Borghèse, va voir, je t'en
« prie, ce buste de Verus ; il est plus beau que tous les
« autres ! tu en seras jaloux. »

Dans un temps où la poste fonctionnait très-mal, où les lettres même des personnages considérables étaient décachetées et longtemps retenues dans les bureaux, elle ne craignait pas d'exprimer son intérêt pour la santé du Pape prisonnier à Savone, son admiration pour les projets et les œuvres de Pie VII dans les commencements de son règne ; au lieu d'avoir dépensé des sommes énormes pour élever des monuments qui lui fissent honneur, elle le trouvait vraiment grand d'avoir arrêté la destruction du Colisée, qui ne rappellerait cependant pas son nom à la postérité.

De retour à Paris, elle voulut copier le beau portrait du Saint-Père, par David.

Le peuple italien lui paraissait doux, poli, complaisant. Elle se réjouissait de voir ces bonnes figures rieuses, aux fêtes données dans le Mausolée d'Auguste ; elle était heureuse des soins que prenaient d'elle les guides de Tivoli, du Vésuve, de Pausilippe, et ne tarissait pas d'éloges sur Morosini, son gondolier polyglotte, descendant des anciens doges de Venise.....

Les tristes années de 1814 et 1815 avaient amené dans la famille de Salverte tout un cortége de malheurs publics et privés. Mais la jeune femme ne s'abandonna pas au découragement : elle résista doucement aux pénibles épreuves, fit bonne mine à l'adversité, et sut faire rayonner autour d'elle une pure atmosphère de paix et de sérénité. La mort de sa fille aînée, la disgrâce politique de son mari, les charges excessives de l'occupation étrangère ne

l'abattaient pas. « Après cette contribution extraordinaire,
« les autres viendront. Si mes diamants t'étaient utiles, tu
« sais que ce ne serait pas pour moi un bien grand sacri-
« fice, je n'y tiens pas du tout. Ensuite cela est préférable
« à un emprunt, c'est entre tes mains. De bonne foi, je
« les porte si rarement, *si jamais*, que ce serait une folie
« de nous en gêner, — d'autant qu'*à mon âge* (elle avait
« atteint trente-deux ans !) on met un fichu, et par con-
« séquent plus de collier. »

Son mari lui répond : « Ton *Bélisaire* est magnifique
« depuis qu'il est verni. Gérard lui-même le prendrait
« pour l'original. En cas de nouvelles taxes de guerre,
« nous en tirerions meilleur parti que de tes diamants. »

Mais ce à quoi elle ne pouvait sitôt se résigner, c'était à
la perte de tant d'objets admirables, rassemblés à Paris par
l'excusable orgueil des vainqueurs de l'Europe, depuis le
traité de Tolentino.

L'accident arrivé à la Vénus de Médicis, lors de son
déménagement, la désole; le lion de Saint-Marc vient
d'être enlevé si maladroitement par les Autrichiens, qu'il
se trouve endommagé : en tombant, il a pensé écraser les
travailleurs. « Lord Wellington est plus odieux et plus
« méchant que Blücher : il est attaqué jusques dans les
« journaux de son pays, pour avoir fait concourir des trou-
« pes anglaises à l'enlèvement des peintures flamandes
« du Musée. L'invasion des barbares a tout ravagé aux
« palais de Paris, Saint-Cloud, Fontainebleau. »

Heureusement l'Empereur Alexandre vient d'acheter
une partie de la galerie de la Malmaison; on voudrait
bien que les collections du prince Eugène fussent en
sûreté dans des maisons particulières, comme le *Stella* de
Granet, à peine achevé, que ses amis de Salverte conser-

vent avec un soin pieux. Ne se trouvera-t-il pas quelque particulier pour cacher au moins les plus petits tableaux du Louvre? « Le petit *Henry IV* de Porbus a disparu :
« je voudrais bien qu'il fût au nombre des sauvés, j'avoue
« que je le regrette du fond du cœur; j'aurais eu tant de
« plaisir à le copier pour toi, pour ton cabinet!... C'est
« si humiliant! Les Français ne sont-ils pas traités bien
« sévèrement? Ce pauvre Louvre démeublé! il me semble
« que je n'oserai plus tourner les yeux de son côté... Est-
« il arrivé malheur aux admirables *marines* de Joseph
« Vernet[1]? Canova est venu réclamer, de la part du Pape,
« ses tableaux d'Italie. Il y a eu à ce sujet une querelle
« assez vive entre lui et le prince de Talleyrand, qui a
« traité tout haut d'*emballeur* l'ambassadeur de Sa Sain-
« teté. J'aurais bien préféré pour Canova, qu'il vînt faire
« ici quelque belle statue, plutôt que ce déménagement! »

Les revers inouïs et la mort de l'Empereur lui inspirent des réflexions sévères, à côté de paroles touchantes : « Les frères de Napoléon ont été bien reçus à
« Rome, ainsi que le cardinal Fesch. Marie-Louise s'est
« hâtée de renoncer au titre de *Majesté* et de faire effacer
« l'aigle impériale sur ses carrosses; elle a fait paraître son
« fils, *le prince héréditaire de Parme*, en uniforme de
« colonel du régiment des uhlans autrichiens, trois mois
« après Waterloo! — Dans un ouvrage posthume inti-
« tulé *Dix ans d'exil*, madame de Staël dit beaucoup de
« mal de l'Empereur : on a remarqué que les éditeurs au-
« raient pu choisir un autre moment que celui-ci, où la
« nouvelle de sa mort est arrivée... En revanche, il s'est
« trouvé un village, près de Mayence, qui avait beaucoup

---

[1] Père de Carle et grand-père d'Horace.

« souffert de la guerre : Napoléon lui avait accordé une
« exemption d'impôts. Le curé, apprenant cette mort, a
« célébré de son mieux un service, auquel tous les habi-
« tants se sont fait un devoir d'assister ».

Madame de Salverte, sans cesse occupée, travaillant et peignant de longues heures, écrit tous les jours à de nombreux correspondants, sans chercher aucune prétention de style. Un mot dans son lit de grand matin, un autre le soir au retour d'une longue promenade, quelques lignes sur une table d'auberge, toujours de fines pensées et de jolies descriptions des lieux qu'elle a visités et dont elle fait valoir à ses compagnons les charmes un peu inattendus. Un séjour chez les parents de son mari à Metz et à Nancy amène sous sa plume des pages aimables et piquantes. Malade et retenue par la fièvre au Mont-Dore, elle admire beaucoup la chambre d'auberge où on la tient renfermée : « Je suis heureuse de ce logement, que je trouve
« dix fois plus joli en pensant à tant d'autres baigneurs
« demeurés sans abri. On couche jusques sur les paliers
« d'escalier, lorsqu'ils ont six pieds de long. Les bains
« sont envahis le soir par des personnes qui n'ont pas
« mauvaise tournure et qui y passent la nuit. M. de
« Serre, le garde des sceaux, n'est guère mieux logé : il a
« perdu connaissance hier dans sa chaise à porteurs en
« revenant du bain [1]. L'abbé de Pradt couche dans une
« garde-robe [2]. Il est arrivé à cheval, avec deux domes-
« tiques aussi à cheval : la bonne en a conclu que c'était
« un général. Sa conversation est fort amusante. Il est déjà
« reparti, car il ne venait que pour revoir le Mont-Dore,

---

[1] Hercule, comte de Serre, 1777-1822, ministre sous les ducs Decazes et de Richelieu.
[2] De Pradt, archevêque de Malines, député, fécond écrivain, 1759-1837.

« qu'il avait vu couvert de bois il y a environ vingt ans.
« Il a beaucoup parlé de la nécessité de replanter cette
« montagne, le préfet M. du Martroy[1] aussi, le sous-préfet
« aussi; mais je suis sûre qu'il n'y aura de longtemps
« rien de fait à cet égard.

« Je partirai à six heures du matin avec MM. de Gar-
« tempe et Louis de Champagny, qui fait quelque pein-
« ture avec moi. Nous irons déjeuner à Randan. M. de
« Montlozier[2] a insisté d'une manière très-aimable pour
« cette invitation. J'avoue que je serai très-contente de
« voir son amie, sa maîtresse, *l'objet unique de son affec-*
« *tion*[3] : il en parle avec un enthousiasme tout à fait cu-
« rieux, il s'échauffe, il s'anime, sa figure s'épanouit.
« Cette vivacité sous ses cheveux blancs est tout origi-
« nale, c'est un volcan sous la neige. Je voulais en faire
« le mont Hécla; mais ce sera le Vésuve, puisqu'il se mêle
« aussi de rester blanc, etc., etc. »

Elle exige la même assiduité, la même exactitude chez
ses correspondants : le retard d'un courrier la plonge dans
une anxiété extrême; elle craint qu'on ne lui dise pas
toute la vérité sur les santés qui lui sont chères. Il lui
faut tous les jours une lettre attendue avec impatience;
elle en fait part de suite à ceux qui l'entourent. « Chacun
« ici l'espère avec bonheur : on vient vite me demander
« des nouvelles, car les tiennes remplacent pour moi tous
« les journaux... Tu m'as gâtée là-dessus : il est dit que je
« te devrai tous les bonheurs possibles. Écris-moi *trop*;
« continue à me faire du bon temps. Je suis pour tes lettres

---

[1] Le baron du Martroy, père de ma tante la vicomtesse Daru.
[2] Le comte de Montlosier, 1755-1838, député de la noblesse de Riom aux états généraux, pair de France.
[3] La belle forêt de Randan, depuis à Madame Adélaïde et à Mgr le duc de Montpensier.

« comme les enfants pour les bonbons, j'en veux trop !... »

M. de Salverte, aussi empressé et aussi tendre qu'aux premiers instants de leur union, lui répond chaque jour :

« Je suis accablé de courses et d'affaires, je ne fais des
« visites que par devoir, et, quand je veux travailler chez
« moi, d'autres visites à recevoir m'enlèvent un temps
« précieux; t'écrire un peu longuement a été ma seule
« distraction......

« Il me semble que tout ce qui t'environne devrait être
« à genoux devant tes pinceaux et ta palette... La tête de
« *Sapho* demande à être éclairée ; ce n'est guère que dans
« ton atelier qu'elle aurait un jour suffisant : nous la
« mettrons, si tu veux, dans notre salon... Le *Diario di*
« *Roma* dit que les Italiens se portent en foule dans l'ate-
« lier de Granet, pour admirer son *Intérieur* de l'église des
« Capucins ; je le vois et l'admire toujours, sans aller si
« loin... Je commence aujourd'hui une lettre, avec la réso-
« lution de prendre ma plus belle écriture pour ne pas
« fatiguer ton pauvre œil malade ; je gémis de tes souf-
« frances... La famille de Parseval a fêté hier la cinquan-
« taine du mariage de M. et de madame d'Antigny : dans
« vingt-huit ans, ce sera notre tour [1]. »

A Paris, dans son salon de la rue Le Peletier, proche de l'Opéra, madame de Salverte se plaisait à réunir avec le savant rédacteur du Code civil, Favard de l'Anglade [2]; MM. de Chabrol ; le géographe Eyriès ; le comte et mesdemoiselles Daru ; mesdames d'Andrezel ; mademoiselle Fédora Bresson, qui épousa le beau Richard de Montjoyeux [3] et fut mère de la comtesse de Preissac et de la

---

[1] Juillet 1821.
[2] Favard de l'Anglade, député, président à la cour de cassation, 1762-1835.
[3] R. de Montjoyeux, député, 1795-1874.

marquise de Rochegude; M. de Verneaux, avec sa jolie et sympathique pupille, la baronne de Kinzel; le baron Dudevant, qui rechercha longtemps la main d'une de ses nièces, et, peut-être de dépit, contracta en 1822 une union bientôt troublée (avec mademoiselle Aurore Dupin, si célèbre depuis sous le nom de George Sand)...

On y voyait encore assidûment l'érudit M. Faget de Baure, mon grand-oncle; l'aimable madame Panckoucke; la comtesse Duchâtel; madame Seillière; le comte d'Argout[1]; le comte Durand de Mareuil, conseiller d'État et ambassadeur; le poëte Émile Deschamps[2]; les peintres Heim[3], Gérard[4], Girodet[5]; Guérin[6], qu'elle admirait sans réserve, son ami de vingt ans, qui dessina pour elle et d'après elle la charmante composition : *Esculape présentant une jeune malade au dieu Luchon*; le comte de Sommariva[7], connu par ses magnifiques collections, son goût passionné pour les belles pierres gravées et sa ravissante villa près de Cadenabbia, aux bords du lac de Côme; Visconti l'antiquaire[8]; le comte de Forbin, directeur des musées[9]; les généraux Fournier, « fort galant quoique peu anacréontique », et Andréossy, grand amateur de tableaux, ambassadeur à Constantinople, beau-frère de mon oncle Septime de Latour-Maubourg; Vitet[10], camarade de mon père et déjà célèbre, rédacteur du *Globe*, auteur

---

[1] Maurice, comte d'Argout, ministre, gouverneur de la Banque, 1782-1858.
[2] E. Deschamps, 1791-1871.
[3] Heim, peintre d'histoire, membre de l'Institut, 1787-1865.
[4] Baron Gérard, 1750-1837, élève de David.
[5] Girodet, élève de David, 1767-1824.
[6] Baron Pierre Guérin, 1774-1833, élève de David, directeur de l'Académie de France à Rome.
[7] Sommariva, 1760-1826, ancien directeur de la République cisalpine.
[8] E. Q. Visconti, 1753-1818, ministre et consul de la République romaine.
[9] Forbin, membre de l'Institut, † en 1841.
[10] Lud. Vitet, de l'Académie française, 1802-1873.

des *Barricades* (1826), des *États de Blois* (1827); le jeune Paul Lacroix[1], qui conserva toujours le souvenir attendri de la bienveillance avec laquelle madame de Salverte encourageait ses débuts littéraires, etc., etc.

Ma grand'mère avait reçu dans les successions de Floissac la terre d'Ostrebosc (de 222 acres), estimée, en 1791, 230,200 livres et 150,000 francs en 1815. (Partage devant M° Colin, notaire à Paris, le 15 mars 1816.)

Son testament, du 2 juin 1827 à Paris, contient les legs suivants : une somme pour ses bonnes œuvres sera remise « à l'abbé de Bellaud, aumônier de madame la Dauphine, « qui m'a dirigé avec bonté et affection dans l'accomplis-« sement de mes devoirs religieux, et m'a aidée à sup-« porter avec résignation les maux dont je suis affligée... « Je laisse à ma chère Aline mes diamants : elle et mon « fils ont mes derniers dessins. Je prie toutes les per-« sonnes qui m'ont témoigné de l'amitié, de recevoir « l'assurance de sentiments qui ne finiront qu'avec ma « vie. » Enfin, elle laisse à son mari, — qui ne devait survivre que peu de mois à cette douloureuse séparation, — tout son mobilier et ses tableaux.

Morte à Paris, le 1er juillet 1827. Inhumée au cimetière de Montmartre.

Inventaire le 1er avril 1828 devant Me Champion, notaire à Paris.

---

[1] Le bibliophile Jacob, conservateur de la bibliothèque de l'Arsenal, 1806-1885.

Alliance avec Charles Baconnière de Salverte.

IX DARU

Il résulte d'une correspondance échangée, en 1811, entre le cardinal Maury[1], le comte Daru, son collègue à l'Académie française et dans les hautes dignités de l'Empire, et le maire de Valréas, que la famille Daru était originaire de cette ville.

Valréas avait longtemps appartenu au Dauphiné. Mais en 1320, Guigues VIII, gendre du roi de France, la vendit, à beaux deniers comptants, au pape Jean XXII[2], l'homme le plus savant et le plus économe de son temps, qui érigea en France quatorze nouveaux évêchés, et laissa plus de 25 millions de florins dans le trésor apostolique. Le Pontife d'Avignon, maître de cette pointe avancée vers le Dauphiné, y ajouta bientôt plusieurs places environnantes. Sous son règne, Valréas fit partie du diocèse de Vaison et devint le siége d'une des trois *judicatures* établies dans le

---

[1] J. Siffrein Maury, natif de Valréas, constituant, archevêque, grand orateur, écrivain érudit, etc., 1746-1817.
[2] Voir pages 387 et 465.

comtat Venaissin. Elle reçut pour *armes* : les clefs de saint Pierre sur champ d'azur, surmontées du mot *Salvare*, (anagramme de Valréas), avec la devise « *Claves regat Deus.* »

Il paraît que le nom de la famille qui nous occupe s'écrivait alors Darut ou Darud[1]. Une branche se fixa à Grenoble : les aînés demeurèrent au comtat, où nous les voyons encore au commencement de ce siècle[2] :

François-Joseph Darut, né à Valréas en 1726, † en 1793, général, a publié plusieurs ouvrages militaires; son frère Frédéric-Vincent Darut, abbé de Saint-Urbain, né à Valréas en 1738, † en 1809, grand vicaire, savant littérateur, a publié plusieurs mémoires sur l'économie rurale et politique.

VIII

DARU

(JEAN).

Né à   , le

Marié en   avec

Père de : 1° Benoît;

---

[1] Voir les registres de Gières, de Goncelin, des différentes paroisses de Grenoble : *Darut, Daruth, Darud, Darrud*, etc., etc. — Malheureusement, les plus anciens actes de décès, conservés aux archives municipales de Valréas, remontent seulement à 1586, ceux de mariage à 1625, ceux de naissance à 1687.

[2] AUBENAS, *Notice sur Valréas*, 1838, p. 127. — BARJAVEL, *Dictionnaire historique du département de Vaucluse*, arrondissement d'Orange. — DIDOT, *Biographie universelle*, 1855.

2° Catherine, = Claude Chaperon ;

3° Dimanche.

Mort à Grenoble, le   [1].

VII   DARU

(BENOIT).

Né à   , le

Baptisé le   , église

Contrat de mariage devant M^e   notaire à Grenoble, le   , avec JEANNE, fille de feu JULIEN Marlin.

Marié à l'église Saint-Hugues, le 25 avril 1626 : « Ont « signé, *non les parties pour ne sçavoir, de ce requises;* « ains mademoiselle du Gallé, veufve du feü s^r Pardes- « sus, et Benoist, clerc habitué de la cathédrale. »

Père de : 1° Michel, baptisé en l'église Saint-Hugues, le 28 mars 1627 ;

2° Hugon, baptisé *id.*, le 27 décembre 1628 ;

3° Pierre-Mathieu ;

4° François, parrain en 1660, = « honneste Dimanche Imbert » : dont Claude, né le 19 septembre 1689, baptisé le 20 (parrain : Jacques Imbert; marraine : Marie Bouchet, femme de Jean Morand);

---

[1] Les registres de la paroisse Saint-Hugues et Saint-Jean (aujourd'hui cathédrale de Grenoble) sont en général bien tenus et classés avec soin à la mairie. Le répertoire va de 1670 à 1768. L'orthographe varie à tout instant; c'est ainsi que nous trouvons encore le même nom écrit Dary, Darü, Darue, etc.

5° Louise, baptisée le 21 avril 1636 (parrain : Moyse Miard; marraine : Louise Lagier). « Honeste Louise Daru « fut marraine à l'église Saint-Hugues en 1649 et 1658. » Elle = Jean Disdier, huissier au parlement de Grenoble, dont : *a* Claude; *b* Benoît, né le 18 février 1668, baptisé le 6 mars (parrain : Benoît Daru, son grand-père; marraine : Jeanne Martin, sa grand'mère); *c* Jean, marié le 7 août 1685, parrain de Jean Daru en 1675; *d* Louis, marié le 12 août 1683; auteur de Jean-Paul Didier, 1738-1816, avocat, écrivain, professeur de droit à Grenoble sous l'Empire; maître des requêtes sous la première Restauration; préfet pendant les Cent-Jours; tente contre le gouvernement de Louis XVIII, « au nom de l'indépendance nationale », un mouvement insurrectionnel à Lyon et à Grenoble, où sa conspiration échoua; il y périt avec vingt-cinq de ses compagnons, sans vouloir se défendre et en conservant le mystère qui n'a cessé de planer sur ses réelles intentions [1].

Benoît Daru, bourgeois de Grenoble, est parrain en 1661 à l'église Saint-Laurent de Grenoble; en 1665, à l'église Saint-Hugues, de sa petite-fille Claudine Daru; en 1668, de son petit-fils Benoît Didier.

Demeure à Grenoble (acte de 1620), y loue le 3 décembre 1638 une boutique à l'année, au prix de 60 livres, à Pierre Faure, procureur en la Cour (minutes de M° Blanc, f° 599). Bientôt il y achète une maison, rue du Bœuf [2],

---

[1] *Histoire de la Restauration*, par L. DE VIEL-CASTEL, t. V, p. 70-124.

[2] Cette rue, basse, petite, tortueuse, bordait presque la rivière avant la construction des beaux ponts sur l'Isère. Une partie subsiste avec ses hautes et étroites maisons, sous le nom de rue Abel Servien. La place des Cordeliers (sur l'emplacement de l'ancien couvent) est tout auprès. De l'autre côté, en s'avançant vers la cathédrale, on trouve la rue Sainte-Claire, l'ancien couvent des Clarisses, et le faubourg des Très-Cloîtres.

le 31 mars 1644, à noble Abraham de l'Auberrivière, devant Me Dufour (vendue par les enfants Mure devant Me Trinché, pour 4,300 livres, le 28 août 1770).

Mort à , le 1686.

VI DARU

(PIERRE-MATHIEU).

Né à , le
Baptisé le église
Contrat de mariage devant Me , notaire à , le , avec Catherine Rey.

Il avait épousé en premières noces, en 1650, Marie Robert (de Tournon) : dont un fils, Benoit, † jeune.

Bourgeois de Grenoble.

Portrait à Bêcheville.

Mort à , le 1690.

VI REY

(CATHERINE).

Sœur de Jeanne, = Nicolas Charbot : dont Jean-François, Jeanne et Marianne (actes de 1670, 1701, 1711,

1717), † le 7 septembre 1689. Le frère de Nicolas Charbot, Antoine, = le 10 janvier 1673, Anne de Morard.

Née à , le
Baptisée le , église
Mariée à , le , avec Pierre-Mathieu Daru.

Mère de : 1° François;

2° Nicolas, né le 22 novembre 1670, baptisé le 11 décembre à l'église Saint-Hugues (parrain : Nicolas Charbot, célèbre avocat au Parlement; marraine : Anne Moulard);

3° Claudine, née le 18 mars 1665, baptisée le 26 (parrain : Benoît Daru; marraine : Claudine Armaude);

4° « Imbert aagé d'un mois quatre jours a esté baptisé « le 14 mars 1662. Ont esté parrain, le s^r Anthoine « Pichoud; marraine, honeste fille Barbe Pichoud; »

5° Claire, âgée de vingt et un jours, baptisée le 2 septembre 1663 (parrain : Antoine Marquet; marraine : Magdelaine Foucherand);

6° Jean, né le 2 juin 1675, baptisé le 8 (parrain : Jean Disdier; marraine : Claudine Daru). Chirurgien au régiment de Beaujolois; dont la fille = Cézaire Clet, d'une des plus anciennes familles bourgeoises de Grenoble. Leur nom se retrouve très-fréquemment dans les anciens registres des paroisses, que j'ai compulsés en 1886. Cézaire était maître cordonnier et aussi corroyeur. Il vend des cuirs et peaux « aux honestes maistres courroëurs, tanneurs, savetiers, chamoisiers et voituriers de Grenoble, Corps, Gap, Voiron, le bourg d'Oysans, etc. » Il cite dans son journal ses compères : en 1724, Ennemond Jail, cordonnier, rue Saint-Laurent à Grenoble; en 1725 : Jean Jusserand, cordonnier à Sassenage; Antoine Rivet au « monestier de Cormont »; les Frères cordonniers de Grenoble, demeurant chez les RR. PP. Minimes de cette ville; le cordonnier des PP. Jésuites, auquel il a vendu une grasse génisse, etc. Puis il continue ainsi :

« Ce 20ᵉ février 1713 j'ay vendu à Mᵉ Jean Ribaud, cordonnier à Lafrey, un cuir fort et une vache noire, la somme de 35 livres, à-compte de laquelle il a payé celle de 2 livres et a pris le dos du cuir — de sorte qu'il reste me devoir 33 livres sur la vache et les deux fesses de cuir qu'il a laissées dans ma boutique et qu'il a promis payer en prenant ladite marchandise.

« Reçeu de Mᵉ Ribaud 8 livres 17 sols, et a pris une fesse ensuite de sa lettre datée du 12 du présent, ce 15ᵉ mars. Plus reçeu 5 livres 10 sols, et a pris un quartier de la vache, ce 22 mars 1713, etc., etc.

« Ce 3ᵉ mars 1713. J'ay vendu à honneste Mᵉ Laurent, cordonnier, deux vaches et un brigadit la somme de 31 livres 10 sols. »

Cézaire Clet et N... Daru eurent pour enfants : une Carmélite, deux autres filles nommées Thérèse et Julie, deux Chartreux, et *Jean-François-Régis*, né à Grenoble le 12 août 1748, reçu novice dans la congrégation de la Mission à Lyon en 1769, professeur de théologie au grand séminaire d'Annecy, où il était surnommé « la bibliothèque vivante ». Maître des novices à la maison de Saint-Lazare à Paris, 1789. Obtient enfin d'être envoyé en Chine en 1791. Il s'embarque à Lorient, le 2 avril, malgré les efforts de sa famille, à laquelle il abandonne sa petite fortune, sous réserve d'une pension annuelle de 300 francs (que la Révolution l'empêcha de toucher jamais). Dès le 10 mars, il avait fait part à ses parents de sa détermination. Le 21, il écrivait à sa sœur, mademoiselle Clet, place Notre-Dame à Grenoble, une lettre qui

m'a été donnée par le Supérieur général de sa congrégation et dont j'extrais les passages suivants. « Je profite
« de la nuit qui précède mon départ, pour répondre à votre
« attendrissante lettre... Je m'étais préparé aux assauts
« que votre tendresse et votre sensibilité me livreraient.
« Les choses étaient trop avancées pour reculer : je ne me
« repens point d'en avoir agi ainsi, non par manque
« d'amitié pour vous, mais parce que je crois suivre en
« cela les vues de la Providence sur moi. Je puis me
« tromper sans doute ; mais au moins je suis de bonne
« foi. Si le bon Dieu ne bénit pas ma démarche, j'en serai
« quitte pour reconnaître mon erreur et me tenir mieux
« en garde une autre fois contre les illusions de mon ima-
« gination ou de mon amour-propre ; je deviendrai sage à
« mes dépens... J'ai reçu de notre cher cousin Gagnon
« une lettre où il me donne les marques les plus sensibles
« de son amitié pour moi, et du vif intérêt qu'il prend à
« ce qui me regarde ; j'en suis certainement très-recon-
« naissant ; je lui répondrai de Lorient. En attendant,
« remerciez-le pour moi de sa bienveillance à mon égard.
« Présentez-lui mes respects, ainsi qu'à toute la famille.
« Ne m'oubliez pas auprès de tous nos amis. Malgré mon
« éloignement, croyez-moi toujours très-rapproché de
« vous par les sentiments de mon cœur..... »

Son humilité était extrême ; il écrivait plus tard :
« Comme je ne suis pas revêtu de l'esprit d'oraison, je
« n'attire pas les bénédictions du Ciel sur mon ministère.
« Je penche à croire que j'aurais mieux fait de demeurer
« en Europe ; je n'entends rien à l'administration du tem-
« porel. J'ai grande répugnance pour une supériorité
« qu'on m'a forcé d'accepter, malgré mon incapacité re-
« connue. Dans ma patrie, j'aurais pu me croire bon à

« quelque chose, au lieu qu'en Chine il est à peu près
« évident que je ne suis bon à rien ! »

Ainsi ce saint homme, que ses confrères appelaient l'oracle de tous les prêtres des environs, répétait souvent le proverbe : « Il vaut mieux que la terre soit labourée par des ânes, que si elle demeurait absolument sans culture. » Il passe un an dans le Kiang-si avec deux confrères; évangélise seul le Hou-pé, puis le Hou-kouang de 1793 à 1810, avec le concours de quelques missionnaires chinois dont il avait été nommé supérieur. Un prêtre français lui vint ensuite en aide pendant peu d'années, et mourut à la peine en 1818. On attribue à J. F. R. Clet le don de prophétie et celui de deviner les fautes cachées. Tout en évangélisant les Chinois, ce bon religieux ne cessait d'adresser aux missionnaires de longues instructions pour prendre leurs avis sur des matières importantes, les détacher des biens du monde, remettre sous leurs yeux les sages constitutions de saint Vincent relatives à l'union, les inviter à la patience, à ne pas se laisser influencer par les raisons spécieuses qu'invoquaient trop souvent de petites chrétientés pour les retenir, à se diriger prudemment dans les cérémonies si chères à ce peuple, à ménager même leur santé [1], et enfin à entretenir leur piété par de saints exercices : « Ne soyons pas, c'est la comparaison
« de saint Bernard, comme des canaux qui laissent échap-
« per toute l'eau qu'ils reçoivent; mais soyons comme
« des fontaines qui donnent de leur abondance, etc. »
La persécution de 1819 interrompit ses travaux apostoliques : une somme de 1,000 taëls avait été promise à celui qui le saisirait. Il fut arrêté après sa messe le jour de la

---

[1] *Scio enim quod præsertim in Sinis, ubi tanta est sacerdotum penuria, melius est vivere quàm mori pro animarum salute.*

sainte Trinité, 6 juin 1819, à Nan-yang-fou, dans le Honan; il passa, selon son propre récit, par vingt-sept prisons, d'où il écrivit souvent pour fortifier la foi de ses confrères, réchauffer leur zèle et leur prêcher une concorde perpétuelle. Durement souffleté, obligé de rester à genoux sur des chaînes de fer, tourmenté par de longs interrogatoires, il fut enfin étranglé par ordre de l'empereur Kia-kin à Ou-tchang-fou, capitale du Hou-pé, le 17 février 1820, et enterré sur le versant de la montagne Rouge (où fut enseveli, vingt ans plus tard, le vénérable Perboyre). Les corps des deux martyrs ont été rapportés à Paris, en 1878, par Mgr Delaplace, leur confrère, vicaire apostolique de Pékin, et placés dans deux chapelles de l'église de la Mission, rue de Sèvres.

Le Père Clet a été déclaré vénérable par S. S. Pie VII. Sa vie a été écrite par un prêtre de sa congrégation [1]; ses lettres à sa famille et à ses confrères, le plus souvent en latin, ont été imprimées pour servir à son procès de béatification. Il existe de lui plusieurs portraits, et les supérieurs généraux de son Ordre m'ont donné des reliques de son mouchoir et de la corde avec laquelle il a été étranglé.

Catherine Rey vivait encore en mars 1712.
Morte à   , le   [2].

---

[1] Paris, chez LE CLERC, 1853.

[2] Philibert Rey = en 1671, Magdeleine Boudré (baptême de leur fils Ennemond, à Gières, en 1676).

Jean Rey, dit Malboron, = Catherine Evrard, le 6 mai 1704; demeure en 1720 à Grenoble, rue Montorge.

V   DARU

(FRANÇOIS).

Né à Grenoble, le 5 mars 1673.

Baptisé le 16, église Saint-Hugues.

Parrain : François Gaslé, chirurgien; marraine : Antoinette Le Sceptre.

Contrat de mariage devant M° Villard, notaire à Grenoble, le 9 janvier 1709, avec Marie-Thérèse Senterre. Marié le 31 (église Saint-Hugues) en présence de sa mère et de ses beaux-frères, Joseph et François Senterre et Barthélemy Lagier.

Il avait épousé en premières noces, le 22 octobre 1701, Marie-Thérèse Monyer, «la Marguerite», fille de feu Claude Monyer et de feue Jeanne-Françoise de Rolland, native de Goncelin, en présence de son frère Jean, de son cousin germain Jean-François Charbot, de Jacques Monyer et d'Ennemond Senterre, cousin de l'épouse. Ils eurent deux enfants, dont :

Antoine Daru, né en 1704. « Le Frère Antoine Daru, « enfant de Grenoble et de ce couvent[1], a fait profession « à 10 heures du matin, ce 11° juin 1721. » J'ai relevé

---

[1] Les PP. Cordeliers étaient établis à Grenoble depuis le XIII° siècle; ils avaient été dépossédés de leur couvent par les *religionnaires* en 1562; le siège, d'une part, les travaux d'attaque du connétable de Lesdiguières et la construction de l'arsenal en 1590, leur enlevèrent définitivement les restes du monastère. A partir de cette époque, les religieux s'installent dans l'église abbatiale du prieuré de la Magdeleine, que le Chapitre de la cathédrale leur abandonne en 1732. Ce couvent sur les bords de l'Isère, près du Palais de justice, était très-voisin de la rue du Bœuf, où habitait la famille Daru.

aux archives départementales de l'Isère, dans le *livre des receptes* des Cordeliers, qui y dormait sous la poussière depuis la Révolution, et qui était alors ouvert devant moi, pour la première fois, les articles suivants, en juin, juillet et septembre 1721, pages 192 et 193 : « Reçeu de
« M. Daru 1,200 livres, qu'il a voulu gratuitement don-
« ner pour aumosne au couvent, à la réception du Frère
« Antoine Daru, son fils, lequel a fait profession et pro-
« noncé les vœux de religieux, pour ce même couvent,
« entre les mains du T. R. P. Dupré, gardien de cette
« maison; *idem* pour ayder à la subsistance dudit Frère
« religieux profès; *idem* 40 livres pour les droits hono-
« raires du T. R. P. provincial à la vesture et profession
« du Frère Antoine Daru. »

En 1730, nous retrouverons le Père Antoine baptisant son jeune frère, au moment où l'Église perdait en Benoît XIII un chef vénéré, un religieux exemplaire, qui avait courageusement assemblé à Rome un concile pour la réforme des mœurs et la discipline ecclésiastique, encouragé et approuvé le tiers ordre franciscain [1], sous quelque direction qu'il soit placé, en renouvelant et confirmant les priviléges accordés à ce vénérable institut par dix-huit bulles de ses prédécesseurs.

Lorsque le prince de la Tour d'Auvergne, archevêque et comte de Vienne, arrive à Grenoble en 1733, le Père Daru est chargé de le complimenter (comme autrefois saint

---

[1] François Orsini, 1649-1730, Dominicain, cardinal-archevêque de Bénévent, élu Pape en 1724; canonise saint Jean Népomucène; ordonne de placer, dans la Basilique vaticane, la statue en marbre du séraphique patriarche saint François d'Assise en face de celle de saint Dominique; publie la Constitution « *Paterna sedis apostolicæ* », sur le tiers ordre de la Pénitence, sa règle et son saint habit, le 10 décembre 1725, les brefs des 23 juin 1726, 5 juillet 1727, 21 et 22 juillet 1728, adressés aux trois généraux de l'Ordre et confirmés par Sa Sainteté Pie IX, en 1856.

Antoine de Padoue, tiré des plus humbles offices pour prêcher devant une auguste assemblée).

Gardien du couvent de Grenoble, 1733-1735, il s'y occupe beaucoup de la discipline intérieure, de l'embellissement de l'église et de la réforme des religieux.

Gardien du couvent de Besançon en 1738, docteur et professeur en théologie. Le 1er septembre 1741, au chapitre d'Annonay, il est élu pour trois ans provincial des Frères Mineurs conventuels de la province de saint Bonaventure : une lettre du supérieur J. B. Minnucci, 84e ministre général après saint François d'Assise, de l'Ordre des Conventuels, adressée à son cher fils, François-Antoine Daru, et datée de Rome, couvent des SS. XII Apôtres [1], le 1er février 1742, confirme cette élection :
« Tu interim scias te veluti alterum Moysen a Deo vocatum
« ad populum suum ex Ægypto seculi eductum, ut illum
« ad cœlestem Jerusalem seraphicae regulæ professoribus
« promissam perducas; habeas igitur virgam auctoritatis...
« Sed non careas mannâ charitatis... ut sis pastor Chris-
« tum docentem et perficientem sequens, etc., etc. »

Un des premiers brefs du nouveau Pape (donné à Sainte-Marie Majeure, le 11 juin 1741) lui accorde le droit d'assister aux chapitres généraux de son Ordre, et certains priviléges égaux à ceux du ministre général. Ledit bref

---

[1] Les Conventuels ou Cordeliers sont une des trois familles religieuses de l'Ordre des Frères Mineurs, fondé par saint François. Léon X, par la bulle *Omnipotens*, de 1517, a autorisé leur séparation de l'Observance et certains adoucissements à la règle primitive : il leur a donné le droit d'élire un *Maître général*. A l'époque qui nous occupe, les Cordeliers ne comptaient pas moins de trente-six provinces et de 15,000 religieux. Ils n'ont pu se maintenir en France depuis la Révolution, et la maison que le T. R. P. Cui avait fondée rue de Romainville, à Paris, a été fermée par suite des décrets de 1880. En Italie, ces religieux desservent la basilique de Lorette, le grand couvent d'Assise, la belle église généralice des Douze Apôtres à Rome, etc., etc.

enregistré au greffe du parlement du Dauphiné, le 19 janvier 1743 : « Signé Louis, roy de France et de Navarre, « Dauphin du Viennois, comte de Valentinois, etc., à « Fontainebleau, le 24 avril 1742 : par le Roy dauphin, « de Breteüil. » (*Archives de l'Isère.*)

« Dilecto filio f. a. Daru, ordinis Fratrum Minorum « sancti Francisci conventualium nuncupatorum, professori sacræ theologiæ magistro dicti ordinis et generali, « Benedictus Papa decimus quartus [1]. Dilecte fili salutem « et apostolicam benedictionem ; religionis zelus , vitæ « ac morum honestas aliaque laudabilia probitatis et virtutum merita super quibus apud nos fide digno commendaris testimonio nos inducunt, ut tibi reddamur « ad gratiam liberales. Volentes itaque tibi qui (ut asseris) « frater expressè professus ordinis Minorum sancti « Francisci conventualium nuncupatorum, et in sanctâ « theologiâ magister existis et antiquum ad gradum « magisterii hujus promoveris et post illius susceptionem philosophiæ et sacræ theologiæ prælectione operam « navasti, et in civitate Parisiensi munus concionatûs « exercuisti et inter concionatores carissimi in Christo « filii nostri Ludovici Francorum regis christianissimi « enumeratus reperiris, et supplicationibus tuo nomine « nobis super hoc humiliter porrectis inclinati, tibi et omnibus et singulis privilegiis, prerogativum præeminentiis, « gratiis, indultis quibus ii, qui ministri generalis dicti « Ordinis munere perfuncti fuerint, tam de jure, usu et « consuetudine quam aliàs quomodolibet utuntur, fruuntur et gaudent ac uti, frui et gaudere possunt et « poterunt in futurum pari modo et absque ullâ prorsus

---

[1] Benoît XIV (P. Lambertini), 1675-1758, élu le 17 août 1740; célèbre par ses ouvrages, sa tolérance et la construction du Musée au Capitole.

« differentiâ cum voto seu voce activâ et passivâ in
« quibusvis capitulis tuæ provinciæ, sine præjudicio
« tamen quarumcumque superioritatum seu officiorum
« etiam Ministri generalis ordinis præfati, tibi tamen
« canonicè demandandorum, uti, frui, gaudere liberè et
« licitè possis et valeas in omnibus et per omnia indè ac
« si Ministri generalis munere functus fuisses aucthoritate
« apostolicâ tenore præsentium concedimus et indulge-
« mus. Mandamus propterea in virtute sanctæ obedientiæ
« ac sub indignatione nostrâ aliisque arbitrii nostri pœ-
« nis, omnibus et singulis memorati ordinis superioribus
« fratribus et personis, cœterisque ad quos spectat et
« pro tempore spectabit, ut te præsentis gratiæ commodo
« et effectu pacificè frui et gaudere sinant et faciant, nec
« te desuper a quoquam quavis aucthoritate quomodolibet
« indebitè molestari, perturbari nec inquietari permittant,
« ac decernentes ipsas præsentes litteras, firmas, validas et
« efficaces existere et fore, suosque plenarios et integros
« effectus sortiri et obtinere, ac tibi in omnibus et per
« omnia plenissimè suffragari sicque in præmissis per quos-
« cumque judices ordinarios et delegatos etiam causarum
« prælati apostolici auditores judicari, et definiri debere, etc.
« Pro D. cardinali Passionei[1] Cajetanus Annetis; sub
« anuulo piscatoris, die undecimâ junii millesimo septin-
« gentesimo quadragesimo primo, pontificatûs nostri anno
« primo [2]. »

Depuis cette époque, le P. Daru (dont l'écriture fut toujours large, ferme et magistrale) signe : « Provincial

---

[1] Nonce en Suisse et à Vienne, bibliothécaire du Vatican, associé à notre Académie des Inscriptions, 1682-1761.

[2] Extrait du livre de visites faites par les Très-Révérends Pères provinciaux des Cordeliers de Grenoble (pages 11-17).

« et commissaire général, ex-général des Conventuels et
« prédicateur ordinaire du Roy. »

Il revint en effet à la cour de France, après la mort
du cardinal de Fleury (29 janvier 1743); il parut — non
sans éclat — dans cette chaire où Massillon [1] avait brillé
depuis tant d'années. La mort récente de ce grand orateur, qui avait su faire entendre à deux rois d'austères et
fortes vérités par le charme et la franchise de sa parole
apostolique, allait laisser la place aux abbés courtisans du
dix-huitième siècle, dont les fades adulations et le langage
affecté n'avaient rien de commun avec la vigueur et la
brusque éloquence d'un moine franciscain.

Le *Mercure de France* nous apprend que « le jeudi
« saint, 11 avril 1743, le Roy entendit à Versailles le
« sermon de la Cène, prêché par le R. P. Daru, ex-général des Cordeliers de l'ancienne observance et pro-
« vincial du Dauphiné : l'évêque de Ptolémaïde fit
« l'absoute [2] ». Ce sermon, imprimé à Paris, chez Le Mercier, imprimeur ordinaire de l'Ordre de saint François,
rue Saint-Jacques, est conservé à la Bibliothèque de Grenoble (où il a été retrouvé en 1886, avec le discours de
1733).

---

[1] J. B. Massillon, 1663-1742, de la congrégation de l'Oratoire, évêque de
Clermont, de l'Académie française, prédicateur de la cour depuis 1699, etc.
Qui ne connaît son *Petit Carême*, prêché devant le Roi en 1717? Par une singulière coïncidence, je trouve dans son XV⁰ discours synodal, publié par son
neveu en 1746, le passage suivant : « La verge d'Aaron et la manne étoient
« à côté du Livre de la loi dans l'Arche sainte : méditons sans cesse, mes chers
« frères, ce Livre divin... et nous trouverons toujours à ses côtés, d'une part la
« verge mystérieuse, c'est-à-dire le zèle sacerdotal qui ne se lasse point de cor-
« riger et de reprendre, de l'autre la manne céleste, c'est-à-dire cette douceur
« divine, cette tendresse pastorale, qui gagne, qui attire, qui attendrit les cœurs
« qu'elle ne peut encore changer, etc. »

[2] *Mercure de France*, avril 1743, p. 784. — *Le Bibliophile du Dauphiné*,
décembre 1886.

Le P. provincial fit, le 23 août 1744, une deuxième et dernière visite canonique au couvent de Grenoble, dont il fut réélu gardien à la fin de la même année. Une foule nombreuse se pressait alors à sa messe et recherchait les mâles accents de ses sermons. Il traitait fréquemment des affaires du couvent avec le syndic, nommé Frère Joseph Beyle, qui fut élu gardien des Conventuels de Grenoble en 1778. En dépouillant le registre des délibérations de la communauté des Cordeliers de la Magdeleine (1709-1787, pages 47 à 50), j'ai recueilli une délibération du Vén. Discrétoire, du 21 octobre 1743, acceptant « un prest de 1,200 livres, provenant des aumosnes et caresmes du T. R. P. Daru, fait par ce religieux audit couvent, par suite de son zèle, et amour pour la maison ». (Acte devant Revol, notaire, le 30 septembre 1744 : remboursement le 15 mai 1745 de la somme de 1,000 livres, pour laquelle le Père donne quittance de la totalité de son prêt.) Deux jours après (le 17), le P. gardien donnait sa démission et partait en hâte pour Paris, où l'appelaient ses devoirs de prédicateur de la cour.

Il y mourut, au grand couvent des Cordeliers, avant d'avoir vu monter sur le trône de saint Pierre un sage religieux de son Ordre, son contemporain d'âge et de profession, le vertueux Clément XIV[1]. Le portrait du R. P. Daru, au château de Bécheville, nous le montre revêtu de l'habit noir de son Ordre, ceint de la corde franciscaine : l'expression est énergique, la physionomie heureuse et franche, le front large, les sourcils épais et *dominateurs*, le regard vif et pénétrant; une main fine et nerveuse est posée sur le livre de la Règle.

[1] Ganganelli, 1705-1774, profès chez les Conventuels en 1723, élu Pape en 1769.

La famille Vessillier, à Gières, possède le *Livre de Raison,* tenu par François Daru, d'une écriture très-serrée, sans aucune faute d'orthographe, sur papier timbré du Dauphiné ou de la généralité de Grenoble, à 1 sol 4 deniers la feuille. Ce livre, commencé le 8 mai 1710, se termine le 12 novembre 1727 : il y mentionne fréquemment sa mère, sa femme, son petit enfant Claude, son aîné, qui usait terriblement de souliers (mars, septembre, octobre, novembre 1713) ! Il est vrai qu'alors la paire de souliers d'un homme fait ne coûtait que 3 livres 10 sols ; ceux de femme : 2 livres 10 sols... Il y parle des religieux Carmes, de ses cousins Colin et Grand, de B. Fumel « hostelier à l'enseigne de *la Teste-Noire,* à Grenoble », de M. Aubert, lieutenant général de police et trésorier de France, 1722, avec lesquels il était en relation d'affaires, de M. Laurent « m'ayant remis un loüis d'or *vieux,* que « luy compteray pour ce qu'il passera à la Monnoye, « 3ᵉ mars 1713, — et, le 13ᵉ mars, M. Amar, directeur « de la Monnoye, m'a donné 15 livres 19 sols du louis « d'or énoncé ci-contre ». En 1726, il vendait, pour 17 livres la charge, le vin de son domaine de Pelanne, qui continue encore à donner d'excellents produits.

Portrait à Bècheville.

Testament du 10 juillet 1753, chez Mᵉ Toscan, notaire à Grenoble. Fait un legs en faveur de son parent, le sieur Didier, résidant à Paris (fils de Paul Didier, bourgeois de Grenoble en 1711).

Mort à Grenoble, le 10 mars 1754. Enterré le 11.

« J'ay conduit à Sainte-Claire (écrit le curé de sa paroisse) le corps de François Daru, âgé de 82 ans, muni des sacrements de notre mère l'Église. »

VI   SENTERRE

(ENNEMOND).

Marchand drapier à Grenoble.
Né à   , le
Baptisé le   , église
Contrat de mariage devant M^e , notaire à   , le   1691, avec Dorothée Monyer.

Il avait épousé en premières nôces, vers 1686, Jeanne Disdier, dont :

A François, né vers 1688, = Anne Riquard, dont :

1° Ennemond, né le 27 mars 1713, « ondoyé par la sage-femme en péril de mort », baptisé le 29 (parrain : Ennemond Senterre, aïeul; marraine : Marthe Vin, veuve Ricard, aïeule); 2° Chérubin, baptisé le 18 janvier 1719 (parrain : Chérubin Clément, avocat au Parlement).

François signe au mariage de sa sœur avec François Daru, en 1709; est parrain en 1711 de sa nièce Marie-Thérèse Daru;

B Joseph, baptisé le 23 janvier 1689. Père de Romain Senterre, contrôleur des postes à Grenoble, et d'Ennemond Senterre, bourgeois de cette ville, y demeurant place Notre-Dame en 1780. Joseph signe au mariage de sa sœur Marie-Thérèse, en 1709; est parrain en 1717 de sa nièce Charlotte Daru. Marchand à Grenoble, place Notre-Dame; † après 1721;

C Pierre, baptisé le 23 mars 1690;

D Antoinette, baptisée le 7 août 1691 (marraine : Antoinette Domenguy, femme de Jean Disdier).

E Élizabeth, = le 9 octobre 1718, Antoine Gagnon, chirurgien[1], fils de Claude Gagnon, huissier au parlement du Dauphiné, et de Jeanne Félix, dont :

Henry Gagnon, né le 6 octobre 1728, médecin distingué, agrégé au collége de Grenoble, = Thérèse Félize Rey; dont la fille Caroline-Adélaïde-Henriette, = le 20 septembre 1781, à l'église Saint-Hugues, =Chérubin-Joseph Beyle, avocat au Parlement; ils eurent pour fils Marie-Henri Beyle, né à Grenoble le 23 janvier 1783, † à Paris le 23 mars 1842 (*Stendhal*). Celui-ci vient en 1799 demeurer à Paris chez M. Daru, qui le fait nommer intendant des Domaines à Brunswick, en 1807. Inspecteur du mobilier de la Couronne, auditeur au conseil d'État en 1810; fait la campagne de Russie, d'où il écrit des lettres fort intéressantes à la comtesse Daru; consul à Civita Vecchia; ami de Mérimée, qui a écrit sa vie. Son premier ouvrage fut *Haydn et Métastase* en 1814; *l'Amour* parut en 1822; *les Promenades dans Rome,* 1829; *la Chartreuse de Parme,* 1839, etc., etc.

Mort à   , le   après 1713.
Partage de sa succession et transaction le 28 mars 1727 devant Mᵉ Laurent, notaire ; attribution à chaque enfant, 2,398 livres.

---

[1] Frère d'Étienne, dont j'ai relevé l'acte de baptême, du 5 novembre 1688. C'est la seule pièce, concernant les Gagnon, que j'aie pu trouver dans les registres des paroisses de 1670 à 1768. « Nous, cardinal Estienne Le Camus (1632-1709), « évesque et prince de Grenoble, certiffions avoir baptisé ce jourd'huy, dans « notre chapelle épiscopale, Estienne, fils du sieur Claude Gagnon : noble Pierre, « Mont de Bomcheine, seigneur de Vaubonnois, conseiller au parlement, ayant esté « son parrain et dame Catherine de Bonne, épouse de M. Roger Arther, mar- « quis de la Beaume, sa marraine; faict en l'Église de Saint-Jean de cette ville, « en présence de Jean David, nostre valet de chambre, témoin. Signé avec lesdits « seigneur de Valbonnois, dame de la Beaume, et nous. »

VI MONYER

(DOROTHÉE).

Famille deux fois alliée à la nôtre. En janvier 1716, un cousin, du nom de Monyer[1], habitait Goncelin.

Née à   , le
Baptisée le   , église
Mariée à   , le   1691, avec Ennemond Senterre.

Mère de : 1° Marie-Thérèse ;

2° Marie, baptisée le 2 septembre 1692 (parrain : Pacôme Meunier, marchand gantier ; marraine : Louise Perrin, femme de François Santerre) ;

3° Claude, 1693-1696 ;

4° Jacques, baptisé le 31 janvier 1697 ;

5° François, baptisé le 1er septembre 1698.

Morte à   , après 1712.

Le partage de sa succession a lieu, le 10 février 1722, devant M⁰ Benoît, notaire, et attribue à chacun de ses enfants 658 livres.

V SENTERRE

(MARIE-THÉRÈSE).

Née à Grenoble, le 31 août 1694.

---

[1] On trouve souvent le nom écrit Mognier, Moynier, Meunier, Mounier ; de la famille du célèbre J. J. Mounier, président de l'Assemblée nationale, né à Grenoble, 1758-1806.

Baptisée dans l'église Saint-Hugues le 1ᵉʳ septembre. Parrain : François Disdier ; marraine : Jeanne Charbot.

Mariée à Grenoble, le 31 janvier 1709, avec François Daru, avec dispense d'affinité au troisième degré (elle était en effet la nièce à la mode de Bretagne de sa première femme).

Dot : 3,000 livres, et 400 livres de bagues et joyaux.

Mère de :

1° Claude, fils aîné, né le 3 février 1710, baptisé le 4 (parrain : Claude Dagot, procureur au parlement du Dauphiné ; marraine : Dorothée Monnier, aïeule) ; † le 12 janvier 1715 et conduit dans l'église Sainte-Claire ;

2° Marie-Thérèse, née le 20 avril 1711, baptisée le 21 (parrain : François Senterre, oncle ; marraine : Jeanne Charbot), = André Rebuffet, bourgeois de la Terrasse ; mère de : *A* Thérèse Rebuffet, religieuse Bénédictine à l'abbaye de Villemur (diocèse de Castres) ; *B* la première supérieure du couvent du Saint-Sacrement à Paris ; grand'-mère de la baronne Alexandre Petiet, mariée en 1808 ;

3° Anne, baptisée le 25 décembre 1712 (parrain : Ennemond Senterre ; marraine : Anne Ricard, épouse de François Senterre, marchand) ;

4° Joseph, né et baptisé le 22 août 1714 (parrain : Nicolas Bourques ; marraine : Élisabeth Senterre, veuve de Louis Aubin) ; † le 8 novembre 1727 et conduit aux Cordeliers ;

5° Marie, née le 11 mars 1716, baptisée le 13 (parrain : M. Grand Jatier ; marraine : Marie-Thérèse Senterre, épouse de Nicolas Bourques) ; on l'appelait en 1719 « la petite Marion » ;

Marie Daru, devenue religieuse au service des pauvres malades, fit son testament le 16 mars 1766 : « Ainsi faict

« et récité dans le laboratoire des frères tailleurs aux pré-
« sences de deux frères tailleurs, trois garçons tailleurs et
« Pierre Clet, frère cordonnier, devant Me Girard, no-
« taire à Grenoble... Après avoir *implorée* la miséricorde
« divine et assistance du ciel, elle a voulu la sépulture à
« son corps dans l'église de l'hospital général de cette
« ville. » Elle léguait sa modeste fortune légitime (du côté
paternel 800 livres, du côté maternel 658 livres) à sa
nièce Marie Mure, « qui ne pourra exiger le capital jusqu'à
« ce qu'elle entre en religion, ou qu'elle prenne son parti
« en légitime mariage ». Marie Daru † le 27 avril 1766, et
son héritière Marie Mure alla mourir à Rosette en Égypte
(où son frère était grand consul), le 17 janvier 1781!

6° Charlotte, née le 23 août 1717, baptisée le 24 à
Saint-Hugues (parrain : Joseph Senterre; marraine : Marianne Charbot); prend l'habit de Sainte-Claire le 8 juin
1739; religieuse de chœur sous le nom de « Sœur Saint-
Pierre », le 29 juin 1740 (*mille sesp cean carante*), ainsi
qu'elle l'écrivait dans son « acte de profession receu par
« le Père Bonaventure, religieux de la régulière obser-
« vance de saint François, ancien gardien, notre directeur
« et confesseur, entre les mains de la Révérende Mère
« Angélique de Félizal, abbesse, etc[1]. »

Ce couvent de Clarisses tirait son origine, en 1478, de
la vénérable Mère Beyle, fondatrice : le roi Louis XIII le
releva et l'agrandit dans le séjour qu'il fit à Grenoble, en
1630, avec son grand ministre[2]. La prise de la Rochelle
et la paix d'Alais venaient de terminer la dernière guerre
religieuse. Le Pas de Suze emporté par le fils de Henri IV,

---

[1] Registres du pauvre monastère de l'*Ave Maria* de Sainte-Claire, déposés aux archives du département de l'Isère.
[2] *Correspondance du cardinal de Richelieu*, t. VIII, *passim*.

la Savoie conquise et Pignerol réuni à la France assuraient notre influence en Italie : la Cour rentra triomphante à Lyon.

Le monastère fut démoli à la Révolution et remplacé par un marché couvert, où aboutit encore la rue de Sainte-Claire. Depuis vingt ans, un humble couvent des filles de S. François, essaim du grand monastère que quatre religieuses de Grenoble avaient fondé, en 1620, à Romans, a été restauré sur la paroisse de Saint-Bruno, dans un faubourg de Grenoble, au delà de la gare.

7° et 8° Ennemond-Antoine et Martial, tous deux Chartreux [1];

9° François, né en 1721, † le 8 juin 1724 âgé de deux ans et huit mois, conduit aux Cordeliers;

10° Françoise, née en 1722, = le 22 janvier 1742, Pierre Mure (fils de Joseph, 1671-1752), baptisé le 3 octobre 1713, secrétaire-greffier de la communauté des Bourgeois de Gières, † le 10 janvier 1780, dont :

a Jean-Baptiste, né en 1743, consul général en Égypte, puis à Odessa; auteur de J. B. Martial Mure de Pelanne, 1802-1875, consul général, père de : Paul, officier, madame Planchat, madame Usquin, etc.;

b Pierre, baptisé le 23 avril 1745 à Gières;

c Joseph-François, né le 12 février 1746 (ondoyé le 14 à cause de péril de mort; parrain : François Daru, aïeul paternel; marraine : Clémence Vial, aïeule maternelle);

d Françoise-Élisabeth, baptisée le 3 mars 1748 (parrain : François Senterre, marchand de Grenoble; mar-

---

[1] J'ai vainement cherché en 1886, avec le Père scribe, la date de leur profession au monastère de la Grande-Chartreuse, où se trouvent encore tous les registres depuis 1730 jusqu'à la Révolution. A cette époque, on recevait également des profès au monastère des Chartreux de Sylve-Bénite, en Dauphiné. (Archives départementales de l'Isère.)

raine: Élisabeth Gagnon, fille de H. Gagnon, chirurgien), = Henri Vessillier, d'une famille depuis longtemps établie à Gières, où elle subsiste encore; grand'mère de Léonce, officier; Alexandre, consul, 1817-1885; Camille. Élisabeth, hérite en 1781 de sa sœur Thérèse Mure, † à Gières.

e Clémence, baptisée le 26 janvier 1749;

f Joseph-Didier, baptisé le 13 mars 1750;

g André de la Croix, baptisé le 11 avril 1751 (marraine : Marie-Thérèse Daru, femme d'André Rebuffet);

h Natal-Henry, baptisé le 3 septembre 1752 (parrain : Henry Gagnon);

i Romain-Jacques, baptisé le 29 juillet 1753 (parrain : Romain Senterre; marraine : J. Allemand, veuve Senterre);

j Claire-Thérèse, baptisée le 25 juillet 1754;

k Marie-Thérèse, baptisée le 27 septembre 1755 (parrain : Jean-Baptiste Mure, frère de l'enfant; marraine : Élisabeth, sa sœur, « n'a pu signer pour ne sçavoir »);

l Jeanne-Dorothée, baptisée le 16 janvier 1757;

m Clémence-Thérèse, baptisée le 12 juillet 1758 (parrain : Pierre-Joseph, frère de l'enfant);

n Michel-Paul, baptisé le 29 septembre 1759;

o Deux autres enfants, baptisés en 1761 et 1762;

p Anne-Françoise, née et baptisée le 2 octobre 1764 (parrain : François Rebuffet, bourgeois de La Terrasse; marraine : Anne Rebuffet);

Françoise Daru[1] a été la seule héritière de François Daru, ses frères ayant quitté de bonne heure la maison paternelle; † le 6 octobre 1764, à quarante-deux ans, inhumée dans l'église de   , à Gières.

---

[1] Il n'y a point d'autres Daru dans les répertoires de Gières, de 1666 à 1792. Je les ai examinés avec attention en septembre 1886; le nom de Françoise est toujours écrit *Darut*.

Un traité intervient au 1ᵉʳ avril 1754 entre Noël Daru et les époux Mure, par lequel la succession de Marie-Thérèse Senterre est réglée, — en ce qui concerne son fils, — à 5,200 livres, qui lui ont été remises. A la mort de Françoise Daru, il fallut vendre le domaine sis à Goncelin, dit Mas de Pellane, devant Prié, notaire à Grenoble, le 8 juin 1780, pour huit mille livres.

11° Dorothée, née le 27 septembre 1724, baptisée le 29 (parrain : Joseph Daru, frère de l'enfant; marraine Marie-Thérèse Daru, sœur); témoins : deux parents Gagnon;

12° Noël;

13° François-Antoine, né le 4 octobre 1730, fête de Saint-François d'Assise. « Le Révérend Père Antoine « Darud, Mineur conventuel du couvent de cette ville, a « baptisé François-Antoine, né aujourd'huy, fils de Fran-« çois Daru, en présence de Charlotte et de Jean-Baptiste « Daru. Furent parrain : Ennemond-Antoine Darud, « frère de l'enfant; marraine : Claudine Bourques »;

14° Claudine, baptisée le 12 octobre 1732.

Marie-Thérèse Senterre meurt à Grenoble le 11 juin 1753 : « J'ay conduit le 12 à Sainte-Claire le corps de « demoiselle Marie Senterre, épouse du sieur François « Daru, morte âgée d'environ soixante ans. » (Registres de la paroisse Saint-Hugues.) Et, sur les registres du monastère des Clarisses : « Ledict jour a été inhumée dans la « cave qui est au pied de la chaire le corps de feüe demoi-« selle Marie, femme du sieur François Darü, etc., etc. »

IV ## DARU

(NOEL).

Né à Grenoble, le 21 juin 1729.

Baptisé le 22 dans l'église Saint-Hugues à Grenoble. Parrain : Noël-Armand Meysson; marraine : Marie Dagot, en présence de Marie et de Charlotte Daru et du docteur A. Gagnon.

Contrat de mariage devant M⁰ Ricard, notaire à Montpellier, le 13 juin 1765, avec Suzanne Periès. Marié le 18 juin, église Saint-Pierre à Montpellier.

Il avait épousé en premières noces, le 20 janvier 1763, Jeanne Sadde, dont le fils unique † en bas âge.

Premier secrétaire de l'intendance générale du Languedoc; avocat; capitoul de Toulouse sous M. de Saint-Priest[1]. Ami intime de Jacques Vaucanson, fils d'un bourgeois de Grenoble, de la même paroisse Saint-Hugues, 1709-1782, distingué par le cardinal de Fleury, membre de l'Académie des sciences, inspecteur des manufactures de soie, au sujet desquelles il écrivait de Paris, en septembre 1767, à Daru, « son très-cher ami et très-esti- « mable compatriote ».

---

[1] Jean-Emmanuel, vicomte de Saint-Priest, d'une ancienne famille du Dauphiné, conseiller au parlement de Grenoble, conseiller d'État, intendant du Languedoc pendant trente-trois ans, sage et habile administrateur, † en 1785. Son fils François-Emmanuel, 1735-1821, né à Grenoble, officier, diplomate, aimait à se retrouver en famille à Montpellier; = C. W. de Ludolff; oncle d'Alexis, comte de Saint-Priest, 1805-1851, né à Saint-Pétersbourg; diplomate et historien, de l'Académie française.

Noël habite à Montpellier la paroisse Notre-Dame.

Acquiert de la famille de Condorcet divers immeubles à Narbonne pour 246,000 francs (M° Lagarde notaire, 21 et 24 mai 1791); une maison à Versailles pour 40,000 francs, 28 frimaire an III; une autre à Paris, au pont Saint-Michel, pour 8,000 francs, 14 germinal an III.

Testament olographe du 17 prairial an XII, déposé chez M° Thion de Lachaume, notaire à Paris, le 27 messidor. Laisse divers legs pieux aux pauvres de sa paroisse Saint-Thomas d'Aquin à Paris, de Saint-Hugues à Grenoble, à l'hôpital général de Montpellier, et 3,000 francs de rente viagère à sa femme. Sa succession, évaluée à 218,000 francs, se réduit à 50,000 francs par les charges.

Il avait doté de 40,000 francs chacun de ses enfants : 1° Madame Cambon en 1785; 2° Madame Le Brun, 27 juillet 1793 (M° Ricqbourg, notaire à Versailles);

3° Madame de Baure, 22 pluviôse an X (M° Thion de Lachaume); 4° Pierre Daru, 27 floréal an X (M° Drugeon).

Mort le 11 messidor an XII (30 juin 1804), en son hôtel, rue de Lille, 65, actuellement 79, au coin de la rue de Bellechasse (acquis le 28 germinal an VI, — M° Thion de Lachaume, — pour 75,000 francs). Cet hôtel est attribué à sa veuve, puis à son fils Martial, dont les héritiers le vendent en 1881. Pas d'inventaire, laissant quatre enfants majeurs (acte de notoriété devant le même notaire, 25 messidor an XII). Partage et liquidation (*idem*), 5 thermidor an XII.

Inhumé au cimetière Montmartre.

v PÉRIÈS

(ANTOINE).

Frère de : 1° N... Périès, = Pierre Assiès (avocat à Montpellier, qui signe au contrat Daru-Périès, 1765), dont :

a Marguerite, † 1809 ;

b Francoise-Suzanne, non mariée, qui lègue 50,000 fr. à sa cousine Périès-Daru et institue pour légataires universelles, mesdemoiselles Pulchérie, Nathalie et Adine Le Brun, par testaments mystiques de 1810, 1811 et 1813, reçus par M° Alicot, notaire à Montpellier, le 29 octobre 1813 (inventaire du 26 novembre 1813).

2° Paul Périès, de Castelnaudary, parrain de Suzanne Périès.

Né à   , le   1707.
Baptisé à   , le
Contrat de mariage devant M°   , notaire à Montpellier, le   1733, avec Catherine Donnadieu.

Négociant, habite sur la paroisse Saint-Pierre.

Les 9 et 24 octobre 1748, délibérations des conseillers, approuvées par M. l'intendant[1], « de donner un « présent à M. Antoine Périès pour lui témoigner leur « reconnaissance des services importants qu'il a rendus à « ladite ville, avec une grande générosité, l'année dernière « et celle-ci, pendant la disette. » L'assemblée, à l'unani-

---

[1] Registres du conseil de la ville de Montpellier.

mité, commanda une vaisselle pesant 20 marcs d'argent, du prix de 428 livres 7 sols, savoir : un pot à l'eau, et deux flambeaux, aux *armes* de la ville, dont MM. les consuls firent présent au sieur Périès au nom de la communauté.

Mort à Montpellier, le 16 octobre 1755.

Inhumé le 18 dans l'église des Pères Dominicains.

VI
DONNADIEU
(MATHIEU).

Fils d'ANTOINE Donnadieu et de CATHERINE Sallendres.

Né à Montpellier, le 3 juin 1662.

Baptisé le 7 juillet, à la paroisse Saint-Pierre. Parrain : Anthoine Coustol, diacre; marraine : Guinette Sabatière.

Contrat de mariage devant Mᵉ   notaire à   , le   , avec Catherine Couret.

Marchand mangonnier.

Reçoit en donation, pour ses constants et loyaux services, une part dans l'armement du navire *Sainte-Thérèse-Bonaventure*, 17 novembre 1690 (Mᵉ Bertrand, notaire).

Passé, de 1691 à 1695, différents actes devant Mᵉ Bellonnet, notaire à Montpellier.

Testament du 7 septembre 1727.

Mort à Montpellier, le 27 septembre 1727.

Inhumé le 28 dans la chapelle des Pénitents blancs, paroisse Saint-Pierre.

VI   COURET

(CATHERINE).

Née à   , le

Mariée en   avec Mathieu Donnadieu. Hérite en partie de son mari. Passe plusieurs actes en 1727 devant M° Garimond, notaire à Montpellier.

Mère de : 1° Catherine;

2° Madeleine;

3° Suzanne = Honoré Le Brun, juge de la monnoye de Montpellier. Ils signent au mariage Daru-Périès en 1765. Leur fils : Mathieu Le Brun, conseiller auditeur en la Chambre des comptes de Montpellier, = Marie-Anne Seranne, dont : Pierre Le Brun, fils unique, conseiller à la Cour de Paris, = le 29 juillet 1793, Adélaïde Daru.

Morte à   , le   1730.

Partage de sa succession entre ses filles, le 1ᵉʳ juillet 1731.

V   DONNADIEU[1]

(CATHERINE).

Née à   , le

Mariée en 1733 avec Antoine Périès.

---

[1] Le général vicomte Donnadieu commandait la division militaire à Grenoble lors de la conspiration de Didier, en **1816**.

Mère de : Suzanne.

Partage sous seings privés à Montpellier le 1ᵉʳ juillet 1731, avec Madeleine, sa sœur : deux maisons échoient à Catherine, dont l'une est située rue de l'Éguillerie.

Morte à Montpellier, le   vers 1770.

Ses meubles sont vendus devant le tribunal du district pour 6,000 livres, le 28 prairial an III.

IV   PÉRIÈS

(SUZANNE).

Née à Montpellier, le 28 janvier 1734.

Baptisée le 31 janvier 1734, église Saint-Pierre à Montpellier (marraine : Suzanne Donnadieu, tante).

Élevée au couvent des Dames de la Croix, à Narbonne.

Mariée avec Noël Daru, le 18 juin 1765, à Montpellier, église Saint-Pierre[1].

Dot : 29,684 livres (rentes sur les États du Languedoc, la vicomté de Nîmes, la communauté des boulangers de Montpellier).

Mère de : 1° P. A. N. B., comte Daru ;

2° M. A. Suzanne-Catherine, née en 1767, = en 1785, Toussaint Cambon ; achète du baron de Plats, créole, président au Parlement de Pau, l'hôtel rue de Lille (actuellement n° 75), où depuis ont demeuré madame de Baure et le comte Napoléon Daru ; † le 1ᵉʳ ventôse an VIII. Partage

---

[1] Voir page 596.

de sa succession entre ses frères et sœurs, le 2 germinal an VIII (M⁰ Thion de Lachaume, notaire à Paris).

3° Marie-Eulalie, 1768-1770;

4° Henriette-Élisabeth-Gabrielle, † 1772;

5° Suzanne, 1773-1778;

6° Eulalie, † 1776;

7° Adélaïde, née le 22 décembre 1769, = 1° P. Le Brun, son cousin; 2° N..., marquis de Grave, lieutenant général, pair de France, chevalier d'honneur de la duchesse d'Orléans; † le 12 novembre 1852; mère de : *a* Nathalie, 1797-18 ; *b* Pulchérie, marquise de Broissard; *c* Adine = N... de Coincy, dont : Julie, = J. A. Regnard, dont : Marie, 1856-1881, = Hylas Chesnelong.

8° Sophie-Suzanne, née le 19 décembre 1770, † le 4 février 1844, = le 22 février 1802, J. Faget de Baure, vice-président du Corps législatif, président à la Cour de Paris, dont : *a* J. Henry, conseiller à la Cour de Paris, 1802-1885; *b* Sophie, 18 -18 ; *c* Charlotte, 1810-1884; *d* Gaston, officier;

9° Martial-Noël-Pierre, né le 2 juillet 1774, intendant de la couronne à Rome et à Naples, baron de l'Empire en 1812, chevalier de Saint-Louis, † le 18 juillet 1827; = le 30 septembre 1806, C. H. Froidefond du Chastenet; dont : *A* baron J. N. P. Martial, filleul du roi Jérôme, † le 15 novembre 1873; *B* baron Charles, chambellan de l'Empereur Napoléon III; *C* Chancenie, = Émilien Desmousseaux de Givré, préfet, etc.; dont : *a* Émilien, 18 -18 ; *b* Gaston, 1843-1887, = en décembre 1881 Olga de Pardieu : dont Félix et Louise; *c* Chancenie, 18 -18 , = E. P., vicomte de Moras, † en 1885 : dont Jean, officier, et Henriette; *d* Marguerite, 18 -18 , = Casimir de la Hougue : dont Jacques et Jeanne.

Portrait à Bècheville[1].

Morte à Paris, le 20 novembre 1813. (Frais funéraires, 2,350 francs.) Inhumée au cimetière Montmartre.

Pas d'inventaire. Acte de notoriété devant M° Noël, notaire à Paris, le 17 mars 1814. Liquidation et partage de sa fortune estimée 80,000 francs (*id.*), le 7 avril 1815.

III DARU

(PIERRE-ANTOINE-NOEL-BRUNO).

Né à Montpellier, le 12 janvier 1767.

Baptisé le 10 février, en l'église Notre-Dame des Tables. Parrain : Pierre Assiès, grand-oncle; marraine : Catherine Donnadieu, grand'mère.

Contrat de mariage devant M° Drugeon, notaire à Paris, le 27 floréal an X, avec Alexandrine Nardot.

Dot : 47,100 francs. Apport : 30,500 francs.

Marié le 1ᵉʳ juin 1802.

Élevé chez les Oratoriens de Tournon.

Commis aux bureaux de l'intendance du Languedoc, 1ᵉʳ décembre 1782. Son père achète pour lui, en 1784, la charge de commissaire des guerres (100 mille livres). Nommé, par brevet de Louis XVI[2], lieutenant-commissaire des guerres, le 24 juin 1785, puis à Toulouse, 1788; ordonnateur à l'armée des côtes de Bretagne à Rennes, 16 juin 1793 : son brevet, délivré par le Directoire,

---

[1] C'était une très-petite femme, brune, vive comme la poudre et qui fit preuve d'un grand cœur et d'une énergie singulière pendant la Révolution.

[2] Délivré au nom de *Bruno d'Aru*.

est signé La Reveillère-Lépaux, 20 thermidor an IV; ordonnateur en chef de l'armée de Mayence et de Suisse, 1798; inspecteur en chef de l'armée d'Italie et chef de division au ministère de la guerre, an VIII, à la demande de Pétiet et de Berthier; inspecteur aux revues, an IX, sur la proposition de Carnot; secrétaire général du ministère de la guerre, 1801; tribun, 18 ventôse an X; commissaire général d'armée, de l'an XI à l'an XIII; conseiller d'État (section de la guerre), de 1805 à 1811; intendant général des pays conquis en Allemagne, et ministre plénipotentiaire près le roi de Prusse, de 1805 à 1809; intendant général de la maison de l'Empereur et du domaine privé de Sa Majesté; ministre secrétaire d'État, du 17 avril 1811 à 1813; ministre directeur de l'administration de la guerre, du 20 octobre 1813 à 1814; ministre d'État en 1815; intendant général d'armée de 1806[1] à 1829. Pair de France, 5 mars 1819.

Commandeur de St Henry de Saxe, 1807; grand-croix de la Légion d'honneur, 1813; de l'Aigle Blanc de Pologne et de la Réunion de Hollande, 1812; chevalier de Saint-Louis, etc.

Des lettres-patentes de Napoléon, contre-signées Cambacérès et Laplace, au quartier général d'Ébersberg, le 3 mai 1809, lui confèrent le titre transmissible de comte de l'Empire avec *armoiries* :

« Écartelé au 1 d'azur, à la tête de lion arrachée d'ar-

---

[1] « L'Empereur, désirant donner à l'administration de la grande armée la « même organisation qu'elle avait l'année dernière, et séparer les fonctions « d'intendant général de celles d'inspecteur en chef aux revues, qui se trouvent « en ce moment réunies, a nommé, par décret impérial daté de Halle le 19 oc- « tobre 1806, M. le conseiller d'État Daru intendant général de l'armée.
« Signé le major général, prince de Neufchâtel et Valengin :
« Maréchal Alexandre BERTHIER. »

« gent ; au 2 échiqueté, d'azur et d'or de 6 tires ; au 3 d'ar-
« gent, à l'arbre terrassé de sinople ; au 4 d'azur, au che-
« vron d'argent en pointe d'une ancre du même ; sur le
« tout d'azur au rocher d'argent ; au chef cousu de gueules,
« chargé de 3 étoiles d'or. »

Il avait reçu de l'Empereur des dotations en 1808 et 1813. Ses biens du Hanovre, de la Westphalie et de la Toscane devaient produire un revenu de 45,000 francs.

Il reçoit encore pour ses services deux dotations : l'une, de plus de 10,000 francs dans le département du Nord, l'autre de 20,000 francs en Illyrie.

On sait qu'il refusa de Napoléon le titre d'un duché en Italie, pour conserver un nom dont il était justement fier : en revanche, il exigea du chancelier de France, qui — peut-être par erreur — l'avait placé au rang des barons, d'être rétabli au banc des comtes à la Chambre des pairs.

Ami des comtes de Ségur, Siméon, de Fontanes, Mollien, des maréchaux Davoust et Suchet, du général Mathieu Dumas, du marquis de Barbé-Marbois, des ducs de Broglie et de Vicence, de la marquise Pallavicini, des duchesses Decrès et de Plaisance, de la comtesse de Rumford, etc., etc.

Portraits par Gérard, Gros (aux Musées de Versailles et de Grenoble). Bustes par Spalla (au Musée de Montpellier) ; par Bosio, etc. — Demeure à Paris, en son hôtel, rue de Grenelle-Saint-Germain, n° 81 [1].

Auteur de : *Premières poésies*, 1787 ; épître à son Sansculotte (en prison pendant la Terreur) ; *Histoire de Venise* (pendant son internement à Bourges, 1816-1818) ; *Histoire*

---

[1] Voir les Notices écrites sur le comte Daru par Viennet, Sainte-Beuve et son fils Napoléon (1852). Son nom a été donné à un pavillon du Louvre et à une rue de Paris : il est inscrit sur l'Arc de Triomphe, côté sud.

de Bretagne; Vie de Sully; Poëme de l'Astronomie, 1830, etc., etc[1].

Au milieu de sa carrière militaire, de la vie agitée des camps, du souci des affaires publiques[2], sa passion pour l'étude et le goût des lettres furent ses seules distractions.

Il publia, en 1804, la première traduction en vers des œuvres complètes d'Horace, qu'il avait commencée dès 1798.

Louis XVIII, comme beaucoup de ses contemporains, « s'était adonné au culte des muses et, pendant longtems, « essayé à faire passer dans notre langue les chefs-d'œuvre « du favori d'Auguste ». Il raconte, dans ses lettres d'Hartwell, qu'il avait dû emprunter pendant l'émigration, afin de pouvoir acheter « la traduction de M. le tribun « Daru qui rend *quelquefois* l'original assez heureuse- « ment... ». Mais ce jugement, un peu sévère, qui donnait à M. Daru tout naturellement la seconde place après son royal émule, créa entre les deux traducteurs une sorte d'aimable confraternité littéraire. On m'a souvent raconté, qu'un jour le Roi aborda le nouveau pair de France en lui citant un passage de leur auteur favori. Et comme le comte Daru, alors préoccupé, ne semblait pas vouloir continuer la citation : « Hé quoi », ajouta vivement Louis XVIII, « ne vous souvient-il plus d'Horace, et dois- « je vous en faire goûter les beautés en vers français? » Le passage fut alors gracieusement achevé par la traduction de mon grand'père, récitée avec la fidélité d'une mémoire vraiment royale.

---

[1] Sa correspondance manuscrite avec l'Empereur, de 1808 à 1815, forme sept gros volumes in-fol°.

[2] Il a laissé non des Mémoires, mais des notes fort intéressantes, sur les principaux événements *historiques* auxquels il avait été mêlé, avec défense expresse de les publier avant trente ans à partir de son décès.

Successeur de Collin d'Harleville à l'Académie française le 26 mars 1806. Il y fut reçu par de Saintange et tint une place considérable, pendant de longues années, dans cette glorieuse compagnie.

Son éloge y fut prononcé, le 1er avril 1830, par Lamartine son successeur, et par Cuvier.

Remplace le général Andréossy à l'Académie des sciences, 1828;

Membre du conseil supérieur des prisons;

De l'Académie des jeux floraux à Toulouse, 1811;

De la Société pour l'instruction élémentaire à Paris, etc.

Testament olographe, du 2 septembre 1829. Legs en faveur « des pauvres des Mureaux et de Chapet et des « écoles d'enseignement mutuel qu'il a fondées dans les- « dites communes; » legs à son fils aîné, Napoléon, « en « témoignage de la satisfaction que m'ont constamment « donnée sa bonne conduite, sa piété filiale. Je recom- « mande à ses frères et sœurs d'avoir pour lui le respect, « la confiance, la reconnaissance qu'il mérite, etc., etc. ».

Mort à son château de Bècheville, le 5 septembre 1829. Inhumé au cimetière de Montmartre.

Inventaire par Me Noël, le 16 septembre 1829.

Jugement au nom de Louis-Philippe, duc d'Orléans, lieutenant général du royaume, en date des 16 juillet et 5 août 1830, qui ordonne la liquidation; autre jugement, en date du 25 février 1831, ordonnant le partage devant M° Ventenat, notaire à Charenton. (Acte du 13 avril, même année, homologué par jugement du 13 mai 1831.)

v **NARDOT**

(PIERRE).

Né à ' , le
Contrat de mariage devant M⁰ , notaire à
, le , avec Marie Garrelot.
Père de : 1° Pierre-Bernard;
2° Anne-Thérèse, = J. B. Hélyote;
3° Jeanne-Claude-Aimée, † à Dijon, le 12 août 1782;
4° Jeanne-Baptiste-Rose;
5° Marie-Thérèse, dont le testament olographe en faveur de son neveu fut fait à Dijon, les 7 février 1783 et 7 mars 1790, † à Gouaix, le 13 septembre 1795;
6° François-Jean-Marie, conseiller aux requêtes du Parlement de Dijon; intendant des finances du duc d'Orléans; intéressé dans plusieurs affaires avec M. de Salverte (acte du 16 février 1763, à Paris); fermier général. Testament olographe des 26 août et 27 octobre 1768. (M⁰ Jarry, notaire à Paris.)

Directeur des monnaies à Dijon, contrôleur en la chancellerie près le Parlement de Dijon, écuyer.

Acquiert de Jean-François de la Borde l'office de conseiller-secrétaire du Roi, devant M⁰ Jarry notaire à Paris, 18 septembre 1763. Ratification de ladite acquisition (M⁰ Jarry, 3 décembre 1763). Lettres royales obtenues en la grande chancellerie, 14 décembre.

Prête serment le 21 décembre 1763 entre les mains du sieur de Sonnoy, garde des sceaux en la chancellerie près le Parlement de Dijon.

Consent au mariage de son fils (procuration à Michel-René Moriceau, avocat au Parlement, devant M⁰ Antoine Bouché, notaire à Dijon, 9 février 1772). Sa femme et lui donnent procuration, devant le même notaire, 29 juillet 1774.

Partage de sa succession, et de celle de sa fille J. C. Aimée, sous seings privés, 10 septembre 1782.

Mort à Dijon, le 27 février 1782.

IV NARDOT

(PIERRE-BERNARD).

Né à   , le   1734.

Contrat de mariage devant M⁰ Goullet, notaire à Paris, le 19 février 1772, avec Anne-Thérèse Boucart.

Dot : 25,000 livres. Apport personnel : 90,000 livres.

Signent à son contrat : d'Egmont duchesse de Chevreuse[1] ; l'abbé Terray et le comte de Saint-Florentin, anciens ministres ; Cochin et de Sénozan, conseillers d'État.

Marié à Paris, le 26 février 1772, en l'église Saint-Sulpice.

Portrait

Demeure au château de Gouaix-Flamboin et à Paris,

---

[1] Henriette-Nicole, 1719-1782.

rue de l'Université, rue Royale Saint-Honoré et rue Ménars, n° 4.

Écuyer, contrôleur général des domaines en Béarn, Navarre et généralité d'Auch. Premier commis des finances, l'un des administrateurs généraux des domaines de Sa Majesté, conseiller secrétaire du Roi. Lettres de survivance de l'office qu'avait son père, obtenues le 14 décembre 1763, « signées sur le Reply : par le roy, Trinquand ». Vend pour 80,000 livres l'office de conseiller secrétaire du Roi, dont son père est décédé pourvu (M° Paulmier, notaire à Paris, le 8 août 1774). Quittances après provisions dudit office, *id.*, 30 août et 5 septembre 1774. Il hérite, en l'an VII (partage du 23 floréal devant M° Lenoir, notaire à Dijon), de M. Forest, son parent.

Reçoit en 1782, dans la succession de son père, 40,000 livres. Avait acquis d'Anne-Charles-Sigismond de Montmorency-Luxembourg, moyennant 180,000 livres, par arrêt d'adjudication du Parlement de Paris, 14 février 1789 (lettres de ratification à Provins, 22 juin 1789), la terre de Villuis (fermes du château et du colombier dans les fiefs de Praslin et de la Forêt). Il l'augmente par une deuxième acquisition de 7,600 francs, devant M° Drugeon, notaire à Paris, le 18 juillet 1807.

Mort à Paris, le 28 février 1812.

Testament olographe. Inventaire devant M° Moisant, à Paris, 28 mars 1812. Liquidation, *id.*, 7 juillet 1813.

Laisse une fortune de 936,000 francs.

BOUCART

(ÉTIENNE).

Né à , le
Contrat de mariage devant M⁰ , notaire à
, le , avec Thérèse Liénard.
Bourgeois de Paris; y demeure rue Trainée, paroisse Saint-Eustache.
Mort à , le

LIÉNARD

(THÉRÈSE).

Sœur de Joseph, = Élizabeth Millet; dont Louise Liénard, = J. F. Thénard.
Née à , le
Mariée en , avec Étienne Boucart.
Mère de : 1° Jean-Rémy;
2° Marguerite, † à la communauté de Sainte-Agnès, le 3 décembre 1791. Testament reçu par M⁰ Monnot, 18 mars 1784. Codicille du 15 novembre 1791 : Madame Nardot est légataire universelle pour un tiers. Inventaire

le 9 décembre 1791. Partage de sa succession devant M° Drugeon, notaire à Paris, le 3 février 1792.

3° Anne-Thérèse, = Pierre J. Fr. Dumaige, procureur au Châtelet de Paris, dont : *a* Marie E. J. Dumaige; *b* A. C. Dumaige, = Mathieu d'Anglenne; *c* M. T. Dumaige, = Louis Paulmier. Elles signent au contrat Daru-Nardot;

4° Simon-Étienne, chanoine, prieur d'Hennemont, curé de Saint-Léger;

5° Antoine, prieur de Notre-Dame de Paris, prieur du Parc au diocèse d'Évreux, chanoine régulier de la congrégation de France, qui célébra en 1772, à Saint-Sulpice, le mariage Nardot-Boucart;

6° N..., architecte, inspecteur des bâtiments du Roi, dit Boucart de Châteaufer.

Cousine et légataire d'une demoiselle Millet, qui lui laisse, en 1752, une maison rue de la Tannerie.

Reçoit après son veuvage des constitutions de rentes, à Paris, devant M° Prévost, 23 juillet 1744; M° Magner, 22 février 1749; M° Collet, 21 mai 1765.

Elle fait donation à son fils Jean-Rémy, le 27 octobre 1755, devant M° Prévost, d'une maison rue Saint-Denis, ayant pour enseigne : *A la Croix d'argent*.

Signe au mariage Nardot-Boucart, 1772.

Morte à Paris, le 4 juillet 1772.

Partage de ses biens devant M° Goullet, à Paris, le 19 mai 1773.

BOUCART

(JEAN-RÉMY).

v

Né à , le
Contrat de mariage devant Me Judde, notaire à Paris, le 17 mars 1748, avec Marie-Thérèse Judde.

Dot : 30,000 livres.

Conseiller du Roi, trésorier-receveur général et payeur des rentes à l'Hôtel de ville.

Marguillier de la paroisse Saint-Eustache.

Acquiert trois maisons à Paris, devant Me Hachette, 3 février 1758 ; en possède deux autres, deux maisons de campagne, à Passy et à Auteuil, achetées l'une 10,000 livres en 1760, devant Me Silvestre, et l'autre 20,000 livres en 1771, devant Me Goullet, et trois fermes.

L'office de conseiller du Roi, contrôleur général, est acquis par lui pour 33,500 livres, devant Me Silvestre, notaire à Paris, le 6 mai 1762. Supprimé par l'édit de 1772, il est remboursé à sa succession au même prix.

L'office de conseiller du Roi, trésorier-receveur général, est acquis moyennant 200,000 livres (Quittances de M. Bertin, garde du Trésor royal, 30 septembre 1768, enregistrées le 16 novembre. Provisions en la grande chancellerie de France, obtenues le 12 décembre. Acte devant Me Goullet, 26 mars et 15 novembre 1770). Supprimé par l'édit de 1772, il est remboursé devant Me Ballet, 3 juillet 1785.

Testament devant Me Collet, à Paris, 6 janvier 1772.

Lègue 2,000 livres aux pauvres de Saint-Eustache et à la confrérie du Bon-Secours.

Mort à Paris, le 7 janvier 1772, dans sa maison, rue Saint-Denis. Extrait mortuaire du 9 (paroisse Saint-Eustache). Frais funéraires : 947 livres.

Inventaire devant M° Goullet, à Paris, 14 janvier 1772.

La part de madame Nardot dans sa succession est réglée à 340,650 livres. La masse active est de 1,909,000 livres. Masse passive : 1,084,000 livres, dont 428,000 en soieries et étoffes.

IX JUDDE

(N....).

Né à   , le
Contrat de mariage en   , avec
Père de : 1° Claude;

2° Nicolas, = Marguerite Lebaillif, demeure rue des Jacobins, paroisse Saint-Sauveur; père de Philippe, = Madeleine Yart;

3° Louis, échevin de Rouen, = Anne Morisse; père de Claude, conseiller du Roi, lieutenant général de l'amirauté à Rouen, en la table de marbre du Palais;

4° Jeanne, = Adrien Golpin;

5° Catherine, = Guillaume de Chouppouille, conseiller en la Chambre des comptes de Normandie.

Mort à   , le

VIII   JUDDE

(CLAUDE).

Né à   , le

Contrat de mariage devant M^e   , notaire à   , le   , avec Anne-Magdeleine Portail.

Consul des marchands de la ville de Rouen.

Demeure rue de la Vicomté, à Rouen, paroisse Saint-Vincent. Laisse une maison à Rouen, et une maison de campagne.

Mort à   , le

VIII   PORTAIL [1]

(ANNE-MAGDELEINE).

Née à   , le

Mariée en   , avec Claude Judde.

---

[1] En 1639, Antoine Portail, prêtre, faisait partie du conseil de la Congrégation de la Mission, que présidait à Paris saint Vincent de Paul. (*Documents pour servir à l'Histoire des hôpitaux de Paris*, t. IV, p. 353.)

Le conseiller Portail = la petite-fille du président Roze, successeur de Conrart à l'Académie française. « Sa jeune épouse, dit Saint-Simon, était acariâtre, « méprisante, fort difficile à brider. Portail s'en plaignait à Roze, qui n'en tint « aucun compte. Après nouvelles noises, le mari revint à la charge plusieurs « fois. Lassé de ses plaintes : « Vous avez raison, répartit enfin Roze, qui feignait « une grande colère; ma fille est une impertinente et une coquine dont on ne « peut venir à bout; aussi, si j'entends encore parler d'elle, c'est résolu : je la « déshérite ! » Le gendre cessa de se plaindre, etc., etc. »

Mère de : 1° Michel;

2° Louis, négociant à Rouen. Veuve, elle partage son bien entre ses enfants, de sorte qu'à sa mort, Michel n'a recueilli que 7,800 livres. Donne procuration pour consentir au mariage de son petit-fils Claude-Robert, devant M⁰ Coignard, notaire à Rouen, le 7 novembre 1721.

Morte à   , le

VII   JUDDE

(MICHEL).

Né à   , le   1668.

Contrat de mariage devant M⁰ Aumont, notaire à Paris, le 2 septembre 1691, avec Barbe-Louise Lambert.

Dot : 16,000 livres.

Oncle de H. F. Desnotz, conseiller-auditeur en la Chambre des comptes de Paris; et de J. B. Daubenton de Vauvaon, Écuyer, commissaire de la marine, ⚯ Anne Lenfant, dont Ambroise-Firmin, conseiller d'État.

Marchand mercier, consul à Paris, doyen de la confrérie de Saint-Charlemagne, établie entre les messagers jurés de l'Université[1]. La corporation des merciers, la

---

[1] C'était le corps des anciens messagers de l'Université, chargés depuis Louis XI de la correspondance « des maistres à escholiers ». Leurs priviléges (immunité de tutelle, curatelle, etc.) furent renouvelés par Louis XVI. Ces facteurs, commissionnaires en marchandises, etc., etc., formaient une confrérie sous le patronage de saint Charlemagne, patron de l'Université, et faisaient, chaque année, célébrer une messe solennelle par les Mathurins au collége de Navarre. Hurt et Magny.

troisième des six grands corps de la marchandise, comprenait un certain nombre de professions différentes et jusqu'à des joailliers. Elle avait un roi, des gardes du corps, etc.

Demeure rue de la Champvenerie, paroisse Saint-Eustache. Avait acquis avec sa femme cette maison (M⁶ Baudin, 24 septembre 1716), et donné ladite maison à son fils Claude-Robert (M⁶ Perret, 15 mars et 25 novembre 1746). Acquiert, le 17 avril 1726, une maison de campagne à Ivry (M⁶ Lemaignen, notaire à Paris).

Intéressé dans la cargaison d'un navire à Cadix. Avait des rentes sur le clergé des États de Bretagne, du Languedoc et de Bourgogne. Laisse un annuel de messes à célébrer dans la collégiale du Saint-Sépulcre. Lègue sa montre à sa petite-fille Marie-Thérèse Judde.

Testament déposé chez M⁶ Perret, notaire, 10 février 1738.

Mort à Paris, le 10 avril 1748. Inhumé le 12, église Saint-Eustache.

Inventaire devant M⁶ Perret, le 21 mai. Partage et liquidation de ses biens (M⁶ Perret, 5 décembre 1748).

VIII
LAMBERT

(ROBERT).

Frère de François, orfèvre lors des décrets de fonte de Louis XIV en 1701, † en 1705 (*Archives nationales*,

Z, 6, 654); oncle de Pierre Lambert, marchand joaillier, dont la succession revient à sa cousine Barbe-Louise Lambert, en 1733; de la famille des Lambert, maîtres orfévres en 1761 et 1769.

Né à   , le

Contrat de mariage devant Mᵉ   , notaire à   ; le   , avec Louise Faure.

Marchand épicier. Achète, le 20 janvier 1700, une maison rue Beaubourg, qu'il revend devant Mᵉ Aumont, le 10 mars 1705.

Grand-oncle de Claude-Denis Cochin, = Gabrielle Levé, dont Marie Cochin; ils signent tous trois, comme cousins, au contrat de C. R. Judde, en 1721.

Mort à   , le

IX   FAURE

(PIERRE).

Né à   , le

Contrat de mariage devant Mᵉ   , notaire à   , le   , avec

Père de : 1° Louise;

2° N...., mère de Marie-Louise.

Achète une maison à Paris, rue Neuve Saint-Martin (Mᵉ Rallu notaire, 3 avril 1667).

Mort à   , le

VIII   FAURE

(LOUISE).

Née à   , le
Mariée en   , avec Robert Lambert.
Mère de : Barbe-Louise, sa fille unique.
Constitution de rentes à son profit, 11 mai 1714 (M° Lemaignen à Paris).
Morte à   , le 12 octobre 1728.
Aucun inventaire n'a été fait à son décès, ni à celui de son mari.

VII   LAMBERT

(BARBE-LOUISE).

Née à   , le
Mariée à Paris, en 1691, avec Michel Judde.
Dot : 16,000 livres. Hérite (partage du 3 octobre 1733) de Pierre Lambert, son cousin germain.
Mère de quatre fils :
1° Claude-Robert ;
2° Jacques, notaire de 1725 à 1758, = M. M. Gobert ;
3° Pierre-Louis, = Marie-Anne Perruchot (contrat devant M° Bailly, à Paris, 10 janvier 1724) ;

4° Louis, contrôleur de la maison du Roi;

5° Marie-Louise, = Charles Cornet, d'Amiens (contrat devant M° Baudin, notaire à Paris, 28 avril 1717);

6° Anne-Claude, = J. B. Hébert, Échevin de Paris (contrat devant M° Bénard, 5 août 1731). Mère de : *a* J. B. Hébert, Écuyer, conseiller secrétaire du Roi, = G. Bouton; *b* M. A. Hébert, = Antoine Bourdelet, Écuyer, conseiller secrétaire du Roi;

7° Marguerite-Barbe, = Jean-Charles Gobert (contrat devant M° Lemaignen, notaire à Paris, le 11 janvier 1721); dont Marie-Marguerite Gobert, = son oncle Jacques Judde.

Morte à Paris, le 31 janvier 1746. Partage devant M° Perret, notaire à Paris, 5 décembre 1748.

VI JUDDE

(CLAUDE-ROBERT).

Né à   , le
Contrat de mariage devant M° Masson, notaire à Paris, le 9 novembre 1721, avec Thérèse Nau.

Dot : 40,000 livres.

Reçoit encore dans les successions de ses père et mère : en rentes, 7,900 livres; en vaisselle d'argent, 2,500 livres; en espèces, 41,200 livres.

Marchand bourgeois de Paris. Juge, consul et garde

du corps de la Mercerie. Marguillier de la paroisse Saint-Eustache.

Avait trois maisons à Paris, dont une rue Saint-Denis, ayant pour enseigne : *Le Mulet chargé.*

Mort à   , le 10 mars 1759.

Double inventaire des successions Judde et Nau (M° Goullet, à Paris, 1ᵉʳ avril 1772). Partage, *id.*, 25 septembre 1775, et Mᵉ Ballet, à Paris, 12 juillet 1786.

VIII NAU

(MARC).

Né à   , le

Contrat de mariage devant Mᵉ   , notaire à   , le   , avec Marie de Verdun.

Consul à Paris. Associé à son fils aîné Jean, par contrat devant MMᵉˢ Belot et Doyen, notaires, le 28 avril 1688.

Demeure rue Saint-Germain l'Auxerrois, dans sa maison acquise le 22 avril 1699, pour 9,000 livres, devant MMᵉˢ Guyot et Doyen.

Sa deuxième maison, rue de la Tixanderie, acquise pour 7,000 livres, passe à son fils Marc. Il vend deux maisons par actes des 4 mars 1664 et 30 septembre 1686, devant MMᵉˢ Gaudion et Baudry, MMᵉˢ Lequin et Ledoyen.

Plusieurs rentes sont constituées en sa faveur, par les marchands bonnetiers de Paris, devant MM⁰ˢ Pellerin et Guyot, 14 juin 1690.

Mort à   , le 25 décembre 1715.

Partage de sa succession, devant M⁰ Boscheron, notaire à Paris, le 19 mai 1716. Pas d'inventaire. La masse nette active de sa succession, jointe à celle de sa femme, est de 203,000 livres.

VIII   DE VERDUN

(MARIE).

La famille de Verdun n'était point noble, mais habitait Paris depuis longtemps. On trouve, dans les archives de l'Hôtel-Dieu, des donations de rentes faites, de 1346 à 1351, par Jacques et Jeanne de Verdun, lesdites rentes « de 15 livres parisis sur un étal situé aux Halles-« Hautes[1] ».

Marie a pour sœur Catherine de Verdun, religieuse Minime, sa légataire.

Née à   , le

Mariée en   , avec Marc Nau.

Mère de : 1° Marc II;

2° François, docteur de Sorbonne, prêtre, prieur de Saint-Urbain, à Dalmorac, diocèse de Condom;

---

[1] *Archives hospitalières*, t. I, n⁰ˢ 4264, 5196.

3° Jean, consul à Paris, demeurant rue de l'Arbre-Sec, = Marie Goblet (contrat devant MM⁰ˢ Doyen et Plastrier, 19 juillet 1681), dont : Marc-Antoine Nau, né et baptisé le 16 juillet 1690 (église Saint-Germain l'Auxerrois), filleul de Pierre de la Croix et de Magdeleine Doyen;

4° Adrien, qui signe avec Jean au contrat de mariage de leur nièce Thérèse, en 1721. Une rente est constituée au profit d'Adrien, 12 novembre 1720 (Mᵉ Masson). Il fait son testament déposé chez Mᵉ Marchand, 26 octobre 1746. Inventaire, *id.*, 9 novembre 1746. Partage de sa succession, *id.*, 23 décembre, et legs universel en faveur de son frère Marc, qui reçoit la troisième maison, 16, rue de la Haute-Vannerie à Paris, acquise pour 8,000 livres, le 7 avril 1688, ayant pour enseigne : *Les deux Anges.*

Morte à   , le 28 mars 1715.

Partage de sa succession (Mᵉ Boscheron), 19 mai 1716. Legs en faveur de mesdemoiselles Lamet et de Geneviève du Fresnoy, religieuse Ursuline au Mussy-l'Évêque, sa nièce, sœur de Charles du Fresnoy.

VII

NAU

(MARC II).

Né à   , le   1669.

Contrat de mariage devant Mᵉ Pasquier, notaire à Paris, le 8 janvier 1695, avec Élisabeth Marsollier.

Dot : 25,000 livres représentant son fonds de commerce (acte devant MM^es Aunay et Doyen, notaires, le 24 juillet 1694).

Doyen des consuls de Paris, commissaire des pauvres et doyen des marguilliers de l'église royale de Saint-Germain l'Auxerrois. Marchand drapier. Administrateur de l'Hôtel-Dieu, siége pour la première fois au bureau, le 21 février 1721 [1].

Demeure rue Saint-Honoré, et rue des Mauvaises Paroles.

Constitution de rentes à son profit (M° Masson, notaire à Paris, 9 mars 1719 et 10 novembre 1720, *id.*, M° Marchand, notaire à Paris, 16 juillet 1721), par la communauté des jurés aulneurs de toiles; *id.*, 23 juillet 1721 par la communauté des marqueurs de papiers; *id.* (M° Roussel, 1er août 1721, *id.*, M° Bouron, 4 et 15 mars 1732, et 8 avril 1739), par la communauté des inspecteurs, contrôleurs et visiteurs généraux des vins et eaux-de-vie; *id.* (M° Loyson, 20 juillet 1745), par les grand'gardes en charge du corps des marchands et drapiers de la Halle.

Signe au mariage de sa fille Thérèse en 1721.

Mort à Saint-Mandé, le 27 mai 1758. Extrait mortuaire du 28. Inhumé dans l'église de Saint-Germain l'Auxerrois.

Inventaire devant M° Marchand le jeune, notaire à Paris, 2 juin 1758. Testament du 21 mai 1751, déposé le 22 juillet 1758. Partage et liquidation, *id.*, 14 septembre 1758. Laisse une masse de 616,000 livres.

---

[1] Archives de l'Assistance publique. *Inventaire*, t. II, p. 143.

IX LEDUC

(BENOIT).

Né à   , le
Contrat de mariage devant Mᵉ   notaire à
           , le   , avec Marie Vaguenot.

Marchand bourgeois de Paris. Signe au contrat de sa petite-fille, M. E. Marsollier, avec Marc Nau, 1695.

Oncle de Joseph Pichon, prêtre, conseiller-aumônier du Roi.

Sa sœur Catherine, veuve Morier, fait donation à l'Hôtel-Dieu, d'une maison située rue de la Vannerie, à l'enseigne du *Petit Saint-Jean*, 16 mai 1674[1].

Mort à   , le

IX VAGUENOT

(MARIE).

Née à   , le
Mariée en   , avec Benoît Leduc.
Mère de : 1° Marie-Magdeleine ;

[1] Assistance publique, *Archives hospitalières, Hôtel-Dieu*, t. I, p. 129.

2° Claude, conseiller du Roi, = Marie Levacher;

3° Marguerite-Agnès, = Thomas Dandreau, conseiller secrétaire du Roi;

4° Élisabeth.

Signe au contrat de mariage de sa petite-fille, M. E. Marsollier, en 1695.

Morte à   , le

VIII   MARSOLLIER

(RENÉ).

Né à   , le

Contrat de mariage devant Mᵉ   , notaire à   , le   , avec Marie Leduc.

Bourgeois de Paris. Garde du corps de la Mercerie à Paris. (Cette corporation avait un roi, des grand'gardes et des gardes du corps.)

Marguillier de l'œuvre et fabrique de l'église Saint-Eustache, il accepta avec ses collègues la fondation d'une messe quotidienne pour le repos de l'âme de François de Callières[1], dans la chapelle de Saint-Michel, à Saint-Eustache; ladite fondation faite moyennant une somme de 10,000 livres à fournir par l'Hôtel-Dieu, légataire universel du défunt, sous la surveillance de l'abbé Eusèbe

---

[1] Successeur de Quinault à l'Académie française.

Renaudot, de l'Académie française, exécuteur testamentaire de sieur de Callières[1], le 15 juin 1718.

Demeure rue de la Lingerie.

Grand-oncle de Hugues-François Demetz, conseiller du Roi, auditeur en la Chambre des comptes à Paris; et de J. B. Daubenton de Vauvaon, Écuyer, commissaire de la marine, = Anne Lenfant.

Mort à , le

VIII   LEDUC

(MARIE-MAGDELEINE).

Née à , le

Mariée en , avec René Marsollier.

Mère de : 1° Marie-Élisabeth;

2° Marie-Thérèse, = Henry de Rosnel, échevin de Paris en 1718 : mère de Élisabeth, = L. M. Vaillant du Chastelet, en 1748;

3° Catherine, = Jacques Devins;

4° Claude, = Louise Langlois;

5° René; 6° Jérôme, qui signent au contrat de mariage de leur nièce, Thérèse Nau, en 1721.

Morte à , le

---

[1] *Documents pour servir à l'histoire des hôpitaux de Paris*, t. IV, p. 145.

VII   **MARSOLLIER**

(MARIE-ÉLISABETH).

Née à Paris, le 7 juillet 1672.

Baptisée le 8, paroisse Saint-Eustache.

Parrain : Thomas Bauduant, marchand bourgeois de Paris; marraine : Élisabeth Leduc, sœur de sa mère.

Contrat de mariage devant M° Pasquier, notaire à Paris, le 8 janvier 1695, avec Marc Nau.

A ce contrat signent comme amis : Mgr Léon de Gesvres, archevêque de Bourges; haute et puissante dame Françoise de Rochechouart, marquise de Montespan (alors retirée de la cour, et un an avant sa mort); Léonard de Lamet, docteur en théologie, curé de Saint-Eustache.

Dot : 20,000 livres. Reçoit encore 10,000 livres en addition de sa dot, le 24 mai 1700.

Elle avait hérité pour un tiers de Louise-Claude Marsollier, femme de François Barbier, président au présidial de Vitry-le-François, et pupille de madame veuve Le Roux (M° Masson le jeune, 24 décembre 1720).

Partage de la succession, *id.* (M° Prévost).

Constitution de rente devant M° Masson, 15 juillet 1734.

Mère de : 1° Thérèse;

2° Marie, = Charles Carron, consul à Paris (contrat devant M° Cosson, à Paris, le 19 septembre 1712), † 15 mai 1758; mère de Marc-Antoine Carron, secrétaire du Roi, correcteur en la Chambre des comptes.

3° Geneviève, = Robert Carron (contrat devant Mᵉ Masson, 18 avril 1718), secrétaire du Roi, Écuyer, receveur général et payeur des rentes à l'Hôtel de ville de Paris, seigneur de l'Évainville, Garnet, etc., qui signe l'acte de décès de sa belle-mère, 1745.

Leurs enfants sont :

A Robert, payeur de rentes, = Jeanne Ponnelin ;

B Geneviève-Pauline, = le 12 décembre 1774, Jean-Marie-Philippe Denis de Senneville, Écuyer, commissaire des guerres, 17 -18 . (Frère de N... Denis de Senneville, = M. M. A. J. Chalvet de Souville, d'une famille créole ; leur fils fut conseiller-auditeur à la cour royale de Bourbon). Dont :

a Armand-Robert, sous-préfet, 1777-1852, = Laurette Gosselin de Sainct-Même († 1829), dont : a' Ernest, directeur des constructions navales à Rochefort ; b' Laure, = général baron d'Azémar, dont : Léopold, Gaston, Berthe, = N... Rebuffel.

b Henry-Louis (du Paly), 6 février 1779-12 février 1850, = le 24 juillet 1804, Marguerite P. B. de Montalard, dont : a' Albert, père d'Alphonse ; b' Emma, religieuse au Sacré-Cœur ; c' Alphonse, tué à la bataille de Magenta ; d' Alexandre D. de Senneville = , dont : Amélie, comtesse du Plessis de Grenedan, et Gaston, conseiller référendaire à la Cour des comptes, 18 -18, = ; e' Alfred, = Zénaïde Denis de Senneville, sa cousine, dont : René et Léon.

c Geneviève-Pauline, 5 mars 1786-30 mars 1883, = en 1803, Alexandre, général baron de Percheron, dont : a' François ; b' Charles ; c' Clémence-Geneviève, 1804-1879, = général comte de Vignolle, dont : a'' Julie, = E. Boby de la Chapelle ; b'' Alix, = N... Sabattier ;

c" Emma, = colonel Lelasseux, dont Louis, = Marie d'Andrezel.

4° Françoise, = C. Ledoulx de Melleville, conseiller au Parlement; lègue une rente à l'Hôtel-Dieu de Paris, 1725.

5° Antoine, juge-consul à Paris, marguillier de Saint-Germain l'Auxerrois, = sa cousine (devant M° Masson, 2 septembre 1725). Père de Antoine E. Nau, Écuyer, conseiller secrétaire du Roi, qui lègue une rente à l'Hôtel-Dieu.

Habite à Paris, rue des Mauvaises-Paroles, paroisse Saint-Germain l'Auxerrois.

Morte à Saint-Mandé[1], dans sa maison de campagne, le 17 juillet 1745. Inhumée le 19, paroisse Saint-Germain l'Auxerrois.

Acte de notoriété, devant M° Bailly, 23 juillet 1745. Pas d'inventaire; partage et liquidation, 14 septembre 1758.

VI NAU

(THÉRÈSE).

Née à   , le
Mariée à   , le 9 novembre 1721, avec Claude-Robert Judde[2].

Dot : 40,000 livres.

---

[1] Elle l'avait achetée en 1740 de Philippe de Breget, baron du Saint-Empire.
[2] Page 620.

Constitution de rente à son profit, devant M° Silvestre, les 5 septembre et 9 décembre 1760.

Acquiert les maison et fief de Saint-Aubin, paroisse de Chevreuse (M° Vanin, 14 septembre 1762, et M° Goullet, 1ᵉʳ juin 1770). Quittance du droit de *franc fief*, 10 juin 1764.

Demeure à Paris, rue Saint-Martin.

Signe au mariage de sa petite-fille A. T. Boucart, 1772.

Mère de : 1° Marie-Thérèse ;

2° Geneviève-Josèphe, signe au mariage Daru-Nardot, 1802, = P. A. Bougier, marchand bourgeois de Paris, (contrat de mariage devant M° Judde, 17 février 1753); dont Claude Bougier ;

3° Marie-Marguerite, 1733-6 juin 1819, = Abraham Jacques Silvestre; ils ont pour enfants :

1° Jacques-Abraham, = M. S. R. Hénin, dont huit enfants : *a* Paul-Jacques, = M. A. J. S. de Chanteloup; *b* Antoine-Isaac Silvestre, = Clémence L. du Châtelet[1], 1801-1882, dont : *A* Laure, 18 -18 , = général Ernest de la Porte, 1823-1887, dont : *a'* Caroline, = en 1880, baron Ferdinand de la Celle, dont Angèle; *b'* Laure, = en 1883, baron Henri de Gyvès, dont   ; *B* Caroline, 18 -18 , = Jules de la Porte; etc., etc.

2° Aubin-Jacob S. de Chanteloup, signe au mariage Daru-Nardot, = A. M. Vincent, dont : *a* Augustin C. Jacob, = Pauline Piault; *b* Judith, 1803-1874, = Paul-Jacques Silvestre, son cousin;

3° Emmanuel-Tobie-Louis ;

4° Antoine-Isaac Silvestre, baron de Sacy, conseiller en la Cour des monnaies, administrateur de l'Hôtel-Dieu,

---

[1] Voir page 6).

orientaliste, pair de France, membre de l'Institut, professeur au collége de France, exécuteur testamentaire de madame Nardot, prononce sur la tombe du comte Daru un éloge ému et très-sincère, 1758-1838, = Marie-Félicité Renaudière, dont : *a* Samuel-Ustazade S. de Sacy, 17 octobre 1801-14 février 1879, *membre de l'Académie française*, administrateur de la Bibliothèque Mazarine, sénateur, = en 1833, Marguerite-Marie Trouvé, 1809-18   , père de :

A Alfred, conseiller référendaire à la Cour des comptes, 1834-18   , = en 1857, Céline Audouin, 1837-18   , dont : *a'* Rachel, 1861, = le 18 décembre 1885, Charles de Fréminville, ingénieur, dont Gilbert et Mathilde; *b'* Gabriel, 1863-18   ; *c'* Mathilde, 1865-18   , etc.

B Ustazade, 1838-18   , = en 1865, Camille Vinit, 1840-1883, dont : Françoise, 1866; Léon, 1867; Madeleine, 1869; Louise, 1872; Charlotte, 1874; Victor.

C Jules, 1842-18   , = en 1866, Clotilde Vinit, 1848-18   , dont : Armand, 1867; Julie, 1868; Antoine, 1870; Paul, Jeanne, Geneviève, 1873; Thérèse, Cécile.

D Félicité, 1836-18   , = en 1856, Henri Baudrillart, membre de l'Institut, 1821-18   , dont : Alfred, 1859; Henriette, 1860, = N... Sauvageot; André, 1862; Marthe, 1868.

E Antoinette, 1840-18   , = en 1860, Paul Audouin, ingénieur, 18 -18   , dont : Émile, 1861, Étienne, Pierre, Marguerite.

F Céline-Marie, 1844-18   , = en 1866, Frédéric Foussé, 1840-18   , dont Geneviève, 1867.

b Antoinette, 1787-18   , = en 1816, Louis de Joantho, dont Victorine, 1817-18   , = en 1834, Alfred Donné, 1801-18   , docteur et recteur à Montpellier, dont :

Lucien, = en 1875, Étiennette Gallois; Valentine, = N... Devismes; Charlotte, = baron Delzons;

c Félicité, 1789-1845;

d Victor, 1791-1871;

e Sophie J. S., 1793-18 , = Charles Pavet de Courteilles, dont : a' Gustave, = Caroline de la Porte, dont Marie, = N... Dionis du Séjour; b' Abel, membre de l'Institut, = Octavie Blanchard, dont Henri; c' Daniel, † 1870, = Louise Milne-Edwards, dont Alphonse, Étienne, André;

f Stéphanie-Rachel, 1798-1806;

g Eugénie-Sarah, 1804-18 , = en 1834, F. A. Fabignon, 1798-1869, dont Gabriel, secrétaire-général de la Compagnie du Midi;

h Pauline, 1818-18 , = en 1848, Toussaint de Liancourt, mère de a" Maurice, = en 1883, Madeleine de Blavette; b" Geneviève, = M. de Kerloy;

Morte à Paris, le 2 mars 1772
Partage de sa succession, 1775 et 1786.

---

v JUDDE

(MARIE-THÉRÈSE).

Née à   , le
Mariée avec Jean-Rémy Boucart. (Acte devant Mᵉ Judde les 17 mars, 28 avril, 11 septembre, 15 décembre 1748[1].)

[1] Voir page 613.

Dot : 25,000 livres de ses père et mère et 10,250 livres provenant des legs de ses deux grands-pères, paternel et maternel.

Mère de : 1° Anne-Thérèse ;

2° Marie-Thérèse, = Antoine Gobert. (Contrat devant M⁰ Vanin, à Paris, les 8 et 21 septembre 1767. Dot : 44,752 livres.) Veuve en décembre 1787, avec quatre enfants : *A* Jean-Antoine, Écuyer ; *B* Auguste-Emmanuel, qui signent au mariage Daru-Nardot, 1802 ; *C* Armand-Louis ; *D* Antoinette-Clémentine ;

Remariée le 20 mars 1790, à Jean-Pierre Marot, Écuyer, receveur particulier des finances à Angoulême ;

3° Geneviève-Marguerite, = David-Étienne Rouillé de l'Étang (contrat de mariage devant M⁰ Goullet, à Paris, le 1ᵉʳ septembre 1773), séparée, puis divorcée en 1793.

Morte à Paris, le 29 juillet 1754. Extrait mortuaire du 30, paroisse Saint-Eustache.

Inventaire devant M⁰ Jarry, les 8 et 25 août 1754. Liquidation de sa communauté devant M⁰ Gobert, le 7 septembre 1767.

Liquidation et partage des successions Boucart et Judde, devant M⁰ Delarue, notaire à Paris, le 11 décembre 1787.

Comptes rendus entre les cohéritiers, les 10 juin 1788, 20 mars 1790 et 29 thermidor an III.

IV   BOUCART

(ANNE-THÉRÈSE).

Née à Paris, le 29 avril 1753.

Baptisée le même jour, paroisse Saint-Eustache, à Paris.

Parrain : Pierre-Alexandre Bougier, oncle maternel; marraine : Anne-Thérèse Boucart, femme de J. P. F. Dumaige, tante paternelle.

Orpheline de père et de mère, sous la tutelle de son beau-frère Antoine Gobert, avocat au Parlement (sentence du Châtelet, 14 février 1772).

Mariée à Paris, le 26 février 1772, avec P. B. Nardot[1].

Dot : 136,000 livres.

Reçoit en totalité 340,000 livres dans les biens de sa famille. Renonce à la succession de son oncle Boucart de Châteaufer.

Mère de : 1° Alexandrine-Thérèse;

2° Amélie-Marie, = Eusèbe-Michel de Saint-Albin (contrat devant Mᵉ Drugeon, notaire à Paris, le 20 floréal an IV);

3° Quatre autres enfants, † en bas âge;

4° Marie-Thérèse-Henriette, 1776-1812, = Edmond Garnier-Deschênes, receveur général du département des Bouches-de-l'Elbe, 1777-18 . (Contrat devant Mᵉ Drugeon, le 9 pluviôse an VIII.) Mère de :

A Amélie, 1802-1855, = le 15 juillet 1823, Antoine-Alphonse Nouette d'Andrezel, officier de cavalerie, 1798-1879[2], dont :

a Edmond-Charles, 1825-1863, = Aminte Fourchy, 1834-1866, dont : Alphonse, 1855; Pierre, 1860; Charles, 1863; Marie, 1858, = le 3 novembre 1881, Louis Lelasseux de Vignolle, capitaine d'infanterie[3];

---

[1] Voir page 609.

[2] Il échappa, pendant la Commune de 1871, à l'incendie de son hôtel, rue de Lille, grâce au dévouement de sa concierge, qui le fit passer pour son père et l'obligea à descendre les marches déjà badigeonnées de pétrole... Tous les papiers de la famille Nardot furent brûlés ce jour-là.

[3] Voir page 630.

b Gabrielle, 1828-18 , = Ernest Boulard de Vaucelles, 1821-1883, dont :

a' René, 1854-18 , lieutenant de hussards, = en septembre 1881, Thérèse d'Indy, dont Guy ;

b' Marguerite, 1853-18 , = en juillet 1873, François C. vicomte de Chaugy, dont : Henry, Charles, Marie, 1874, Gabrielle, Germaine, Berthe ;

c' Amélie, 1857-18 , = le 21 août 1881, Emmanuel, vicomte de Fraguier, dont Yvonne.

B Henriette-Blanche, 1803-18 , = Alexis A. J. de Monicault, 1804-1875, préfet et maître des requêtes au Conseil d'Etat, dont :

a" Paul, né en 1827, † le 18 janvier 1884, secrétaire d'ambassade, = Alice Lespérut, dont : Marie, 1861-18 , = le 17 septembre 1883, Maurice, marquis des Réaulx, dont : *a'''* Jacqueline, née le 11 juin 1884 ; *b'''* François, né le août 1885 ;

b" Édouard, 1829-18 , = Marie Dufaure[1], dont : Alexis, 1865 ; Pierre, 1869 ; Gaston, 1872.

Demeure pendant la République, à Paris, rue de la Loi, et au château de Gouaix, où ses filles étaient heureuses de recevoir souvent la jeune Lolotte Baron, leur amie, émancipée dès l'an V (depuis madame de Salverte).

Avait acquis des bois, pour augmenter sa terre de Villuis, le 10 mai 1824, devant Mᵉ Magnant, notaire à Bray-sur-Seine.

Morte à Paris, le 29 juillet 1828, chez le comte Daru, dont elle avait tenu la maison et élevé les enfants depuis

---

[1] Fille de Jules Dufaure, 1798-1881, président du Conseil des ministres, de l'Académie française, etc.

la mort de sa fille : service à Saint-Thomas d'Aquin. Inhumée au cimetière Montmartre.

Testament olographe à Paris, 16 février 1828.

Inventaire devant Me Moisant, à Paris, 5 août 1828.

Liquidation devant Me Moisant, 3 août 1829.

III   NARDOT

(ALEXANDRINE-THÉRÈSE).

Née à   , le 10 novembre 1783.
Baptisée le   , église
Mariée à Paris, église   , le 1er juin 1802, avec Pierre Daru [1].

Henry Beyle (*Stendhal*) signe à son contrat de mariage.

Dot : 156,000 francs (dont 6,000 de trousseau).

Mère de : 1° Alexandre, † en bas âge, 1804 [2];

2° Camille-Pauline, née le 27 avril 1803, = en décembre 1826 : François-Eustache de Fulques, marquis d'Oraison, député, général de division, † en février 1876, de la famille de la vénérable *Marthe*, 1592-1637, fille de

---

[1] Voir page 603.

[2] Le 28 fructidor an XII, M. Daru, qui était depuis un an au camp de Boulogne avec les fonctions de commissaire général de l'armée des côtes, écrivait de Calais, à ses cousins, madame H. Vessillier et M. Gagnon, pour leur demander plusieurs éclaircissements sur leurs grands-parents de Grenoble. Il terminait ainsi sa lettre : « Vous savez quels malheurs j'ai éprouvés dans mon dernier voyage « à Paris. J'ai vu, en quinze jours, mourir mon père et mon fils! Il me reste « une fille... »

François, marquis d'Oraison, veuve du baron d'Allemagne, mère de la marquise des Arcs; fondatrice à Marseille, en 1625, du premier monastère des religieuses de Sainte-Claire, dont elle prend le saint habit; inhumée au couvent des Filles de la Passion, fondé à Paris par la duchesse de Mercœur, etc., etc.[1].

Dame de Son Altesse Royale la duchesse de Nemours. Marraine de sa petite-nièce Isabelle de Salverte, 1878.

3° Alexandrine;

4° Napoléon, comte Daru, né le 11 juin 1807, filleul de l'Empereur et de Marie-Louise, baptisé, avec le roi de Rome, par le cardinal Fesch, le 10 novembre 1810. Capitaine d'artillerie, pair de France, député, Ministre des affaires étrangères, sénateur, membre de l'Institut, etc.

Parrain de son neveu Georges de Salverte et de son petit-neveu Antoine de Salverte, 1875, = le 24 août 1839, Charlotte-Camille Le Brun de Plaisance[2] (marraine de sa petite-nièce Thérèse de Salverte, 1882), dont :

a Pierre, vicomte Daru, secrétaire d'ambassade, 15 décembre 1843-3 décembre 1872, au Japon;

b Aline, 23 juin 1841-18 , = le 17 août 1859, Augustin, vicomte Benoist d'Azy; dont Camille, née le 7 octobre 1863, = le 31 juillet 1886, Robert, comte de Quincey[3], officier; dont René, né le 19 mai 1887;

c Octavie, 10 mai 1848-18 , = le 12 août 1869, Arthur, vicomte Beugnot[4], dont Arthur, né le 21 juin 1870; Claire, née le 30 novembre 1872; Louis, né le 7 janvier 1874;

---

[1] *Vie des premières religieuses capucines du monastère de Marseille*, Aix, 1754.

[2] Petite-fille du prince architrésorier de l'Empire, duc de Plaisance, etc.; nièce du grand chancelier de la Légion d'honneur, 1775-1859.

[3] Voir page 117.

[4] Petit-fils du comte Beugnot.

d Amélie, 1850-1857.

5° Alexandrine-Amélie, 10 décembre 1808-31 décembre 1884, marraine de son neveu Georges de Salverte, = le 30 juillet 1829, Henry Dursus, lieutenant de hussards, 18 -1883, dont :

a Henry-Napoléon, lieutenant-colonel, 1830-1879;

b Marie, 1831-18 , = Fernand, vicomte de Villiers dont : *a'* baron Roger, capitaine d'artillerie, = le 12 janvier 1886, Delphine Pothuau [1];

b' Gaston, de la Compagnie de Jésus;

c' Marthe, = le 19 avril 1880, Lucien, vicomte de Villiers de la Noüe, chef d'escadron d'artillerie; dont Robert, Nicole, Germaine;

d' Marie-Thérèse;

c Thérèse, 1835-18 , = Henri de l'Espée, préfet de Saint-Étienne, † 1871, dont :

Baron Jean, capitaine de dragons; Louis; Marie-Amélie; Mathilde.

6° Paul-Henry, vicomte Daru, officier de hussards, attaché d'ambassade en Perse, député, vice-président du Jockey-Club, président de la Société d'encouragement des courses (prix Daru), grand-croix de l'ordre d'Isabelle la Catholique, 30 décembre 1810-avril 1877.

7° Joseph-Eugène, vicomte Daru, né le 17 janvier 1813, = le 30 juillet 1844, Geneviève Camus du Martroy (24 octobre 1820-29 décembre 1883), dont :

a Baron Bruno, né le 8 février 1848, commandant d'artillerie, légataire du baron Martial Daru (testament du 3 juillet 1873, déposé chez M⁰ Mocquart, notaire à Paris; liquidation devant M⁰ Massion, 2-9 septembre 1874, etc.),

---

[1] Fille de l'amiral, Ministre de la marine.

du vicomte Paul Daru (testament du 1877, déposé chez Mᵉ Mocquart), = le 31 janvier 1881, Lucie Magne[1], 1861-18 , dont : Marie, née le 1ᵉʳ février 1882 ; Geneviève, née le 15 octobre 1884 ;

   b Hélène, 1849-1858 ;

   c François, capitaine d'artillerie, né le 25 juillet 1852, légataire de sa tante de Salverte ;

   d Madeleine, née le 10 février 1860 ;

   e Geneviève, 1863-1864.

8° Octavie-Adèle, née le 26 décembre 1814, † à Bruxelles le 18 avril 1834, = le 18 mai 1833, Septime de Faÿ, comte de La Tour-Maubourg, pair de France, ambassadeur auprès du Saint-Siége[2], 1800-1845 ; dont : Alfred, secrétaire d'ambassade, né le 8 avril 1834.

Nommée dame de la Société de Charité maternelle, par brevet de l'impératrice Marie-Louise, le 3 mai 1812.

Napoléon se plaisait parfois à la taquiner sur ses sentiments profondément religieux, mais il ne parlait d'elle qu'avec beaucoup d'estime et la déclarait charmante et pleine de raison.

Certes la comtesse Daru pouvait se dire justement fière du mérite de son mari, et de la confiance extrême que lui témoignait l'Empereur. Sans doute elle prêtait volontiers l'oreille aux amis qui venaient lui rapporter les éloges publics donnés par Napoléon à son laborieux ministre :

« Daru a le travail du bœuf et le courage du lion », et : « Daru est bon à tout ; il a du jugement, de l'esprit, un

---

[1] Petite-fille de P. Magne, Ministre des finances, etc.

[2] Son éloge a été prononcé à la Chambre des pairs par le comte N. Daru, son beau-frère.

« corps et une âme de fer[1]. » — Un jour : « J'ai cherché
« autour de moi le plus honnête homme de mes États
« pour lui confier la clef de mon Trésor privé[2], et je l'ai
« donnée à Daru. »

Une autre fois, l'Empereur était parti subitement, sans
pourvoir à l'entretien des troupes : il n'y avait pas à
balancer dans l'intérêt de l'armée. M. Daru ordonnança,
de son autorité propre, plusieurs millions, dont il voulut
rendre compte. « C'est bien, fit Napoléon, puisque vous
« avez cru devoir les dépenser, je les payerai. »

Mais cette vie de ménage, d'ailleurs très-digne, aurait
paru bien sévère à toute autre jeune femme. Pendant douze
années, durée de leur trop courte union, combien peu de
mois furent passés par ma grand'mère auprès de ce mari
qu'elle aimait et considérait à tant de titres! Qui ne connaît
l'anecdote, rapportée par Las Cases, de l'Empereur prenant la plume des mains de l'intendant de sa Couronne,
vaincu par le sommeil, et achevant au bivouac, de grand
matin, une dictée commencée la veille avec M. Daru, et
continuée bien avant dans la nuit[3]? Plus tard, c'est mon
grand-père lui-même qui l'avoue (et il ne s'écoutait
guères d'habitude) : « Je suis si accablé de besogne,
« écrivait-il alors, que je ne me suis pas couché de-
« puis soixante heures, et cependant les affaires s'accu-
« mulent sur mon bureau : comment pourrai-je en venir
« à bout?... »

Ma mère était née loin de ses yeux, pendant une de ces
absences... Aussi, quand il parla à sa femme de l'accom-

---

[1] *Mémoires du général M. Dumas.*

[2] Les contributions de guerre versées par l'Allemagne, montant à 200 millions, servirent à soutenir, en 1814, la glorieuse campagne de France.

[3] Las Cases, t. VI, p. 31.

pagner en Prusse pour quelque temps, accueillit-elle avec joie cette proposition.

Madame Daru, à vingt-trois ans, suivit donc son mari à Berlin, et fut obligée d'y tenir presque aussitôt une cour. La famille royale, après les défaites d'Iéna et d'Auerstædt (1806), d'Eylau et de Friedland (1807), s'était en effet retirée à Kœnigsberg, puis à Memel, laissant le champ libre au ministre plénipotentiaire de l'Empereur, devenu intendant général des pays conquis.

Dans cette position difficile, madame Daru employa tout son esprit (et elle en avait beaucoup, tout en restant fort naturelle) à concilier, à attacher, à rendre son séjour agréable aux Français comme aux habitants de cette capitale, à se faire aimer de tous.

On nous contait dans notre jeunesse que, lors de son départ, la célèbre manufacture royale de porcelaine voulut lui ménager une surprise délicate; trois vases de modèles différents (sur lesquels trois médaillons figuraient ses jeunes enfants, avec les ailes des anges) lui furent offerts. Elle recevait en même temps une *Aigle* dorée, qui avait déployé ses ailes sur le lit du grand Frédéric, et une riche collection de *médailles* d'argent, qui rappelaient les principaux événements de la vie des premiers Électeurs de Brandebourg. Frédéric II y paraissait couronné de lauriers, en empereur romain; la dernière représentait cette belle reine Louise de Prusse, mère de l'Empereur actuel.

Tandis qu'elle se trouvait à Berlin, l'impératrice Joséphine, dont on connaît le goût pour les arts et les fleurs, demanda à l'ambassadrice, pour son parc, quelques plantes exotiques qui se trouvaient au Jardin royal. La comtesse Daru s'empressa de satisfaire la souveraine, qui n'avait jamais cessé de lui témoigner une aimable confiance, et obtint de son mari, chargé cependant de bien des soucis, un envoi en vers très-flatteurs, dont je détache le passage suivant :

> L'humble ruisseau de Malmaison
> Roulait paisiblement ses ondes fortunées,
> Lorsque de belles mains, au sceptre destinées,
> Prirent soin d'embellir son modeste vallon...
> Aujourd'hui la Vistule et l'Oder et la Sprée
> De la France ont vu le héros;
> Leurs bords, couverts de ses drapeaux,
> Doivent mille tributs à l'épouse adorée...
> Bientôt, dans ces jardins qu'embellit la victoire,
> Par vos mains cultivés et l'arbuste et la fleur,
> Tout lui parlera du bonheur :
> Que tout vous parle de sa gloire!...

L'empereur Alexandre, auquel ma grand'mère avait été présentée à la paix de Tilsitt[1] et au congrès d'Erfurth[2], disait qu'elle était la Française du plus heureux naturel, celle dont il avait gardé le meilleur souvenir; aussi demanda-t-il à la voir, ainsi que la duchesse de Vicence, dès son arrivée en France, en 1814.

A la seconde invasion, les sentiments de nos vainqueurs étaient bien changés. Devant le péril public, M. Daru avait pour la troisième fois quitté la secrétairerie d'État (poste le plus envié de l'Empire, puisqu'il donnait le droit de travailler seul tous les jours avec Napoléon, de lui rendre compte des affaires et de transmettre ses décisions aux autres ministres) et, par pur dévouement au pays, repris l'Administration de la Guerre. Les Prussiens triomphants ne lui pardonnèrent pas la résistance héroïque des Cent-Jours. Le prince Blücher, franc et jovial à ses heures,

---

[1] Je possède la médaille assez rare qui lui fut donnée alors : les profils des trois souverains réconciliés y figurent à la fois.
[2] 27 septembre-14 octobre 1808.

disait qu'il fallait prendre *pierre pour Pierre*, et mettait, au nom du Roi son maître, le séquestre sur les biens du comte Daru, sur ce château de Bècheville, gardé seulement par une orpheline de six mois, que son aimable femme, morte peu auparavant, n'était plus là pour protéger[1]...

Portrait par David à Bècheville.

Bustes de Bosio, de Spalla (1812)[2].

Morte à Paris, le 6 janvier 1815. Inhumée au cimetière Montmartre.

Inventaire devant M° Noël, à Paris, 14 janvier 1815. Liquidation devant M° Noël, 26 janvier 1817.

II DARU

(ALEXANDRINE).

Née à Paris, le 6 frimaire an XIV (27 novembre 1805), en l'absence de son père, alors intendant de la Haute et Basse-Autriche (témoins : P. B. Nardot, aïeul; Martial N. P. Daru, oncle paternel).

Baptisée le 29 novembre 1805, en l'église de Saint-Thomas d'Aquin.

---

[1] Cette confiscation dura deux ans et ne fut levée que par l'intervention personnelle du roi Louis XVIII. Le comte Daru estimait peu de chose sa propre infortune, en songeant aux malheurs de son pays. « On ne me prendra probablement pas tout, écrivait-il de son exil; d'ailleurs je n'ai pas toujours été riche. Je finirai comme j'ai commencé, je travaillerai. »

[2] Avec la dédicace : « Spalla Taurinensis sculpsit de marmore patrio. »

Parrain : Martial Daru ; marraine : M. T. Henriette Nardot, femme de E. Garnier-Deschênes, tante maternelle.

Mariée en la chapelle de la Chambre des pairs, le 16 janvier 1827, avec Charles de Salverte[1].

Dot : 240,000 francs.

Témoins : Martial Daru et Edmond Garnier-Deschênes, oncles. Signent au contrat : les comtes de Cessac, Matthieu Dumas, de Colbert, Chaptal, Reille, Roy, de Montalivet, de Villemanzy, le marquis de Sémonville, les barons Matthieu de Faviers, Nougarède de Fayet, de Surgy, M. Collot, etc.

Reçoit dans les successions Nardot la terre de Villuis, estimée 300,000 francs.

Mère de : 1° Gaston Baconnière de Salverte, né, comme ses trois frères, à Paris, 4, rue Le Peletier, le 31 octobre 1827 (témoins à la mairie : le comte Daru, aïeul, et J. M. E. de Vaines, oncle à la mode de Bretagne); baptisé le 1ᵉʳ novembre à Saint-Roch (parrain : M. de Salverte, aïeul; marraine : madame Nardot, bisaïeule); légataire de son grand-père de Salverte, rassemble une précieuse collection d'objets d'art; secrétaire d'ambassade à Francfort, Berne, Bruxelles, Saint-Pétersbourg pour le couronnement de l'empereur Alexandre II; parrain de sa nièce Jeanne de Salverte en 1881; = le 6 avril 1858, Marie-Madeleine-Philomène Pastré (née à Marseille, le 25 octobre 1837; marraine de sa nièce Yvonne de Salverte en 1874); † le 11 mai 1886 (inventaire devant Mᵉ Sabot, notaire à Paris, le 22 mai; liquidation et partage, *idem*, les 7 juillet 1886 et 15 juin 1887), dont :

A Charles-Marie-Joseph, officier de cavalerie, né à

---

[1] Voir page 17.

Paris le 9 mars 1859, baptisé le 12 par Mgr de Mazenod, évêque de Marseille;

B Jean-Marie-Roger, officier des haras, né le 29 mars 1861;

C Marie-Madeleine-Marguerite, née le 19 avril 1864, = le 9 août 1886 (contrat de mariage du 31 juillet), Frédéric Rioust de Largentaye, député; dont Gaston-Marie-Ange, né le 10 août 1887.

2° Paul, né le 4 juillet 1830, = le 22 avril 1861, Marie-Alexandrine-Léontine Clément de Blavette (née le 4 janvier 1840, marraine en 1875 de son neveu Antoine de Salverte), dont :

A' Henriette, née à Paris, le 13 février 1862, = le 12 mai 1884, Raoul-Gérard, baron de Caix de Chaulieu;

B' Alexandre-Robert, né le 14 février 1865;

C' Marie-Pauline-Aline, née le 27 février 1873.

3° Georges-Napoléon ;

4° Robert-Octave, né le 1ᵉʳ juillet 1838 (témoins : Adolphe de Waru et Jules Duval), † le 21 mars 1840 :
« Son existence n'avait jamais donné une sécurité com-
« plète. Il avait supporté une maladie grave, dont on pou-
« vait le croire sauvé : mais au bout de quelques jours, le
« pauvre enfant a eu une rechute et n'a pu résister à cette
« deuxième attaque, qui avait tous les caractères d'une
« fièvre typhoïde. Tant de jours d'angoisse ont gravement
« altéré la santé si délicate et sensible de sa malheureuse
« mère. »

Madame de Salverte, se sentant fort malade, avait pressé le comte Daru de conclure enfin le mariage désiré par leurs enfants et peint, avec l'ardeur et le talent du maître qui sent la vie lui échapper, les panneaux du boudoir qui leur était destiné dans son hôtel de la rue Le Peletier. Peu de semaines après son mariage, la jeune madame Charles de Salverte, en se mettant à la table de famille, trouva sous sa serviette le billet suivant de son beau-père, qui la tenait depuis longtemps en haute estime et ne cessait de lui témoigner la plus sincère affection :

Logogriphe.

> J'ai de beaux yeux, un teint charmant,
> Le son de voix le plus touchant,
> Gaieté douce, heureux caractère;
> Je compte vingt et un printems,
> J'ai de la grâce, des talens,
> De vrais amis, de bons parens;
> Mon bonheur est d'aimer, et mon destin de plaire.
> Je te dirai, lecteur, car je suis très-sincère,
> Que mon mari, pendant cinq ans,
> Fut le plus discret des amans :
> Je devinai ses sentimens
> Et ne me mis pas en colère.
> Des lettres de mon nom vingt-sept mots sont formés :
> Pour les chercher, si tu te mets en quête,
> Tu trouveras. . . . . etc., etc.
> Enfin un très-petit, très-petit mot latin,
> Qui te prescrit de te mettre en chemin.

Mes parents suivirent de bon cœur ce conseil : ils voyagèrent beaucoup pour leur temps. Ils visitèrent plusieurs fois l'Allemagne, la Suisse, où Zurich, Stans, le Saint-Gothard, les défilés les plus sauvages de Schwyz, de Glaris et des Grisons qu'ils franchissaient à cheval, leur rappelaient la prodigieuse campagne de 1798 à 1799, — l'approvisionnement de nos troupes, assuré dans ce pays si pauvre, par les plus rudes sentiers, malgré les rigueurs des saisons, grâce au zèle infatigable de M. Daru[1], alors

---

[1] Ses talents étaient si flexibles, sa liberté d'esprit si grande, qu'il trouvait

ordonnateur en chef, — et les victoires de l'armée de Masséna[1] sur les Russes, dont les généraux Souvarow et Korsakoff avaient été obligés de se retirer en désordre par les cols de Kinzig et de Pragel. M. et madame de Salverte passèrent deux étés en Angleterre, donnèrent à l'un de leurs fils le nom du roi Georges[2]...

Ils avaient tout naturellement commencé leurs voyages par l'Italie. Les lettres de recommandation et la haute situation de l'historien de Venise leur ouvrirent toutes les portes, alors souvent fermées, de la société romaine. Les deux duchesses Massimo (Christine, princesse de Saxe, et sa bru, Gabrielle, princesse de Savoie-Carignan), les Borghèse, la princesse Orsini, née Torlonia (dont le père — duc de noblesse fort récente — allait mourir après deux jours de maladie), les reçurent avec beaucoup de bonté. La reine Hortense, qui, sous le nom de duchesse de Saint-Leu, aimait (comme de nos jours sa nièce, la princesse Mathilde) à s'entourer de littérateurs, d'artistes et de femmes gracieuses, déploya bien des coquetteries pour les attirer dans son salon, où un très-jeune homme, un peu timide, un peu embarrassé du monde animé qui entourait sa mère, aimait à se placer auprès de la fille du comte Daru, pour l'entendre parler avec enthousiasme de la France et de l'Empire, dont, pendant quelques mois, vingt ans auparavant, il avait été salué l'héritier[3] !

encore le temps de composer au bivouac son *Poëme sur les Alpes*, et de corriger sa traduction des *Satires* d'HORACE.

[1] Le Grand Conseil s'était hâté (décret du 8 octobre 1799) de proclamer les officiers français sauveurs de la République helvétique, tandis que l'armée russe, forte de plus de 25,000 hommes, s'était littéralement fondue aux pieds de l'Axen et des Mythen, ne laissant pour souvenir de son passage que l'orgueilleuse et inexacte inscription de *Souvarow victor* sur un bloc de la Reuss.

[2] George IV, 1762-1830. Ce n'était pas un saint, bien que Louis XVIII, dans une proclamation célèbre, l'eût placé tout de suite après Dieu.

[3] Depuis l'empereur Napoléon III.

Horace Vernet[1], alors dans tout l'éclat de sa popularité un peu bruyante et cavalière, venait de remplacer Guérin comme directeur de l'Académie de France : il faisait un moment trêve à ses innombrables batailles, cherchait un nouveau genre à la suite de Raphaël et ramassait parfois le pinceau de… Jules Romain. En même temps, il traçait à la hâte quelques portraits[2] et commençait, dans un atelier encombré de fleurets, de chevaux, de tambours, de *pifferari* et de paysannes, celui de madame de Salverte.

Ce fut en 1829, dans ce charmant palais de l'Académie, que l'ambassade donna un bal ravissant aux nombreux Français et étrangers accourus pour passer l'hiver à Rome. Madame de Salverte, toute jeune mariée, conserva fidèlement le souvenir des magnificences de cette fête, où, selon la pompeuse image du grand ordonnateur, enivré lui-même de ses succès et oublieux de sa solennelle mélancolie, « des flots de beautés, de diamants, de fleurs « et de plumes roulaient au son de la musique de Ros« sini, etc. »

Elle eut l'honneur d'y être présentée à madame la grande-duchesse Hélène de Russie[3], ainsi qu'au spirituel et savant roi de Bavière[4], qui devaient tous deux plus

---

[1] 1789-1863, membre de l'Institut.

[2] Son meilleur portrait est certainement celui de l'humble Frère Philippe, supérieur général des Écoles chrétiennes, qui m'en a donné la gravure avec un excellent envoi autographe.

[3] Hélène, 1806-1873, fille du prince Paul de Wurtemberg, et « propriétaire « d'un régiment de dragons », = en 1824 le grand-duc Michel, se plaça à la tête des fondations hospitalières en Russie, pour lesquelles S. A. I. daigna me demander de nombreux documents après la guerre de Crimée. Elle m'a donné ma bague de fiançailles : une émeraude entourée de brillants.

[4] Louis Ier, 1786-1864, roi de Bavière de 1825 à 1848. Il m'a souvent parlé, à Nice, des séances du Conseil d'État auxquelles il avait assisté sous Napoléon, et des campagnes contre l'Autriche qu'il avait faites avec mon grand-père et le prince Eugène, son beau-frère.

tard, en différentes occasions, me témoigner une auguste bienveillance.

Ma mère, douée d'un esprit vif et charmant, compagne assidue des sérieux travaux de son père, — dont elle corrigeait avec un tendre orgueil les épreuves, — pouvait donner quelquefois la réplique à l'auteur de *René,* qui l'accueillait avec une réelle bonne grâce. Sa présence en Italie

Faisait sourire Auguste au triomphe d'Octave[1]

et rappelait à Chateaubriand[2] un des souvenirs les plus doux de son existence agitée. C'était en effet M. Daru, alors très-puissant, qui avait prêté autrefois un sérieux appui au jeune émigré, pauvre et peu connu, présenté à l'Institut un mémoire sur son œuvre capitale et assuré son élection à l'Académie française.

M. de Chateaubriand, — qui se plaisait à *marcher dans sa propre gloire* et ne perdait volontiers aucun de ses rayons, — n'avait garde d'oublier cette heureuse coïncidence. Il n'était ambassadeur que depuis peu de mois[3]. Mais son *génie* incontesté, les services qu'il avait rendus au *christianisme,* sa brillante carrière et l'affectueuse familiarité du pape Léon XII l'avaient tout d'un coup porté au premier rang des hôtes distingués de la Rome pontificale. Plein d'admiration et de haine pour Napoléon, il avait fini par s'approprier jusqu'aux défauts du conquérant, et, très-sincèrement, ne faisait plus aucune distinction entre la France et son plus noble représentant à l'étranger.

La mort presque soudaine du Saint-Père (10 février

---

[1] Casimir Delavigne.
[2] Né à Combourg, enterré à Saint-Malo, 1769-1848.
[3] Il arriva le 7 octobre 1828 dans la Ville éternelle, qu'il devait quitter sept mois après.

1829) porta le dernier coup à cet étrange orgueil et fit, — selon la pittoresque image de M. Alexandre Dumas[1], — monter le poëte jusque dans sa tête, d'où il ne redescendit plus. Chateaubriand, éloigné à dessein par le ministère de Martignac, laissé sans instructions par le comte Portalis[2] (qui ne l'aimait guère et n'entendait point recevoir à chaque instant les leçons de l'ancien Ministre des affaires étrangères de 1823), soupçonnant avec raison que la confiance du roi Charles X s'adressait plutôt aux cardinaux français[3] destinés à prendre part au conclave, entouré de jalousies fort vives, tracassé par de mesquines difficultés et les embarras d'argent continuels que lui créait sa fastueuse prodigalité[4], Chateaubriand rêva de faire un pape à sa dévotion et à sa fantaisie : bien plus, il crut naïvement y avoir réussi.

Il faut lire, dans ses *Mémoires d'outre-tombe,* tous les curieux détails de ses propres intrigues auprès des cardinaux[5]. Il sollicite d'être accrédité auprès du Sacré Collége, ou l'envoi d'un ambassadeur extraordinaire à Rome; mais il se garde bien d'attendre les dépêches ministérielles. Dès le 18, il prononce, « devant *ces pauvres sep-* « *tuagénaires,* un petit discours qui a été écouté avec « des marques de satisfaction du meilleur augure ». Les obsèques pontificales sont terminées; on a porté chez notre ambassadeur « le petit chat du bon Pape défunt, fort « doux et tout gris comme lui[6] ». Les cardinaux viennent

---

[1] Discours prononcé en 1887 à l'Académie française, pour la réception de M. Leconte de l'Isle, successeur de Victor Hugo.

[2] Garde des sceaux et ministre par intérim des affaires étrangères. — *Mémoires d'outre-tombe,* t. VIII, p. 481, et t. IX, p. 127.

[3] De Latil, de la Fare, de Clermont-Tonnerre, etc.

[4] *Mémoires d'outre-tombe,* t. VIII, p. 518; t. IX, p. 56.

[5] *Id.,* t. VIII, p. 449 et suiv.

[6] *Id.,* p 519 et 487.

de s'enfermer dans les cellules du Quirinal, petits trous noirs d'où s'envolera la colombe blanche qui figure le nouveau chef de l'Église (23 février). Le conclave se prolonge tout le mois de mars. Dans cette circonstance mémorable pour la France et pour l'univers catholique, le grand orateur s'affirme et ne songe plus aux habiletés de la diplomatie. Il va prononcer son deuxième discours, que M. de Salverte, mêlé aux secrétaires de notre ambassade, entendit non sans surprise (il me l'a souvent répété); car, si les phrases étaient sonores et harmonieuses, l'incomparable artiste n'y parlait guère que de lui-même, de ses œuvres littéraires, de ses longs voyages et de sa carrière politique, aux vieux électeurs entraînés et séduits par le torrent de cette merveilleuse éloquence...

On lui rendit courtoisement ses politesses, à travers le petit guichet du palais de Monte Cavallo, avec cette bonhomie italienne qui touche parfois à la raillerie. Mais que penseraient ses ennemis de Paris? que diraient les journaux? Voilà l'objet des constantes préoccupations du diplomate.

A madame Récamier.

« J'espère qu'on sera là-bas encore plus content de ce
« discours que de l'autre... Que dites-vous de la réponse
« que le cardinal Castiglione m'a faite? Suis-je assez loué
« *en plein conclave?* Vous n'auriez pas mieux dit dans
« vos jours de gâterie[1] »; et le 31 mars, écrivant en hâte à cette fidèle amie et incomparable confidente : « Victoire!
« *j'ai* un des papes que *j'avais* mis sur *ma* liste : c'est
« Castiglione, le cardinal même que *je* portais à la pa-

---

[1] *Mémoires d'outre-tombe*, t. IX, p. 19.

« pauté quand *j'étais* ministre, en 1823; celui qui m'a
« répondu dernièrement au conclave, en *me* donnant
« force louanges. C'est un triomphe complet[1] ! »

Hélas! la nouvelle Rome — tout aussi bien que l'ancienne — montre aux *forastieri* la roche Tarpéienne, bien près du Capitole... Le vicomte de Chateaubriand avait su faire les plus délicates avances aux princes de la famille Bonaparte réfugiés à Rome[2], et rappelé gracieusement au cardinal Fesch (dont il daignait se montrer content) leurs souvenirs communs de l'ambassade de 1803; il cherchait évidemment à rallier autour de son char tous les Français; il entreprenait des fouilles avec Visconti près du *Tombeau de Néron*, élevait un monument au Poussin; traçait un tableau assez fidèle de l'état général de l'Italie, déjà mûre pour la révolution; rappelait fréquemment à Paris la nécesité pour un ambassadeur de *prendre pendant quelques années racine* dans son poste, etc. Il ne parlait plus que bien vaguement de cette cellule, que ses prières avaient demandée à son patron saint François, dans le couvent d'Assise; ni de la petite chambre du Tasse, où il voulait mourir après lui, à Saint-Onuphre. Pie VIII avait repris avec lui les traditions bienveillantes de Léon XII. Le nouveau secrétaire d'État, le cardinal-prince Albani, oublieux de l'*exclusion* éventuelle que notre ambassadeur avait osé donner au candidat de l'Autriche, lui témoignait beaucoup de bonne humeur et de franchise[3].

Mais le mois d'avril se passa, sans que les courriers de

---

[1] *Mémoires d'outre-tombe*, t. IX, p. 25.

[2] « La liberté, écrivait-il, peut regarder la gloire en face. »

[3] « Dès ma première visite, il s'écria en bon français : « Je suis un cochon (il « était en effet fort sale), vous verrez que je ne suis pas un ennemi... Vous serez « content de moi, et votre maître aussi. Bonjour, allons à Saint-Pierre. » T. IX, p. 28.

France vinssent lui apporter les éloges cependant si naturels, les remercîments très-flatteurs qu'il se croyait légitimement en droit d'attendre. Il reçut enfin « une dépêche « dure, la plus rude et la plus bête à la fois, rédigée par « quelque commis mal élevé du ministère, etc., etc. [1] ». Si le choc fut terrible et la désillusion profonde, Chateaubriand ne sut pas, ou ne voulut peut-être pas, tomber avec la grâce du gladiateur antique[2]. Sans doute il avait déjà oublié que, bien peu auparavant, dans les réflexions austères de la semaine sainte, il terminait ainsi sa lettre à madame Récamier : « C'est une belle chose que Rome « pour tout oublier, mépriser tout et mourir. » Il adressa au comte Portalis (le 7 mai) un billet assez grossier, pour lui annoncer qu'il remettait l'ambassade de Rome au chargé d'affaires. Il partit pour Paris, avec l'espoir d'y devenir le chef d'un nouveau ministère[3], attendit des offres qui ne vinrent pas, et, malgré les instances du nouveau président du conseil des ministres, le prince de Polignac, lui remit sa démission définitive, le 30 août 1829.

La courte maladie et la mort de M. Daru, collègue de Chateaubriand à la Chambre des pairs et à l'Académie française, précipitèrent le retour de sa fille en France. Madame de Salverte revit l'Italie plus tard, sous le pontificat de Grégoire XVI[4], pendant l'ambassade du comte de Maubourg, son beau-frère.

Quarante ans après, bravant l'orage et les tempêtes de neige qui barraient la route des Apennins, elle arrivait à Rome, le 3 décembre 1869 : le 8, fête de l'Immaculée

---

[1] *Mémoires d'outre-tombe*, t. IX, p. 46.
[2] *Id.*, t. IX, p. 78 et suiv.
[3] *Id.*, p. 122.
[4] Mauro Capellari, 1765-1846, élu pape le 6 février 1831.

Conception, malgré un temps affreux, elle accourait dans Saint-Pierre, à l'ouverture du Concile OEcuménique, dont elle suivit les travaux avec un intérêt passionné, un calme respectueux, une foi inébranlable... Pendant ce remarquable hiver, où la papauté parut pour la dernière fois dans tout l'éclat de son double pouvoir spirituel et temporel, son salon réunit à plusieurs reprises les évêques d'Arras, de Bethléhem, de Carcassonne, de Châlons, de Poitiers; les vicaires apostoliques de Genève, Gibraltar, Pékin [1]; Mgr de Mérode, pro-ministre des armes, et son frère; les comtes Lafond, de Caraman, de Mirepoix, etc. Aux saintes fêtes de Noël, elle suivait, de la chapelle de Saint-Longin, les majestueuses cérémonies de l'Église, et voyait le grand Pie IX célébrer, avec autant de noblesse que d'onction, ces longs offices, en remplissant de sa belle voix les voûtes sonores de la basilique. Pendant l'octave de l'Épiphanie, elle assista souvent, avec une pieuse curiosité, à Saint-André *della Valle,* au tournoi littéraire et religieux où les plus savants théologiens, les prédicateurs les plus célèbres du monde entier, vinrent à tour de rôle, chacun dans leur langue, apporter (comme autrefois les mages de la Chaldée) leurs hommages à l'Enfant-Dieu, annoncer les merveilles de sa naissance et l'infaillibilité de la doctrine de son Vicaire. Parfois, dans ses promenades, elle rencontra le bon Pape, suivi par son carrosse, marchant presque seul comme un père, au milieu du peuple qu'il bénissait et qui lui témoignait avec joie une respectueuse admiration. A la dernière et grande revue de l'armée pontificale, elle admira la belle tenue de ces seize

---

[1] NN. SS. Lequette, Bagnoud, de la Bouillerie, Meignan, le cardinal Pie, Mermillod, Scandella, Delaplace.

mille hommes, bravement commandés, qui se souvenaient de l'heureuse journée de Mentana.

Au mois de janvier 1870, le comte Daru accepta le portefeuille des affaires étrangères et, se trouvant en présence de trois candidats considérables aux fonctions d'ambassadeur extraordinaire auprès du Concile[1], prit le parti fort sage, et fort agréable au Souverain Pontife, de n'en envoyer aucun.

Madame de Salverte eut alors la satisfaction de voir ce frère, qu'elle aimait tant, justifier toutes les espérances de leur père et le suivre dans les hautes fonctions où l'appelait, au milieu de circonstances critiques, son seul mérite. Elle devait ressentir bientôt une joie patriotique, lorsqu'elle sut que, par son habile et prudente fermeté, il avait conjuré l'orage[2] qui déjà menaçait la France d'une troisième invasion, plus meurtrière et plus désastreuse que celles de 1814 et de 1815, où son père avait résolument porté tout le poids de l'Administration de la Guerre.....

Madame de Salverte a été la marraine de son petit-fils, baptisé sous les noms de *François* d'Assise et de Sales, dans la chapelle de son château de Mareuil, 1872. Amie de madame de Vatimésnil, des comtesses de Cambacérès, de la Redorte, de MM. Marigner, de Lambel, de Mellet, de Sacy, du P. Ratisbonne, etc.

L'un d'eux écrivait : « C'est une des femmes les plus
« distinguées de Paris : on ne peut désirer une meilleure
« épouse, une meilleure mère, ni une amie dont l'affec-
« tion soit plus précieuse... et, par une cruelle fatalité,
« son interminable maladie la met dans l'impossibilité de

---

[1] MM. Baroche, Thiers et le prince A. de Broglie.
[2] Pour peu de mois seulement, ayant quitté le ministère en avril.

« se sacrifier aux siens. Le plus insupportable supplice
« qu'on pût infliger à Aline est la nécessité de s'occuper
« de sa santé. Depuis bien des années déjà, la vie de cette
« charmante femme n'est qu'une suite de précautions
« minutieuses : elle s'y soumet avec beaucoup de courage
« et de patience... C'est une personne éminemment remar-
« quable, dont l'âme est capable des plus généreux dévoue-
« ments, l'intelligence toujours aimable, le cœur aussi
« jeune que l'esprit... Ce n'est que grâce aux soins éclairés
« et si tendres de son mari qu'on parvient à la faire
« vivre, etc., etc. »

Une des fondatrices de l'œuvre de Saint-Jean pour les jeunes garçons pauvres de Paris; dame du Tiers Ordre de Notre-Dame de Sion; fait une donation importante (actes des 25 octobre 1874 et 22 mars 1875), approuvée par décret du   mai 1875, en faveur de la fabrique et de la commune de Mareuil en Brie et de l'évêque de Châlons.

Dessine, sculpte, peint sur porcelaine.

Portraits par Meuret, etc.

Testament olographe à Cannes, le 10 avril 1875 (legs aux pauvres et au curé de Mareuil).

Morte à Paris (12, rue Boissy d'Anglas) le 4 mars 1876 : service à la Madeleine. Inhumée le 8, au cimetière Montmartre.

Partage de sa succession devant Me Baron, notaire à Paris, le 7 juin 1876.

Alliance avec Georges-Napoléon Baconnière de Salverte.

II GUYOT D'ARLINCOURT

(AUGUSTIN-JULES).

Fils de CLAUDE-AUGUSTIN, et de Marie-Julie MALOT, mariés le 2 janvier 1792, en l'église Saint-Gervais, à Paris.

Né à Paris, rue des Bons-Enfants, n° 1334, le 4 brumaire an VI (25 octobre 1797).

Contrat de mariage devant M° Lejeune, notaire à Paris, le 22 avril 1837 avec Caroline d'Arlincourt.

Dot :

Marié le 9 mai 1837, en l'église   , à Paris.

Portrait par Paul Delaroche.

Parrain de son petit-fils François de Salverte, en 1872.

Acquiert plusieurs immeubles à Paris. Demeure en son hôtel, 3 *bis*, rue Labruyère.

Mort au château des Agneaux, le 29 juillet 1873.

Inhumé au cimetière du Père-Lachaise.

Testaments olographes des 10 octobre 1868 et 8 mars 1871, déposés chez M° Bournet-Verron, notaire à Paris, et enregistrés le 4 août 1873, laissant à sa veuve 1/4 de sa fortune en toute propriété et 1/4 en usufruit; du 6 mars 1873, déposé chez M° Le Masson, notaire à Saint-Malo : exécuteur testamentaire, M. Labarte, membre de l'Institut.

Inventaire devant M° Bournet-Verron, le 17 octobre 1873. Liquidation et partage, *id.*, 26 janvier et 4 février 1874. Deuxième liquidation et partage devant M° Leroy, notaire à Paris, le 21 avril 1885, homologués par jugement du tribunal de la Seine, le 30 avril 1885.

Compte final de ladite succession devant M⁰ Leroy, les 5 et 7 avril 1886.

II   PRÉVOST D'ARLINCOURT

(CAROLINE-LÆTITIA).

Fille du général baron CHARLES-Marie-Alexandre Prévost d'Arlincourt, 1787-1864[1], et petite-fille de LOUIS-ADRIEN Prévost d'Arlincourt, Fermier général, 1743-1793 (oncle de la marquise Taillevis de Perrigny et de madame Buhot, mère de la vicomtesse de Courtais, 1801-1882.)

Née à Naples, le 21 novembre 1808.

Marraine : Marie-Annonciade-Caroline Bonaparte, reine de Naples.

Mariée en 1837 avec Jules Guyot d'Arlincourt.

Dot : 64,540 francs.

Mère de : 1° Charles-Adrien-Joseph-*Ludovic*, 21 février 1838-12 mars 1884, inventeur d'appareils télégraphiques, officier de la Légion d'honneur; légataire de son oncle, de sa grand'mère adoptive, de son père et de sa mère; = le 21 novembre 1867, Louise-Amélie Drudes de Campagnolles[2], † le 22 février 1871; dont :

---

[1] Nièce de Charles-Victor, vicomte d'Arlincourt, 1789-1856, auditeur au Conseil d'État, romancier et poëte, etc. Cousine du comte de Gobineau, écrivain et diplomate, 1816-1882; grand'tante de Zélie de Meaussé, religieuse carmélite à Paris, « mère Marie de la Croix. »

[2] Cousine des Corday et des Chênedollé.

Adrien, né le 4 février 1871 à Saint-Hélier (île de Jersey). Inventaire devant M° Jousselin, notaire à Paris, le 9 avril 1884; succession acceptée sous bénéfice d'inventaire.

2° *Étienne*-Anne-Charles, 1842-1863;

3° *Marie*-Charlotte-Joséphine;

4° *Jacques*-François-Adrien, 1850-18 , = le 21 avril 1879, Antoinette Pellenc.

Adoptée par sa tante Élizabeth de Nadal [1] (héritière de son frère Louis en 1819; de sa tante, madame Mathieu de Vaumorin, en 1825; de son mari, Charles-Antoine Prévost d'Arlincourt, 1778-1856; née à Strasbourg, le 28 novembre 1788, mariée à Paris, par contrat devant M° Gillet, le 5 avril 1806, † à Paris le 26 mars 1869 [2]).

Reçoit dans la succession de sa tante une maison, estimée 800,000 francs, rue de Rivoli. Louis-Adrien d'Arlincourt et ses sœurs, mesdames de Fumeron et Baudoin, avaient reçu une partie de cet immeuble, sis 20, rue des Mauvaises-Paroles, dans la succession de madame Élizabeth Legrand, veuve de Philippe de Cuissy, suivant partage devant M° Cordier, notaire à Paris, le 25 août 1772. Charles-Antoine d'Arlincourt achète à ses cohéritiers les 2/3 indivis de ladite maison, au prix de 40,000 francs, suivant contrat du 19 messidor an IX, devant M° Dunays. Il acquiert de la ville de Paris un terrain de 232 mètres au droit de sa maison, moyennant 69,645 francs (contrat du 28 juin 1853, devant M° Lejeune).

Morte à Paris, le 9 décembre 1883.

Inhumée au cimetière du Père-Lachaise.

---

[1] Le 8 août 1861 : arrêt de la Cour impériale de Paris, le 29 juin précédent.

[2] Notice historique sur la maison Prévost *d'Arlincourt* en Picardie et dans l'Ile de France, par BOREL D'HAUTERIVE, Paris, 1878, chez Plon.

Testament des 10 et 15 mai 1883, déposé chez M° Laverne, notaire à Paris, le 15 décembre. Legs de 19,350 fr. à diverses œuvres de bienfaisance.

Inventaire devant M° Jozon, notaire à Paris, les 19 décembre 1883 et 5 novembre 1884, et devant M° Leroy, le 14 novembre 1885. Liquidation et partage devant M° Leroy, le 5 juillet 1886, homologués par jugement du tribunal de la Seine, le 12 juillet 1886.

Armes : « D'azur au lion d'or, soutenu par un crois-
« sant renversé d'argent, et accompagné en chef de deux
« étoiles d'argent. Couronne de comte. — *Supports :* un
« lion à dextre, et une levrette à senestre. »

GUYOT D'ARLINCOURT

(MARIE-CHARLOTTE-JOSÉPHINE).

Née à Paris, le 25 juin 1849, rue de La Bruyère, n° 3 *bis*.
Baptisée à Notre-Dame de Lorette, le
Parrain : Charles, baron d'Arlincourt, grand-père.
Marraine : Élizabeth-Joséphine-Hippolyte de Nadal, veuve d'Arlincourt, grand'tante.
Enfant de Marie, le 1ᵉʳ mai 1866.
Contrat de mariage devant M° Bournet-Verron, le 23 mai 1868, avec Georges de Salverte[1].
Dot : 400,000 francs; apport : 20,000 francs.
Mariée à la mairie du 1ᵉʳ arrondissement et à l'église

---

[1] Voir page 19.

de Notre-Dame de Lorette, les 27 et 28 mai 1868.

(Témoins : Napoléon, comte Daru, oncle du mari, et général Le Gendre; Henri-Étienne Bernard, marquis de Sassenay[1], veuf d'Athénaïs d'Arlincourt, et J. B. Bertrand, conseiller à la Cour de cassation, cousins de l'épouse.)

Mère de : 1° Alexandrine-*Claire*-Élizabeth, née à Paris, le 16 avril 1869.

Ondoyée le 17. Baptisée à Sainte-Madeleine, par Mgr de Rayneval, le 28 mai (parrain : Charles de Salverte, grand-père; marraine : Caroline d'Arlincourt, grand'mère).

Bénie par S. S. le pape Pie IX (audience du Vatican, en décembre 1869).

Vouée à Notre-Dame de Chartres, 1873; à Notre-Dame de Laghetto, 1874; au Sacré-Cœur de Montmartre, 1883.

Première communion en l'église de Sainte-Madeleine, le 12 mai 1881. Confirmée dans la chapelle du monastère de Notre-Dame de Charité du Refuge, avec dix-sept jeunes filles de cette maison, le 25 février 1881, par Mgr Mermillod, sous le nom de Rose de Lima. Enfant de Marie, le 8 mai 1885.

Passe les examens de l'Hôtel de Ville en juillet 1885. (Brevet élémentaire de capacité pour l'enseignement primaire, délivré le 23 novembre 1885, signé : Gréard, de l'Académie française, vice-recteur de Paris.)

Portrait de Gazlini.

---

[1] Descendu du vénérable *Claude* Bernard « le pauvre prêtre », ami de saint Vincent de Paul, 1588-1641.

2° Augustin-*François*-Marie, né au château des Agneaux, près Ozouër-la-Ferrière, le 8 juillet 1872.

3° Gasparine-Marguerite-Marie-*Yvonne*, née à Nice, le 10 février 1874. (Témoins : Raymond, marquis de Villeneuve-Bargemon, préfet des Alpes-Maritimes, et Théodore, comte de Orestis di Castelnuovo, veuf de Mathilde d'Arlincourt, cousin de l'enfant).

Ondoyée le même jour (paroisse Saint-Pierre d'Arena).

Baptisée à Sainte-Madeleine de Paris, par Mgr Mermillod, évêque auxiliaire de Genève, le 13 mai 1874. (Parrain : Mgr Gaspard-Marie Mermillod ; marraine : Marie Pastré de Salverte, sa tante. Médaille d'or en souvenir et matinée musicale).

Vouée au Sacré-Cœur de Paray-le-Monial.

Reçoit le cordon de Saint-François, le 5 juillet 1885.

Première communion en l'église Saint-Pierre de Chaillot, le 13 mai 1886. Confirmée dans la chapelle des Sœurs de Saint-Joseph, le 1ᵉʳ juin 1886, par Mgr Mermillod, évêque de Lausanne et Genève, sous le nom de Jeanne-Françoise.

4° *Antoine*-Napoléon-Raphaël, né à Paris, 12, rue d'Anjou-Saint-Honoré, le 7 novembre 1875. (Témoin : le comte Daru.)

Ondoyé le 8. Baptisé à Sainte-Madeleine, par M. le curé Le Rebours, le , décembre 1875. (Parrain : Napoléon, comte Daru, grand-oncle; marraine : Léontine de Blavette de Salverte, tante.)

Voué à Saint-Michel « au péril de la mer », en 1877. Reçoit le cordon de Saint-François des mains du Révérendissime Ministre général des Frères Mineurs, P. Bernardin de Portu-Romano, dans la chapelle du couvent de l'Observance, à Paris, le 5 juillet 1885.

Première communion en la chapelle du collége Saint-Ignace, 3 juin 1886. Confirmé dans la même chapelle, par Mgr Richard, le 21 juin 1886, sous le nom de Georges-Marie.

5° Anne-Marie-*Isabelle*-Pauline, née à Paris, le 10 février 1878. (Témoins : Albert, comte de Maugny, secrétaire d'ambassade, et Fernand d'Aillières, auditeur au Conseil d'État, député.)

Ondoyée le 11. Baptisée à Sainte-Madeleine, par Mgr Richard, archevêque de Larisse et coadjuteur de Paris, le 4 juin 1878. (Parrain : Henri, général comte de Geslin, ancien Gouverneur de Paris, cousin; marraine : Pauline Daru, marquise d'Oraison, grand'tante. Médaille d'argent en souvenir.)

Bénie par S. S. le pape Léon XIII (audience du Vatican, le 30 septembre 1878).

Vouée à Sainte-Marie des Anges à Assise, le 27 septembre 1878; à Notre-Dame des Hermites à Einsiedeln, le 15 août 1879.

6° Charlotte-*Jeanne*-Léonie-Sophie, née à Paris, le 7 mai 1880.

Ondoyée le 8, avec l'eau du Jourdain, dans une tasse rapportée de Lorette. Reçoit le 19 la bénédiction apostolique de S. S. Léon XIII, dont elle porte le nom.

Baptisée le 20 juin 1881, en l'église Saint-Pierre de Chaillot. (Parrain : Gaston de Salverte, oncle; marraine : la princesse Sophie Troubetzkoï, duchesse de Sesto, marquise de Alcanicès, etc.)

Vouée au Sacré-Cœur de Montmartre, le 8 juin 1883; à Notre-Dame des Victoires, le 25 décembre 1883.

7° Agnès-Catherine-*Thérèse*-Camille, née à Paris, 54, avenue Marceau, le 22 juin 1882.

Ondoyée le 24. Reçoit le 25 la bénédiction apostolique de S. S. Léon XIII. Baptisée à Saint-Pierre de Chaillot, par M. le curé Charles, le 17 décembre. (Parrain : A. Léon Lefébure, comte romain, député, sous-secrétaire d'État aux finances, etc.; marraine : Camille de Plaisance, comtesse Daru, grand'tante.)

Vouée à Notre-Dame de Lourdes, en 1882.

8° Fernande-Madeleine-*Suzanne*-Georgine-Marie, née à Paris, le 14 octobre 1885.

Baptisée le 18 à Saint-Pierre de Chaillot, par le R. P. Barthélemy, Franciscain de l'Observance. (Parrain : Edgard-Marie, baron de Livois, président de l'OEuvre de l'Hospitalité de nuit, etc.; marraine : Claire de Salverte, sœur de l'enfant.)

TABLE ALPHABÉTIQUE

DES ARTICLES RELATIFS AUX ASCENDANTS DE MES ENFANTS [1]

A

XXIV Amboise (Hue d'), 295.
XXV Amboise (Hugues d'), 295.
XXIII Angleterre (Éléonore d'Aquitaine, reine d'), 363.
XXVI Angleterre (Guillaume Ier le Conquérant, roi d'), 356.
XXV Angleterre (Henry Ier, roi d'), 357.
XXIV Angleterre (Henry II, roi d'), 359.
XXII Angleterre (Henry III, roi d'), 380.
XXIII Angleterre (Jean-Sans-terre, roi d'), 379.
XXVIII Antioche (Boémond 1er, prince d'), 408.
XXVII Antioche (Boémond II, prince d'), 409.
XXVI Antioche (Constance, princesse d'), 410.
XXVII Aquitaine (Guillaume V le Grand, duc d'), 360.
XXVI Aquitaine (Guillaume VIII, duc d'), 361.
XXV Aquitaine (Guillaume IX, duc d'), 362.
XXIV Aquitaine (Guillaume X, duc d') 362.
XXIV Aragon (Alphonse II, roi d'), 391.
XXII Aragon (Jayme Ier le Conquérant, roi d'), 415.
XXIII Aragon (Marie de Montpellier, reine d'), 413.
XXIII Aragon (Pèdre II, roi d'), 392.
XXV Aragon (Pétronille, reine d'),391.
XXII Aragon (Yolande de Hongrie, reine d'), 422.
XVIII Argouges à la fée (d'), 151.
XVII Argouges (N... d'), 152.
XXV Argouges (Colède d'), 294.
XXII Argouges (Guilmette d'), 140.
XVI Argouges (Jeanne d'), 153.
XXVI Argouges (Robert d'), 293.
XV Arquetray ou Arquennay (Hugues d'), 286.
XIV Arquetray (Jeanne d'), 287.
XXI Arpajon (Béraud, seigneur d'),458.
XIX Arpajon (Bérenger, sire d'), 459.
XVII Arpajon (Bérenger II, sire d'), 459.
XIV Arpajon (Catherine.d'), 470.
XX Arpajon (Hugues Ier, sire d'), 458.
XVIII Arpajon (Hugues II, sire d'), 459.
XVI Arpajon (Hugues III, sire d'),460.
XV Arpajon (Jean d'), 467.
XX Artois (Philippe d'), 377.
XXII Artois (Robert Ier le Vaillant, comte d'), 376.
XXI Artois (Robert II l'Illustre, comte d'), 376.
VII Aubert (Catherine-Denise-Marguerite), 544.
XVII Aumale (Blanche, comtesse d'), 428.
XVIII Aumale (Catherine de Beaumont, comtesse d'), 428.
XVIII Aumale (Jean 1er, comte d'), 372.
XVII Aumale (Jean II, comte d'), 373.
XIV Aunières (Jeanne-Marguerite d'), 241.
XXVI Auvergne (dauphins d'), 461.

---

[1] Le chiffre romain indique leur degré de parenté en ligne directe.

# TABLE ALPHABÉTIQUE.

XVIII Auvergne (Béraud, dauphin d'), 465.
XXV Auvergne (Guillaume VIII le Grand, comte d'), 461.
XIX Auvergne (Jean Dauphinet, dauphin d'), 464.
XVII Auvergne (Jeanne, dauphine d'), 466.
XXIII Avaugour (d'), 442.
XX Avaugour (Jeanne d'), 435.
XXII Avaugour (Marguerite d'), 443.
XXIII Avesnes (Gauthier II, d'), 450.

B

II Baconnière de Salverte (Charles), 17.
VI Baconnière (Euzèbe), 8.
Baconnière de Salverte (*Augustin-François-Marie*), 26.
I Baconnière de Salverte (Georges-Napoléon), 19.
IX Baconnière (Jean), 5.
VIII Baconnière, sieur de la Maison-Neuve (Jean), 6.
VII Baconnière, sieur de l'Ulaguère (Jean), 7.
IV Baconnière de Salverte (Jean-Marie-Eusèbe), 13.
III Baconnière de Salverte (Jean-Marie-Eustache), 15.
V Baconnière de Salverte (Nicolas-François-Pierre), 10.
X Baconnière (Olivier), 5.
VI Baron (N...), 73.
III Baron (Charlotte-Françoise-Félicité), 555.
IV Baron (Germain-Jean de Dieu), 89.
V Baron (Jean-Ignace), 74.
XXVII Bavière (Guelphe Ier, duc de), 322.
XXVI Bavière (Henry le Noir, duc de), 322.
XIX Beauffou (Henry de), 431.
XVIII Beauffou (Luce de), 432.
XXI Beaumont (Alix de), 313.
XXII Beaumont (Jean de), 312.
XIX Beaumont (Robert d'Artois, comte de), 382.

XXII Beaumont-Meulent (Henry II de), 280.
XXVII Beaumont-Meulent (Roger le Barbu, comte de), 298.
XIV Beaurepaire (de), 495.
XIII Beaurepaire (Ambroise de), 495.
XII Beaurepaire (Jacqueline de), 496.
VIII Beaurepaire (Louise de), 511.
X Beaurepaire (Maurice de), 501.
IX Beaurepaire (Siméon de), 504.
XVII Bellengues (Guillaume de), 455.
XVI Bellengues (Jeanne de), 456.
XX Besnard (Jeanne), 142.
XXIII Blois (Marguerite, comtesse de), 451.
XXII Blois (Marie d'Avesnes, comtesse de), 451.
XXVII Blois (Thibault III, comte de), 318.
XXVI Blois (Thibault IV le Grand, comte de), 330.
VIII Boffrand (N...), 75.
V Boffrand (Anne-Thérèse de), 88.
VI Boffrand (Germain de), 80.
VII Boffrand (Jean), 75.
VI Bouëtin (Marie-Magdeleine), 51.
IV Boucart (Anne-Thérèse), 634.
VI Boucart (Étienne), 611.
V Boucart (Jean-Rémy), 613.
XV Bouchard (François), 471.
XIV Bouchard d'Aubeterre (Louis), 471.
XIII Bouchard d'Aubeterre (Ysabeau-Marguerite), 472.
XXV Boulogne (Étienne de Blois, comte de), 319.
XXVI Boulogne (Eustache III, comte de), 319.
XXIV Boulogne (Marie, comtesse de), 320.
XXIV Boulogne (Mathieu d'Alsace, comte de), 318.
XXIV Bourgogne (Alix de Lorraine, duchesse de), 332.
XXIII Bourgogne (Alix de Vergy, duchesse de), 327.
XXVII Bourgogne (Eudes Borel, duc de), 327.
XXV Bourgogne (Eudes II, duc de), 329.

XXIII Bourgogne (Eudes III, duc de), 333.
XXVI Bourgogne (Hugues II le Pacifique, duc de), 328.
XXIV Bourgogne (Hugues III, duc de), 331.
XXII Bourgogne (Hugues IV, duc de), 334.
XXV Bourgogne (Marie de Blois, duchesse de), 330.
XXVI Bourgogne (Mathilde de Turenne, duchesse de), 329.
XXIX Bourgogne (Robert le Vieux, duc de), 326.
XXII Bourgogne (Yolande de Dreux, duchesse de), 335.
XV Bouteiller (Guillaume Le), 492.
XIV Bouteiller (Mélior Le), 493.
XIX Brabant (Alix de), 337.
XXI Brabant (Alix de Bourgogne, duchesse de), 335.
XX Brabant (Godefroy de), 336.
XXIII Brabant (Henry Ier le Guerroyeur, duc de), 317.
XXII Brabant (Henry II le Magnanime, duc de), 321.
XXI Brabant (Henry III le Débonnaire, duc de), 326.
XXII Brabant (Marie de Souabe, duchesse de), 325.
XXIII Brabant (Mathilde d'Alsace, duchesse de), 320.
XXI Bretagne (Béatrix d'Angleterre, duchesse de), 381.
XX Bretagne (Blanche de), 382.
XXII Bretagne (Jean Ier le Roux, duc de), 378.
XXI Bretagne (Jean II, duc de), 379.
XXIII Bretagne (Pierre Mauclerc, comte-duc de), 378.
XXIX Bricquebec (Ertemberge de), 290.
XVIII Brosse (Hugues, vicomte de), 469.
XVII Brosse (Jeanne de), 469.
XIII Buisson (Philippine du), 215.
XI Bunache (Perrine de la), 133.

C

VIII Cahaignes (N...), 522.
VII Cahaignes de Boismorel (Marie-Cécile), 524.

XXVI Castille (Alphonse VII le Fort, roi des Asturies, Léon et), 353.
XXIV Castille (Alphonse VIII, roi de), 354.
XXII Castille (Alphonse IX le Noble, roi de), 356.
XXII Castille (Éléonore d'Aquitaine, reine de), 365.
XX Castille (Jeanne, comtesse d'Aumale, reine de), 352.
XXIII Castille (Sanche III, roi de), 355.
XXV Castille (Urraque, reine de), 354.
IX Chaillon (N...), 98.
VIII Chaillon (Jean), 99.
VII Chaillon (Jeanne-Charlotte), 101.
XVIII Champeaux (Hugues de), 132.
XVII Champeaux (Jeanne de), 132.
XIV Champlais (N... de), 233.
XXIII Chastellier (Alain du), 490.
XXIII Chastillon (Gaucher III, comte de), 449.
XVIII Chastillon (Jeanne de), 468.
XIX Chastillon (Mathilde de Brabant, comtesse de), 467.
XX Chatelleraut (Jeanne de), 314.
XXIII Clermont (Guillaume-Dauphin Ier, comte de), 462.
XXIV Clermont (Robert-Dauphin, comte de), 462.
XXII Clermont (Robert II, comte de), 463.
XXI Clermont (Robert III, comte de), 463.
XX Clermont (Robert IV, comte de), 464.
XVIII Corblin (Jean), 268.
XVII Corblin (Marguerite), 269.
XV Cornillau (Nicole de), 134.
XIII Couppel ou Coupel, 105.
IX Couppel (Brice), 167.
XII Couppel (Étienne), 107.
VIII Couppel (Jacques), 481.
VII Couppel (Louis), 519.
X Couppel (Marin), 128.
XI Couppel (Siméon), 113.
VI Couppel de Vaucé (Françoise-Nicole), 526.
XI Courcy (Marie de), 506.
XII Courcy (Pierre de), 505.
VI Couret (Catherine), 600.

XVIII Courtonne (Gilette de), 260.
XIV Cousin (Jean), 138.
XIII Cousin (Jeanne), 157.
XIX Crespin (Blanche), 436.
XX Crespin (Jean), 435.

D

VIII Daas (Marie-Marguerite), 534.
XXII Dammartin (Albéric II, comte de), 351.
XXI Dammartin (Simon de, comte d'Aumale), 352.
IX Daru, 570.
II Daru (Alexandrine), 644.
VII Daru (Benoit), 572.
V Daru (François), 580.
VIII Daru (Jean), 571.
IV Daru (Noël), 596.
III Daru (Pierre-Antoine-Noël-Bruno, comte), 603.
VI Daru (Pierre-Mathieu), 574.
VIII Davy de la Richardière (Nicole), 41.
X Deniset, 531.
VIII Deniset (Charles), 533.
VII Deniset (Charles II), 536.
VI Deniset (Charles III), 540.
V Deniset (Denise-Pélagie), 547.
IX De Nisset (Nicolas), 531.
XVII Dinan (Perrine de), 490.
XVII Dol (Noga de), 489.
XIII Domaigné (Jeanne de), 496.
V Donnadieu (Catherine), 600.
VI Donnadieu (Matthieu), 599.
XX Dreux (Béatrix de), 344.
XXIII Dreux (Jean Ier, comte de), 342.
XXI Dreux (Jean II le Bon, comte de), 343.
XXVI Dreux (Robert le Grand, comte) de), 340.
XXV Dreux (Robert II, comte de), 341.
XXIV Dreux (Robert III, comte de), 341.
XXII Dreux (Robert IV, comte de), 342.

E

XVII Ecouché (Massine d'), 225.
XVI Epiney (Simon d'), 491.
XIV Essarts (Elizabeth des), 265.
XXVII Estouteville (d'), 292.

XXVI Estouteville (N... d'), 292.
XXIV Evreux (Richard II, comte d'), 253.
XXV Evreux (Robert I, comte d'), 252.

EMPEREURS ET IMPÉRATRICES.

XXIV Frédéric Ier Barberousse, empereur d'Occident, 324.
XXIII Irène, impératrice d'Occident, 325.
XXV Manuel Comnène, empereur d'Orient, 407.
XXV Marie d'Antioche, impératrice d'Orient, 411.
XXIV Mathilde, impératrice d'Occident et reine d'Angleterre, 359.
XXIII Philippe de Souabe, empereur d'Occident, 324.
XXIV Pierre de Courtenay, empereur d'Orient, 416.
XXIV Yolande de Flandre, impératrice d'Orient, 417.

F

XIII Fallais (Denise de), 234.
XIV Fallais (Jean de), 233.
V Faure (Anne), 59.
IV Faure (Elizabeth), 70.
VI Faure (Jean), 57.
VIII Faure (Louise), 619.
IX Faure (Pierre), 618.
XIII Feuillis (Aliette de la), 494.
XII Feuvrier (Eutrope), 114.
XI Feuvrier (Françoise), 127.
IX Floissac (N... de), 91.
V Floissac (Charles-Jacques-Cécile de), 529.
IV Floissac (Charlotte-Françoise de), 552.
VII Floissac (Jacques de), 97.
VIII Floissac (Jean de), 91.
VI Floissac (Louis de), 102.
XX Fontenay (de), 277.
XIX Fontenay (Ranulphe de), 277.
XXVII France (Adélaïde de Savoie, reine de), 339.
XXV France (Alix de Champagne, reine de), 373.

TABLE ALPHABÉTIQUE.

XXVIII France (Anne de Russie, reine de), 308.
XXIII France (Blanche de Castille, reine de), 375.
XXIII France (Constance de Castille, reine de), 350.
XXI France (Isabelle d'Aragon, reine de), 423.
XXVII France (Louis VI le Gros, roi de), 339.
XXIII France (Louis VIII le Lion, roi de), 374.
XXII France (Marguerite de Provence, reine de), 388.
XXIV France (Philippe II Auguste, roi de), 374.
XXI France (Philippe III, roi de), 390.

G

VIII Garnot (N...), 537.
VII Garnot (Marie-Étiennette), 538.
XI Gaultier de Beaurepaire (Gratien), 497.
XV Gaultier (Guillaume), 491.
XII Gaultier (Jean), 494.
XVIII Gaultier (Jean-Michel), 488.
XIII Gaultier (Phélipot), 493.
XIV Gaultier (Pierre), 492.
XVI Gaultier (Rolland), 489.
XVII Gaultier (Salomon), 488.
XIX Gloucester (Marguerite de), 282.
XX Gloucester (Robert de), 282.
VI Godelle (N...), 63.
V Godelle (Jeanne-Marie), 64.
II Guyot d'Arlincourt (Augustin-Jules), 658.
I Guyot d'Arlincourt (Marie-Charlotte-Joséphine), 661.

H

XXVI Hainaut (Baudoin III, comte de), 448.
XXVII Harcourt (Anquetil de), 291.
XXX Harcourt (Bernard le Danois, de), 289.
XXVI Harcourt (Errand de), 291.

XV Harcourt (Girard du), 438.
XXIV Harcourt (Guillaume de), 294.
XIII Harcourt (Jacques de), 470.
XXI Harcourt (Jean de), 312.
XIV Harcourt (Jean de), 457.
XX Harcourt (Jean II de), 313.
XIX Harcourt (Jean III de), vicomte de Châtellerault, 314.
XVIII Harcourt (Jean IV, comte de), 337.
XVII Harcourt (Jean V, comte d'Aumale et de), 345.
XII Harcourt (Marguerite de), 473.
XVI Harcourt (Philippe de), 430.
XXII Harcourt (Richard de), 311.
XXV Harcourt (Robert le Fort de), 293.
XXIII Harcourt (Robert II), 296.
XXIX Harcourt (Torf de), 289.
XXVIII Harcourt (Turquetil de), 290.
VII Henault (Elizabeth), 86.
VIII Henault (René), 85.
VII Herbert (Aubin), 43.
VI Herbert (Périne-Rose), 46.
VIII Heuttes (N...), 43.
VII Heuttes (Marie), 44.
XIX Hommet (du), 261.
XVIII Hommet (N... du), 262.
XVII Hommet (N... du), 262.
XXIII Hongrie (André II le Hiérosolimitain, roi de), 420.
XXIV Hongrie (Béla III, roi de), 419.
XXIII Hongrie (Yolande de Courtenay, reine de), 419.
XXI Husson, 272.
XIX Husson (Étienne de), 273.
XVIII Husson (Geoffroy de), 276.
XX Husson (Guy de), 272.
XVII Husson (Guy II de), 278.
XVI Husson (Henry de), 278.
XV Husson (Marguerite de), 285.

I

XXIX Iaroslaw le Sage (grand-duc de Russie), 307.
XXXV Italie (Bernard, roi d'), 302.
XXXVI Italie (Pépin, roi d'), 301.

TABLE ALPHABÉTIQUE.

J

XXVII Jérusalem (Foulques d'Anjou, roi de), 418.
XXIII Jérusalem (Jean de Brienne, roi de), 425.
VI Joinville (N... de), 63.
VII Joinville (Henry de), 60.
IX Judde (N...), 614.
VIII Judde (Claude), 615.
VI Judde (Claude-Robert), 620.
V Judde (Marie-Thérèze), 633.
VII Judde (Michel), 616.

K

IX Kaheugnes (Denys de), 520.

L

X Lambert (N...), 76.
VII Lambert (Barbe-Louise), 619.
VIII Lambert (Robert), 617.
XXII Le Clerc de Juigné, 242.
XX Le Clerc (Colas), 243.
XVII Le Clerc (Colas II), 244.
XVI Le Clerc (Colas III), 245.
XXI Le Clerc (Foulques), 243.
XIII Le Clerc de Juigné (Françoise), 247.
XV Le Clerc de Juigné (Jean), 245.
XIV Le Clerc de Juigné (Jean II), 245.
XVIII Le Clerc (Roland), 244.
XIX Le Clerc (Robert), 244.
XIII Le Couteiller (Innocent), 503.
VIII Ledouart (Anne), 100.
IX Leduc (Benoit), 625.
VIII Leduc (Marie-Magdeleine), 627.
XII Legrix (Pierre), 509.
XIII Legrix (Robert), 508.
VI Lenepveu de Beauval (Marie), 87.
VII Lenepveu de Beauval (Pierre), 85.
XXI Léon (Alphonse IX, roi de), 367.
XXI Léon (Bérengère de Castille, reine de), 366.
XXII Léon (Ferdinand II, roi de), 366.
XXIII Léon (Hervé de), 442.
XXII Léon (Hervé II de), 442.

XXI Léon (Marie de), 444.
IX Lesvérac (Jeanne de), 509.
XII Lesvérac (Nicolas de), 505.
XI Lesvérac (Nicolas II de), 505.
VI Liénard (Thérèse), 611.
XXIV Limbourg (Marguerite de), 317.
XIX Limoges (Girard, vicomte de), 468.
XXV Lorraine (Godefroy II, duc de Basse-), 316.
XXIV Lorraine (Godefroy III, duc de Basse-), 316.
XXV Lorraine (Mathieu Ier, duc de), 331.

M

XXII Mallet (Guillaume), 440.
XVII Mallet (Guy), 454.
XXI Mallet (Jean), 441.
XX Mallet (Jean II), 444.
XIX Mallet (Jean III), 446.
XVI Mallet de Graville (Jean IV), 455.
XV Mallet de Graville (Marie), 456.
XXIV Mallet (Robert), 439.
XXIII Mallet (Robert II), 439.
XVIII Mallet (Robert III), 454.
XIX Margarit, 169.
XVII Margarit (Bernard de), 199.
XVIII Margarit (Jean de), 172.
XVI Margarit (Louis de), 195.
XV Margarit (Pierre de), 197.
XIV Margarit ou Marguerit (N... de), 214.
XII Marguerit (Charles de), 216.
XI Marguerit (Jacques de), 219.
X Marguerit (Jean II), 222.
IX Marguerit (Nicole de Guibray de), 478.
XIII Marguerit (Philippe de), 215.
VII Marsollier (Marie-Elisabeth), 628.
VIII Marsollier (René), 626.
XIX Mathefelon (Jeanne de), 344.
XX Mathefelon (Thibault de), 338.
IX Mehaignerie (Eusèbe), 39.
VIII Mehaignerie (Jean), 39.
VII Mehaignerie (Jeanne), 42.
XVI Meheudin (N... de), 284.
XVII Meheudin (Guillaume de), 283.
XIX Meheudin (Payen de), 279.

XVIII Meheudin (Payen II de), 279.
XV Mellay (N... de), 246.
XIV Mellay (Anne de), 246.
XXVII Melgüeil (Ermessinde de), 395.
X Merle (Adrienne de), 509.
XII Merle (Jacques de), 507.
XI Merle (Jacques II de), 508.
XIII Merle (Jean de), 504.
XV Meslière (Denise de la), 229.
XVI Meslière (Guillaume de la), 228.
XXX Meulent (de), 296.
XXVII Meulent (Adeline, comtesse de), 299.
XXIII Meulent (Jeanne de), 314.
XXVI Meulent (Robert III, comte de), 300.
XXIV Meulent (Robert IV, comte de), 310.
XXXI Meulent (Walerent Ier, comte de), 298.
XXVIII Meulent (Walerent III, comte de), 299.
XXV Meulent (Walerent IV, comte de), 309.
XIV Mictier (Clémente Le), 137.
XV Mictier (Guillaume Le), 136.
XII Millet (Marguerite), 163.
XX Milly (Auvray de), 274.
XXII Milly (Guillaume de), 274.
XIX Milly (Nicole de), 275.
XX Milly (Roger de), 275.
XVI Monceaux (Alix de), 226.
XVII Monceaux (Robert de), 226.
XIII Montagu (Nicolas de), 502.
XX Montfort (Amaury VI, comte de), 371.
XXI Montfort (Simon IV, baron de), 370.
XXIV Montpellier (Eudoxie Comnène, princesse de), 412.
XXVII Montpellier (Guillem V, Seigneur de), 394.
XXVI Montpellier (Guillem VI, Seigneur de), 397.
XXV Montpellier (Guillem VII, Seigneur de), 399.
XXIV Montpellier (Guillem VIII, Seigneur de), 403.
VI Monyer (Dorothée), 590.

VII Morfoüace (N...), 49.
VI Morfoüace de Bellair (Jean), 51.
V Morfoüace de la Moriçaye (Périne-Jacquette), 53.

N

XVII N... (N., femme de Bernard de Margarit), 194.
XV N... (N., femme de Pierre de Margarit), 203.
XXI N... (Thomasse, femme de Jean Tesson), 258.
III Nardot (Alexandrine-Thérèse), 637.
IV Nardot (Pierre-Bernard), 609.
V Nardot (Pierre), 608.
VIII Nau (Marc), 621.
VII Nau (Marc II), 623.
VI Nau (Thérèse), 630.
XVIII Neubourg (Agnès de), 283.
XX Neubourg (Henry de), 281.
XXI Neubourg (Robert de), 280.
XIX Neubourg (Robert II de), 281.
XXVII Normandie (Guillaume Longue-Epée, duc de), 251.
XXVI Normandie (Richard Ier, duc de), 251.
XXVIII Normandie (Rollon ou Rou, duc de), 250.
XXX Norvége (Olaüs Ier, roi de), 308.

O

XI Ouchy (Agnen d'), 502.
X Ouchy (Stephanote d'), 503.

P

XIX Parthenay (Guillaume de), 338.
XVIII Parthenay (Isabeau de), 344.
XVIII Pau (N... de), 173.
V Périès (Antoine), 598.
IV Périès (Suzanne), 601.
XXXIV Péronne (Pépin, seigneur de), 302.
XVIII Pitard, Pytard, ou Pittard, 130.
XI Pitard (Guillaume), 164.
XIII Pitard (Jean), 137.
XVII Pitard (Mainfroy), 131.

XV Pitard (Mainfroy II), 134.
XIV Pitard (Mainfroy III), 135.
XII Pitard (Mainfroy IV), 163.
X Pitard de Jumilly (Renée), 165.
XVI Pitard (Robert), 133.
XXIX Pont-Audemer(Théroulde de), 297.
XXIX Ponthieu (Comtes de), 346.
XXVI Ponthieu (Agnès, comtesse de), 357.
XIX Ponthieu (Ferdinand II, comte d'Aumale et de), 370.
XXV Ponthieu (Guillaume II, comte d'Alençon et de), 343.
XXII Ponthieu (Guillaume III, comte de), 349.
XXVIII Ponthieu (Guy Ier, comte de), 346.
XXIV Ponthieu (Guy II, comte de), 348.
XXIII Ponthieu (Jean Ier, comte de), 349.
XXI Ponthieu (Marie, comtesse d'Alençon et de), 351.
VIII Portail (Anne-Magdeleine), 615.
XXIII Portugal (Alphonse Ier, roi de), 367.
II Prévost d'Arlincourt (Caroline-Lætitia), 659.
VIII Prime (Olive), 371.
XXIV Provence (Alphonse II, comte de), 386.
XXIII Provence (Raymond-Bérenger IV, comte de), 386.

Q

VII Quinault (Barbe), 79.
VIII Quinault (Thomas), 76.
IX Quinot (Nicolas), 76.
XV Quincé (de), 115.
XIV Quincé (N... de), 116.
XII Quincé (Georgine de), 126.
XIII Quincé (Jean de), 117.

R

XV Raveton (Jean de), 230.
XIV Raveton (Jeanne de), 231.
VI Rey (Catherine), 574.

IX Richou, 92.
VIII Richou (Françoise), 95.
VIII Rittier ou Riquier (Prime), 77.
XIX Roë (de la), 235.
XII Roë (Charlotte de la), 247.
XV Roë (Jacques de la), 239.
XVIII Roë (Jehan de la Petite), 237.
XVI Roë (Jean II de la), 238.
XIV Roë (Jean III de la), 241.
XIII Roë (Jean IV de la), 242.
XVII Roë (Joseph de la), 237.
VI Rossignol (Denise-Élizabeth), 545.
VIII Rossignol (Guillaume), 541.
VII Rossignol (René), 542.
XVIII Rotours (des), 223.
XVII Rotours (François des), 224.
XVI Rotours (Jean des), 225.
XV Rotours (Jean II des), 227.
XIII Rotours (Jean III des), 232.
XI Rotours (Julien des), 249.
X Rotours (Marie des), 476.
XIV Rotours (Robert des), 229.
XII Rotours (Robert II des), 235.
VII Rouvelin (Denise), 543.
XIII Rüe (N... de la), 218.
XII Rüe (Marguerite de la), 218.

S

XVI Sacq (Lucette de), 228.
XV Saint-Denis (Henry de), 270.
XIV Saint-Denis (Jeanne de), 270.
XVIII Saint-Germain (de), 266.
XVI Saint-Germain (Gilles de), 269.
XIII Saint-Germain (Marguerite de), 287.
XV Saint-Germain (Samson de), 271.
XIV Saint-Germain (Samson II de), 286.
XVII Saint-Germain (Thomas de), 267.
XXV Saint-Jean (de), 144.
XIX Saint-Jean (Colin ou Nicole de), 148.
XXII Saint-Jean (Guillaume de), 146.
XXI Saint-Jean (Guillaume II de), 147.
XVIII Saint-Jean (Jeanne de), 148.
XXIII Saint-Jean (Robert de), 145.
XX Saint-Jean (Robert II ou Robin de), 147.

XXIV Saint-Jean (Thomas de), 144.
XXIII Saint-Manvieu (de), 139.
XXI Saint-Manvieu (Guillaume de), 140.
XVII Saint-Manvieu (Guillaume II de), 149.
XIX Saint-Manvieu (Jean de), 143.
XVI Saint-Manvieu (Jean II de), 151.
XIV Saint-Manvieu (Jeanne de), 155.
XXII Saint-Manvieu (Richard de), 139.
XVIII Saint-Manvieu (Richard II de), 143.
XX Saint-Manvieu (Robert de), 142.
XV Saint-Manvieu (Yves de), 154.
XXVI Saint-Pol (comtes de), 447.
XXIII Saint-Pol (Élisabeth, comtesse de), 449.
XXI Saint-Pol (Guy III, comte de), 452.
XX Saint-Pol (Guy IV, comte de), 452.
XXIV Saint-Pol (Hugues IV, comte de), 447.
XXII Saint-Pol (Hugues V, comte de), 450.
XIX Saint-Pol (Léonor de), 453.
XX Saint-Pol (Marie de Bretagne, comtesse de), 453.
XXIV Saint-Pol (Yolande de Hainaut, comtesse de), 448.
XX Saint-Venant (Anne de), 445.
XV Sarsault (Jeanne de), 136.
VI Senterre (Ennemond), 588.
V Senterre (Marie-Thérèse), 590.
XVIII Sévérac (N... de), 460.
XVII Sévérac (Guy V de), 460.
XVI Sévérac (Jeanne de), 460.
XXII Sicile (Charles Ier d'Anjou, roi de), 426.
XXI Sicile (Béatrix d'Anjou et de), 427.
XXV Souabe (Frédéric le Borgne, duc de), 321.
XXV Souabe (Judith, duchesse de), 323.

SAINTS.

XXXVII Saint Charlemagne, empereur, 301.
XX Saint Ferdinand, roi de Castille, 369.
XXII Saint Louis, roi de France, 384.
XXVI Sainte Marguerite, reine d'Écosse, 358.
XXV Sainte Mathilde, reine d'Angleterre, 358.
XXX Saint Wladimir le Grand, grand-duc de Russie, 307.

T

XXII Talvende (de), 141.
XXI Talvende (Jeanne de), 141.
XXII Tesson, 257.
XX Tesson (Élizabeth), 259.
XXI Tesson (Jean), 258.
XVI Thorigné (Fouquet de), 240.
XV Thorigné (Jeanne de), 240.
XIX Tilly (Amfrid de), 430.
XVII Tilly (Guillaume de), 432.
XVIII Tilly (Jean de), 431.
XVI Tilly (Jeanne de), 437.
XI Tirmois (Anne de), 498.
XII Tirmois (Jean de), 497.
XVII Tournebu (Guillemette de), 437.
XIX Tournebu (Guy de), 434.
XXI Tournebu (Jean de), 433.
XVIII Tournebu (Robert de), 436.
XX Tournebu (Simon de), 434.
XXII Tournebu (Thomas de), 433.
XXVII Turenne (Boson Ier, vicomte de), 328.

V

IX Vaguenot (Marie), 625.
XX Valois (Charles, comte de), 424.
XIX Valois (Jeanne de), 427.
XVII Valon (Jeanne), 150.
XVIII Valon (Robert), 149.
XXIV Vassy (de), 250.
XXIII Vassy (Auvray de), 254.
XXII Vassy (Enguerrand de), 255.
XII Vassy (Gabriel de), 268.
XVII Vassy (Guy ou Guyot de), 261.

XVIII Vassy (Jean de), 260.
XVI Vassy (Jean II de), 263.
XIII Vassy (Jean III de), 266.
XI Vassy (Nicole de), 274.
XV Vassy (Olivier de), 263.
XXI Vassy (Philippe de), 255.
XIX Vassy (Philippe II de), 259.
XIV Vassy (Philippe III de), 265.
XX Vassy (Roland de), 256.
XI Vauquelin (Françoise de), 221.
XII Vauquelin (Guillaume de), 220.
XIII Vaux (des), 109.
XII Vaux (Tiennette des), 111.
VIII Verdun (Marie de), 622.
XXV Vergy (Hugues, sire de), 333.
XXVII Vermandois (Adélaïde, comtesse de), 305.
XXXI Vermandois (Albert, comte de), 304.

XXVI Vermandois (Élisabeth de France, de), 309.
XXXIII Vermandois (Héribert Ier, comte de), 303.
XXXII Vermandois (Héribert II, comte de), 303.
XXX Vermandois (Héribert ou Herbert III), 304.
XXVIII Vermandois (Herbert IV, comte de), 305.
XXIX Vermandois (Othon, comte de), 305.
XVI Vierville (de), 264.
XV Vierville (Thomasse de), 264.
XXVIII Veules (Onfroy, comte de), 297.

W

XXI Waurin (Robert de), 445.

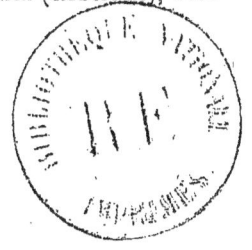

FIN DE LA TABLE ALPHABÉTIQUE.

PARIS. TYPOGRAPHIE DE E. PLON, NOURRIT ET Cie

Rue Garancière, 8.

www.ingramcontent.com/pod-product-compliance
Lightning Source LLC
Chambersburg PA
CBHW050321020526
44117CB00031B/1313